SIGM. FREUD

GESAMMELTE WERKE

CHRONOLOGISCH GEORDNET

ZEHNTER BAND
WERKE AUS DEN
JAHREN 1913—1917

FISCHER TASCHENBUCH VERLAG

Unter Mitwirkung von Marie Bonaparte,
Prinzessin Georg von Griechenland,
herausgegeben von
Anna Freud
E. Bibring   W. Hoffer   E. Kris   O. Isakower

Veröffentlicht im Fischer Taschenbuch Verlag GmbH
Frankfurt am Main 1999, November 1999

© 1946 Imago Publishing Co., Ltd., London
Alle Rechte, insbesondere die der Übersetzung, vorbehalten
durch S. Fischer Verlag, Frankfurt am Main
Druck und Bindung: Clausen & Bosse, Leck
Printed in Germany
ISBN 3-596-50300-0 (Kassette)

MÄRCHENSTOFFE IN TRÄUMEN

MÄRCHENSTOFFE IN TRÄUMEN

Es ist keine Überraschung, auch aus der Psychoanalyse zu erfahren, welche Bedeutung unsere Volksmärchen für das Seelenleben unserer Kinder gewonnen haben. Bei einigen Menschen hat sich die Erinnerung an ihre Lieblingsmärchen an die Stelle eigener Kindheitserinnerungen gesetzt; sie haben die Märchen zu Deckerinnerungen erhoben. Elemente und Situationen, die aus diesen Märchen kommen, finden sich nun auch häufig in Träumen. Zur Deutung der betreffenden Stellen fällt den Analysierten das für sie bedeutungsvolle Märchen ein. Von diesem sehr gewöhnlichen Vorkommnis will ich hier zwei Beispiele anführen. Die Beziehungen der Märchen zur Kindheitsgeschichte und zur Neurose der Träumer werden aber nur angedeutet werden können, auf die Gefahr hin, die dem Analytiker wertvollsten Zusammenhänge zu zerreißen.

I

Traum einer jungen Frau, die vor wenigen Tagen den Besuch ihres Mannes empfangen hat: *Sie ist in einem ganz braunen Zimmer. Durch eine kleine Tür kommt man auf eine steile Stiege, und über diese kommt ein sonderbares Männlein ins Zimmer, klein,* mit weißen Haaren, Glatze und roter Nase, das im Zimmer vor ihr herumtanzt, sich sehr komisch gebärdet und dann wieder zur Stiege herabgeht. Es ist in ein graues Gewand gekleidet, welches alle Formen erkennen läßt. (Korrektur: Es trägt einen langen schwarzen Rock und eine graue Hose.)

Analyse: Die Personsbeschreibung des Männleins paßt ohne weitere Veränderung[1] auf ihren Schwiegervater. Dann fällt ihr aber sofort das Märchen von Rumpelstilzchen ein, der so komisch wie der Mann im Traume herumtanzt und dabei der Königin seinen Namen verrät. Dadurch hat er aber seinen Anspruch auf das erste Kind der Königin verloren und reißt sich in der Wut selbst mitten entzwei.

Am Traumtag war sie selbst so wütend auf ihren Mann und äußerte: Ich könnte ihn mitten entzweireißen.

Das braune Zimmer macht zunächst Schwierigkeiten. Es fällt ihr nur das Speisezimmer ihrer Eltern ein, das so — holzbraun — getäfelt ist, und dann erzählt sie Geschichten von Betten, in denen man zu zweien so unbequem schläft. Vor einigen Tagen hat sie, als von Betten in anderen Ländern die Rede war, etwas sehr Ungeschicktes gesagt, — in harmloser Absicht, meint sie, — worüber ihre Gesellschaft fürchterlich lachen mußte.

Der Traum ist nun bereits verständlich. Das holzbraune Zimmer[2] ist zunächst das Bett, durch die Beziehung auf das Speisezimmer ein Ehebett.[3] Sie befindet sich also im Ehebett. Der Besucher sollte ihr junger Mann sein, der nach mehrmonatiger Abwesenheit zu ihr gekommen war, um seine Rolle im Ehebett zu spielen. Es ist aber zunächst der Vater des Mannes, der Schwiegervater.

Hinter dieser ersten Deutung blickt man auf eine tiefer liegende rein sexuellen Inhalts. Das Zimmer ist jetzt die Vagina. (Das

---

1) Bis auf das Detail kurzgeschnittener Haare, während der Schwiegervater das Haar lang trägt.
2) Holz wie bekannt häufig weibliches, mütterliches Symbol (*materia*, Madeira usw.).
3) Tisch und Bett repräsentieren ja die Ehe.

Zimmer ist in ihr, im Traume umgekehrt.) Der kleine Mann, der seine Grimassen macht und sich so komisch benimmt, ist der Penis; die enge Tür und die steile Treppe bestätigen die Auffassung der Situation als einer Koitusdarstellung. Wir sind sonst gewöhnt, daß das Kind den Penis symbolisiert, werden aber verstehen, daß es einen guten Sinn hat, wenn hier der Vater zur Vertretung des Penis herangezogen wird.

Die Auflösung des noch zurückgehaltenen Restes vom Traume wird uns in der Deutung ganz sicher machen. Das durchscheinende graue Gewand erklärt sie selbst als Kondom. Wir dürfen erfahren, daß Interessen der Kinderverhütung, Besorgnisse, ob nicht dieser Besuch des Mannes den Keim zu einem zweiten Kind gelegt, zu den Anregern dieses Traumes gehören.

Der schwarze Rock: Ein solcher steht ihrem Manne ausgezeichnet. Sie will ihn beeinflussen, daß er ihn immer trage anstatt seiner gewöhnlichen Kleidung. Im schwarzen Rock ist ihr Mann also so, wie sie ihn gern sieht. Schwarzer Rock und graue Hose: das heißt aus zwei verschiedenen, einander überdeckenden Schichten: So gekleidet will ich dich haben. So gefällst du mir.

Rumpelstilzchen verknüpft sich mit den aktuellen Gedanken des Traumes — den Tagesresten — durch eine schöne Gegensatzbeziehung. Er kommt im Märchen, um der Königin das erste Kind zu nehmen; der kleine Mann im Traum kommt als Vater, weil er wahrscheinlich ein zweites Kind gebracht hat. Aber Rumpelstilzchen vermittelt auch den Zugang zur tieferen, infantilen Schicht der Traumgedanken. Der possierliche kleine Kerl, dessen Namen man nicht einmal weiß, dessen Geheimnis man kennen möchte, der so außerordentliche Kunststücke kann (im Märchen Stroh in Gold verwandeln) — die Wut, die man gegen ihn hat, eigentlich gegen seinen Besitzer, den man um diesen Besitz beneidet, der Penisneid der Mädchen, — das sind Elemente, deren Beziehung zu den Grundlagen der Neurose, wie gesagt, hier nur gestreift werden soll. Zum Kastrationsthema gehören wohl auch die geschnittenen Haare des Männchens im Traume. Wenn man in durchsichtigen Beispielen darauf achten wird, was der Träumer mit dem Märchen macht, und an welche Stelle er es setzt, so wird man dadurch vielleicht auch Winke für die noch ausstehende Deutung dieser Märchen selbst gewinnen.

II

Ein junger Mann, der einen Anhalt für seine Kindheitserinnerungen in dem Umstande findet, daß seine Eltern ihr bisheriges Landgut gegen ein anderes vertauschten, als er noch nicht fünf Jahre war, erzählt als seinen frühesten Traum, der noch auf dem ersten Gut vorgefallen, folgendes:

„*Ich habe geträumt, daß es Nacht ist und ich in meinem Bett liege (mein Bett stand mit dem Fußende gegen das Fenster, vor dem Fenster befand sich eine Reihe alter Nußbäume; ich weiß, es war Winter, als ich träumte, und Nachtzeit). Plötzlich geht das Fenster von selbst auf, und ich sehe mit großem Schrecken, daß auf dem großen Nußbaum vor dem Fenster ein paar weiße Wölfe sitzen. Es waren sechs oder sieben Stück. Die Wölfe waren ganz weiß und sahen eher aus wie Füchse oder Schäferhunde, denn sie hatten große Schwänze wie Füchse und ihre Ohren waren aufgestellt wie bei den Hunden, wenn sie auf etwas passen. Unter großer Angst, offenbar von den Wölfen aufgefressen zu werden, schrie ich auf und erwachte. Meine Kinderfrau eilte zu meinem Bett, um nachzusehen, was mit mir geschehen war. Es dauerte eine ganze Weile, bis ich überzeugt war, es sei nur ein Traum gewesen, so natürlich und deutlich war mir das Bild vorgekommen, wie das Fenster aufgeht und die Wölfe auf dem Baume sitzen. Endlich beruhigte ich mich, fühlte mich wie von einer Gefahr befreit und schlief wieder ein.*"

„Die einzige Aktion im Traume war das Aufgehen des Fensters, denn die Wölfe saßen ganz ruhig ohne jede Bewegung auf den

Ästen des Baumes, rechts und links vom Stamm und schauten mich an. Es sah so aus, als ob sie ihre ganze Aufmerksamkeit auf mich gerichtet hätten. — Ich glaube, dies war mein erster Angsttraum. Ich war damals drei, vier, höchstens fünf Jahre alt. Bis in mein elftes oder zwölftes Jahr hatte ich von da an immer Angst, etwas Schreckliches im Traum zu sehen."

Er gibt dann noch eine Zeichnung des Baumes mit den Wölfen, die seine Beschreibung bestätigt. Die Analyse des Traumes fördert nachstehendes Material zutage.

Er hat diesen Traum immer in Beziehung zu der Erinnerung gebracht, daß er in diesen Jahren der Kindheit eine ganz ungeheuerliche Angst vor dem Bilde eines Wolfes in einem Märchenbuche zeigte. Die ältere, ihm recht überlegene Schwester pflegte ihn zu necken, indem sie ihm unter irgend einem Vorwand gerade dieses Bild vorhielt, worauf er entsetzt zu schreien begann. Auf diesem Bilde stand der Wolf aufrecht, mit einem Fuß ausschreitend, die Tatzen ausgestreckt und die Ohren aufgestellt. Er meint, dieses Bild habe als Illustration zum Märchen von Rotkäppchen gehört.

Warum sind die Wölfe weiß? Das läßt ihn an die Schafe denken, von denen große Herden in der Nähe des Gutes gehalten wurden. Der Vater nahm ihn gelegentlich mit, diese Herden zu besuchen, und er war dann jedesmal sehr stolz und selig. Später — nach eingezogenen Erkundigungen kann es leicht kurz vor der Zeit dieses Traumes gewesen sein, — brach unter diesen Schafen eine Seuche aus. Der Vater ließ einen Pasteurschüler kommen, der die Tiere impfte, aber sie starben nach der Impfung noch zahlreicher als vorher.

Wie kommen die Wölfe auf den Baum? Dazu fällt ihm eine Geschichte ein, die er den Großvater erzählen gehört. Er kann sich nicht erinnern, ob vor oder nach dem Traume, aber ihr Inhalt spricht entschieden für das erstere. Die Geschichte lautet: Ein Schneider sitzt in seinem Zimmer bei der Arbeit, da öffnet sich das Fenster und ein Wolf springt herein. Der Schneider schlägt mit der Elle nach ihm — nein, verbessert er sich, packt ihn beim Schwanz und reißt ihm diesen aus, so daß der Wolf erschreckt davonrennt. Eine Weile später geht der Schneider in den Wald und sieht plötzlich ein Rudel Wölfe herankommen, vor denen er sich auf einen Baum flüchtet. Die Wölfe sind zunächst ratlos, aber der verstümmelte, der unter ihnen ist und sich am Schneider rächen will, macht den Vorschlag, daß einer auf den anderen steigen soll, bis der letzte den Schneider erreicht hat. Er selbst — er ist ein kräftiger Alter — will die Basis dieser Pyramide machen. Die Wölfe tun so, aber der Schneider hat den gezüchtigten Besucher erkannt und ruft plötzlich wie damals: Packt den Grauen beim Schwanz. Der schwanzlose Wolf erschrickt bei dieser Erinnerung, läuft davon und die anderen purzeln alle herab.

In dieser Erzählung findet sich der Baum vor, auf dem im Traume die Wölfe sitzen. Sie enthält aber auch eine unzweideutige Anknüpfung an den Kastrationskomplex. Der alte Wolf ist vom Schneider um den Schwanz gebracht worden. Die Fuchsschwänze der Wölfe im Traume sind wohl Kompensationen dieser Schwanzlosigkeit.

Warum sind es sechs oder sieben Wölfe? Diese Frage schien nicht zu beantworten, bis ich den Zweifel aufwarf, ob sich sein Angstbild auf das Rotkäppchenmärchen bezogen haben könne. Dies Märchen gibt nur Anlaß zu zwei Illustrationen, zur Begegnung des Rotkäppchens mit dem Wolf im Walde und zur Szene, wo der Wolf mit der Haube der Großmutter im Bette liegt. Es müsse sich also ein anderes Märchen hinter der Erinnerung an das Bild verbergen. Er fand dann bald, daß es nur die Geschichte vom **Wolf und den sieben Geißlein** sein könne. Hier findet sich die Siebenzahl, aber auch die sechs, denn der Wolf frißt nur sechs Geißlein auf, das siebente versteckt sich im Uhrkasten. Auch das Weiß kommt in dieser Geschichte vor, denn der

Wolf läßt sich beim Bäcker die Pfote weiß machen, nachdem ihn die Geißlein bei seinem ersten Besuch an der grauen Pfote erkannt haben. Beide Märchen haben übrigens viel Gemeinsames. In beiden findet sich das Auffressen, das Bauchaufschneiden, die Herausbeförderung der gefressenen Personen, deren Ersatz durch schwere Steine, und endlich kommt in beiden der böse Wolf um. Im Märchen von den Geißlein kommt auch noch der Baum vor. Der Wolf legt sich nach der Mahlzeit unter einen Baum und schnarcht.

Ich werde mich mit diesem Traum wegen eines besonderen Umstandes noch an anderer Stelle beschäftigen müssen und ihn dann eingehender deuten und würdigen.[1] Es ist ja ein erster aus der Kindheit erinnerter Angsttraum, dessen Inhalt im Zusammenhang mit anderen Träumen, die bald nachher erfolgten, und mit gewissen Begebenheiten in der Kinderzeit des Träumers ein Interesse von ganz besonderer Art wachruft. Hier beschränken wir uns auf die Beziehung des Traumes zu zwei Märchen, die viel Gemeinsames haben, zum „Rotkäppchen" und zum „Wolf und die sieben Geißlein". Der Eindruck dieser Märchen äußerte sich bei dem kindlichen Träumer in einer richtigen Tierphobie, die sich von anderen ähnlichen Fällen nur dadurch auszeichnete, daß das Angsttier nicht ein der Wahrnehmung leicht zugängliches Objekt war (wie etwa Pferd und Hund), sondern nur aus Erzählung und Bilderbuch gekannt war.

Ich werde ein andermal auseinandersetzen, welche Erklärung diese Tierphobien haben und welche Bedeutung ihnen zukommt. Vorgreifend bemerke ich nur, daß diese Erklärung sehr zu dem Hauptcharakter stimmt, welchen die Neurose des Träumers in späteren Lebenszeiten erkennen ließ. Die Angst vor dem Vater war das stärkste Motiv seiner Erkrankung gewesen, und die ambivalente Einstellung zu jedem Vaterersatz beherrschte sein Leben wie sein Verhalten in der Behandlung.

---

[1] S. „Aus der Geschichte einer infantilen Neurose" in Band XII d. Ges. Werke.

Wenn der Wolf bei meinem Patienten nur der erste Vaterersatz war, so fragt es sich, ob die Märchen vom Wolf, der die Geißlein auffrißt, und vom Rotkäppchen etwas anderes als die infantile Angst vor dem Vater zum geheimen Inhalt haben.[1] Der Vater meines Patienten hatte übrigens die Eigentümlichkeit des „zärtlichen Schimpfens", die so viele Personen im Umgang mit ihren Kindern zeigen, und die scherzhafte Drohung: „Ich fress' dich auf" mag in den ersten Jahren, als der später strenge Vater mit dem Söhnlein zu spielen und zu kosen pflegte, mehr als einmal geäußert worden sein. Eine meiner Patientinnen erzählte mir, daß ihre beiden Kinder den Großvater nie lieb gewinnen konnten, weil er sie in seinem zärtlichen Spiel zu schrecken pflegte, er werde ihnen den Bauch aufschneiden.

---

[1] Vgl. die von O. Rank hervorgehobene Ähnlichkeit dieser beiden Märchen mit dem Mythus von Kronos. (Völkerpsychologische Parallelen zu den infantilen Sexualtheorien; Zentralblatt für Psychoanalyse, II, 1912.)

EIN TRAUM ALS BEWEISMITTEL

EIN TRAUM ALS BEWEISMITTEL

Eine Dame, die an Zweifelsucht und Zwangszeremoniell leidet, stellt an ihre Pflegerinnen die Anforderung, von ihnen keinen Moment aus den Augen gelassen zu werden, weil sie sonst zu grübeln beginnen würde, was sie in dem unbewachten Zeitraum Unerlaubtes getan haben mag. Wie sie nun eines Abends auf dem Diwan ausruht, glaubt sie zu bemerken, daß die diensthabende Pflegerin eingeschlafen ist. Sie fragt: Haben Sie mich gesehen?; die Pflegerin fährt auf und antwortet: Ja, gewiß. Die Kranke hat nun Grund zu einem neuen Zweifel und wiederholt nach einer Weile dieselbe Frage. Die Pflegerin beteuert es von neuem; in diesem Augenblicke bringt eine andere Dienerin das Abendessen.

Dies ereignete sich eines Freitag abends. Am nächsten Morgen erzählt die Pflegerin einen Traum, der die Zweifel der Patientin zerstreut.

Traum: *Man hat ihr ein Kind gegeben, die Mutter ist abgereist, und sie hat das Kind verloren. Sie fragt unterwegs die Leute auf der Straße, ob sie das Kind gesehen haben. Dann kommt sie an ein großes Wasser, geht über einen schmalen Steg.* (Dazu später ein Nachtrag: *Auf diesem Steg ist plötzlich die Person einer anderen Pflegerin wie eine Fata Morgana vor ihr aufgetaucht.)* Dann ist sie in einer ihr bekannten Gegend und trifft dort eine Frau, die sie als Mädchen gekannt hat, die damals Verkäuferin in einem Eßwarengeschäft war, später aber geheiratet hat. Sie fragt die vor ihrer Tür stehende Frau: Haben Sie das Kind gesehen? Die Frau interessiert sich aber nicht für diese Frage, sondern erzählt ihr, daß sie jetzt von ihrem Manne geschieden ist, wobei sie hinzufügt, daß es auch in der Ehe nicht immer glücklich geht. Dann wacht sie beruhigt auf und denkt sich, das Kind wird sich schon bei einer Nachbarin finden.

A n a l y s e: Von diesem Traum nahm die Patientin an, daß er sich auf das von der Pflegerin abgeleugnete Einschlafen beziehe. Was ihr die Pflegerin, ohne ausgefragt zu werden, im Anschluß an den Traum erzählte, setzte sie in den Stand, eine praktisch zureichende, wenn auch an manchen Stellen unvollständige Deutung des Traumes vorzunehmen. Ich selbst habe nur den Bericht der Dame gehört, nicht die Pflegerin gesprochen; ich werde, nachdem die Patientin ihre Deutung vorgetragen hat, hinzufügen, was sich aus unserer allgemeinen Einsichtnahme in die Gesetze der Traumbildung ergänzen läßt.

„Die Pflegerin sagt, bei dem Kind im Traume denke sie an eine Pflege, von welcher sie sich außerordentlich befriedigt gefühlt habe. Es handelte sich um ein an blennorrhoischer Augenentzündung erkranktes Kind, das nicht sehen konnte. Aber die Mutter dieses Kindes reiste nicht ab, sie nahm an der Pflege teil. Dagegen weiß ich, daß mein Mann, der viel auf diese Pflegerin hält, mich ihr beim Abschied zur Behütung übergeben hat, und daß sie ihm damals versprach, auf mich achtzugeben — wie auf ein Kind!"

Wir erraten anderseits aus der Analyse der Patientin, daß sie sich mit ihrer Forderung, nicht aus den Augen gelassen zu werden, selbst in die Kindheit zurückversetzt hat.

„Sie hat das Kind verloren," fährt die Patientin fort, „heißt, sie hat mich nicht gesehen, hat mich aus den Augen verloren.

Das ist ihr Geständnis, daß sie wirklich eine Weile geschlafen und mir dann nicht die Wahrheit gesagt hat."

Das Stückchen des Traumes, in dem die Pflegerin bei den Leuten auf der Straße nach dem Kinde fragt, blieb der Dame dunkel, dagegen weiß sie über die weiteren Elemente des manifesten Traumes gute Auskunft zu geben.

„Bei dem großen Wasser denkt sie an den Rhein, aber sie setzt hinzu, es war doch weit größer als der Rhein. Sie erinnert sich dann, daß ich ihr am Abend vorher die Geschichte von Jonas und dem Walfisch vorgelesen und erzählt habe, daß ich selbst einmal im Ärmelkanal einen Walfisch gesehen. Ich meine, das große Wasser ist das Meer, also eine Anspielung auf die Geschichte von Jonas."

„Ich glaube auch, daß der schmale Steg aus der nämlichen, in Mundart geschriebenen lustigen Geschichte herrührt. In ihr wird erzählt, daß der Religionslehrer den Schulkindern das wunderbare Abenteuer des Jonas vorträgt, worauf ein Knabe den Einwand macht, das könne doch nicht sein, denn der Herr Lehrer habe ein anderes Mal gesagt, der Walfisch habe einen so engen Schlund, daß er nur ganz kleine Tiere schlucken könne. Der Lehrer hilft sich mit der Erklärung, Jonas sei eben ein Jude gewesen, und der drücke sich überall durch. Meine Pflegerin ist sehr religiös, aber zu religiösen Zweifeln geneigt, und ich habe mir darum Vorwürfe gemacht, daß ich durch meine Vorlesung vielleicht ihre Zweifel angeregt habe."

„Auf diesem schmalen Steg sah sie nun die Erscheinung einer anderen ihr bekannten Pflegerin. Sie hat mir deren Geschichte erzählt, diese ist in den Rhein gegangen, weil man sie aus der Pflege, in der sie sich etwas hatte zu Schulden kommen lassen, weggeschickt hatte.[1] Sie fürchtet also auch wegen jenes Ein-

---

[1] Ich habe mir an dieser Stelle eine Verdichtung des Materials zu Schulden kommen lassen, die ich bei einer Revision der Niederschrift von der referierenden Dame korrigieren konnte. Die als Erscheinung auf dem Steg auftretende Pflegerin

schlafens weggeschickt zu werden. Übrigens hat sie am Tage nach dem Vorfall und der Traumerzählung heftig geweint und mir, auf meine Frage nach ihren Gründen, recht barsch geantwortet: ‚Das wissen Sie so gut wie ich, und jetzt werden Sie kein Vertrauen mehr zu mir haben.'"

Da die Erscheinung der ertränkten Pflegerin ein Nachtrag, und zwar von besonderer Deutlichkeit war, hätten wir der Dame raten müssen, die Traumdeutung an diesem Punkte zu beginnen. Diese erste Hälfte des Traumes war nach dem Berichte der Träumerin auch von heftigster Angst erfüllt, im zweiten Teil bereitet sich die Beruhigung vor, mit welcher sie erwacht.

„Im nächsten Stück des Traumes," setzt die analysierende Dame fort, „finde ich wieder einen sicheren Beweis für meine Auffassung, daß es sich darin um den Vorfall am Freitag abends handelt, denn mit der Frau, die früher Verkäuferin in einem Eßwarengeschäfte war, kann nur das Mädchen gemeint sein, welches damals das Nachtmahl brachte. Ich bemerke, daß die Pflegerin den ganzen Tag über Übelichkeiten geklagt hatte. Die Frage, die sie an die Frau richtet: ‚Haben Sie das Kind gesehen?', ist ja offenbar abgeleitet von meiner Frage: ‚Haben Sie mich gesehen?', wie meine Formel lautet, die ich eben zum zweitenmal stellte, als das Mädchen mit den Schüsseln eintrat."

Auch im Traume wird an zwei Stellen nach dem Kinde gefragt. — Daß die Frau keine Antwort gibt, sich nicht interessiert, möchten wir als eine Herabsetzung der anderen Dienerin

---

hatte sich in der Pflege nichts zu Schulden kommen lassen. Sie wurde weggeschickt, weil die Mutter des Kindes, die zur Abreise genötigt war, erklärte, sie wolle in ihrer Abwesenheit eine ältere — also doch verläßlichere — Warteperson bei dem Kinde haben. Daran reihte sich eine zweite Erzählung von einer anderen Pflegerin, die wirklich wegen einer Nachlässigkeit entlassen worden war, sich darum aber nicht ertränkt hatte. Das für die Deutung des Traumelements nötige Material ist hier, wie sonst nicht selten, auf zwei Quellen verteilt. Mein Gedächtnis vollzog die zur Deutung führende Synthese. — Übrigens findet sich in der Geschichte der ertränkten Pflegerin das Moment des Abreisens der Mutter, welches von der Dame auf die Abreise ihres Mannes bezogen wird. Wie man sieht, eine Überdeterminierung, welche die Eleganz der Deutung beeinträchtigt.

zugunsten der Träumerin deuten, die sich im Traume über die
andere erhebt, gerade weil sie gegen Vorwürfe wegen ihrer
Unachtsamkeit anzukämpfen hat.

„Die im Traume erscheinende Frau ist nicht wirklich von
ihrem Manne geschieden. Die ganze Stelle stammt aus der Lebensgeschichte des anderen Mädchens, welches durch das Machtwort
ihrer Eltern von einem Manne fern gehalten — geschieden —
wird, der sie heiraten will. Der Satz, daß es in der Ehe auch
nicht immer gut abgeht, ist wahrscheinlich ein Trost, der in
Gesprächen der beiden zur Verwendung kam. Dieser Trost wird
ihr zum Vorbild für einen anderen, mit dem der Traum schließt:
Das Kind wird sich schon finden."

„Ich habe aber aus diesem Traume entnommen, daß die
Pflegerin an jenem Abend wirklich eingeschlafen war und darum
weggeschickt zu werden fürchtet. Ich habe darum den Zweifel
an meiner eigenen Wahrnehmung aufgegeben. Übrigens hat sie
nach der Erzählung des Traumes hinzugefügt, sie bedaure es
sehr, daß sie kein Traumbuch mitgebracht habe. Als ich bemerkte,
in solchen Büchern stehe doch nur der schlimmste Aberglaube,
entgegnete sie, sie sei gar nicht abergläubisch, aber das müsse sie
sagen: alle Unannehmlichkeiten ihres Lebens seien ihr immer an
Freitagen passiert. Außerdem behandelt sie mich jetzt schlecht,
zeigt sich empfindlich, reizbar und macht mir Szenen."

Ich glaube, wir werden der Dame zugestehen müssen, daß sie
den Traum ihrer Pflegerin richtig gedeutet und verwertet hat.
Wie so oft bei der Traumdeutung in der Psychoanalyse, kommen
für die Übersetzung des Traumes nicht allein die Ergebnisse der
Assoziation in Betracht, sondern auch die Begleitumstände der
Traumerzählung, das Benehmen des Träumers vor und nach der
Traumanalyse sowie alles, was er ungefähr gleichzeitig mit dem
Traume — in derselben Stunde der Behandlung — äußert und
verrät. Nehmen wir die Reizbarkeit der Pflegerin, ihre Beziehung
auf den unglückbringenden Freitag u. a. hinzu, so werden wir

das Urteil bestätigen, der Traum enthalte das Geständnis, daß sie damals, als sie es ableugnete, wirklich eingenickt sei und darum fürchte, von ihrem Pflegekind weggeschickt zu werden.[1] Aber der Traum, welcher für die Dame eine praktische Bedeutung hatte, regt bei uns das theoretische Interesse nach zwei Richtungen an. Der Traum läuft zwar in eine Tröstung aus, aber im wesentlichen bringt er ein für die Beziehung zu ihrer Dame wichtiges Geständnis. Wie kommt der Traum, der doch der Wunscherfüllung dienen soll, dazu, ein Geständnis zu ersetzen, welches der Träumerin nicht einmal vorteilhaft wird? Sollen wir uns wirklich veranlaßt finden, außer den Wunsch- (und Angst-) Träumen auch Geständnisträume zuzugeben sowie Warnungsträume, Reflexionsträume, Anpassungsträume u. dgl.?

Ich bekenne nun, daß ich noch nicht ganz verstehe, warum der Standpunkt, den meine Traumdeutung gegen solche Versuchungen einnimmt, bei so vielen und darunter namhaften Psychoanalytikern Bedenken findet. Die Unterscheidung von Wunsch-, Geständnis-, Warnungs- und Anpassungsträumen u. dgl. scheint mir nicht viel sinnreicher, als die notgedrungen zugelassene Differenzierung ärztlicher Spezialisten in Frauen-, Kinder- und Zahnärzte. Ich nehme mir die Freiheit, die Erörterungen der Traumdeutung über diesen Punkt hier in äußerster Kürze zu wiederholen.[2]

Als Schlafstörer und Traumbildner können die sogenannten „Tagesreste" fungieren, affektbesetzte Denkvorgänge des Traumtages, welche der allgemeinen Schlaferniedrigung einigermaßen widerstanden haben. Diese Tagesreste deckt man auf, indem man den manifesten Traum auf die latenten Traumgedanken zurückführt; sie sind Stücke dieser letzteren, gehören also den — bewußt oder unbewußt gebliebenen — Tätigkeiten des Wachens an, die

---

1) Die Pflegerin gestand übrigens einige Tage später einer dritten Person ihr Einschlafen an jenem Abend zu und rechtfertigte so die Deutung der Dame.
2) Ges. Werke, Bd. II/III, S. 599 ff.

sich in die Zeit des Schlafens fortsetzen mögen. Entsprechend der Mannigfaltigkeit der Denkvorgänge im Bewußten und Vorbewußten haben diese Tagesreste die vielfachsten und verschiedenartigsten Bedeutungen, es können unerledigte Wünsche oder Befürchtungen sein, ebenso Vorsätze, Überlegungen, Warnungen, Anpassungsversuche an bevorstehende Aufgaben usw. Insofern muß ja die in Rede stehende Charakteristik der Träume nach ihrem durch Deutung erkannten Inhalt gerechtfertigt erscheinen. Aber diese Tagesreste sind noch nicht der Traum, vielmehr fehlt ihnen das Wesentliche, was den Traum ausmacht. Sie sind für sich allein nicht imstande, einen Traum zu bilden. Streng genommen sind sie nur psychisches Material für die Traumarbeit, wie die zufällig vorhandenen Sinnes- und Leibreize oder eingeführte experimentelle Bedingungen deren somatisches Material bilden. Ihnen die Hauptrolle bei der Traumbildung zuschreiben, heißt nichts anderes als den voranalytischen Irrtum an neuer Stelle wiederholen, Träume erklärten sich durch den Nachweis eines verdorbenen Magens oder einer gedrückten Hautstelle. So zählebig sind wissenschaftliche Irrtümer und so gern bereit, sich, wenn abgewiesen, unter neuen Masken wieder einzuschleichen.

Soweit wir den Sachverhalt durchschaut haben, müssen wir sagen, der wesentliche Faktor der Traumbildung ist ein unbewußter Wunsch, in der Regel ein infantiler, jetzt verdrängter, welcher sich in jenem somatischen oder psychischen Material (also auch in den Tagesresten) zum Ausdruck bringen kann und ihnen darum eine Kraft leiht, so daß sie auch während der nächtlichen Denkpause zum Bewußtsein durchdringen können. D i e s e s unbewußten Wunsches Erfüllung ist jedesmal der Traum, mag er sonst was immer enthalten, Warnung, Überlegung, Geständnis und was sonst aus dem reichen Inhalt des vorbewußten Wachlebens unerledigt in die Nacht hineinragt. D i e s e r unbewußte Wunsch ist es, welcher der Traumarbeit ihren eigentümlichen Charakter gibt als einer unbewußten Bearbeitung eines vorbewußten Materials. Der Psychoanalytiker kann den Traum nur charakterisieren als Ergebnis der Traumarbeit; die latenten Traumgedanken kann er nicht dem Traume zurechnen, sondern dem vorbewußten Nachdenken, wenngleich er diese Gedanken erst aus der Deutung des Traumes erfahren hat. (Die sekundäre Bearbeitung durch die bewußte Instanz ist hiebei der Traumarbeit zugezählt; es wird an dieser Auffassung nichts geändert, wenn man sie absondert. Man müßte dann sagen: der Traum im psychoanalytischen Sinne umfaßt die eigentliche Traumarbeit und die sekundäre Bearbeitung ihres Ergebnisses.) Der Schluß aus diesen Erwägungen lautet, daß man den Wunscherfüllungscharakter des Traumes nicht in einen Rang mit dessen Charakter als Warnung, Geständnis, Lösungsversuch usw. versetzen darf, ohne den Gesichtspunkt der psychischen Tiefendimension, also den Standpunkt der Psychoanalyse, zu verleugnen.

Kehren wir nun zum Traume der Pflegerin zurück, um an ihm den Tiefencharakter der Wunscherfüllung nachzuweisen. Wir sind darauf vorbereitet, daß seine Deutung durch die Dame keine vollständige ist. Es erübrigen die Partien des Trauminhaltes, denen sie nicht gerecht werden konnte. Sie leidet überdies an einer Zwangsneurose, welche nach meinen Eindrücken das Verständnis der Traumsymbole erheblich erschwert, ähnlich wie die Dementia praecox es erleichtert.

Unsere Kenntnis der Traumsymbolik gestattet uns aber, ungedeutete Stellen dieses Traumes zu verstehen und hinter den bereits gedeuteten einen tieferen Sinn zu erraten. Es muß uns auffallen, daß einiges Material, welches die Pflegerin verwendet, aus dem Komplex des Gebärens, Kinderhabens kommt. Das große Wasser (der Rhein, der Kanal, in dem der Walfisch gesehen wurde) ist wohl das Wasser, aus dem die Kinder kommen. Sie kommt ja auch dahin „auf der Suche nach dem Kinde". Die Jonasmythe hinter der Determinierung dieses Wassers, die Frage, wie Jonas (das Kind) durch die enge Spalte kommt, gehören demselben

Zusammenhang an. Die Pflegerin, die sich aus Kränkung in den
Rhein gestürzt hat, ins Wasser gegangen ist, hat ja auch in ihrer
Verzweiflung am Leben eine sexualsymbolische Tröstung an der
Todesart gefunden. Der enge Steg, auf dem ihr die Erscheinung
entgegentritt, ist sehr wahrscheinlich gleichfalls als ein Genital-
symbol zu deuten, wenngleich ich gestehen muß, daß dessen
genauere Erkenntnis noch aussteht.

Der Wunsch: ich will ein Kind haben, scheint also der Traumbildner aus dem Unbewußten zu sein, und kein anderer scheint
besser geeignet, die Pflegerin über die peinliche Situation der
Realität zu trösten. „Man wird mich wegschicken, ich werde
mein Pflegekind verlieren. Was liegt daran? Ich werde mir dafür
ein eigenes, leibliches verschaffen." Vielleicht gehört die ungedeutete Stelle, daß sie alle Leute auf der Straße nach dem Kinde
fragt, in diesen Zusammenhang; sie wäre dann zu übersetzen:
und müßte ich mich auf der Straße ausbieten, ich werde mir
das Kind zu schaffen wissen. Ein bisher verdeckter Trotz der
Träumerin wird hier plötzlich laut, und zu diesem paßt erst das
Geständnis: „Also gut, ich habe die Augen zugemacht und meine
Verläßlichkeit als Pflegerin kompromittiert, ich werde jetzt die
Stelle verlieren. Werde ich so dumm sein, ins Wasser zu gehen
wie die X? Nein, ich bleibe überhaupt nicht Pflegerin, ich will
heiraten, Weib sein, ein leibliches Kind haben, daran lasse ich
mich nicht hindern." Diese Übersetzung rechtfertigt sich durch die
Erwägung, daß „Kinderhaben" wohl der infantile Ausdruck des
Wunsches nach dem Sexualverkehr ist, wie es auch vor dem
Bewußtsein zum euphemistischen Ausdruck dieses anstößigen
Wunsches gewählt werden kann.

Das für die Träumerin nachteilige Geständnis, zu dem wohl
im Wachleben eine gewisse Neigung vorhanden war, ist also im
Traume ermöglicht worden, indem ein latenter Charakterzug der
Pflegerin sich desselben zur Herstellung einer infantilen Wunscherfüllung bediente. Wir dürfen vermuten, daß dieser Charakter

in innigem Zusammenhang — zeitlichem wie inhaltlichem —
mit dem Wunsche nach Kind und Sexualgenuß steht.

Eine weitere Erkundigung bei der Dame, der ich das erste
Stück dieser Traumdeutung danke, förderte folgende unerwartete
Aufschlüsse über die Lebensschicksale der Pflegerin zutage. Sie
wollte, ehe sie Pflegerin wurde, einen Mann heiraten, der sich
eifrig um sie bemühte, verzichtete aber darauf infolge des Einspruches einer Tante, zu welcher sie in einem merkwürdigen,
aus Abhängigkeit und Trotz gemischten Verhältnis steht. Diese
Tante, die ihr das Heiraten versagte, ist selbst Oberin eines
Krankenpflegerordens; die Träumerin sah in ihr immer ihr Vorbild, sie ist durch Erbrücksichten an sie gebunden, widersetzte
sich ihr aber, indem sie nicht in den Orden eintrat, den ihr die
Tante bestimmt hatte. Der Trotz, der sich im Traume verraten,
gilt also der Tante. Wir haben diesem Charakterzug analerotische
Herkunft zugesprochen und nehmen hinzu, daß es Geldinteressen
sind, welche sie von der Tante abhängig machen, denken auch
daran, daß das Kind die anale Geburtstheorie bevorzugt.

Das Moment dieses Kindertrotzes wird uns vielleicht einen
innigeren Zusammenhang zwischen den ersten und der letzten
Szene des Traumes annehmen lassen. Die ehemalige Verkäuferin
von Eßwaren im Traume ist zunächst die andere Dienerin der
Dame, die im Moment der Frage: „Haben Sie mich gesehen?" mit
dem Nachtmahl ins Zimmer trat. Aber es scheint, daß sie überhaupt die Stelle der feindlichen Konkurrentin zu übernehmen
bestimmt ist. Sie wird als Pflegeperson herabgesetzt, indem sie
sich für das verlorene Kind gar nicht interessiert, sondern von
ihren eigenen Angelegenheiten Antwort gibt. Auf sie wird also
die Gleichgültigkeit gegen das Pflegekind verschoben, zu der sich
die Träumerin gewendet hat. Ihr wird die unglückliche Ehe und
Scheidung angedichtet, welche die Träumerin in ihren geheimsten
Wünschen selbst fürchten müßte. Wir wissen aber, daß es die
Tante ist, welche die Träumerin von ihrem Verlobten geschieden

hat. So mag die „Verkäuferin von Eßwaren" (was einer infantilen symbolischen Bedeutung nicht zu entbehren braucht) zur Repräsentantin der, übrigens nicht viel älteren, Tante-Oberin werden, welche bei unserer Träumerin die hergebrachte Rolle der Mutter-Konkurrentin eingenommen hat. Eine gute Bestätigung dieser Deutung liegt in dem Umstand, daß der im Traume „bekannte" Ort, an dem sie die in Rede stehende Person vor ihrer Tür findet, der Ort ist, wo eben diese Tante als Oberin lebt.

Infolge der Distanz, welche den Analysierenden vom Objekt der Analyse trennt, muß es ratsam werden, nicht weiter in das Gewebe dieses Traumes einzudringen. Man darf vielleicht sagen, auch soweit er der Deutung zugänglich wurde, zeigte er sich reich an Bestätigungen wie an neuen Problemen.

DAS MOTIV
DER KÄSTCHENWAHL

DAS MOTIV DER KÄSTCHENWAHL

I

Zwei Szenen aus Shakespeare, eine heitere und tragische, haben mir kürzlich den Anlaß zu einer kleinen Problemstellung und Lösung gegeben. Die heitere ist die Wahl der Freier zwischen drei Kästchen im „Kaufmann von Venedig". Die schöne und kluge Porzia ist durch den Willen ihres Vaters gebunden, nur den von ihren Bewerbern zum Manne zu nehmen, der von drei ihm vorgelegten Kästchen das richtige wählt. Die drei Kästchen sind von Gold, von Silber und von Blei; das richtige ist jenes, welches ihr Bildnis einschließt. Zwei Bewerber sind bereits erfolglos abgezogen, sie hatten Gold und Silber gewählt. Bassanio, der dritte, entscheidet sich für das Blei; er gewinnt damit die Braut, deren Neigung ihm bereits vor der Schicksalsprobe gehört hat. Jeder der Freier hatte seine Entscheidung durch eine Rede motiviert, in welcher er das von ihm bevorzugte Metall anpries, während er die beiden anderen herabsetzte. Die schwerste Aufgabe war dabei dem glücklichen dritten Freier zugefallen; was er zur Verherrlichung des Bleis gegen Gold und Silber sagen kann, ist wenig und klingt gezwungen. Stünden wir in der psychoanalytischen Praxis vor solcher Rede, so würden wir hinter der unbefriedigenden Begründung geheimgehaltene Motive wittern.

Shakespeare hat das Orakel der Kästchenwahl nicht selbst erfunden, er nahm es aus einer Erzählung der „Gesta Romanorum", in welcher ein Mädchen dieselbe Wahl vornimmt, um den Sohn des Kaisers zu gewinnen.[1] Auch hier ist das dritte Metall, das Blei, das Glückbringende. Es ist nicht schwer zu erraten, daß hier ein altes Motiv vorliegt, welches nach Deutung, Ableitung und Zurückführung verlangt. Eine erste Vermutung, was wohl die Wahl zwischen Gold, Silber und Blei bedeuten möge, findet bald Bestätigung durch eine Äußerung von Ed. Stucken,[2] der sich in weitausgreifendem Zusammenhang mit dem nämlichen Stoffe beschäftigt. Er sagt: „Wer die drei Freier Porzias sind, erhellt aus dem, was sie wählen: Der Prinz von Marokko wählt den goldenen Kasten: er ist die Sonne; der Prinz von Arragon wählt den silbernen Kasten: er ist der Mond; Bassanio wählt den bleiernen Kasten: er ist der Sternenknabe." Zur Unterstützung dieser Deutung zitiert er eine Episode aus dem estnischen Volksepos Kalewipoeg, in welcher die drei Freier unverkleidet als Sonnen-, Mond- und Sternenjüngling („des Polarsterns ältestes Söhnchen") auftreten und die Braut wiederum dem Dritten zufällt.

So führte also unser kleines Problem auf einen Astralmythus! Nur schade, daß wir mit dieser Aufklärung nicht zu Ende gekommen sind. Das Fragen setzt sich weiter fort, denn wir glauben nicht mit manchen Mythenforschern, daß die Mythen vom Himmel herabgelesen worden sind, vielmehr urteilen wir mit O. Rank,[3] daß sie auf den Himmel projiziert wurden, nachdem sie anderswo unter rein menschlichen Bedingungen entstanden waren. Diesem menschlichen Inhalte gilt aber unser Interesse.

---

1) G. Brandes, William Shakespeare, 1896.
2) Ed. Stucken, Astralmythen, p. 655, Leipzig 1907.
3) O. Rank, Der Mythus von der Geburt des Helden, 1909, p. 8 ff.

Fassen wir unseren Stoff nochmals ins Auge. Im estnischen Epos wie in der Erzählung der Gesta Romanorum handelt es sich um die Wahl eines Mädchens zwischen drei Freiern, in der Szene des „Kaufmann von Venedig" anscheinend um das nämliche, aber gleichzeitig tritt an dieser letzten Stelle etwas wie eine Umkehrung des Motivs auf: Ein Mann wählt zwischen drei — Kästchen. Wenn wir es mit einem Traum zu tun hätten, würden wir sofort daran denken, daß die Kästchen auch Frauen sind, Symbole des Wesentlichen an der Frau und darum der Frau selbst, wie Büchsen, Dosen, Schachteln, Körbe usw. Gestatten wir uns eine solche symbolische Ersetzung auch beim Mythus anzunehmen, so wird die Kästchenszene im „Kaufmann von Venedig" wirklich zur Umkehrung, die wir vermutet haben. Mit einem Rucke, wie er sonst nur im Märchen beschrieben wird, haben wir unserem Thema das astrale Gewand abgestreift und sehen nun, es behandelt ein menschliches Motiv, die Wahl eines Mannes zwischen drei Frauen.

Dasselbe ist aber der Inhalt einer anderen Szene Shakespeares in einem der erschütterndsten seiner Dramen, keine Brautwahl diesmal, aber doch durch so viel geheime Ähnlichkeiten mit der Kästchenwahl im „Kaufmann" verknüpft. Der alte König Lear beschließt, noch bei Lebzeiten sein Reich unter seine drei Töchter zu verteilen, je nach Maßgabe der Liebe, die sie für ihn äußern. Die beiden älteren, Goneril und Regan, erschöpfen sich in Beteuerungen und Anpreisungen ihrer Liebe, die dritte, Cordelia, weigert sich dessen. Er hätte diese unscheinbare, wortlose Liebe der Dritten erkennen und belohnen sollen, aber er verkennt sie, verstößt Cordelia und teilt das Reich unter die beiden anderen, zu seinem und aller Unheil. Ist das nicht wieder eine Szene der Wahl zwischen drei Frauen, von denen die jüngste die beste, die vorzüglichste ist?

Sofort fallen uns nun aus Mythus, Märchen und Dichtung andere Szenen ein, welche die nämliche Situation zum Inhalt haben: Der Hirte Paris hat die Wahl zwischen drei Göttinnen, von denen er die dritte zur Schönsten erklärt. Aschenputtel ist eine ebensolche Jüngste, die der Königssohn den beiden Älteren vorzieht, Psyche im Märchen des Apulejus ist die jüngste und schönste von drei Schwestern, Psyche, die einerseits als menschlich gewordene Aphrodite verehrt wird, anderseits von dieser Göttin behandelt wird wie Aschenputtel von ihrer Stiefmutter, einen vermischten Haufen von Samenkörnern schlichten soll und es mit Hilfe von kleinen Tieren (Tauben bei Aschenputtel, Ameisen bei Psyche) zustandebringt.[1] Wer sich weiter im Materiale umsehen wollte, würde gewiß noch andere Gestaltungen desselben Motivs mit Erhaltung derselben wesentlichen Züge auffinden können.

Begnügen wir uns mit Cordelia, Aphrodite, Aschenputtel und Psyche! Die drei Frauen, von denen die dritte die vorzüglichste ist, sind wohl als irgendwie gleichartig aufzufassen, wenn sie als Schwestern vorgeführt werden. Es soll uns nicht irre machen, wenn es bei Lear die drei Töchter des Wählenden sind, das bedeutet vielleicht nichts anderes, als daß Lear als alter Mann dargestellt werden soll. Den alten Mann kann man nicht leicht anders zwischen drei Frauen wählen lassen; darum werden diese zu seinen Töchtern.

Wer sind aber diese drei Schwestern und warum muß die Wahl auf die dritte fallen? Wenn wir diese Frage beantworten könnten, wären wir im Besitze der gesuchten Deutung. Nun haben wir uns bereits einmal der Anwendung psychoanalytischer Techniken bedient, als wir uns die drei Kästchen symbolisch als drei Frauen aufklärten. Haben wir den Mut, ein solches Verfahren fortzusetzen, so betreten wir einen Weg, der zunächst ins Unvorhergesehene, Unbegreifliche, auf Umwegen vielleicht zu einem Ziele führt.

Es darf uns auffallen, daß jene vorzügliche Dritte in mehreren Fällen außer ihrer Schönheit noch gewisse Besonderheiten hat.

---

[1] Den Hinweis auf diese Übereinstimmungen verdanke ich Dr. O. Rank.

Es sind Eigenschaften, die nach irgend einer Einheit zu streben scheinen; wir dürfen gewiß nicht erwarten, sie in allen Beispielen gleich gut ausgeprägt zu finden. Cordelia macht sich unkenntlich, unscheinbar wie das Blei, sie bleibt stumm, sie „liebt und schweigt". Aschenputtel verbirgt sich, so daß sie nicht aufzufinden ist. Wir dürfen vielleicht das Sichverbergen dem Verstummen gleichsetzen. Dies wären allerdings nur zwei Fälle von den fünf, die wir herausgesucht haben. Aber eine Andeutung davon findet sich merkwürdigerweise auch noch bei zwei anderen. Wir haben uns ja entschlossen, die widerspenstig ablehnende Cordelia dem Blei zu vergleichen. Von diesem heißt es in der kurzen Rede des Bassanio während der Kästchenwahl, eigentlich so ganz unvermittelt:

> *Thy paleness moves me more than eloquence*
> (*plainness* nach anderer Leseart).

Also: Deine Schlichtheit geht mir näher als der beiden anderen schreiendes Wesen. Gold und Silber sind „laut", das Blei ist stumm, wirklich wie Cordelia, die „liebt und schweigt".[1]

In den altgriechischen Erzählungen des Parisurteils ist von einer solchen Zurückhaltung der Aphrodite nichts enthalten. Jede der drei Göttinnen spricht zu dem Jüngling und sucht ihn durch Verheißungen zu gewinnen. Aber in einer ganz modernen Bearbeitung derselben Szene kommt der uns auffällig gewordene Zug der Dritten sonderbarerweise wieder zum Vorschein.. Im Libretto der „Schönen Helena" erzählt Paris, nachdem er von den Werbungen der beiden anderen Göttinnen berichtet, wie sich Aphrodite in diesem Wettkampfe um den Schönheitspreis benommen:

> Und die Dritte — ja die Dritte —
> Stand daneben und blieb stumm.
> Ihr mußt' ich den Apfel geben usw.

---

1) In der Schlegelschen Übersetzung geht diese Anspielung ganz verloren, ja sie wird zur Gegenseite gewendet:
> Dein schlichtes Wesen spricht beredt mich an.

Entschließen wir uns, die Eigentümlichkeiten unserer Dritten in der „Stummheit" konzentriert zu sehen, so sagt uns die Psychoanalyse: Stummheit ist im Traume eine gebräuchliche Darstellung des Todes.[1]

Vor mehr als zehn Jahren teilte mir ein hochintelligenter Mann einen Traum mit, den er als Beweis für die telepathische Natur der Träume verwerten wollte. Er sah einen abwesenden Freund, von dem er überlange keine Nachricht erhalten hatte, und machte ihm eindringliche Vorwürfe über sein Stillschweigen. Der Freund gab keine Antwort. Es stellte sich dann heraus, daß er ungefähr um die Zeit dieses Traumes durch Selbstmord geendet hatte. Lassen wir das Problem der Telepathie beiseite; daß die Stummheit im Traume zur Darstellung des Todes wird, scheint hier nicht zweifelhaft. Auch das Sichverbergen, Unauffindbarsein, wie es der Märchenprinz dreimal beim Aschenputtel erlebt, ist im Traume ein unverkennbares Todessymbol; nicht minder die auffällige Blässe, an welche die *paleness* des Bleis in der einen Leseart des Shakespeareschen Textes erinnert.[2] Die Übertragung dieser Deutungen aus der Sprache des Traumes auf die Ausdrucksweise des uns beschäftigenden Mythus wird uns aber wesentlich erleichtert, wenn wir wahrscheinlich machen können, daß die Stummheit auch in anderen Produktionen, die nicht Träume sind, als Zeichen des Totseins gedeutet werden muß.

Ich greife hier das neunte der Grimmschen Volksmärchen heraus, welches die Überschrift hat: „Die zwölf Brüder."[3] Ein König und eine Königin hatten zwölf Kinder, lauter Buben. Da sagte der König, wenn das dreizehnte Kind ein Mädchen ist, müssen die Buben sterben. In Erwartung dieser Geburt läßt er zwölf Särge machen. Die zwölf Söhne flüchten sich mit Hilfe der

---

[1] Auch in Stekels „Sprache des Traumes", 1911, unter den Todessymbolen angeführt (S. 351).
[2] Stekel, l. c.
[3] S. 50 der Reclamausgabe, I. Bd.

Mutter in einen versteckten Wald und schwören jedem Mädchen den Tod, das sie begegnen sollten.

Ein Mädchen wird geboren, wächst heran und erfährt einmal von der Mutter, daß es zwölf Brüder gehabt hat. Es beschließt sie aufzusuchen, und findet im Walde den Jüngsten, der sie erkennt, aber verbergen möchte wegen des Eides der Brüder. Die Schwester sagt: Ich will gerne sterben, wenn ich damit meine zwölf Brüder erlösen kann. Die Brüder nehmen sie aber herzlich auf, sie bleibt bei ihnen und besorgt ihnen das Haus.

In einem kleinen Garten bei dem Hause wachsen zwölf Lilienblumen; die bricht das Mädchen ab, um jedem Bruder eine zu schenken. In diesem Augenblicke werden die Brüder in Raben verwandelt und verschwinden mit Haus und Garten. — Die Raben sind Seelenvögel, die Tötung der zwölf Brüder durch ihre Schwester wird durch das Abpflücken der Blumen von neuem dargestellt wie zu Eingang durch die Särge und das Verschwinden der Brüder. Das Mädchen, das wiederum bereit ist, seine Brüder vom Tode zu erlösen, erfährt nun als Bedingung, daß sie sieben Jahre stumm sein muss, kein einziges Wort sprechen darf. Sie unterzieht sich dieser Probe, durch die sie selbst in Lebensgefahr gerät, d. h. sie stirbt selbst für die Brüder, wie sie es vor dem Zusammentreffen mit den Brüdern gelobt hat. Durch die Einhaltung der Stummheit gelingt ihr endlich die Erlösung der Raben.

Ganz ähnlich werden im Märchen von den „sechs Schwänen" die in Vögel verwandelten Brüder durch die Stummheit der Schwester erlöst, d. h. wiederbelebt. Das Mädchen hat den festen Entschluß gefaßt, seine Brüder zu erlösen, und „wenn es auch sein Leben kostete" und bringt als Gemahlin des Königs wiederum ihr eigenes Leben in Gefahr, weil sie gegen böse Anklagen ihre Stummheit nicht aufgeben will.

Wir würden sicherlich aus den Märchen noch andere Beweise erbringen können, daß die Stummheit als Darstellung des Todes verstanden werden muß. Wenn wir diesen Anzeichen folgen dürfen, so wäre die dritte unserer Schwestern, zwischen denen die Wahl stattfindet, eine Tote. Sie kann aber auch etwas anderes sein, nämlich der Tod selbst, die Todesgöttin. Vermöge einer gar nicht seltenen Verschiebung werden die Eigenschaften, die eine Gottheit den Menschen zuteilt, ihr selbst zugeschrieben. Am wenigsten wird uns solche Verschiebung bei der Todesgöttin befremden, denn in der modernen Auffassung und Darstellung, die hier vorweggenommen würde, ist der Tod selbst nur ein Toter. Wenn aber die dritte der Schwestern die Todesgöttin ist, so kennen wir die Schwestern. Es sind die Schicksalsschwestern, die Moiren oder Parzen oder Nornen, deren dritte Atropos heißt: die Unerbittliche.

II

Stellen wir die Sorge, wie die gefundene Deutung in unseren Mythus einzufügen ist, einstweilen beiseite, und holen wir uns bei den Mythologen Belehrung über Rolle und Herkunft der Schicksalsgöttinnen.[1]

Die älteste griechische Mythologie kennt nur eine Μοῖρα als Personifikation des unentrinnbaren Schicksals (bei Homer). Die Fortentwicklung dieser einen Moira zu einem Schwesterverein von drei (seltener zwei) Gottheiten erfolgte wahrscheinlich in Anlehnung an andere Göttergestalten, denen die Moiren nahestehen, die Chariten und die Horen.

Die Horen sind ursprünglich Gottheiten der himmlischen Gewässer, die Regen und Tau spenden, der Wolken, aus denen der Regen niederfällt, und da diese Wolken als Gespinst erfaßt werden, ergibt sich für diese Göttinnen der Charakter der Spinnerinnen, der dann an den Moiren fixiert wird. In den von der Sonne verwöhnten Mittelmeerländern ist es der Regen, von dem die Fruchtbarkeit des Bodens abhängig wird, und darum wandeln sich die Horen zu Vegetationsgottheiten. Man dankt ihnen die

---

[1] Das folgende nach Roschers Lexikon der griechischen und römischen Mythologie unter den entsprechenden Titeln.

Schönheit der Blumen und den Reichtum der Früchte, stattet sie mit einer Fülle von liebenswürdigen und anmutigen Zügen aus. Sie werden zu den göttlichen Vertreterinnen der Jahreszeiten und erwerben vielleicht durch diese Beziehung ihre Dreizahl, wenn die heilige Natur der Drei zu deren Aufklärung nicht genügen sollte. Denn diese alten Völker unterschieden zuerst nur drei Jahreszeiten: Winter, Frühling und Sommer. Der Herbst kam erst in späten griechisch-römischen Zeiten hinzu; dann bildete die Kunst häufig vier Horen ab.

Die Beziehung zur Zeit blieb den Horen erhalten; sie wachten später über die Tageszeiten wie zuerst über die Zeiten des Jahres; endlich sank ihr Name zur Bezeichnung der Stunde *(heure, ora)* herab. Die den Horen und Moiren wesensverwandten Nornen der deutschen Mythologie tragen diese Zeitbedeutung in ihren Namen zur Schau. Es konnte aber nicht ausbleiben, daß das Wesen dieser Gottheiten tiefer erfaßt und in das Gesetzmäßige im Wandel der Zeiten verlegt wurde; die Horen wurden so zu Hüterinnen des Naturgesetzes und der heiligen Ordnung, welche mit unabänderlicher Reihenfolge in der Natur das gleiche wiederkehren läßt.

Diese Erkenntnis der Natur wirkte zurück auf die Auffassung des menschlichen Lebens. Der Naturmythus wandelte sich zum Menschenmythus; aus den Wettergöttinnen wurden Schicksalsgottheiten. Aber diese Seite der Horen kam erst in den Moiren zum Ausdrucke, die über die notwendige Ordnung im Menschenleben so unerbittlich wachen wie die Horen über die Gesetzmäßigkeit der Natur. Das unabwendbar Strenge des Gesetzes, die Beziehung zu Tod und Untergang, die an den lieblichen Gestalten der Horen vermieden worden waren, sie prägten sich nun an den Moiren aus, als ob der Mensch den ganzen Ernst des Naturgesetzes erst dann empfände, wenn er ihm die eigene Person unterordnen soll.

Die Namen der drei Spinnerinnen haben auch bei den Mythologen bedeutsames Verständnis gefunden. Die zweite, Lachesis scheint das „innerhalb der Gesetzmäßigkeit des Schicksals Zufällige" zu bezeichnen[1] — wir würden sagen: das Erleben — wie Atropos das Unabwendbare, den Tod, und dann bliebe für Klotho die Bedeutung der verhängnisvollen, mitgebrachten Anlage.

Und nun ist es Zeit, zu dem der Deutung unterliegenden Motive der Wahl zwischen drei Schwestern zurückzukehren. Mit tiefem Mißvergnügen werden wir bemerken, wie unverständlich die betrachteten Situationen werden, wenn wir in sie die gefundene Deutung einsetzen, und welche Widersprüche zum scheinbaren Inhalte derselben sich dann ergeben. Die dritte der Schwestern soll die Todesgöttin sein, der Tod selbst, und im Parisurteile ist es die Liebesgöttin, im Märchen des Apulejus eine dieser letzteren vergleichbare Schönheit, im „Kaufmann" die schönste und klügste Frau, im Lear die einzige treue Tochter. Kann ein Widerspruch vollkommener gedacht werden? Doch vielleicht ist diese unwahrscheinliche Steigerung ganz in der Nähe. Sie liegt wirklich vor, wenn in unserem Motive jedesmal zwischen den Frauen frei gewählt wird, und wenn die Wahl dabei auf den Tod fallen soll, den doch niemand wählt, dem man durch ein Verhängnis zum Opfer fällt.

Indes Widersprüche von einer gewissen Art, Ersetzungen durch das volle kontradiktorische Gegenteil bereiten der analytischen Deutungsarbeit keine ernste Schwierigkeit. Wir werden uns hier nicht darauf berufen, daß Gegensätze in den Ausdrucksweisen des Unbewußten wie im Traume so häufig durch eines und das nämliche Element dargestellt werden. Aber wir werden daran denken, daß es Motive im Seelenleben gibt, welche die Ersetzung durch das Gegenteil als sogenannte Reaktionsbildung herbeiführen, und können den Gewinn unserer Arbeit gerade in der Aufdeckung solcher verborgener Motive suchen. Die Schöpfung der Moiren ist der Erfolg einer Einsicht, welche den Menschen mahnt, auch er sei ein Stück der Natur und darum dem unabänderlichen

---

[1] J. Roscher nach Preller-Robert, Griechische Mythologie.

Gesetze des Todes unterworfen. Gegen diese Unterwerfung mußte sich etwas im Menschen sträuben, der nur höchst ungern auf seine Ausnahmsstellung verzichtet. Wir wissen, daß der Mensch seine Phantasietätigkeit zur Befriedigung seiner von der Realität unbefriedigten Wünsche verwendet. So lehnte sich denn seine Phantasie gegen die im Moirenmythus verkörperte Einsicht auf und schuf den davon abgeleiteten Mythus, in dem die Todesgöttin durch die Liebesgöttin, und was ihr an menschlichen Gestaltungen gleichkommt, ersetzt ist. Die dritte der Schwestern ist nicht mehr der Tod, sie ist die schönste, beste, begehrenswerteste, liebenswerteste der Frauen. Und diese Ersetzung war technisch keineswegs schwer; sie war durch eine alte Ambivalenz vorbereitet, sie vollzog sich längs eines uralten Zusammenhanges, der noch nicht lange vergessen sein konnte. Die Liebesgöttin selbst, die jetzt an die Stelle der Todesgöttin trat, war einst mit ihr identisch gewesen. Noch die griechische Aphrodite entbehrte nicht völlig der Beziehungen zur Unterwelt, obwohl sie ihre chthonische Rolle längst an andere Göttergestalten, an die Persephone, die dreigestaltige Artemis-Hekate, abgegeben hatte. Die großen Muttergottheiten der orientalischen Völker scheinen aber alle ebensowohl Zeugerinnen wie Vernichterinnen, Göttinnen des Lebens und der Befruchtung wie Todesgöttinnen gewesen zu sein. So greift die Ersetzung durch ein Wunschgegenteil bei unserem Motive auf eine uralte Identität zurück.

Dieselbe Erwägung beantwortet uns die Frage, woher der Zug der Wahl in den Mythus von den drei Schwestern geraten ist. Es hat hier wiederum eine Wunschverkehrung stattgefunden. Wahl steht an der Stelle von Notwendigkeit, von Verhängnis. So überwindet der Mensch den Tod, den er in seinem Denken anerkannt hat. Es ist kein stärkerer Triumph der Wunscherfüllung denkbar. Man wählt dort, wo man in Wirklichkeit dem Zwange gehorcht, und die man wählt, ist nicht die Schreckliche, sondern die Schönste und Begehrenswerteste.

Bei näherem Zusehen merken wir freilich, daß die Entstellungen des ursprünglichen Mythus nicht gründlich genug sind, um sich nicht durch Resterscheinungen zu verraten. Die freie Wahl zwischen den drei Schwestern ist eigentlich keine freie Wahl, denn sie muß notwendigerweise die dritte treffen, wenn nicht, wie im Lear, alles Unheil aus ihr entstehen soll. Die Schönste und Beste, welche an Stelle der Todesgöttin getreten ist, hat Züge behalten, die an das Unheimliche streifen, so daß wir aus ihnen das Verborgene erraten konnten.[1]

Wir haben bisher den Mythus und seine Wandlung verfolgt und hoffen die geheimen Gründe dieser Wandlung aufgezeigt zu haben. Nun darf uns wohl die Verwendung des Motivs beim Dichter interessieren. Wir bekommen den Eindruck, als ginge beim Dichter eine Reduktion des Motivs auf den ursprünglichen Mythus vor sich, so daß der ergreifende, durch die Entstellung abgeschwächte Sinn des letzteren von uns wieder verspürt wird. Durch diese Reduktion der Entstellung, die teilweise Rückkehr zum Ursprünglichen, erziele der Dichter die tiefere Wirkung, die er bei uns erzeugt.

Um Mißverständnissen vorzubeugen, will ich sagen, ich habe nicht die Absicht zu widersprechen, daß das Drama vom König Lear die beiden weisen Lehren einschärfen wolle, man solle auf sein Gut und seine Rechte nicht zu Lebzeiten verzichten, und

---

[1] Auch die Psyche des Apulejus hat reichlich Züge bewahrt, welche an ihre Beziehung zum Tode mahnen. Ihre Hochzeit wird gerüstet wie eine Leichenfeier, sie muß in die Unterwelt hinabsteigen und versinkt nachher in einen totenähnlichen Schlaf (O. Rank).
Über die Bedeutung der Psyche als Frühlingsgottheit und als „Braut des Todes" siehe A. Zinzow: „Psyche und Eros" (Halle 1881).
In einem anderen Grimmschen Märchen (Nr. 179, Die Gänsehirtin am Brunnen) findet sich wie beim Aschenputtel die Abwechslung von schöner und häßlicher Gestalt der dritten Tochter, in der man wohl eine Andeutung von deren Doppelnatur — vor und nach der Ersetzung — erblicken darf. Diese dritte wird von ihrem Vater nach einer Probe verstoßen, welche mit der im König Lear fast zusammenfällt. Sie soll wie die anderen Schwestern angeben, wie lieb sie den Vater hat, findet aber keinen anderen Ausdruck ihrer Liebe als den Vergleich mit dem Salze. (Freundliche Mitteilung von Dr. Hanns Sachs.)

man müsse sich hüten, Schmeichelei für bare Münze zu nehmen. Diese und ähnliche Mahnungen ergeben sich wirklich aus dem Stücke, aber es erscheint mir ganz unmöglich, die ungeheure Wirkung des Lear aus dem Eindrucke dieses Gedankeninhaltes zu erklären oder anzunehmen, daß die persönlichen Motive des Dichters mit der Absicht, diese Lehren vorzutragen, erschöpft seien. Auch die Auskunft, der Dichter habe uns die Tragödie der Undankbarkeit vorspielen wollen, deren Bisse er wohl am eigenen Leibe verspürt, und die Wirkung des Spieles beruhe auf dem rein formalen Momente der künstlerischen Einkleidung, scheint mir das Verständnis nicht zu ersetzen, welches uns durch die Würdigung des Motivs der Wahl zwischen den drei Schwestern eröffnet wird.

Lear ist ein alter Mann. Wir sagten schon, darum erscheinen die drei Schwestern als seine Töchter. Das Vaterverhältnis, aus dem so viel fruchtbare dramatische Antriebe erfließen könnten, wird im Drama weiter nicht verwertet. Lear ist aber nicht nur ein Alter, sondern auch ein Sterbender. Die so absonderliche Voraussetzung der Erbteilung verliert dann alles Befremdende. Dieser dem Tode Verfallene will aber auf die Liebe des Weibes nicht verzichten, er will hören, wie sehr er geliebt wird. Nun denke man an die erschütternde letzte Szene, einen der Höhepunkte der Tragik im modernen Drama: Lear trägt den Leichnam der Cordelia auf die Bühne. Cordelia ist der Tod. Wenn man die Situation umkehrt, wird sie uns verständlich und vertraut. Es ist die Todesgöttin, die den gestorbenen Helden vom Kampfplatze wegträgt, wie die Walküre in der deutschen Mythologie. Ewige Weisheit im Gewande des uralten Mythus rät dem alten Manne, der Liebe zu entsagen, den Tod zu wählen, sich mit der Notwendigkeit des Sterbens zu befreunden.

Der Dichter bringt uns das alte Motiv näher, indem er die Wahl zwischen den drei Schwestern von einem Gealterten und Sterbenden vollziehen läßt. Die regressive Bearbeitung, die er so mit dem durch Wunschverwandlung entstellten Mythus vorgenommen, läßt dessen alten Sinn so weit durchschimmern, daß uns vielleicht auch eine flächenhafte, allegorische Deutung der drei Frauengestalten des Motivs ermöglicht wird. Man könnte sagen, es seien die drei für den Mann unvermeidlichen Beziehungen zum Weibe, die hier dargestellt sind: Die Gebärerin, die Genossin und die Verderberin. Oder die drei Formen, zu denen sich ihm das Bild der Mutter im Laufe des Lebens wandelt: Die Mutter selbst, die Geliebte, die er nach deren Ebenbild gewählt, und zuletzt die Mutter Erde, die ihn wieder aufnimmt. Der alte Mann aber hascht vergebens nach der Liebe des Weibes, wie er sie zuerst von der Mutter empfangen; nur die dritte der Schicksalsfrauen, die schweigsame Todesgöttin, wird ihn in ihre Arme nehmen

ERFAHRUNGEN UND BEISPIELE
AUS DER
ANALYTISCHEN PRAXIS

ERFAHRUNGEN UND BEISPIELE AUS DER ANALYTISCHEN PRAXIS

Die Sammlung kleiner Beiträge, von welcher wir hier ein erstes Stück bringen,[1] bedarf einiger einführender Worte: Die Krankheitsfälle, an denen der Psychoanalytiker seine Beobachtungen macht, sind für die Bereicherung seiner Kenntnis natürlich ungleichwertig. Es gibt solche, bei denen er alles in Verwendung bringen muß, was er weiß, und nichts Neues lernt; andere, welche ihm das bereits Bekannte in besonders deutlicher Ausprägung und schöner Isolierung zeigen, so daß er diesen Kranken nicht nur Bestätigungen, sondern auch Erweiterungen seines Wissens verdankt. Man ist berechtigt zu vermuten, daß die psychischen Vorgänge, die man studieren will, bei den Fällen der ersteren Art keine anderen sind als bei denen der letzteren, aber man wird sie am liebsten an solchen günstigen und durchsichtigen Fällen beschreiben. Die Entwicklungsgeschichte nimmt ja auch an, daß die Furchung des tierischen Eis sich bei den pigmentstarken und für die Untersuchung ungünstigen Objekten nicht anders vollziehe als bei den durchsichtigen pigmentarmen, welche sie für ihre Untersuchungen auswählt.

Die zahlreichen schönen Beispiele, welche dem Analytiker in der täglichen Arbeit das ihm Bekannte bestätigen, gehen aber zumeist verloren, da deren Einreihung in einen Zusammenhang oft lange Zeit aufgeschoben werden muß. Es hat darum einen gewissen Wert, wenn man eine Form angibt, wie solche Erfahrungen und Beispiele veröffentlicht und der allgemeinen Kenntnis zugeführt werden können, ohne eine Bearbeitung von übergeordneten Gesichtspunkten her abzuwarten.

Die hier eingeführte Rubrik will den Raum für eine Unterbringung dieses Materials zur Verfügung stellen. Äußerste Knappheit der Darstellung erscheint geboten; die Aneinanderreihung der Beispiele ist eine ganz zwanglose.

---

1) *[Die meisten der in der genannten Sammlung veröffentlichten Beiträge des Verfassers sind dann in spätere Buchpublikationen einverleibt worden, es entfällt daher hier ihre Wiedergabe.]*

Verschämte Füße (Schuhe)

Die Patientin berichtet nach mehreren Tagen Widerstand, sie habe sich so sehr gekränkt, daß ein junger Mann, den sie regelmäßig in der Nähe der Wohnung des Arztes begegne, und der sie sonst bewundernd anzuschauen pflegte, das letztemal verächtlich auf ihre Füße geblickt habe. Sie hat sonst wahrlich keine Ursache, sich ihrer Füße zu schämen. Die Lösung bringt sie selbst, nachdem sie gestanden hat, daß sie den jungen Mann für den Sohn des Arztes halte, der also zufolge der Übertragung ihren (älteren) Bruder vertritt. Nun folgt die Erinnerung, daß sie im Alter von etwa fünf Jahren ihren Bruder auf das Klosett zu begleiten pflegte, wo sie ihm urinieren zusah. Von Neid ergriffen, daß sie es nicht so könne wie er, versuchte sie eines Tages es ihm gleichzutun (Penisneid), benetzte aber dabei ihre Schuhe und ärgerte sich sehr, als der Bruder sie darüber neckte. Der Ärger wiederholte sich lange Zeit, so oft der Bruder in der Absicht, sie an jenes Mißglücken zu erinnern, verächtlich auf ihre Schuhe blickte. Diese Erfahrung, fügt sie hinzu, habe ihr späteres Verhalten in der Schule bestimmt. Wenn ihr etwas nicht beim ersten Versuch gelingen wollte, brachte sie nie den Entschluß zustande, es von neuem zu versuchen, so daß sie in vielen Gegenständen völlig versagte. — Ein gutes Beispiel für die Charakterbeeinflussung durch die Vorbildlichkeit des Sexuellen.

Selbstkritik der Neurotiker

Es ist immer auffällig und verdient besondere Aufmerksamkeit, wenn ein Neurotiker sich selbst zu beschimpfen, geringschätzig zu beurteilen pflegt u. dgl. Häufig gelangt man, wie bei den Selbstvorwürfen, zum Verständnis durch die Annahme einer Identifizierung mit einer anderen Person. In einem Falle zwangen die Begleitumstände der Sitzung zu einer anderen Lösung eines solchen Benehmens. Die junge Dame, die nicht müde wurde zu versichern, sie sei wenig intelligent, unbegabt usw., wollte damit nur andeuten, sie sei am Körper sehr schön, und verbarg diese Prahlerei hinter jener Selbstkritik. Der in all solchen Fällen zu vermutende Hinweis auf die schädlichen Folgen der Onanie fehlte übrigens auch in diesem Falle nicht.

Rücksicht auf Darstellbarkeit

Der Träumer zieht eine Frau hinter dem Bette hervor: — er gibt ihr den Vorzug. — Er (ein Offizier) sitzt an einer Tafel dem Kaiser gegenüber: — er bringt sich in Gegensatz zum Kaiser (Vater). Beide Darstellungen vom Träumer selbst übersetzt.

Auftreten von Krankheitssymptomen im Traume

Die Symptome der Krankheit (Angst usw.) im Traum scheinen ganz allgemein zu besagen: Darum (im Zusammenhange mit den vorhergehenden Traumelementen) bin ich krank geworden. Dies Träumen entspricht also einer Fortsetzung der Analyse in den Traum.

ZUR GESCHICHTE DER PSYCHO-ANALYTISCHEN BEWEGUNG

Fluctuat nec mergitur
Im Wappen der Stadt Paris

I

Wenn ich im Nachstehenden Beiträge zur Geschichte der psychoanalytischen Bewegung bringe, so wird sich über deren subjektiven Charakter und über die Rolle, die meiner Person darin zufällt, niemand verwundern dürfen. Denn die Psychoanalyse ist meine Schöpfung, ich war durch zehn Jahre der einzige, der sich mit ihr beschäftigte, und alles Mißvergnügen, welches die neue Erscheinung bei den Zeitgenossen hervorrief, hat sich als Kritik auf mein Haupt entladen. Ich finde mich berechtigt, den Standpunkt zu vertreten, daß auch heute noch, wo ich längst nicht mehr der einzige Psychoanalytiker bin, keiner besser als ich wissen kann, was die Psychoanalyse ist, wodurch sie sich von anderen Weisen, das Seelenleben zu erforschen, unterscheidet, und was mit ihrem Namen belegt werden soll oder besser anders zu benennen ist. Indem ich so zurückweise, was mir als eine kühne Usurpation erscheint, gebe ich unseren Lesern indirekten Aufschluß über die Vorgänge, die zum Wechsel in der Redaktion und Erscheinungsform dieses Jahrbuches geführt haben.

Als ich im Jahre 1909 auf dem Katheder einer amerikanischen Universität zuerst öffentlich von der Psychoanalyse reden durfte, habe ich, von der Bedeutung des Moments für meine Bestrebungen ergriffen, erklärt, ich sei es nicht gewesen, der die Psychoanalyse ins Leben gerufen. Dies Verdienst habe ein anderer, Josef Breuer, erworben zu einer Zeit, da ich Student und mit der Ablegung meiner Prüfungen beschäftigt gewesen sei (1880 bis

1882).[1] Aber wohlmeinende Freunde haben mir seither die Erwägung nahegelegt, ob ich meiner Dankbarkeit damals nicht einen unangemessenen Ausdruck gegeben. Ich hätte, wie bei früheren Veranlassungen, das „kathartische Verfahren" von Breuer als ein Vorstadium der Psychoanalyse würdigen und diese selbst erst mit meiner Verwerfung der hypnotischen Technik und Einführung der freien Assoziationen beginnen lassen sollen. Nun ist es ziemlich gleichgültig, ob man die Geschichte der Psychoanalyse vom kathartischen Verfahren an oder erst von meiner Modifikation desselben rechnen will. Ich gehe auf dieses uninteressante Problem nur ein, weil manche Gegner der Psychoanalyse sich gelegentlich darauf zu besinnen pflegen, daß ja diese Kunst gar nicht von mir, sondern von Breuer herrührt. Dies ereignet sich natürlich nur in dem Falle, daß ihnen ihre Stellung gestattet, einiges an der Psychoanalyse beachtenswert zu finden; wenn sie sich in der Ablehnung keine solche Schranke auferlegen, dann ist die Psychoanalyse immer unbestritten mein Werk. Ich habe noch nie erfahren, daß Breuers großer Anteil an der Psychoanalyse ihm das entsprechende Maß von Schimpf und Tadel eingetragen hätte. Da ich nun längst erkannt habe, daß es das unvermeidliche Schicksal der Psychoanalyse ist, die Menschen zum Widerspruch zu reizen und zu erbittern, so habe ich für mich den Schluß gezogen, ich müßte doch von allem, was sie auszeichnet, der richtige Urheber sein. Mit Befriedigung füge ich hinzu, daß keine der Bemühungen, meinen Anteil an der vielgeschmähten Analyse zu schmälern, je von Breuer selbst ausgegangen ist oder sich seiner Unterstützung rühmen konnte.

Der Inhalt der Breuerschen Entdeckung ist so häufig dargestellt worden, daß deren ausführliche Diskussion hier entfallen

---

[1] Über Psychoanalyse. Fünf Vorlesungen, gehalten zur 20jährigen Gründungsfeier der Clark University in Worcester, Mass., gewidmet Stanley Hall, Ges. Werke Bd. 8. Gleichzeitig englisch erschienen im Amer. Journ. of Psychology, March 1910: übersetzt ins Holländische, Ungarische, Polnische, Russische, Spanische und Italienische.

darf: die Grundtatsache, daß die Symptome der Hysterischen von eindrucksvollen, aber vergessenen Szenen ihres Lebens (Traumen) abhängen, die darauf gegründete Therapie, sie diese Erlebnisse in der Hypnose erinnern und reproduzieren zu lassen (Katharsis), und das daraus folgende Stückchen Theorie, daß diese Symptome einer abnormen Verwendung von nicht erledigten Erregungsgrößen entsprechen (Konversion). Breuer hat jedesmal, wo er in seinem theoretischen Beitrag zu den „Studien über Hysterie" der Konversion gedenken muß, meinen Namen in Klammern hinzugesetzt, als ob dieser erste Versuch einer theoretischen Rechenschaft mein geistiges Eigentum wäre. Ich glaube, daß sich diese Zuteilung nur auf die Namengebung bezieht, während sich die Auffassung uns gleichzeitig und gemeinsam ergeben hat.

Es ist auch bekannt, daß Breuer die kathartische Behandlung nach seiner ersten Erfahrung durch eine Reihe von Jahren ruhen ließ und sie erst wieder aufnahm, nachdem ich, von Charcot zurückgekehrt, ihn dazu veranlaßt hatte. Er war Internist und durch eine ausgedehnte ärztliche Praxis in Anspruch genommen; ich war nur ungern Arzt geworden, hatte aber damals ein starkes Motiv bekommen, den nervösen Kranken helfen oder wenigstens etwas von ihren Zuständen verstehen zu wollen. Ich hatte mich der physikalischen Therapie anvertraut und fand mich ratlos angesichts der Enttäuschungen, welche mich die an Ratschlägen und Indikationen so reiche „Elektrotherapie" von W. Erb erleben ließ. Wenn ich mich damals nicht selbständig zu dem später von Moebius durchgesetzten Urteil durcharbeitete, daß die Erfolge der elektrischen Behandlung bei nervösen Störungen Suggestionserfolge seien, so trug gewiß nichts anderes als das Ausbleiben dieser versprochenen Erfolge die Schuld daran. Einen ausreichenden Ersatz für die verlorene elektrische Therapie schien damals die Behandlung mit Suggestionen in tiefer Hypnose zu bieten, die ich durch die äußerst eindrucksvollen Demonstrationen von

Liébault und Bernheim kennen lernte. Aber die Erforschung in der Hypnose, von der ich durch Breuer Kenntnis hatte, mußte durch ihre automatische Wirkungsweise und die gleichzeitige Befriedigung der Wißbegierde ungleich anziehender wirken, als das monotone, gewalttätige, von jeder Forschung ablenkende suggestive Verbot.

Wir haben kürzlich als eine der jüngsten Erwerbungen der Psychoanalyse die Mahnung vernommen, den aktuellen Konflikt und die Krankheitsveranlassung in den Vordergrund der Analyse zu rücken. Nun das ist genau das, was Breuer und ich zu Beginn unserer Arbeiten mit der kathartischen Methode getan haben. Wir lenkten die Aufmerksamkeit des Kranken direkt auf die traumatische Szene, in welcher das Symptom entstanden war, suchten in dieser den psychischen Konflikt zu erraten und den unterdrückten Affekt frei zu machen. Dabei entdeckten wir den für die psychischen Prozesse bei den Neurosen charakteristischen Vorgang, den ich später Regression genannt habe. Die Assoziation des Kranken ging von der Szene, die man aufklären wollte, auf frühere Erlebnisse zurück und nötigte die Analyse, welche die Gegenwart korrigieren sollte, sich mit der Vergangenheit zu beschäftigen. Diese Regression führte immer weiter nach rückwärts, zuerst schien es, regelmäßig bis in die Zeit der Pubertät, dann lockten Mißerfolge wie Lücken des Verständnisses die analytische Arbeit in die dahinterliegenden Jahre der Kindheit, die bisher für jede Art von Erforschung unzugänglich gewesen waren. Diese regrediente Richtung wurde zu einem wichtigen Charakter der Analyse. Es zeigte sich, daß die Psychoanalyse nichts Aktuelles aufklären könne außer durch Zurückführung auf etwas Vergangenes, ja daß jedes pathogene Erlebnis ein früheres voraussetzt, welches, selbst nicht pathogen, doch dem späteren Ereignis seine pathogene Eigenschaft verleiht. Die Versuchung, bei dem bekannten aktuellen Anlaß zu verbleiben, war aber so groß, daß ich ihr noch bei späten Analysen nachgegeben habe.

In der 1899 durchgeführten Behandlung der „Dora" genannten Patientin war mir die Szene bekannt, welche den Ausbruch der aktuellen Erkrankung veranlaßt hatte. Ich bemühte mich ungezählte Male, dieses Erlebnis zur Analyse zu bringen, ohne auf meine direkte Aufforderung jemals etwas anderes zu erhalten, als die nämliche kärgliche und lückenhafte Beschreibung. Erst nach einem langen Umweg, der über die früheste Kindheit der Patientin führte, stellte sich ein Traum ein, zu dessen Analyse die bis dahin vergessenen Einzelheiten der Szene erinnert wurden, womit das Verständnis und die Lösung des aktuellen Konfliktes ermöglicht waren.

Man kann aus diesem einen Beispiel ersehen, wie irreführend die vorhin erwähnte Mahnung ist, und welcher Betrag wissenschaftlicher Regression in der so angeratenen Vernachlässigung der Regression in der analytischen Technik zum Ausdruck kommt.

Die erste Differenz zwischen B r e u e r und mir trat in einer Frage des intimeren psychischen Mechanismus der Hysterie zutage. Er bevorzugte eine sozusagen noch physiologische Theorie, wollte die seelische Spaltung der Hysterischen durch das Nichtkommunizieren verschiedener seelischer Zustände (oder wie wir damals sagten: Bewußtseinszustände) erklären und schuf so die Theorie der „hypnoiden Zustände", deren Ergebnisse wie unassimilierte Fremdkörper in das „Wachbewußtsein" hineinragen sollten. Ich hatte mir die Sache weniger wissenschaftlich zurechtgelegt, witterte überall Tendenzen und Neigungen analog denen des täglichen Lebens und faßte die psychische Spaltung selbst als Ergebnis eines Abstoßungsvorgangs auf, den ich damals „Abwehr", später „Verdrängung" benannte. Ich machte einen kurzlebigen Versuch, die beiden Mechanismen nebeneinander bestehen zu lassen, aber da mir die Erfahrung stets das nämliche und nur eines zeigte, stand bald seiner Hypnoidtheorie meine Abwehrlehre gegenüber.

Ich bin indes ganz sicher, daß dieser Gegensatz nichts mit unserer bald darauf eintretenden Trennung zu tun hatte. Dieselbe war tiefer motiviert, aber sie kam so, daß ich sie anfangs nicht verstand und erst später nach allerlei guten Indizien deuten lernte. Man erinnert sich, daß B r e u e r von seiner berühmten ersten Patientin ausgesagt hatte, das sexuale Element sei bei ihr erstaunlich unentwickelt gewesen und habe niemals einen Beitrag zu ihrem reichen Krankheitsbilde geliefert. Ich habe mich immer verwundert, daß die Kritiker diese Versicherung B r e u e r s meiner Behauptung von der sexuellen Ätiologie der Neurosen nicht öfter entgegengestellt haben, und weiß noch heute nicht, ob ich in dieser Unterlassung einen Beweis für ihre Diskretion oder für ihre Unachtsamkeit sehen soll. Wer die B r e u e r sche Krankengeschichte im Lichte der in den letzten zwanzig Jahren gewonnenen Erfahrung von neuem durchliest, wird die Symbolik der Schlangen, des Starrwerdens, der Armlähmung nicht mißverstehen und durch Einrechnung der Situation am Krankenbette des Vaters die wirkliche Deutung jener Symptombildung leicht erraten. Sein Urteil über die Rolle der Sexualität im Seelenleben jenes Mädchens wird sich dann von dem ihres Arztes weit entfernen. B r e u e r stand zur Herstellung der Kranken der intensivste suggestive Rapport zu Gebote, der uns gerade als Vorbild dessen, was wir „Übertragung" heißen, dienen kann. Ich habe nun starke Gründe zu vermuten, daß B r e u e r nach der Beseitigung aller Symptome die sexuelle Motivierung dieser Übertragung an neuen Anzeichen entdecken mußte, daß ihm aber die allgemeine Natur dieses unerwarteten Phänomens entging, so daß er hier, wie von einem „*untoward event*" betroffen, die Forschung abbrach. Er hat mir hievon keine direkte Mitteilung gemacht, aber zu verschiedenen Zeiten Anhaltspunkte genug gegeben, um diese Kombination zu rechtfertigen. Als ich dann immer entschiedener für die Bedeutung der Sexualität in der Verursachung der Neurose eintrat, war er der erste, der mir jene Reaktionen der unwilligen Ablehnung zeigte, die mir später so vertraut werden sollten, die ich damals aber noch nicht als mein unabwendbares Schicksal erkannt hatte. Die Tatsache der grob sexuell betonten, zärtlichen oder feindseligen Übertragung, die sich bei jeder Neurosenbehandlung einstellt, obwohl sie von keinem Teil gewünscht oder herbeigeführt wird, ist mir immer als der unerschütterlichste Beweis für die Herkunft der Triebkräfte der Neurose aus dem Sexualleben erschienen. Dies Argument ist noch lange nicht ernsthaft genug gewürdigt worden, denn geschähe dies, so bliebe der Forschung eigentlich keine Wahl. Für meine Überzeugung ist es entscheidend geblieben, neben und über den speziellen Ergebnissen der Analysenarbeit.

Ein Trost für die schlechte Aufnahme, welche meine Aufstellung der sexuellen Ätiologie der Neurosen auch im engeren Freundeskreis fand — es bildete sich bald ein negativer Raum um meine Person — lag doch in der Überlegung, daß ich für eine neue und originelle Idee den Kampf aufgenommen hatte. Allein eines Tages setzten sich bei mir einige Erinnerungen zusammen, welche diese Befriedigung störten und mir dafür einen schönen Einblick in den Hergang unseres Schaffens und die Natur unseres Wissens gestatteten. Die Idee, für die ich verantwortlich gemacht wurde, war keineswegs in mir entstanden. Sie war mir von drei Personen zugetragen worden, deren Meinung auf meinen tiefsten Respekt rechnen durfte, von B r e u e r selbst, von C h a r c o t und von dem Gynäkologen unserer Universität C h r o b a k, dem vielleicht hervorragendsten unserer Wiener Ärzte. Alle drei Männer hatten mir eine Einsicht überliefert, die sie, streng genommen, selbst nicht besaßen. Zwei von ihnen verleugneten ihre Mitteilung, als ich sie später daran mahnte, der dritte (Meister C h a r c o t) hätte es wahrscheinlich ebenso getan, wenn es mir vergönnt gewesen wäre, ihn wiederzusehen. In mir aber hatten diese ohne Verständnis aufgenommenen identischen Mitteilungen durch Jahre geschlummert, bis sie eines Tages als eine scheinbar originelle Erkenntnis erwachten.

Als ich eines Tages als junger Spitalsarzt Breuer auf einem Spaziergange durch die Stadt begleitete, trat ein Mann an ihn heran, der ihn dringend sprechen wollte. Ich blieb zurück, und als Breuer frei geworden war, teilte er mir in seiner freundlich belehrenden Weise mit, es sei der Mann einer Patientin gewesen, der eine Nachricht über sie gebracht hätte. Die Frau, fügte er hinzu, benehme sich in Gesellschaften in so auffälliger Art, daß man sie ihm als Nervöse zur Behandlung übergeben habe. Das sind immer Geheimnisse des Alkovens, schloß er dann. Ich fragte erstaunt, was er meine, und er erklärte mir das Wort („des Ehebettes"), weil er nicht verstand, daß mir die Sache so unerhört erschienen war.

Einige Jahre später befand ich mich an einem der Empfangsabende Charcots in der Nähe des verehrten Lehrers, der gerade Brouardel eine, wie es schien, sehr interessante Geschichte aus der Praxis des Tages erzählte. Ich hörte den Anfang ungenau, allmählich fesselte die Erzählung meine Aufmerksamkeit. Ein junges Ehepaar von weit her aus dem Orient, die Frau schwer leidend, der Mann impotent oder recht ungeschickt. *Tâchez donc,* hörte ich Charcot wiederholen, *je vous assure, vous y arriverez.* Brouardel, der weniger laut sprach, muß dann seiner Verwunderung Ausdruck gegeben haben, daß unter solchen Umständen Symptome wie die der Frau zustande kämen. Denn Charcot brach plötzlich mit großer Lebhaftigkeit in die Worte aus: *Mais dans des cas pareils c'est toujours la chose génitale, toujours ... toujours ... toujours.* Und dabei kreuzte er die Hände vor dem Schoß und hüpfte mit der ihm eigenen Lebhaftigkeit mehrmals auf und nieder. Ich weiß, daß ich für einen Augenblick in ein fast lähmendes Erstaunen verfiel und mir sagte: Ja, wenn er das weiß, warum sagt er das nie? Aber der Eindruck war bald vergessen; die Gehirnanatomie und die experimentelle Erzeugung hysterischer Lähmungen hatten alles Interesse absorbiert.

Ein Jahr später hatte ich als Privatdozent für Nervenkrankheiten meine ärztliche Tätigkeit in Wien begonnen und war in allem, was Ätiologie der Neurosen betraf, so unschuldig und so unwissend geblieben, wie man es nur von einem hoffnungsvollen Akademiker fordern darf. Da traf mich eines Tages ein freundlicher Ruf Chrobaks, eine Patientin von ihm zu übernehmen, welcher er in seiner neuen Stellung als Universitätslehrer nicht genug Zeit widmen könne. Ich kam früher als er zur Kranken und erfuhr, daß sie an sinnlosen Angstanfällen leide, die nur durch die sorgfältigste Information, wo sich zu jeder Zeit des Tages ihr Arzt befinde, beschwichtigt werden könnten. Als Chrobak erschien, nahm er mich beiseite und eröffnete mir, die Angst der Patientin rühre daher, daß sie trotz achtzehnjähriger Ehe Virgo intacta sei. Der Mann sei absolut impotent. Dem Arzt bleibe in solchen Fällen nichts übrig, als das häusliche Mißgeschick mit seiner Reputation zu decken und es sich gefallen zu lassen, wenn man achselzuckend über ihn sage: Der kann auch nichts, wenn er sie in soviel Jahren nicht hergestellt hat. Das einzige Rezept für solche Leiden, fügte er hinzu, ist uns wohl bekannt, aber wir können es nicht verordnen. Es lautet:

Rp. Penis normalis
dosim
Repetatur!

Ich hatte von solchem Rezept nichts gehört und hätte gern den Kopf geschüttelt über den Zynismus meines Gönners.

Ich habe die erlauchte Abkunft der verruchten Idee gewiß nicht darum aufgedeckt, weil ich die Verantwortung für sie auf andere abwälzen möchte. Ich weiß schon, daß es etwas anderes ist, eine Idee ein oder mehrere Male in Form eines flüchtigen Aperçus auszusprechen — als: ernst mit ihr zu machen, sie wörtlich zu nehmen, durch alle widerstrebenden Details hindurchzuführen und ihr ihre Stellung unter den anerkannten Wahrheiten zu erobern. Es ist der Unterschied zwischen einem leichten Flirt und einer rechtschaffenen Ehe mit all ihren Pflichten und Schwierigkeiten. *Epouser les idées de...* ist eine wenigstens im Französischen gebräuchliche Redewendung.

Von den anderen Momenten, die durch meine Arbeit zum kathartischen Verfahren hinzukamen und es zur Psychoanalyse umgestalteten, hebe ich hervor: Die Lehre von der Verdrängung und vom Widerstand, die Einsetzung der infantilen Sexualität und die Deutung und Verwertung der Träume zur Erkenntnis des Unbewußten.

In der Lehre von der Verdrängung war ich sicherlich selbständig, ich weiß von keiner Beeinflussung, die mich in ihre Nähe gebracht hätte, und ich hielt diese Idee auch lange Zeit für eine originelle, bis uns O. Rank die Stelle in Schopenhauers „Welt als Wille und Vorstellung" zeigte, in welcher sich der Philosoph um eine Erklärung des Wahnsinnes bemüht.[1] Was dort über das Sträuben gegen die Annahme eines peinlichen Stückes der Wirklichkeit gesagt ist, deckt sich so vollkommen mit dem Inhalt meines Verdrängungsbegriffes, daß ich wieder einmal meiner Unbelesenheit für die Ermöglichung einer Entdeckung verpflichtet sein durfte. Indes haben andere diese Stelle gelesen und über sie hinweggelesen, ohne diese Entdeckung zu machen, und vielleicht wäre es mir ähnlich ergangen, wenn ich in früheren Jahren mehr Geschmack an der Lektüre philosophischer Autoren gefunden hätte. Den hohen Genuß der Werke Nietzsches habe ich mir dann in späterer Zeit mit der bewußten Motivierung versagt, daß ich in der Verarbeitung der psychoanalytischen Eindrücke durch keinerlei Erwartungsvorstellung behindert sein wolle. Dafür mußte ich bereit sein — und ich bin es gerne —, auf alle Prioritätsansprüche in jenen häufigen Fällen zu verzichten, in denen die mühselige psychoanalytische Forschung die intuitiv gewonnenen Einsichten des Philosophen nur bestätigen kann.

---

1) Zentralblatt für Psychoanalyse, 1911, Bd. I, S. 69.

E

Die Verdrängungslehre ist nun der Grundpfeiler, auf dem das Gebäude der Psychoanalyse ruht, so recht das wesentlichste Stück derselben und selbst nichts anderes als der theoretische Ausdruck einer Erfahrung, die sich beliebig oft wiederholen läßt, wenn man ohne Zuhilfenahme der Hypnose an die Analyse eines Neurotikers geht. Man bekommt dann einen Widerstand zu spüren, welcher sich der analytischen Arbeit widersetzt und einen Erinnerungsausfall vorschiebt, um sie zu vereiteln. Diesen Widerstand muß die Anwendung der Hypnose verdecken; darum setzt die Geschichte der eigentlichen Psychoanalyse erst mit der technischen Neuerung des Verzichts auf die Hypnose ein. Die theoretische Würdigung des Umstandes, daß dieser Widerstand mit einer Amnesie zusammentrifft, führt dann unvermeidlich zu jener Auffassung der unbewußten Seelentätigkeit, welche der Psychoanalyse eigentümlich ist und sich von den philosophischen Spekulationen über das Unbewußte immerhin merklich unterscheidet. Man darf daher sagen, die psychoanalytische Theorie ist ein Versuch, zwei Erfahrungen verständlich zu machen, die sich in auffälliger und unerwarteter Weise bei dem Versuche ergeben, die Leidenssymptome eines Neurotikers auf ihre Quellen in seiner Lebensgeschichte zurückzuführen: die Tatsache der Übertragung und die des Widerstandes. Jede Forschungsrichtung, welche diese beiden Tatsachen anerkennt und sie zum Ausgangspunkt ihrer Arbeit nimmt, darf sich Psychoanalyse heißen, auch wenn sie zu anderen Ergebnissen als den meinigen gelangt. Wer aber andere Seiten des Problems in Angriff nimmt und von diesen beiden Voraussetzungen abweicht, der wird dem Vorwurf der Besitzstörung durch versuchte Mimikry kaum entgehen, wenn er darauf beharrt, sich einen Psychoanalytiker zu nennen.

Ich würde mich sehr energisch dagegen sträuben, wenn jemand die Lehre von der Verdrängung und vom Widerstand zu den Voraussetzungen anstatt zu den Ergebnissen der Psychoanalyse rechnen wollte. Es gibt solche Voraussetzungen allgemein psychologischer und biologischer Natur und es wäre zweckmäßig, an anderer Stelle von ihnen zu handeln, aber die Lehre von der Verdrängung ist ein Erwerb der psychoanalytischen Arbeit, auf legitime Weise als theoretischer Extrakt aus unbestimmt vielen Erfahrungen gewonnen. Ein ebensolcher Erwerb, nur aus viel späterer Zeit, ist die Aufstellung der infantilen Sexualität, von welcher in den ersten Jahren tastender Forschung durch die Analyse noch nicht die Rede war. Man merkte zuerst nur, daß man die Wirkung aktueller Eindrücke auf Vergangenes zurückführen müßte. Allein, „der Sucher fand oft mehr, als er zu finden wünschte". Man wurde immer weiter zurück in diese Vergangenheit gelockt und endlich hoffte man in der Pubertätszeit verweilen zu dürfen, in der Epoche des traditionellen Erwachens der Sexualregungen. Vergeblich, die Spuren wiesen noch weiter nach rückwärts, in die Kindheit und in frühe Jahre derselben. Auf dem Wege dahin galt es, einen Irrtum zu überwinden, der für die junge Forschung fast verhängnisvoll geworden wäre. Unter dem Einfluß der an Charcot anknüpfenden traumatischen Theorie der Hysterie war man leicht geneigt, Berichte der Kranken für real und ätiologisch bedeutsam zu halten, welche ihre Symptome auf passive sexuelle Erlebnisse in den ersten Kinderjahren, also grob ausgedrückt: auf Verführung zurückleiteten. Als diese Ätiologie an ihrer eigenen Unwahrscheinlichkeit und an dem Widerspruche gegen sicher festzustellende Verhältnisse zusammenbrach, war ein Stadium völliger Ratlosigkeit das nächste Ergebnis. Die Analyse hatte auf korrektem Wege bis zu solchen infantilen Sexualtraumen geführt und doch waren diese unwahr. Man hatte also den Boden der Realität verloren. Damals hätte ich gerne die ganze Arbeit im Stiche gelassen, ähnlich wie mein verehrter Vorgänger Breuer bei seiner unerwünschten Entdeckung. Vielleicht harrte ich nur aus, weil ich keine Wahl mehr hatte, etwas anderes zu beginnen. Endlich kam die Besinnung, daß man ja kein Recht zum Verzagen habe, wenn man nur in seinen Erwartungen getäuscht worden sei, sondern diese Erwartungen revidieren müsse. Wenn die Hysteriker ihre Symptome auf erfundene Traumen zurückführen, so ist eben die neue Tatsache die, daß sie solche Szenen phantasieren, und die psychische Realität verlangt neben der praktischen Realität gewürdigt zu werden. Es folgte bald die Einsicht, daß diese Phantasien dazu bestimmt seien, die autoerotische Betätigung der ersten Kinderjahre zu verdecken, zu beschönigen und auf eine höhere Stufe zu heben, und nun kam hinter diesen Phantasien das Sexualleben des Kindes in seinem ganzen Umfange zum Vorschein.

In dieser Sexualtätigkeit der ersten Kinderjahre konnte endlich auch die mitgebrachte Konstitution zu ihrem Rechte kommen. Anlage und Erleben verknüpften sich hier zu einer unlösbaren ätiologischen Einheit, indem die Anlage Eindrücke zu anregenden und fixierenden Traumen erhob, welche sonst, durchaus banal, wirkungslos geblieben wären, und indem die Erlebnisse Faktoren aus der Disposition wachriefen, welche ohne sie lange geschlummert hätten und vielleicht unentwickelt geblieben wären. Das letzte Wort in der Frage der traumatischen Ätiologie sprach dann später Abraham (1907) aus, als er darauf hinwies, wie gerade die Eigenart der sexuellen Konstitution des Kindes sexuelle Erlebnisse von besonderer Art, also Traumen, zu provozieren versteht.[1]

Meine Aufstellungen über die Sexualität des Kindes waren anfangs fast ausschließlich auf die Ergebnisse der in die Vergangenheit rückschreitenden Analyse von Erwachsenen begründet. Zu direkten Beobachtungen am Kinde fehlte mir die Gelegenheit. Es war also ein außerordentlicher Triumph, als es Jahre später gelang, den größten Teil des Erschlossenen durch direkte Beobachtung und Analyse von Kindern in sehr frühen Jahren zu bestätigen, ein Triumph, der allmählich durch die Über-

---

[1] Klinische Beiträge zur Psychoanalyse aus den Jahren 1907—1920. Intern. Psychoanalyt. Bibliothek, Band X, 1921.

legung verringert wurde, die Entdeckung sei von solcher Art,
daß man sich eigentlich schämen müsse, sie gemacht zu haben.
Je weiter man sich in die Beobachtung des Kindes einließ, desto
selbstverständlicher wurde die Tatsache, desto sonderbarer aber
auch der Umstand, daß man sich solche Mühe gegeben hatte,
sie zu übersehen.

Eine so sichere Überzeugung von der Existenz und Bedeutung
der Kindersexualität kann man allerdings nur gewinnen, wenn
man den Weg der Analyse geht, von den Symptomen und
Eigentümlichkeiten der Neurotiker rückschreitet bis zu den letzten
Quellen, deren Aufdeckung erklärt, was an ihnen erklärbar ist,
und zu modifizieren gestattet, was sich etwa abändern läßt. Ich
verstehe es, daß man zu anderen Resultaten kommt, wenn man,
wie kürzlich C. G. Jung, sich zunächst eine theoretische Vorstellung von der Natur des Sexualtriebes bildet und von dieser
aus das Leben des Kindes begreifen will. Eine solche Vorstellung
kann nicht anders als willkürlich oder mit Rücksicht auf abseits
liegende Erwägungen gewählt sein und läuft Gefahr, dem Gebiet
inadäquat zu werden, auf welches man sie anwenden will. Gewiß
führt auch der analytische Weg zu gewissen letzten Schwierigkeiten und Dunkelheiten in betreff der Sexualität und ihres
Verhältnisses zum Gesamtleben des Individuums, aber diese können
nicht durch Spekulationen beseitigt werden, sondern müssen
bleiben, bis sie Lösung durch andere Beobachtungen oder Beobachtungen auf anderen Gebieten finden.

Über die Traumdeutung kann ich mich kurz fassen. Sie fiel
mir zu als Erstlingsfrucht der technischen Neuerung, nachdem
ich mich, einer dunklen Ahnung folgend, entschlossen hatte, die
Hypnose mit der freien Assoziation zu vertauschen. Meine Wißbegierde war nicht von vornherein auf das Verständnis der
Träume gerichtet gewesen. Einflüsse, die mein Interesse gelenkt
oder mir eine hilfreiche Erwartung geschenkt hätten, sind mir
nicht bekannt. Ich hatte vor dem Aufhören meines Verkehrs mit

Breuer kaum noch Zeit, ihm einmal in einem Satze mitzuteilen, daß ich jetzt Träume zu übersetzen verstünde. Infolge dieser Entdeckungsgeschichte war die Symbolik der Traumsprache so ziemlich das letzte, was mir am Traum zugänglich wurde, denn für die Kenntnis der Symbole leisten die Assoziationen des Träumers nur wenig. Da ich die Gewohnheit festgehalten habe, immer zuerst an den Dingen zu studieren, ehe ich in den Büchern nachsah, konnte ich mir die Symbolik des Traumes sicherstellen, ehe ich durch die Schrift von S c h e r n e r auf sie hingewiesen wurde. Im vollen Umfange habe ich dieses Ausdrucksmittel des Traumes erst später gewürdigt, zum Teil unter dem Einflusse der Arbeiten des zu Anfang so sehr verdienstvollen, später völlig verwahrlosten W. S t e k e l. Der enge Anschluß der psychoanalytischen Traumdeutung an die einst so hochgehaltene Traumdeutekunst der Antike wurde mir erst viele Jahre nachher klar. Das eigenartigste und bedeutsamste Stück meiner Traumtheorie, die Zurückführung der Traumentstellung auf einen inneren Konflikt, eine Art von innerer Unaufrichtigkeit, fand ich dann bei einem Autor wieder, dem zwar die Medizin, aber nicht die Philosophie fremd geblieben war, dem berühmten Ingenieur J. P o p p e r, der unter dem Namen L y n k e u s 1899 die „Phantasien eines Realisten" veröffentlicht hatte.

Die Traumdeutung wurde mir zum Trost und Anhalt in jenen schweren ersten Jahren der Analyse, als ich gleichzeitig Technik, Klinik und Therapie der Neurosen zu bewältigen hatte, gänzlich vereinsamt war und in dem Gewirre von Problemen und bei der Häufung der Schwierigkeiten oft Orientierung und Zuversicht einzubüßen fürchtete. Die Probe auf meine Voraussetzung, daß eine Neurose durch Analyse verständlich werden müsse, ließ oft bei dem Kranken verwirrend lange auf sich warten; an den Träumen, die man als Analoga der Symptome auffassen konnte, fand diese Voraussetzung eine fast regelmäßige Bestätigung.

Nur durch diese Erfolge wurde ich in den Stand gesetzt, auszuharren. Ich habe mich darum gewöhnt, das Verständnis eines psychologischen Arbeiters an seiner Stellung zu den Problemen der Traumdeutung zu messen und mit Genugtuung beobachtet, daß die meisten Gegner der Psychoanalyse es überhaupt vermieden, diesen Boden zu betreten oder sich höchst ungeschickt benahmen, wenn sie es doch versuchten. Meine Selbstanalyse, deren Notwendigkeit mir bald einleuchtete, habe ich mit Hilfe einer Serie von eigenen Träumen durchgeführt, die mich durch alle Begebenheiten meiner Kinderjahre führten, und ich bin noch heute der Meinung, daß bei einem guten Träumer und nicht allzu abnormen Menschen diese Art der Analyse genügen kann.

Durch die Aufrollung dieser Entstehungsgeschichte glaube ich besser als durch eine systematische Darstellung gezeigt zu haben, was die Psychoanalyse ist. Die besondere Natur meiner Funde erkannte ich zunächst nicht. Ich opferte unbedenklich meine beginnende Beliebtheit als Arzt und den Zulauf der Nervösen in meine Sprechstunde, indem ich konsequent nach der sexuellen Verursachung ihrer Neurosen forschte, wobei ich eine Anzahl von Erfahrungen machte, die meine Überzeugung von der praktischen Bedeutung des sexuellen Moments endgültig festlegten. Ich trat ahnungslos in der Wiener Fachvereinigung, damals unter dem Vorsitze von v. Krafft-Ebing, als Redner auf, der erwartete, durch Interesse und Anerkennung seiner Kollegen für seine freiwillige materielle Schädigung entschädigt zu werden. Ich behandelte meine Entdeckungen wie indifferente Beiträge zur Wissenschaft und hoffte dasselbe von den anderen. Erst die Stille, die sich nach meinen Vorträgen erhob, die Leere, die sich um meine Person bildete, die Andeutungen, die mir zugetragen wurden, ließen mich allmählich begreifen, daß Behauptungen über die Rolle der Sexualität in der Ätiologie der Neurosen nicht darauf rechnen könnten, so behandelt zu werden wie andere Mitteilungen. Ich verstand, daß ich von jetzt ab zu denen gehörte, die „am Schlaf der Welt gerührt haben", nach Hebbels Ausdruck, und daß ich auf Objektivität und Nachsicht nicht zählen durfte. Da aber meine Überzeugung von der durchschnittlichen Richtigkeit meiner Beobachtungen und Schlußfolgerungen immer mehr wuchs und mein Zutrauen zu meinem eigenen Urteile sowie mein moralischer Mut nicht eben gering waren, konnte der Ausgang dieser Situation nicht zweifelhaft sein. Ich entschloß mich zu glauben, daß mir das Glück zugefallen war, besonders bedeutungsvolle Zusammenhänge aufzudecken, und fand mich bereit, das Schicksal auf mich zu nehmen, das mitunter an solches Finden geknüpft ist.

Dies Schicksal stellte ich mir in folgender Weise vor: Es würde mir wahrscheinlich gelingen, mich durch die therapeutischen Erfolge des neuen Verfahrens zu erhalten, die Wissenschaft aber würde zu meinen Lebzeiten keine Notiz von mir nehmen. Einige Dezennien später würde ein anderer unfehlbar auf dieselben, jetzt nicht zeitgemäßen Dinge stoßen, ihre Anerkennung durchsetzen und mich so als notwendigerweise verunglückten Vorläufer zu Ehren bringen. Unterdes richtete ich's mir als Robinson auf meiner einsamen Insel möglichst behaglich ein. Wenn ich aus den Verwirrungen und Bedrängnissen der Gegenwart auf jene einsamen Jahre zurückblicke, will es mir scheinen, es war eine schöne heroische Zeit; die *splendid isolation* entbehrte nicht ihrer Vorzüge und Reize. Ich hatte keine Literatur zu lesen, keinen schlecht unterrichteten Gegner anzuhören, ich war keinem Einfluß unterworfen, durch nichts gedrängt. Ich erlernte es, spekulative Neigungen zu bändigen und nach dem unvergessenen Rat meines Meisters Charcot, dieselben Dinge so oft von neuem anzuschauen, bis sie von selbst begannen, etwas auszusagen. Meine Veröffentlichungen, für die ich mit einiger Mühe auch Unterkunft fand, konnten immer weit hinter meinem Wissen zurückbleiben, durften beliebig aufgeschoben werden, da keine zweifelhafte „Priorität" zu verteidigen war. Die „Traumdeutung" zum Beispiel war in allem Wesentlichen anfangs 1896 fertig, sie wurde aber erst im Sommer 1899 niedergeschrieben. Die Behandlung der „Dora" schloß zu Ende 1899 ab, ihre Krankengeschichte war in den nächsten zwei Wochen fixiert, wurde aber erst 1905 veröffentlicht. Unterdes wurden meine Schriften in der Fachliteratur nicht referiert oder, wenn dies ausnahmsweise geschah, mit höhnischer oder mitleidiger Überlegenheit zurückgewiesen. Gelegentlich wandte mir auch ein Fachgenosse in einer seiner Publikationen eine Bemerkung zu, die sehr kurz und nicht sehr schmeichelhaft war, etwa: verbohrt, extrem, sehr sonderbar. Einmal traf es sich, daß ein Assistent der Klinik in Wien, an der ich meine Semestralvorlesung abhielt, sich von mir die Erlaubnis nahm, diesen Vorlesungen anzuwohnen. Er hörte sehr andächtig zu, sagte nichts, bot sich aber nach der letzten Vorlesung zu einer Begleitung an. Während dieses Spazierganges eröffnete er mir, er habe mit Wissen seines Chefs ein Buch gegen meine Lehre geschrieben, bedauere aber sehr, dieselbe erst durch meine Vorlesungen besser kennen gelernt zu haben. Er hätte sonst vieles anders geschrieben. Allerdings habe er sich auf der Klinik erkundigt, ob er nicht vorher die „Traumdeutung" lesen solle, aber man habe ihm abgeraten, es sei nicht der Mühe wert. Er verglich dann selbst mein Lehrgebäude, wie er es jetzt verstanden habe, nach der Festigkeit seines inneren Gefüges mit der katholischen Kirche. Im Interesse seines Seelenheils will ich annehmen, daß in dieser Äußerung ein Stück Anerkennung enthalten war. Er schloß dann aber, es sei zu spät, an seinem Buche etwas abzuändern, es sei bereits gedruckt. Der betreffende Kollege hatte es auch nicht für nötig erachtet, der Mitwelt späterhin etwas von der Änderung seiner Meinungen über meine Psychoanalyse bekanntzugeben, sondern es vorgezogen, die Entwicklung derselben als ständiger Referent einer medizinischen Zeitschrift mit spaßhaften Glossen zu begleiten.

Was ich an persönlicher Empfindlichkeit besaß, wurde in jenen Jahren zu meinem Vorteile abgestumpft. Vor der Verbitterung wurde ich aber durch einen Umstand bewahrt, der nicht allen vereinsamten Entdeckern zu Hilfe kommt. Ein solcher quält sich ja sonst ab zu ergründen, woher die Teilnahmslosigkeit oder Ablehnung seiner Zeitgenossen rührt, und empfindet sie als einen peinigenden Widerspruch gegen die Sicherheit seiner eigenen Überzeugung. Das brauchte ich nicht, denn die psychoanalytische Lehre gestattete mir, dies Verhalten der Umwelt als notwendige Folge aus den analytischen Grundannahmen zu verstehen. Wenn es richtig war, daß die von mir aufgedeckten Zusammenhänge dem Bewußtsein der Kranken durch innere affektive Widerstände ferngehalten werden, so mußten sich diese Widerstände auch bei den Gesunden einstellen, sobald man ihnen das Verdrängte durch Mitteilung von außen zuführte. Daß diese letzteren die affektiv gebotene Ablehnung durch intellektuelle Begründung zu motivieren verstanden, war nicht verwunderlich. Es ereignete sich bei den Kranken ebenso häufig, und die ins Feld geführten Argumente — Argumente sind so gemein wie Brombeeren, mit Falstaff zu reden — waren die nämlichen und nicht gerade scharfsinnig. Der Unterschied war nur, daß man bei den Kranken über Pressionsmittel verfügte, um sie ihre Widerstände einsehen und überwinden zu lassen, bei den angeblich Gesunden solcher Hilfen aber entbehrte. Auf welche Weise man diese Gesunden zu einer kühlen, wissenschaftlich objektiven Überprüfung drängen könne, war ein ungelöstes Problem, dessen Erledigung am besten der Zeit vorbehalten blieb. Man hatte in der Geschichte der Wissenschaften oft feststellen können, daß dieselbe Behauptung, die anfangs nur Widerspruch hervorgerufen hatte, eine Weile später zur Anerkennung kam, ohne daß neue Beweise für sie erbracht worden wären.

Daß sich aber in diesen Jahren, als ich allein die Psychoanalyse vertrat, ein besonderer Respekt vor dem Urteil der Welt oder ein Hang zur intellektuellen Nachgiebigkeit bei mir entwickelt habe, wird wohl niemand erwarten dürfen.

II

Vom Jahre 1902 an scharte sich eine Anzahl jüngerer Ärzte um mich in der ausgesprochenen Absicht, die Psychoanalyse zu erlernen, auszuüben und zu verbreiten. Ein Kollege, welcher die gute Wirkung der analytischen Therapie an sich selbst erfahren hatte, gab die Anregung dazu. Man kam an bestimmten Abenden in meiner Wohnung zusammen, diskutierte nach gewissen Regeln, suchte sich in dem befremdlich neuen Forschungsgebiete zu orientieren und das Interesse anderer dafür zu gewinnen. Eines Tages führte sich ein absolvierter Gewerbeschüler durch ein Manuskript bei uns ein, welches außerordentliches Verständnis verriet. Wir bewogen ihn die Gymnasialstudien nachzuholen, die Universität zu besuchen und sich den nichtärztlichen Anwendungen der Psychoanalyse zu widmen. Der kleine Verein erwarb so einen eifrigen und verläßlichen Sekretär, ich gewann an Otto Rank[1] den treuesten Helfer und Mitarbeiter.

Der kleine Kreis dehnte sich bald aus, wechselte im Laufe der nächsten Jahre vielfach in seiner Zusammensetzung. Im ganzen durfte ich mir sagen, in dem Reichtum und der Mannigfaltigkeit der Begabungen, die er umschloß, stand er kaum hinter dem Stab eines beliebigen klinischen Lehrers zurück. Von Anfang an waren jene Männer darunter, die in der Geschichte der psychoanalytischen Bewegung später so bedeutungsvolle, wenn auch nicht

---

[1] Anm. 1924: Gegenwärtig Leiter des Intern. Psychoanalyt. Verlages und Redakteur der „Intern. Zeitschr. f. Psychoanalyse" und der „Imago" von beider Beginnen an.

immer erfreuliche Rollen spielen sollten. Aber diese Entwicklung konnte man damals noch nicht ahnen. Ich durfte zufrieden sein, und ich meine, ich tat alles, um den anderen zugänglich zu machen, was ich wußte und erfahren hatte. Von übler Vorbedeutung waren nur zwei Dinge, die mich endlich dem Kreise innerlich entfremdeten. Es gelang mir nicht, unter den Mitgliedern jenes freundschaftliche Einvernehmen herzustellen, das unter Männern, welche dieselbe schwere Arbeit leisten, herrschen soll, und ebensowenig die Prioritätsstreitigkeiten zu ersticken, zu denen unter den Bedingungen der gemeinsamen Arbeit reichlicher Anlaß gegeben war. Die Schwierigkeiten der Unterweisung in der Ausübung der Psychoanalyse, die ganz besonders groß sind und an vielen der heutigen Zerwürfnisse die Schuld tragen, machten sich bereits in der privaten Wiener psychoanalytischen Vereinigung geltend. Ich selbst wagte es nicht, eine noch unfertige Technik und eine im steten Fluß begriffene Theorie mit jener Autorität vorzutragen, die den anderen wahrscheinlich manche Irrwege und endliche Entgleisungen erspart hätte. Die Selbständigkeit der geistigen Arbeiter, ihre frühe Unabhängigkeit vom Lehrer, ist psychologisch immer befriedigend; ein Gewinn in wissenschaftlicher Hinsicht ergibt sich aus ihr nur, wenn bei diesen Arbeitern gewisse, nicht allzu häufig vorkommende persönliche Bedingungen erfüllt sind. Gerade die Psychoanalyse hätte eine lange und strenge Zucht und Erziehung zur Selbstzucht gefordert. Der Tapferkeit wegen, die sich in der Hingabe an eine so verpönte und aussichtslose Sache erwies, war ich geneigt, den Mitgliedern der Vereinigung mancherlei angehen zu lassen, woran ich sonst Anstoß genommen hätte. Der Kreis umfaßte übrigens nicht nur Ärzte, sondern auch andere Gebildete, welche in der Psychoanalyse etwas Bedeutsames erkannt hatten, Schriftsteller, Künstler usw. Die „Traumdeutung", das Buch über den „Witz" u. a. hatten von vornherein gezeigt, daß die Lehren der Psychoanalyse nicht auf das ärztliche Gebiet beschränkt bleiben können, sondern der

Anwendung auf verschiedenartige andere Geisteswissenschaften
fähig sind.

Von 1907 an änderte sich die Situation gegen alle Erwartungen
und wie mit einem Schlage. Man erfuhr, daß die Psychoanalyse
in aller Stille Interesse erweckt und Freunde gefunden habe, ja,
daß es wissenschaftliche Arbeiter gebe, welche bereit seien, sich
zu ihr zu bekennen. Eine Zuschrift von Bleuler hatte mich
schon früher wissen lassen, daß meine Arbeiten im Burghölzli
studiert und verwertet würden. Im Jänner 1907 kam der erste
Angehörige der Züricher Klinik, Dr. Eitingon,[1] nach Wien, es
folgten bald andere Besuche, die einen lebhaften Gedankenaustausch anbahnten; endlich kam es über Einladung von
C. G. Jung, damals noch Adjunkt am Burghölzli, zu einer ersten
Zusammenkunft in Salzburg im Frühjahre 1908, welche die
Freunde der Psychoanalyse von Wien, Zürich und anderen Orten
her vereinigte. Eine Frucht dieses ersten psychoanalytischen Kongresses war die Gründung einer Zeitschrift, welche als „Jahrbuch für psychoanalytische und psychopathologische Forschungen", herausgegeben von Bleuler und
Freud, redigiert von Jung, im Jahre 1909 zu erscheinen begann.
Eine innige Arbeitsgemeinschaft zwischen Wien und Zürich fand
in dieser Publikation ihren Ausdruck.

Ich habe die großen Verdienste der Züricher psychiatrischen
Schule um die Ausbreitung der Psychoanalyse, des besonderen
die von Bleuler und Jung, wiederholt dankend anerkannt und
stehe nicht an, dies heute, unter so veränderten Verhältnissen,
von neuem zu tun. Gewiß war es nicht erst die Parteinahme
der Züricher Schule, welche damals die Aufmerksamkeit der
wissenschaftlichen Welt auf die Psychoanalyse richtete. Die
Latenzzeit war eben abgelaufen und an allen Orten wurde die
Psychoanalyse Gegenstand eines sich steigernden Interesses. Aber
an allen anderen Orten ergab diese Zuwendung von Interesse

---

[1] Der spätere Gründer der „Psychoanalytischen Poliklinik" in Berlin.

zunächst nichts anderes, als eine meist leidenschaftlich akzentuierte Ablehnung, in Zürich hingegen wurde die prinzipielle Übereinstimmung der Grundton des Verhältnisses. An keiner anderen Stelle fand sich auch ein so kompaktes Häuflein von Anhängern beisammen, konnte eine öffentliche Klinik in den Dienst der psychoanalytischen Forschung gestellt werden, oder war ein klinischer Lehrer zu sehen, der die psychoanalytische Lehre als integrierenden Bestandteil in den psychiatrischen Unterricht aufnahm. Die Züricher wurden so die Kerntruppe der kleinen, für die Würdigung der Analyse kämpfenden Schar. Bei ihnen allein war Gelegenheit, die neue Kunst zu erlernen und Arbeiten in ihr auszuführen. Die meisten meiner heutigen Anhänger und Mitarbeiter sind über Zürich zu mir gekommen, selbst solche, die es geographisch weit näher nach Wien hatten als nach der Schweiz. Wien liegt exzentrisch für den Westen Europas, der die großen Zentren unserer Kultur beherbergt; sein Ansehen wird seit vielen Jahren durch schwerwiegende Vorurteile beeinträchtigt. In der geistig so rührigen Schweiz strömen Vertreter der bedeutsamsten Nationen zusammen; ein Infektionsherd an dieser Stelle mußte für die Ausbreitung der psychischen Epidemie, wie H o c h e in Freiburg sie genannt hatte, besonders wichtig werden.

Nach dem Zeugnis eines Kollegen, der die Entwicklung im B u r g h ö l z l i mitgemacht, kann man feststellen, daß die Psychoanalyse dort schon sehr frühzeitig Interesse erweckte. In J u n g s 1902 veröffentlichter Schrift über okkulte Phänomene findet sich bereits ein erster Hinweis auf die Traumdeutung. Von 1903 oder 1904 an, berichtet mein Gewährsmann, stand die Psychoanalyse im Vordergrunde. Nach der Anknüpfung persönlicher Beziehungen zwischen Wien und Zürich bildete sich, Mitte des Jahres 1907, auch im Burghölzli ein zwangloser Verein, der in regelmäßigen Zusammenkünften die Probleme der Psychoanalyse diskutierte. Bei der Union, die sich zwischen der Wiener und der Züricher Schule vollzog, waren die Schweizer keineswegs der bloß empfangende

Teil. Sie hatten selbst bereits respektable wissenschaftliche Arbeit geleistet, deren Ergebnisse der Psychoanalyse zugute kamen. Das von der Wundtschen Schule angegebene Assoziationsexperiment war von ihnen im Sinne der Psychoanalyse gedeutet worden und hatte ihnen unerwartete Verwertungen gestattet. Es war so möglich geworden, rasche experimentelle Bestätigungen von psychoanalytischen Tatbeständen zu erbringen und einzelne Verhältnisse dem Lernenden zu demonstrieren, von denen der Analytiker nur hätte erzählen können. Es war die erste Brücke geschlagen worden, die von der Experimentalpsychologie zur Psychoanalyse führte.

Das Assoziationsexperiment ermöglicht in der psychoanalytischen Behandlung eine vorläufige qualitative Analyse des Falles, leistet aber keinen wesentlichen Beitrag zur Technik und ist bei der Ausführung von Analysen eigentlich entbehrlich. Bedeutsamer noch war eine andere Leistung der Züricher Schule oder ihrer beiden Führer Bleuler und Jung. Der erstere wies nach, daß bei einer ganzen Anzahl von rein psychiatrischen Fällen die Erklärung durch solche Vorgänge in Betracht käme, wie sie mit Hilfe der Psychoanalyse für den Traum und die Neurosen erkannt worden waren („Freudsche Mechanismen"). Jung wendete das analytische Deutungsverfahren mit Erfolg auf die sonderbarsten und dunkelsten Phänomene der Dementia praecox an, deren Herkunft aus der Lebensgeschichte und den Lebensinteressen der Kranken dann klar zutage trat. Von da an war es den Psychiatern unmöglich gemacht, die Psychoanalyse noch länger zu ignorieren. Das große Werk von Bleuler über die Schizophrenie (1911), in welchem die psychoanalytische Betrachtungsweise gleichberechtigt neben die klinisch-systematische hingestellt wurde, brachte diesen Erfolg zur Vollendung.

Ich will es nicht unterlassen, auf einen Unterschied hinzuweisen, der schon damals in der Arbeitsrichtung der beiden Schulen deutlich war. Ich hatte bereits im Jahre 1897 die Analyse

eines Falles von Schizophrenie veröffentlicht, der aber paranoides
Gepräge trug, so daß seine Auflösung den Eindruck der Jungschen
Analysen nicht vorwegnehmen konnte. Mir war aber nicht die
Deutbarkeit der Symptome, sondern der psychische Mechanismus
der Erkrankung das Wichtige gewesen, vor allem die Übereinstimmung dieses Mechanismus mit dem bereits erkannten der
Hysterie. Auf die Differenzen zwischen den beiden fiel damals
noch kein Licht. Ich zielte nämlich bereits zu jener Zeit auf
eine Libidotheorie der Neurosen hin, welche alle neurotischen
wie psychotischen Erscheinungen aus abnormen Schicksalen der
Libido, also aus Ablenkungen derselben von ihrer normalen Verwendung, erklären sollte. Dieser Gesichtspunkt ging den
Schweizer Forschern ab. Bleuler hält meines Wissens auch
heute an einer organischen Verursachung der Formen von
Dementia praecox fest, und Jung, dessen Buch über diese
Erkrankung 1907 erschienen war, vertrat 1908 auf dem Salzburger
Kongresse die toxische Theorie derselben, die sich, allerdings
ohne sie auszuschließen, über die Libidotheorie hinaussetzt. An
dem nämlichen Punkte ist er dann später (1912) gescheitert, indem
er nun zuviel von dem Stoffe nahm, dessen er sich vorher nicht
bedienen wollte.

Einen dritten Beitrag der Schweizer Schule, der vielleicht ganz
auf die Rechnung Jungs zu setzen ist, kann ich nicht so hoch
einschätzen, wie es von Fernerstehenden geschieht. Ich meine die
Lehre von den Komplexen, die aus den „Diagnostischen
Assoziationsstudien" (1906 bis 1910) erwuchs. Sie hat weder
selbst eine psychologische Theorie ergeben noch eine zwanglose
Einfügung in den Zusammenhang der psychoanalytischen Lehren
gestattet. Hingegen hat sich das Wort „Komplex" als bequemer,
oft unentbehrlicher Terminus zur deskriptiven Zusammenfassung
psychologischer Tatbestände Bürgerrecht in der Psychoanalyse
erworben. Kein anderer der von dem psychoanalytischen Bedürfnis
neugeschaffenen Namen und Bezeichnungen hat eine ähnlich

weitgehende Popularität erreicht und so viel mißbräuchliche
Verwendung zum Schaden schärferer Begriffsbildungen gefunden.
Man begann in der Umgangssprache der Psychoanalytiker von
„Komplexrückkehr" zu reden, wo man die „Rückkehr des Verdrängten" meinte, oder man gewöhnte sich zu sagen: Ich habe
einen Komplex gegen ihn, wo es korrekter nur lauten konnte:
einen Widerstand.

In den Jahren von 1907 an, die auf den Zusammenschluß der
Schulen von Wien und Zürich folgten, nahm die Psychoanalyse
jenen außerordentlichen Aufschwung, in dessen Zeichen sie sich
heute noch befindet, und der ebenso sicher bezeugt ist durch die
Verbreitung der ihr dienenden Schriften und die Zunahme der
Ärzte, welche sie ausüben oder erlernen wollen, wie durch die
Häufung der Angriffe gegen sie auf Kongressen und in gelehrten
Gesellschaften. Sie wanderte in die fernsten Länder, schreckte
überall nicht nur die Psychiater auf, sondern machte auch die
gebildeten Laien und die Arbeiter auf anderen Wissensgebieten
aufhorchen. Havelock Ellis, der ihrer Entwicklung mit
Sympathie gefolgt war, ohne sich jemals ihren Anhänger zu
nennen, schrieb 1911 in einem Bericht an den Australasiatischen
medizinischen Kongreß: *„Freud's psychoanalysis is now cham-
pioned and carried out not only in Austria and in Switzerland,
but in the United States, in England, in India, in Canada, and,
I doubt not, in Australasia."*[1] Ein (wahrscheinlich deutscher) Arzt
aus Chile trat auf dem internationalen Kongreß in Buenos Aires
1910 für die Existenz der infantilen Sexualität ein und lobte die
Erfolge der psychoanalytischen Therapie bei Zwangssymptomen;[2]
ein englischer Nervenarzt in Zentralindien (Berkeley-Hill)
ließ mir durch einen distinguierten Kollegen, der nach Europa
reiste, mitteilen, daß die mohammedanischen Hindus, an denen er

---

1) Havelock Ellis, The doctrines of the Freud School.
2) G. Greve. Sobre Psicologia y Psicoterapia de ciertos Estados angustiosos.
S. Zentralbl. f. Psychoanalyse, Bd. I, S. 594.

die Analyse ausübe, keine andere Ätiologie ihrer Neurosen erkennen ließen als unsere europäischen Patienten.

Die Einführung der Psychoanalyse in Nordamerika ging unter besonders ehrenvollen Anzeichen vor sich. Im Herbst 1909 wurden Jung und ich von Stanley Hall, dem Präsidenten der Clark University in Worcester (bei Boston), eingeladen, uns an der zwanzigjährigen Gründungsfeier des Institutes durch Abhaltung von Vorträgen in deutscher Sprache zu beteiligen. Wir fanden zu unserer großen Überraschung, daß die vorurteilslosen Männer jener kleinen, aber angesehenen pädagogisch-philosophischen Universität alle psychoanalytischen Arbeiten kannten und in den Vorträgen für ihre Schüler gewürdigt hatten. In dem so prüden Amerika konnte man wenigstens in akademischen Kreisen alles, was im Leben als anstößig galt, frei besprechen und wissenschaftlich behandeln. Die fünf Vorträge, die ich in Worcester improvisiert habe, erschienen dann im American Journ. of Psychology in englischer Übersetzung, bald darauf deutsch unter dem Titel „Über Psychoanalyse"; Jung las über diagnostische Assoziationsstudien und über „Konflikte der kindlichen Seele". Wir wurden dafür mit dem Ehrentitel von LL. D. (Doktoren beider Rechte) belohnt. Die Psychoanalyse war während jener Festwoche in Worcester durch fünf Personen vertreten, außer Jung und mir waren es Ferenczi, der sich mir als Reisebegleiter angeschlossen hatte, Ernest Jones, damals an der Universität in Toronto (Kanada), jetzt in London, und A. Brill, der bereits in New York analytische Praxis ausübte.

Die bedeutsamste persönliche Beziehung, die sich in Worcester noch ergab, war die zu James J. Putnam, dem Lehrer der Neuropathologie an der Harvard. University, der vor Jahren ein abfälliges Urteil über die Psychoanalyse ausgesprochen hatte, sich jetzt aber rasch mit ihr befreundete und sie in zahlreichen inhaltreichen wie formschönen Vorträgen seinen Landsleuten und Fachgenossen empfahl. Der Respekt, den sein Charakter ob seiner hohen Sittlichkeit und kühnen Wahrheitsliebe in Amerika genoß, kam der Psychoanalyse zugute und deckte sie gegen die Denunziationen, denen sie sonst wahrscheinlich zeitig erlegen wäre.

Putnam hat dann später dem großen ethischen und philosophischen Bedürfnis seiner Natur allzusehr nachgegeben und an die Psychoanalyse die, wie ich meine, unerfüllbare Forderung gestellt, daß sie sich in den Dienst einer bestimmten sittlich-philosophischen Weltanschauung finden solle; er ist aber die Hauptstütze der psychoanalytischen Bewegung in seinem Heimatlande geblieben.[1]

Um die Ausbreitung dieser Bewegung erwarben sich dann Brill und Jones die größten Verdienste, indem sie in ihren Arbeiten in selbstverleugnender Emsigkeit die leicht zu beobachtenden Grundtatsachen des Alltagslebens, des Traumes und der Neurose immer wieder von neuem ihren Landsleuten vor Augen führten. Brill hat diese Einwirkung durch seine ärztliche Tätigkeit und durch die Übersetzung meiner Schriften, Jones durch lehrreiche Vorträge und schlagfertige Diskussionen auf den amerikanischen Kongressen verstärkt.[2]

Der Mangel einer eingewurzelten wissenschaftlichen Tradition und die geringere Strammheit der offiziellen Autorität sind der von Stanley Hall für Amerika gegebenen Anregung entschieden vorteilhaft gewesen. Es war dort auch von allem Anfang an charakteristisch, daß sich Professoren und Leiter von Irrenanstalten in gleichem Maße wie selbständige Praktiker an der Analyse beteiligt zeigten. Aber gerade darum ist es klar, daß der Kampf um die Analyse dort seine Entscheidung finden muß, wo sich die größere Resistenz ergeben hat, auf dem Boden der alten Kulturzentren.

---

1) S. J. J. Putnam, Addresses on Psycho-Analysis, Internat. Psycho-Analytical Library Nr. 1, 1921. — Putnam starb 1918.
2) Die Publikationen beider Autoren sind gesammelt erschienen: Brill, Psychanalysis, Its theories and practical applications, 1912, und E. Jones, Papers on Psychoanalysis, 1913 Vom ersten Buch ist 1914, vom anderen 1918 eine sehr verstärkte Second Edition (1938 Fourth) erschienen.

Von den europäischen Ländern hat bisher Frankreich sich am unempfänglichsten für die Psychoanalyse erwiesen, obwohl verdienstvolle Arbeiten des Züricher A. M a e d e r dem französischen Leser einen bequemen Zugang zu deren Lehren eröffnet hatten. Die ersten Regungen von Teilnahme kamen aus der französischen Provinz. M o r i c h a u - B e a u c h a n t (Poitiers) war der erste Franzose, der sich öffentlich zur Psychoanalyse bekannte. R é g i s und H e s n a r d (Bordeaux) haben erst kürzlich (1913) in einer ausführlichen, nicht immer verständnisvollen Darstellung, die an der Symbolik besonderen Anstoß nimmt, die Vorurteile ihrer Landsleute gegen die neue Lehre zu zerstreuen gesucht. In Paris selbst scheint noch die Überzeugung zu herrschen, der auf dem Londoner Kongreß 1913 J a n e t so beredten Ausdruck gab, daß alles, was gut an der Psychoanalyse sei, mit geringen Abänderungen die J a n e t schen Ansichten wiederhole, alles darüber hinaus aber sei von Übel. J a n e t mußte sich noch auf diesem Kongreß selbst eine Reihe von Zurechtweisungen von E. J o n e s gefallen lassen, der ihm seine geringe Sachkenntnis vorhalten konnte. Seine Verdienste um die Psychologie der Neurosen können wir trotzdem nicht vergessen, auch wenn wir seine Ansprüche zurückweisen.

In Italien blieb nach einigen vielversprechenden Anfängen die weitere Beteiligung aus. In Holland fand die Analyse durch persönliche Beziehungen frühzeitig Eingang; van E m d e n, van O p h u i j s e n, van R e n t e r g h e m („F r e u d en zijn School") und die beiden S t ä r c k e sind dort theoretisch und praktisch mit Erfolg tätig.¹ Das Interesse der wissenschaftlichen Kreise Englands für die Analyse hat sich sehr langsam entwickelt, aber alle Anzeichen sprechen dafür, daß ihr gerade dort, begünstigt von dem Sinn der Engländer für Tatsächliches und ihrer leidenschaftlichen Parteinahme für Gerechtigkeit, eine hohe Blüte bevorsteht.

---

1) Die erste offizielle Anerkennung, welcher Traumdeutung und Psychoanalyse in Europa teilhaftig wurden, spendete ihnen der Psychiater J e l g e r s m a als Rektor der Universität Leiden in seiner Rektorsrede vom 9. Februar 1914. („Unbewußtes Geistesleben". Beihefte der Intern. Zeitschrift für Psychoanalyse, Nr. 1.)

In Schweden hat P. Bjerre, der Nachfolger in der ärztlichen Tätigkeit Wetterstrands, die hypnotische Suggestion für die analytische Behandlung, wenigstens zeitweilig, aufgegeben. R. Vogt (Kristiania) hat bereits 1907 die Psychoanalyse in seinem „Psykiatriens grundtraek" gewürdigt, so daß das erste Lehrbuch der Psychiatrie, welches von der Psychoanalyse Kenntnis nahm, ein in norwegischer Sprache geschriebenes war. In Rußland ist die Psychoanalyse sehr allgemein bekannt und verbreitet worden; fast alle meine Schriften sowie die anderer Anhänger der Analyse sind ins Russische übersetzt. Ein tieferes Verständnis der analytischen Lehren hat sich aber in Rußland noch nicht ergeben. Die Beiträge russischer Ärzte sind derzeit unbeträchtlich zu nennen. Nur Odessa besitzt in der Person von M. Wulff einen geschulten Analytiker. Die Einführung der Psychoanalyse in die polnische Wissenschaft und Literatur ist hauptsächlich das Verdienst von L. Jekels. Das Österreich geographisch so nahe verbundene, ihm wissenschaftlich so entfremdete Ungarn hat der Psychoanalyse bisher nur einen Mitarbeiter geschenkt, S. Ferenczi, aber einen solchen, der wohl einen Verein aufwiegt.[1]

---

[1] *[Zusatz 1923:]* Es kann nicht meine Absicht sein, diese 1914 entworfene Schilderung *up to date* zu führen. Nur einzelne Bemerkungen sollen andeuten, wie sich in der Zwischenzeit, die den Weltkrieg einschließt, das Bild geändert hat. In Deutschland setzt sich eine langsame, nicht immer zugestandene Infiltration der analytischen Lehren in die klinische Psychiatrie durch; die in den letzten Jahren erschienenen französischen Übersetzungen meiner Schriften haben endlich auch in Frankreich ein starkes Interesse an der Psychoanalyse erweckt, das derzeit in literarischen Kreisen wirksamer ist als in wissenschaftlichen. In Italien sind M. Levi Bianchini (Nocera sup.) und Edoardo Weiss (Trieste) als Übersetzer und Vorkämpfer der Psychoanalyse aufgetreten („Biblioteca Psicoanalitica Italiana"). Der lebhaften Anteilnahme in den spanisch redenden Ländern (Prof. H. Delgado in Lima) trägt eine in Madrid erscheinende Gesamtausgabe meiner Werke Rechnung (übersetzt von Lopez-Ballesteros). Für England scheint sich die oben ausgesprochene Vorhersage stetig zu erfüllen, in Britisch-Indien (Kalkutta) hat sich eine besondere Pflegestätte der Analyse gebildet. Die Vertiefung der Analyse in Nordamerika hält noch immer nicht Schritt mit ihrer Popularität. In Rußland hat die psychoanalytische Arbeit nach dem Umsturz an mehreren Zentren neu begonnen. In polnischer Sprache erscheint jetzt die „Polska Bibljoteka Psychoanalityczna". In Ungarn ist unter der Leitung von Ferenczi eine glänzende analytische Schule aufgeblüht. (Vgl. „Festschrift zum 50. Geburtstag von Dr. S. Ferenczi".) Am abweisendsten verhalten sich derzeit noch die skandinavischen Länder.

Den Stand der Psychoanalyse in Deutschland kann man nicht anders beschreiben, als indem man konstatiert, sie stehe im Mittelpunkte der wissenschaftlichen Diskussion und rufe bei Ärzten wie bei Laien Äußerungen entschiedenster Ablehnung hervor, welche aber bisher kein Ende gefunden haben, sondern sich immer wieder von neuem erheben und zeitweise verstärken. Keine offizielle Lehranstalt hat bisher die Psychoanalyse zugelassen, erfolgreiche Praktiker, die sie ausüben, sind nur in geringer Anzahl vorhanden; nur wenige Anstalten, wie die von Binswanger in Kreuzlingen (auf Schweizer Boden), Marcinowski in Holstein, haben sich ihr eröffnet. Auf dem kritischen Boden von Berlin behauptet sich einer der hervorragendsten Vertreter der Analyse, K. Abraham, ein früherer Assistent von Bleuler. Man könnte sich verwundern, daß dieser Stand der Dinge sich nun schon seit einer Reihe von Jahren unverändert erhalten hat, wenn man nicht wüßte, daß die obige Schilderung nur den äußeren Anschein wiedergibt. Man darf die Ablehnung der offiziellen Vertreter der Wissenschaft und der Anstaltsleiter sowie des von ihnen abhängigen Nachwuchses in ihrer Bedeutung nicht überschätzen. Es ist begreiflich, daß die Gegner laut die Stimme erheben, während die Anhänger eingeschüchtert Ruhe halten. Manche der letzteren, deren erste Beiträge zur Analyse gute Erwartungen erwecken mußten, haben sich denn auch unter dem Drucke der Verhältnisse von der Bewegung zurückgezogen. Aber diese selbst schreitet im stillen unaufhaltsam fort, wirbt immer neue Anhänger unter den Psychiatern wie den Laien, führt der psychoanalytischen Literatur eine stetig sich steigernde Anzahl von Lesern zu und nötigt eben darum die Gegner zu immer heftigeren Abwehrversuchen. Ich habe etwa ein Dutzend Male im Laufe dieser Jahre, in Berichten über die Verhandlungen bestimmter Kongresse und wissenschaftlicher Vereinssitzungen oder in Referaten nach gewissen Publikationen zu lesen bekommen: nun sei die Psychoanalyse tot, endgültig überwunden und erledigt! Die Antwort hätte ähnlich lauten müssen wie das Telegramm Mark Twains an die Zeitung, welche fälschlich seinen Tod gemeldet hatte: Nachricht von meinem Ableben stark übertrieben. Nach jeder dieser Totsagungen hat die Psychoanalyse neue Anhänger und Mitarbeiter gewonnen oder sich neue Organe geschaffen. Totgesagt war doch ein Fortschritt gegen Totgeschwiegen!

Gleichzeitig mit der geschilderten räumlichen Expansion der Psychoanalyse vollzog sich deren inhaltliche Ausdehnung durch Übergreifen auf andere Wissensgebiete von der Neurosenlehre und Psychiatrie her. Ich werde dieses Stück der Entwicklungsgeschichte unserer Disziplin nicht eingehend behandeln, weil eine vortreffliche Arbeit von Rank und Sachs (in den Löwenfeldschen „Grenzfragen") vorliegt, welche gerade diese Leistungen der Analysenarbeit ausführlich darstellt. Es ist hier übrigens alles im ersten Beginn, wenig ausgearbeitet, meist nur Ansätze und mitunter auch nichts anderes als Vorsätze. Wer billig denkt, wird darin keinen Grund zum Vorwurf finden. Den ungeheuren Mengen der Aufgaben steht eine kleine Zahl von Arbeitern gegenüber, von denen die meisten ihre Hauptbeschäftigung anderswo haben und die Fachprobleme der fremden Wissenschaft mit dilettantischer Vorbereitung angreifen müssen. Diese von der Psychoanalyse herkommenden Arbeiter machen aus ihrem Dilettantentum kein Hehl, sie wollen nur Wegweiser und Platzhalter für die Fachmänner sein, und ihnen die analytischen Techniken und Voraussetzungen empfohlen haben, wenn sie selbst an die Arbeit gehen werden. Wenn die erzielten Aufschlüsse doch schon jetzt nicht unbeträchtlich sind, so ist dies Resultat einerseits der Fruchtbarkeit der analytischen Methodik, andererseits dem Umstande zu danken, daß es auch jetzt schon einige Forscher gibt, die, ohne Ärzte zu sein, die Anwendung der Psychoanalyse auf die Geisteswissenschaften zu ihrer Lebensaufgabe gemacht haben.

Die meisten dieser Anwendungen gehen, wie begreiflich, auf eine Anregung aus meinen ersten analytischen Arbeiten zurück. Die analytische Untersuchung der Nervösen und der neurotischen Symptome Normaler nötigte zur Annahme psychologischer Verhältnisse, welche unmöglich nur für das Gebiet gelten konnten, auf dem sie kenntlich geworden waren. So schenkte uns die Analyse nicht nur die Aufklärung pathologischer Vorkommnisse, sondern zeigte auch deren Zusammenhang mit dem normalen Seelenleben auf und enthüllte ungeahnte Beziehungen zwischen der Psychiatrie und den verschiedensten anderen Wissenschaften, deren Inhalt eine Seelentätigkeit war. Von gewissen typischen Träumen aus ergab sich z. B. das Verständnis mancher Mythen und Märchen. Riklin und Abraham folgten diesem Winke und leiteten jene Forschungen über die Mythen ein, die dann in den allen fachmännischen Ansprüchen gerechten Arbeiten Ranks zur Mythologie ihre Vollendung fanden. Die Verfolgung der Traumsymbolik führte mitten in die Probleme der Mythologie, des Folklore (Jones, Storfer) und der religiösen Abstraktionen. Auf einem der psychoanalytischen Kongresse machte es allen Zuhörern einen tiefen Eindruck, als ein Schüler Jungs die Übereinstimmung der schizophrenen Phantasiebildungen mit den Kosmogonien primitiver Zeiten und Völker nachwies. Eine nicht mehr einwandfreie, doch sehr interessante Verarbeitung fand später das Material der Mythologien in den Arbeiten Jungs, welche zwischen der Neurotik, den religiösen und den mythologischen Phantasien vermitteln wollten.

Ein anderer Weg leitete von der Traumforschung zur Analyse der dichterischen Schöpfungen und endlich der Dichter und Künstler selbst. Auf seiner ersten Station ergab sich, daß von Dichtern erfundene Träume sich oft der Analyse gegenüber wie genuine verhalten („Gradiva"). Die Auffassung der unbewußten seelischen Tätigkeit gestattete eine erste Vorstellung vom Wesen der dichterischen Schöpfungsarbeit; die Würdigung der Triebregungen, zu der man in der Neurotik genötigt war, ließ die Quellen des künstlerischen Schaffens erkennen und stellte die Probleme auf, wie der Künstler auf diese Anregungen reagiere und mit welchen Mitteln er seine Reaktionen verkleide (Rank: „Der Künstler"; Dichteranalysen von Sadger, Reik u. a., meine kleine Schrift über eine Kindheitserinnerung des Leonardo da Vinci, Abrahams Analyse von Segantini). Die meisten Analytiker mit allgemeinen Interessen haben in ihren Arbeiten Beiträge zur Behandlung dieser Probleme geliefert, der reizvollsten, die sich unter den Anwendungen der Psychoanalyse ergeben. Natürlich blieb auch hier der Widerspruch von Seite der nicht mit der Analyse Vertrauten nicht aus und äußerte sich in den nämlichen Mißverständnissen und leidenschaftlichen Ablehnungen, wie auf dem Mutterboden der Psychoanalyse. Es stand ja von vornherein zu erwarten, daß überall, wohin die Psychoanalyse dringe, sie den nämlichen Kampf mit den Ansässigen zu bestehen haben werde. Nur, daß die Invasionsversuche noch nicht auf allen Gebieten die Aufmerksamkeit geweckt haben, die ihnen in der Zukunft bevorsteht. Unter den strenge literarwissenschaftlichen Anwendungen der Analyse steht das gründliche Werk von Rank über das Inzestmotiv obenan, dessen Inhalt der größten Unliebsamkeit sicher ist. Sprachwissenschaftliche und historische Arbeiten auf Basis der Psychoanalyse sind erst wenige vorhanden. Die erste Antastung der religions-psychologischen Probleme habe ich 1910 selbst gewagt, indem ich das religiöse Zeremoniell in Vergleich mit dem neurotischen zog. Der Pfarrer Dr. Pfister in Zürich hat in seiner Arbeit über die Frömmigkeit des Grafen von Zinzendorf (sowie in anderen Beiträgen) die Zurückführung religiöser Schwärmerei auf perverse Erotik durchgeführt; in den letzten Arbeiten der Züricher Schule kommt eher eine Durchdringung der Analyse mit religiösen Vorstellungen als das beabsichtigte Gegenteil zustande.

In den vier Aufsätzen über „Totem und Tabu" habe ich den Versuch gemacht, Probleme der Völkerpsychologie mittels der

Analyse zu behandeln, welche unmittelbar zu den Ursprüngen
unserer wichtigsten Kulturinstitutionen führen, der staatlichen
Ordnungen, der Sittlichkeit, der Religion, aber auch des Inzest-
verbotes und des Gewissens. Inwieweit die Zusammenhänge, die
sich dabei ergeben haben, der Kritik standhalten werden, läßt
sich heute wohl nicht angeben.

Von der Anwendung analytischen Denkens auf ästhetische
Themata hat mein Buch über den „Witz" ein erstes Beispiel
gegeben. Alles Weitere harrt noch der Bearbeiter, die gerade auf
diesem Gebiete reiche Ernte erwarten dürfen. Es fehlt hier
überall an den Arbeitskräften aus den entsprechenden Fachwissen-
schaften, zu deren Anlockung Hanns Sachs 1912 die von ihm
und Rank redigierte Zeitschrift „Imago" gegründet hat. Mit
der psychoanalytischen Beleuchtung von philosophischen Systemen
und Persönlichkeiten haben Hitschmann und v. Winterstein daselbst einen Anfang gemacht, dem Fortführung und
Vertiefung zu wünschen bleibt.

Die revolutionär wirkenden Ermittlungen der Psychoanalyse
über das Seelenleben des Kindes, die Rolle der sexuellen Regungen
in demselben (v. Hug-Hellmuth) und die Schicksale solcher
Anteile der Sexualität, welche für das Fortpflanzungsgeschäft
unbrauchbar werden, mußten frühzeitig die Aufmerksamkeit auf
die Pädagogik lenken und den Versuch anregen, auf diesem
Gebiete analytische Gesichtspunkte in den Vordergrund zu rücken.
Es ist das Verdienst des Pfarrers Pfister, diese Anwendung der
Analyse mit ehrlichem Enthusiasmus angegriffen und sie Seel-
sorgern und Erziehern nahegelegt zu haben. (Die psychanalytische
Methode, 1913. Erster Band des Pädagogiums von Meumann
und Messmer.) Es ist ihm gelungen, eine ganze Reihe von
Pädagogen in der Schweiz zu Teilnehmern an seinem Interesse
zu gewinnen. Andere seiner Berufsgenossen sollen angeblich seine
Überzeugungen teilen, haben es aber vorgezogen, sich vorsichtiger-
weise im Hintergrunde zu verhalten. Ein Bruchteil der Wiener

Analytiker scheint auf dem Rückweg von der Psychoanalyse bei einer Art von ärztlicher Pädagogik gelandet zu sein (Adler und Furtmüller, Heilen und Bilden, 1913).

In diesen unvollständigen Andeutungen habe ich versucht, auf die noch nicht übersehbare Fülle von Beziehungen hinzuweisen, welche sich zwischen der ärztlichen Psychoanalyse und anderen Gebieten der Wissenschaft ergeben haben. Es ist da Stoff für die Arbeit einer Generation von Forschern gegeben, und ich zweifle nicht, daß diese Arbeit geleistet werden wird, wenn erst die Widerstände gegen die Analyse auf ihrem Mutterboden überwunden sind.[1]

Die Geschichte dieser Widerstände zu schreiben, halte ich gegenwärtig für unfruchtbar und unzeitgemäß. Sie ist nicht sehr ruhmvoll für die Männer der Wissenschaft unserer Tage. Ich will aber gleich hinzusetzen, es ist mir nie eingefallen, die Gegner der Psychoanalyse bloß darum, weil sie Gegner waren, in Bausch und Bogen verächtlich zu schimpfen; von wenigen unwürdigen Individuen abgesehen, Glücksrittern und Beutehaschern, wie sie sich in Zeiten des Kampfes auf beiden Seiten einzufinden pflegen. Ich wußte mir ja das Benehmen dieser Gegner zu erklären und hatte überdies erfahren, daß die Psychoanalyse das Schlechteste eines jeden Menschen zum Vorschein bringt. Aber ich beschloß, nicht zu antworten und, soweit mein Einfluß reichte, auch andere von der Polemik zurückzuhalten. Der Nutzen öffentlicher oder literarischer Diskussion erschien mir unter den besonderen Bedingungen des Streites um die Psychoanalyse sehr zweifelhaft, die Majorisierung auf Kongressen und in Vereinssitzungen sicher, und mein Zutrauen auf die Billigkeit oder Vornehmheit der Herren Gegner war immer gering. Die Beobachtung zeigt, daß es den wenigsten Menschen möglich ist, im wissenschaftlichen Streit manierlich, geschweige denn sachlich zu bleiben, und der

---

[1] Vgl. noch meine beiden Aufsätze in der „Scientia" (vol. XIV, 1913): Das Interesse an der Psychoanalyse. [Enthalten in Band VIII dieser Gesamtausgabe.]

Eindruck eines wissenschaftlichen Gezänkes war mir von jeher eine Abschreckung. Vielleicht hat man dieses mein Benehmen mißverstanden, mich für so gutmütig oder so eingeschüchtert gehalten, daß man auf mich weiter keine Rücksicht zu nehmen brauchte. Mit Unrecht; ich kann so gut schimpfen und wüten wie ein anderer, aber ich verstehe es nicht, die Äußerungen der zugrunde liegenden Affekte literaturfähig zu machen, und darum ziehe ich die völlige Enthaltung vor.

Vielleicht wäre es nach manchen Richtungen besser gewesen, wenn ich den Leidenschaften bei mir und denen um mich freien Lauf gelassen hätte. Wir haben alle den interessanten Erklärungsversuch der Entstehung der Psychoanalyse aus dem Wiener Milieu vernommen; Janet hat es noch 1913 nicht verschmäht, sich seiner zu bedienen, obwohl er gewiß stolz darauf ist, Pariser zu sein und Paris kaum den Anspruch erheben kann, eine sittenstrengere Stadt zu sein als Wien. Das Aperçu lautet, die Psychoanalyse, respektive die Behauptung, die Neurosen führen sich auf Störungen des Sexuallebens zurück, könne nur in einer Stadt wie Wien entstanden sein, in einer Atmosphäre von Sinnlichkeit und Unsittlichkeit, wie sie anderen Städten fremd sei, und stelle einfach das Abbild, sozusagen die theoretische Projektion dieser besonderen Wiener Verhältnisse dar. Nun, ich bin wahrhaftig kein Lokalpatriot, aber diese Theorie ist mir immer ganz besonders unsinnig erschienen, so unsinnig, daß ich manchmal geneigt war, anzunehmen, der Vorwurf des Wienertums sei nur eine euphemistische Vertretung für einen anderen, den man nicht gern öffentlich vorbringen wolle. Wenn die Voraussetzungen die gegensätzlichen wären, dann ließe sich die Sache hören. Angenommen, es gäbe eine Stadt, deren Bewohner sich besondere Einschränkungen in der sexuellen Befriedigung auferlegten und gleichzeitig eine besondere Neigung zu schweren neurotischen Erkrankungen zeigten, dann wäre diese Stadt allerdings der Boden, auf dem ein Beobachter den Einfall bekommen

könnte, diese beiden Tatsachen miteinander zu verknüpfen und
die eine aus der anderen abzuleiten. Nun trifft keine der beiden
Voraussetzungen für Wien zu. Die Wiener sind weder abstinenter
noch nervöser als andere Großstädter. Die Geschlechtsbeziehungen
sind etwas unbefangener, die Prüderie ist geringer als in den auf
ihre Keuschheit stolzen Städten des Westens und Nordens. Diese
wienerischen Eigentümlichkeiten müßten den angenommenen
Beobachter eher in die Irre führen als ihn über die Verursachung
der Neurosen aufklären.

Die Stadt Wien hat aber auch alles dazugetan, um ihren
Anteil an der Entstehung der Psychoanalyse zu verleugnen. An
keinem anderen Orte ist die feindselige Indifferenz der gelehrten
und gebildeten Kreise dem Analytiker so deutlich verspürbar wie
gerade in Wien.

Vielleicht bin ich mitschuldig daran durch meine, die breite
Öffentlichkeit vermeidende Politik. Wenn ich veranlaßt oder
zugegeben hätte, daß die Psychoanalyse die ärztlichen Gesellschaften Wiens in lärmenden Sitzungen beschäftigte, wobei sich
alle Leidenschaften entladen hätten, alle Vorwürfe und Invektiven
laut geworden wären, die man gegeneinander auf der Zunge
oder im Sinne trägt, vielleicht wäre heute der Bann gegen die
Psychoanalyse überwunden und diese keine Fremde mehr in ihrer
Heimatstadt. So aber — mag der Dichter recht behalten, der
seinen Wallenstein sagen läßt:

> Doch das vergeben mir die Wiener nicht,
> daß ich um ein Spektakel sie betrog.

Die Aufgabe, der ich nicht gewachsen war, den Gegnern der
Psychoanalyse suaviter in modo ihr Unrecht und ihre Willkür-
lichkeiten vorzuhalten, hat dann Bleuler 1911 in seiner
Schrift „Die Psychoanalyse Freuds, Verteidigung und kritische
Bemerkungen" aufgenommen und in ehrenvollster Weise gelöst.
Eine Anpreisung dieser nach zwei Seiten hin kritischen Arbeit

durch meine Person wäre so selbstverständlich, daß ich mich
beeilen will, zu sagen, was ich an ihr auszusetzen habe. Sie
scheint mir noch immer parteiisch zu sein, allzu nachsichtig
gegen die Fehler der Gegner, allzu scharf gegen die Verfehlungen
der Anhänger. Dieser Charakterzug mag dann auch erklären,
warum das Urteil eines Psychiaters von so hohem Ansehen, von
so unzweifelhafter Kompetenz und Unabhängkeit nicht mehr
Einfluß auf seine Fachgenossen geübt hat. Der Autor der „Affektivität" (1906) darf sich nicht darüber verwundern, wenn die
Wirkung einer Arbeit sich nicht von ihrem Argumentwert,
sondern von ihrem Affektton bestimmt zeigt. Einen anderen Teil
dieser Wirkung — die auf die Anhänger der Psychoanalyse —
hat Bleuler später selbst zerstört, indem er in seiner „Kritik
der Freudschen Theorie" (1913) die Kehrseite seiner Einstellung
zur Psychoanalyse zum Vorschein brachte. Er trägt darin so viel
von dem Gebäude der psychoanalytischen Lehre ab, daß die
Gegner mit der Hilfeleistung dieses Verteidigers wohl zufrieden
sein könnten. Als Richtschnur dieser Verurteilungen Bleulers
dienen aber nicht neue Argumente oder bessere Beobachtungen,
sondern einzig die Berufung auf den Stand der eigenen Erkenntnis,
deren Unzulänglichkeit der Autor nicht mehr wie in früheren
Arbeiten selbst bekennt. Hier schien der Psychoanalyse also ein
schwer zu verschmerzender Verlust zu drohen. Allein in seiner
letzten Äußerung (Die Kritiken der Schizophrenie 1914) rafft sich
Bleuler, angesichts der Angriffe, welche ihm die Einführung
der Psychoanalyse in sein Buch über die Schizophrenie eingetragen
hat, zu dem auf, was er selbst eine „Überhebung" heißt. „Jetzt
aber will ich die Überhebung begehen: Ich meine, daß die verschiedenen bisherigen Psychologien zur Erklärung der Zusammenhänge psychogenetischer Symptome und Krankheiten arg wenig
geleistet haben, daß aber die Tiefenpsychologie ein Stück derjenigen erst noch zu schaffenden Psychologie gibt, welcher der
Arzt bedarf, um seine Kranken zu verstehen und rationell zu

heilen, und ich meine sogar, daß ich in meiner Schizophrenie einen ganz kleinen Schritt zu diesem Verständnis getan habe. Die ersten beiden Behauptungen sind sicher richtig, die letztere mag ein Irrtum sein."

Da mit der „Tiefenpsychologie" nichts anderes gemeint ist als die Psychoanalyse, können wir mit solchem Bekenntnis vorderhand zufrieden sein.

III

> Mach es kurz!
> Am Jüngsten Tag ist's nur ein Furz.
> *Goethe.*

Zwei Jahre nach dem ersten fand der zweite Privatkongreß der Psychoanalytiker, diesmal in Nürnberg, statt (März 1910). In der Zwischenzeit hatte sich bei mir, unter dem Eindruck der Aufnahme in Amerika, der steigenden Anfeindung in den deutschen Ländern und der ungeahnten Verstärkung durch den Zuzug der Züricher, eine Absicht gebildet, die ich mit Beihilfe meines Freundes S. Ferenczi auf jenem zweiten Kongreß zur Ausführung brachte. Ich gedachte, die psychoanalytische Bewegung zu organisieren, ihren Mittelpunkt nach Zürich zu verlegen und ihr ein Oberhaupt zu geben, welches ihre Zukunft in acht nehmen sollte. Da diese meine Gründung viel Widerspruch unter den Anhängern der Analyse gefunden hat, will ich meine Motive ausführlicher darlegen. Ich hoffe dann gerechtfertigt zu sein, auch wenn sich herausstellen sollte, daß ich wirklich nichts Kluges getan habe.

Ich urteilte, daß der Zusammenhang mit Wien keine Empfehlung, sondern ein Hemmnis für die junge Bewegung wäre. Ein Ort wie Zürich, im Herzen von Europa, an welchem der akademische Lehrer sein Institut der Psychoanalyse geöffnet hatte, erschien mir weit aussichtsvoller. Ich nahm ferner an, ein zweites Hindernis sei meine Person, deren Schätzung allzusehr durch der Parteien Gunst und Haß verwirrt wurde; man verglich mich entweder mit Columbus, Darwin und Kepler oder schimpfte mich einen Paralytiker. Ich wollte also mich ebenso in den Hintergrund rücken wie die Stadt, von der die Psychoanalyse ausgegangen war. Auch war ich nicht mehr jugendlich, sah einen langen Weg vor mir und empfand es als drückend, daß mir in so späten Jahren die Verpflichtung, Führer zu sein, zugefallen war. Ein Oberhaupt, meinte ich aber, müsse es geben. Ich wußte zu genau, welche Irrtümer auf jeden lauerten, der die Beschäftigung mit der Analyse unternahm, und hoffte, man könnte viele derselben ersparen, wenn man eine Autorität aufrichtete, die zur Unterweisung und Abmahnung bereit sei. Eine solche Autorität war zunächst mir zugefallen infolge des uneinbringlichen Vorsprunges einer etwa 15 jährigen Erfahrung. Es lag mir also daran, diese Autorität auf einen jüngeren Mann zu übertragen, der nach meinem Ausscheiden wie selbstverständlich mein Ersatz werden sollte. Dies konnte nur C. G. Jung sein, denn Bleuler war mein Altersgenosse, für Jung sprachen aber seine hervorragende Begabung, die Beiträge zur Analyse, die er bereits geleistet hatte, seine unabhängige Stellung und der Eindruck von sicherer Energie, den sein Wesen machte. Er schien überdies bereit, in freundschaftliche Beziehungen zu mir zu treten und mir zuliebe Rassenvorurteile aufzugeben, die er sich bis dahin gestattet hatte. Ich ahnte damals nicht, daß diese Wahl trotz aller aufgezählten Vorzüge eine sehr unglückliche war, daß sie eine Person getroffen hatte, welche, unfähig, die Autorität eines anderen zu ertragen, noch weniger geeignet war, selbst eine Autorität zu bilden, und deren Energie in der rücksichtslosen Verfolgung der eigenen Interessen aufging.

Die Form einer offiziellen Vereinigung hielt ich für notwendig, weil ich den Mißbrauch fürchtete, welcher sich der Psychoanalyse bemächtigen würde, sobald sie einmal in die Popularität geriete. Es sollte dann eine Stelle geben, welcher die Erklärung zustände: Mit all dem Unsinn hat die Analyse nichts zu tun, das ist nicht die Psychoanalyse. In den Sitzungen der Ortsgruppen, aus denen sich die internationale Vereinigung zusammensetzte, sollte gelehrt werden, wie die Psychoanalyse zu betreiben sei, und sollten Ärzte ihre Ausbildung finden, für deren Tätigkeit eine Art von Garantie geleistet werden konnte. Auch schien es mir wünschenswert, daß sich die Anhänger der Psychoanalyse zum freundschaftlichen Verkehr und zur gegenseitigen Unterstützung zusammenfänden, nachdem die offizielle Wissenschaft den großen Bann über sie ausgesprochen und den Boykott über die Ärzte und Anstalten verhängt hatte, die sie übten.

Dies alles und nichts anderes wollte ich durch die Gründung der „Internationalen Psychoanalytischen Vereinigung" erreichen. Es war wahrscheinlich mehr, als zu erreichen möglich war. Wie meine Gegner die Erfahrung machen mußten, daß es nicht möglich sei, die neue Bewegung aufzuhalten, so stand mir die Erfahrung bevor, daß sie sich auch nicht auf die Wege leiten lasse, die ich ihr anweisen wollte. Der von Ferenczi in Nürnberg vorgelegte Antrag wurde zwar angenommen, Jung zum Präsidenten gewählt, der Riklin zu seinem Sekretär machte, es wurde auch die Herausgabe eines Korrespondenzblattes beschlossen, durch welches die Zentrale mit den Ortsgruppen verkehrte. Als Zweck der Vereinigung wurde erklärt: „Pflege und Förderung der von Freud begründeten psychoanalytischen Wissenschaft sowohl als reiner Psychologie als auch in ihrer Anwendung in der Medizin und den Geisteswissenschaften; gegenseitige Unterstützung der Mitglieder in allen Bestrebungen zum Erwerben und Verbreiten von psychoanalytischen Kenntnissen." Allein von seiten der Wiener war dem Projekt lebhaft opponiert worden. Adler sprach in leidenschaftlicher Erregung die Befürchtung aus, daß eine „Zensur und Einschränkung der wissenschaftlichen Freiheit" beabsichtigt sei. Die Wiener fügten sich dann, nachdem sie durchgesetzt hatten, daß nicht Zürich zum Sitz der Vereinigung erhoben wurde, sondern der Wohnort des jeweiligen, auf zwei Jahre gewählten Präsidenten.

Auf dem Kongreß selbst konstituierten sich drei Ortsgruppen, die in Berlin unter dem Vorsitz von Abraham, die in Zürich, die ihren Obmann an die Zentralleitung der Vereinigung abgegeben hatte, und die Wiener Gruppe, deren Leitung ich Adler überließ. Eine vierte Gruppe, die in Budapest, konnte sich erst später herstellen. Bleuler war, durch Krankheit verhindert, vom Kongreß ferngeblieben, er zeigte dann später prinzipielle Bedenken gegen den Eintritt in den Verein, ließ sich zwar durch mich nach einer persönlichen Aussprache dazu bestimmen, war aber kurze Zeit nachher infolge von Mißhelligkeiten in Zürich wieder außerhalb. Die Verbindung zwischen der Züricher Ortsgruppe und der Anstalt Burghölzli war damit aufgehoben.

Eine Folge des Nürnberger Kongresses war auch die Gründung des „Zentralblattes für Psychoanalyse", zu welcher sich Adler und Stekel vereinigten. Es hatte offenbar ursprünglich eine oppositionelle Tendenz und sollte Wien die durch die Wahl Jungs bedrohte Hegemonie zurückgewinnen. Als aber die beiden Unternehmer des Blattes unter dem Drucke der Schwierigkeit, einen Verleger zu finden, mich ihrer friedlichen Absichten versicherten und mir als Unterpfand ihrer Gesinnung ein Vetorecht einräumten, nahm ich die Herausgeberschaft an und beteiligte mich eifrig an dem neuen Organ, dessen erste Nummer im September 1910 erschien.

Ich setze die Geschichte der psychoanalytischen Kongresse fort. Der dritte Kongreß fand im September 1911 zu Weimar statt und übertraf noch seine Vorgänger an Stimmung und wissenschaftlichem Interesse. J. Putnam, der dieser Versammlung beigewohnt hatte, äußerte dann in Amerika sein Wohlgefallen und seinen Respekt vor *the mental attitude* der Teilnehmer und zitierte ein Wort von mir, das ich in Bezug auf diese letzteren gebraucht haben soll: „Sie haben gelernt, ein Stück Wahrheit zu ertragen."[1]

---

[1] On Freud's psycho-analytic method and its evolution. Boston medical and surgical Journal, 25. Jan. 1912.

In der Tat mußte jedem, der wissenschaftliche Kongresse besucht hatte, ein Eindruck zugunsten der Psychoanalytischen Vereinigung verbleiben. Ich hatte die beiden früheren Kongresse selbst geleitet, jedem Vortragenden Zeit für seine Mitteilung gelassen und die Diskussion darüber auf den privaten Gedankenaustausch gewiesen. Jung, der in Weimar als Präsident die Leitung übernahm, setzte die Diskussion nach jedem Vortrage wieder ein, was sich aber damals noch nicht störend erwies.

Ein ganz anderes Bild bot der vierte Kongreß zu München zwei Jahre später, im September 1913, der allen Teilnehmern noch in frischer Erinnerung ist. Er wurde von Jung in unliebenswürdiger und inkorrekter Weise geleitet, die Vortragenden waren in der Zeit beschränkt, die Diskussionen überwucherten die Vorträge. Der böse Geist Hoche hatte infolge einer boshaften Laune des Zufalls seinen Wohnsitz in demselben Hause aufgeschlagen, in welchem die Analytiker ihre Sitzungen abhielten. Hoche hätte sich ohne Mühe überzeugen können, wie sie seine Charakteristik einer fanatischen Sekte, welche ihrem Oberhaupte blind ergeben folgt, ad absurdum führten. Die ermüdenden und unerquicklichen Verhandlungen brachten auch die Wiederwahl Jungs zum Präsidenten der Internationalen Psychoanalytischen Vereinigung, welche Jung annahm, wiewohl zwei Fünftel der Anwesenden ihm ihr Vertrauen verweigerten. Man schied voneinander ohne das Bedürfnis, sich wiederzusehen.

Der Besitzstand der Internationalen Psychoanalytischen Vereinigung war um die Zeit dieses Kongresses der folgende: Die Ortsgruppen Wien, Berlin, Zürich hatten sich schon auf dem Kongreß in Nürnberg 1910 konstituiert. Im Mai 1911 kam eine Gruppe in München unter dem Vorsitz von Dr. L. Seif hinzu. In demselben Jahre bildete sich die erste amerikanische Ortsgruppe unter dem Namen „The New York Psychoanalytic Society" unter dem Vorsitze von A. Brill. Auf dem Weimarer Kongreß wurde die Gründung einer zweiten amerikanischen Gruppe genehmigt, die im Laufe des nächsten Jahres als „American Psychoanalytic Association" ins Leben trat, Mitglieder aus Kanada und ganz Amerika umfaßte und Putnam zu ihrem Präsidenten, E. Jones zum Sekretär wählte. Kurz vor dem Kongreß in München 1913 wurde die Budapester Ortsgruppe unter dem Vorsitze von S. Ferenczi aktiviert. Bald nach demselben gründete der nach London übersiedelte E. Jones dort die erste englische Gruppe. Die Mitgliederzahl der nun vorhandenen acht Ortsgruppen gibt natürlich keinen Maßstab für die Beurteilung der Anzahl der nicht organisierten Schüler und Anhänger der Psychoanalyse.

Auch die Entwicklung der periodischen Literatur der Psychoanalyse verdient eine kurze Erwähnung. Die erste periodische Publikation, welche der Analyse diente, waren die „Schriften zur angewandten Seelenkunde", die in zwangloser Folge seit 1907 erscheinen und gegenwärtig beim fünfzehnten Heft angelangt sind. (Verleger zuerst H. Heller in Wien, dann F. Deuticke.) Sie haben Arbeiten gebracht von Freud (1 und 7), Riklin, Jung, Abraham (4 und 11), Rank (5 und 13), Sadger, Pfister, M. Graf, Jones (10 und 14), Storfer und v. Hug-Hellmuth.[1] Die später zu erwähnende Gründung der „Imago" hat den Wert dieser Publikationsform einigermaßen herabgesetzt. Nach der Zusammenkunft in Salzburg 1908 wurde das „Jahrbuch für psychoanalytische und psychopathologische Forschungen" ins Leben gerufen, welches unter der Redaktion von Jung fünf Jahrgänge erlebt hat und nun unter neuer Leitung und etwas verändertem Titel als „Jahrbuch der Psychoanalyse" von neuem an die Öffentlichkeit herantritt. Es will auch nicht mehr wie in den letzten Jahren ein Archiv sein, welches einschlägige Arbeiten sammelt, sondern seiner Aufgabe durch redaktionelle Tätigkeit gerecht werden, welche alle Vorgänge und alle Erwerbungen auf

---

[1] Später sind noch erschienen: Sadger (16 und 18), Kielholz (17).

dem Gebiete der Psychoanalyse zu würdigen versucht.[1] Das „Zentralblatt für Psychoanalyse", wie erwähnt, von Adler und Stekel nach der Gründung des Internationalen Vereines (Nürnberg 1910) entworfen, hat in kurzer Zeit bewegte Schicksale durchgemacht. Schon die zehnte Nummer des ersten Bandes bringt an ihrer Spitze die Nachricht, daß sich Dr. Alfred Adler wegen wissenschaftlicher Differenzen mit dem Herausgeber entschlossen hat, freiwillig aus der Redaktion auszuscheiden. Dr. Stekel blieb von da an alleiniger Redakteur. (Sommer 1911.) Auf dem Kongreß zu Weimar wurde das Zentralblatt zum offiziellen Organ des Internationalen Vereines erhoben und allen Mitgliedern gegen Erhöhung ihrer Jahresbeiträge zugänglich gemacht. Von der dritten Nummer des zweiten Jahrganges an (Winter 1912) ist Stekel für den Inhalt des Blattes allein verantwortlich geworden. Sein in der Öffentlichkeit schwer darstellbares Verhalten hatte mich genötigt, die Herausgeberschaft niederzulegen und der Psychoanalyse in aller Eile ein neues Organ in der „Internationalen Zeitschrift für ärztliche Psychoanalyse" zu schaffen. Unter Mithilfe fast aller Mitarbeiter und des neuen Verlegers H. Heller konnte das erste Heft dieser Zeitschrift im Jänner 1913 erscheinen und sich als offizielles Organ der Internationalen Psychoanalytischen Vereinigung an die Stelle des Zentralblattes setzen.

Inzwischen war mit Anfang 1912 von Dr. Hanns Sachs und Dr. Otto Rank eine neue Zeitschrift „Imago" (Verlag von Heller) geschaffen worden, welche ausschließlich für die Anwendungen der Psychoanalyse auf die Geisteswissenschaften bestimmt wurde. „Imago" befindet sich gegenwärtig in der Mitte ihres dritten Jahrganges und erfreut sich des steigenden Interesses auch solcher Leser, welche der ärztlichen Analyse fernstehen.[2]

[1] Mit Kriegsbeginn eingestellt.
[2] Diese beiden Zeitschriften sind 1919 in den Internationalen Psychoanalytischen Verlag übergegangen und befinden sich derzeit (1923) im IX. Jahrgang. (Eigentlich befindet sich die „Internationale Zeitschrift" in ihrem 11.,

Von diesen vier periodischen Publikationen („Schriften zur angewandten Seelenkunde", „Jahrbuch", „Internationale Zeitschrift" und „Imago") abgesehen, bringen auch andere deutsche und fremdsprachige Journale Arbeiten, welche in der Literatur der Psychoanalyse eine Stelle beanspruchen können. Das von Morton Prince herausgegebene „Journal of abnormal psychology" enthält in der Regel so viele gute analytische Beiträge, daß es als Hauptvertretung der analytischen Literatur in Amerika eingeschätzt werden muß. Im Winter 1913 haben White und Jelliffe in New York eine neue, ausschließlich der Psychoanalyse gewidmete Zeitschrift („The Psychoanalytic Review") ins Leben gerufen, welche wohl mit der Tatsache rechnet, daß den meisten der an der Analyse interessierten Ärzte Amerikas die deutsche Sprache eine Erschwerung ist.[1]

*

Ich habe nun zweier Abfallsbewegungen zu gedenken, welche sich innerhalb der Anhängerschaft der Psychoanalyse vollzogen haben, die erste von ihnen zwischen der Vereinsgründung 1910 und dem Weimarer Kongreß 1911, die zweite nach diesem, so daß sie in München 1913 zutage trat. Die Enttäuschung, welche sie mir bereiteten, wäre zu vermeiden gewesen, wenn man besser auf die Vorgänge bei den in analytischer Behandlung Stehenden geachtet hätte. Ich verstand es nämlich sehr wohl, daß jemand bei der ersten Annäherung an die unliebsamen analytischen Wahrheiten die Flucht ergreifen kann, hatte auch selbst immer behauptet, daß eines jeden Verständnis durch seine eigenen Verdrängungen aufgehalten wird (respektive durch die sie erhaltenden Widerstände), so daß er in seinem Verhältnis zur Analyse nicht über einen bestimmten Punkt hinauskommt. Aber ich hatte es

---

die „Imago" im 12. Lebensjahr; zufolge der Kriegsverhältnisse umfaßte jedoch der IV. Bd. der „Zeitschrift" mehr als ein Jahr, d. h. die Jahre 1916—1918, der V. Bd. der „Imago" die Jahre 1917—1918.) Im Titel der „Internationalen Zeitschrift für Psychoanalyse" entfiel mit Beginn des VI. Bandes die Bezeichnung „ärztliche".

1) 1920 hat E. Jones die Gründung des für England und Amerika bestimmten „International Journal of Psycho-Analysis" unternommen.

nicht erwartet, daß jemand, der die Analyse bis zu einer gewissen Tiefe verstanden hat, auf sein Verständnis wieder verzichten, es verlieren könne. Und doch hatte die tägliche Erfahrung an den Kranken gezeigt, daß die totale Reflexion der analytischen Erkenntnisse von jeder tieferen Schicht her erfolgen kann, an welcher sich ein besonders starker Widerstand vorfindet; hat man bei einem solchen Kranken durch mühevolle Arbeit erreicht, daß er Stücke des analytischen Wissens begriffen hat und wie seinen eigenen Besitz handhabt, so kann man an ihm doch erfahren, daß er unter der Herrschaft des nächsten Widerstandes alles Erlernte in den Wind schlägt und sich wehrt wie in seinen schönsten Neulingstagen. Ich hatte zu lernen, daß es bei Psychoanalytikern ebenso gehen kann wie bei den Kranken in der Analyse.

Es ist keine leichte oder beneidenswerte Aufgabe, die Geschichte dieser beiden Abfallsbewegungen zu schreiben, denn einerseits fehlen mir dazu die starken persönlichen Antriebe — ich habe weder Dankbarkeit erwartet, noch bin ich in einem wirksamen Ausmaße rachsüchtig — andererseits weiß ich, daß ich mich hiebei den Invektiven von wenig rücksichtsvollen Gegnern aussetze und den Feinden der Analyse das heißerwünschte Schauspiel bereite, wie „die Psychoanalytiker sich untereinander zerfleischen." Ich habe so viel Überwindung daran gesetzt, mich nicht mit den Gegnern außerhalb der Analyse herumzuschlagen, und nun sehe ich mich genötigt, den Kampf mit früheren Anhängern, oder solchen, die es jetzt noch heißen wollen, aufzunehmen. Aber ich habe da keine Wahl; Schweigen wäre Bequemlichkeit oder Feigheit und würde der Sache mehr schaden als die offene Aufdeckung der vorhandenen Schäden. Wer andere wissenschaftliche Bewegungen verfolgt hat, wird wissen, daß ganz analoge Störungen und Mißhelligkeiten auch dort vorzufallen pflegen. Vielleicht daß man sie anderswo sorgfältiger verheimlicht; die Psychoanalyse, die viele konventionelle Ideale verleugnet, ist auch in diesen Dingen aufrichtiger.

Ein anderer, schwer fühlbarer Übelstand liegt darin, daß ich eine analytische Beleuchtung der beiden Gegnerschaften nicht gänzlich vermeiden kann. Die Analyse eignet sich aber nicht zum polemischen Gebrauche; sie setzt durchaus die Einwilligung des Analysierten und die Situation eines Überlegenen und eines Untergeordneten voraus. Wer also eine Analyse in polemischer Absicht unternimmt, muß sich darauf gefaßt machen, daß der Analysierte seinerseits die Analyse gegen ihn wendet, und daß die Diskussion in einen Zustand gerät, in welchem die Erweckung von Überzeugung bei einem unparteiischen Dritten ausgeschlossen ist. Ich werde also die Verwendung der Analyse, damit die Indiskretion und die Aggression gegen meine Gegner, auf ein Mindestmaß beschränken und überdies anführen, daß ich keine wissenschaftliche Kritik auf dieses Mittel gründe. Ich habe es nicht mit dem etwaigen Wahrheitsgehalt der zurückzuweisenden Lehren zu tun, versuche keine Widerlegung derselben. Das bleibe anderen berufenen Arbeitern auf dem Gebiete der Psychoanalyse vorbehalten, ist auch zum Teil bereits geschehen. Ich will bloß zeigen, daß — und in welchen Punkten — diese Lehren die Grundsätze der Analyse verleugnen und darum nicht unter diesem Namen behandelt werden sollen. Ich brauche also die Analyse nur dazu, um verständlich zu machen, wie diese Abweichungen von der Analyse bei Analytikern entstehen konnten. An den Ablösungsstellen muß ich allerdings auch mit rein kritischen Bemerkungen das gute Recht der Psychoanalyse verteidigen.

Die Psychoanalyse hat die Erklärung der Neurosen als nächste Aufgabe vorgefunden, hat die beiden Tatsachen des Widerstandes und der Übertragung zu Ausgangspunkten genommen und für sie mit Rücksicht auf die dritte Tatsache der Amnesie in den Theorien von der Verdrängung, den sexuellen Triebkräften der Neurose und dem Unbewußten Rechenschaft gegeben. Sie hat niemals beansprucht, eine vollständige Theorie des menschlichen Seelenlebens überhaupt zu geben, sondern verlangte nur, daß ihre

Ermittlungen zur Ergänzung und Korrektur unserer anderswie erworbenen Erkenntnis verwendet werden sollten. Die Theorie von Alfred A d l e r geht nun weit über dieses Ziel hinaus, sie will Benehmen und Charakter der Menschen mit demselben Griff verständlich machen, wie die neurotischen und psychotischen Erkrankungen derselben; sie ist in Wirklichkeit jedem anderen Gebiete adäquater als dem der Neurose, welches sie aus den Motiven ihrer Entstehungsgeschichte noch immer voranstellt. Ich hatte viele Jahre hindurch Gelegenheit, Dr. A d l e r zu studieren, und habe ihm das Zeugnis eines bedeutenden, insbesondere spekulativ veranlagten Kopfes nie versagt. Als Probe der „Verfolgungen", die er von mir erfahren zu haben behauptet, kann ich ja gelten lassen, daß ich ihm nach der Vereinsgründung die Leitung der Wiener Gruppe übertrug. Erst durch dringende Aufforderung von seiten aller Vereinsmitglieder ließ ich mich bewegen, den Vorsitz in den wissenschaftlichen Verhandlungen wieder anzunehmen. Als ich seine geringe Begabung gerade für die Würdigung des unbewußten Materials erkannt hatte, verlegte ich meine Erwartung dahin, er werde die Verbindungen von der Psychoanalyse zur Psychologie und zu den biologischen Grundlagen der Triebvorgänge aufzudecken wissen, wozu seine wertvollen Studien über die Organminderwertigkeit auch in gewissem Sinne berechtigten. Er schuf denn auch wirklich etwas Ähnliches, aber sein Werk fiel so aus, a l s o b es — in seinem eigenen Jargon zu reden — für den Nachweis bestimmt wäre, daß die Psychoanalyse in allem unrecht habe, und die Bedeutung der sexuellen Triebkräfte nur infolge ihrer Leichtgläubigkeit gegen die Darstellung der Neurotiker vertreten hätte. Über das persönliche Motiv seiner Arbeit darf man auch vor der Öffentlichkeit sprechen, da er es selbst in Gegenwart eines kleinen Kreises von Mitgliedern der Wiener Gruppe geoffenbart hat. „Glauben Sie denn, daß es ein so großes Vergnügen für mich ist, mein ganzes Leben lang in Ihrem Schatten zu stehen?" Ich finde nun nichts Verwerfliches darin, wenn ein jüngerer Mann sich frei zu dem Ehrgeiz bekennt, den man als eine der Triebfedern seiner Arbeit ohnedies vermuten würde. Aber selbst unter der Herrschaft eines solchen Motives müßte man es zu vermeiden wissen, daß man nicht werde, was die Engländer mit ihrem feinen sozialen Takt *unfair* heißen, wofür den Deutschen nur ein weit gröberes Wort zur Verfügung steht. Wie wenig dies Adler gelungen ist, zeigt die Fülle von kleinlichen Bosheiten, die seine Arbeiten entstellen, und die Züge von unbändiger Prioritätssucht, die sich in ihnen verraten. In der Wiener Psychoanalytischen Vereinigung bekamen wir einmal direkt zu hören, daß er die Priorität für die Gesichtspunkte der „Einheit der Neurosen" und der „dynamischen Auffassung" derselben für sich beanspruche. Es war eine große Überraschung für mich, da ich immer geglaubt hatte, diese beiden Prinzipien seien von mir vertreten worden, ehe ich noch Adler kennen gelernt hatte.

Dies Streben Adlers nach einem Platz an der Sonne hat indes auch eine Folge gehabt, welche die Psychoanalyse als wohltätig empfinden muß. Als ich nach dem Hervortreten der unvereinbaren wissenschaftlichen Gegensätze Adler zum Ausscheiden aus der Redaktion des Zentralblattes veranlaßte, verließ er auch die Vereinigung und gründete einen neuen Verein, der sich zuerst den geschmackvollen Namen „Verein für freie Psychoanalyse" beilegte. Allein die Menschen draußen, die der Analyse ferne stehen, sind offenbar so wenig geschickt, die Differenzen in den Anschauungen zweier Psychoanalytiker zu würdigen, wie wir Europäer, die Nuancen zu erkennen, welche zwei Chinesengesichter voneinander unterscheiden. Die „freie" Psychoanalyse blieb im Schatten der „offiziellen", „orthodoxen" und wurde nur als Anhang an dieselbe abgehandelt. Da tat Adler den dankenswerten Schritt, die Verbindung mit der Psychoanalyse völlig zu lösen und seine Lehre als „Individualpsychologie" von ihr abzusondern. Es ist soviel Platz auf Gottes

Erde und es ist gewiß berechtigt, daß sich jeder, der es vermag, ungehemmt auf ihr herumtummle, aber es ist nicht wünschenswert, daß man unter einem Dach zusammenwohnen bleibe, wenn man sich nicht mehr versteht und nicht mehr verträgt. Die „Individualpsychologie" Adlers ist jetzt eine der vielen psychologischen Richtungen, welche der Psychoanalyse gegnerisch sind, und deren weitere Entwicklung außerhalb ihres Interesses fällt. Die Adlersche Theorie war von allem Anfang ein „System", was die Psychoanalyse sorgfältig zu sein vermied. Sie ist auch ein ausgezeichnetes Beispiel einer „sekundären Bearbeitung", wie sie z. B. vom Wachdenken am Traummaterial vorgenommen wird. Das Traummaterial wird in diesem Falle durch das neugewonnene Material der psychoanalytischen Studien ersetzt, dies wird nun durchwegs vom Standpunkte des Ichs erfaßt, unter die dem Ich geläufigen Kategorien gebracht, übersetzt, gewendet und genau so, wie es bei der Traumbildung geschieht, mißverstanden. Die Adlersche Lehre ist denn auch weniger durch das charakterisiert, was sie behauptet, als durch das, was sie verleugnet; sie besteht demnach aus drei recht ungleichwertigen Elementen, den guten Beiträgen zur Ichpsychologie, den — überflüssigen, aber zulässigen — Übersetzungen der analytischen Tatsachen in den neuen Jargon, und in den Entstellungen und Verdrehungen der letzteren, soweit sie nicht zu den Ichvoraussetzungen passen. Die Elemente der ersteren Art sind von der Psychoanalyse niemals verkannt worden, wenngleich sie ihnen keine besondere Aufmerksamkeit schuldig war. Sie hatte ein größeres Interesse daran zu zeigen, daß sich allen Ichbestrebungen libidinöse Komponenten beimengen. Die Adlersche Lehre hebt das Gegenstück hiezu hervor, den egoistischen Zusatz zu den libidinösen Triebregungen. Dies wäre nun ein greifbarer Gewinn, wenn Adler diese Feststellung nicht dazu benützen würde, um jedesmal zugunsten der Ichtriebkomponente die libidinöse Regung zu verleugnen. Seine Theorie tut damit dasselbe, was alle Kranken und was unser

Bewußtdenken überhaupt tut, nämlich die Rationalisierung, wie Jones es genannt hat, zur Verdeckung des unbewußten Motives gebrauchen. Adler ist hierin so konsequent, daß er die Absicht, dem Weib den Herrn zu zeigen, oben zu sein, sogar als die stärkste Triebfeder des Sexualaktes preist. Ich weiß nicht, ob er diese Ungeheuerlichkeiten auch in seinen Schriften vertreten hat.

Die Psychoanalyse hatte frühzeitig erkannt, daß jedes neurotische Symptom seine Existenzmöglichkeit einem Kompromiß verdankt. Es muß darum auch den Anforderungen des die Verdrängung handhabenden Ichs irgendwie gerecht werden, einen Vorteil bieten, eine nützliche Verwendung zulassen, sonst würde es eben demselben Schicksal unterliegen wie die ursprüngliche, abgewehrte Triebregung selbst. Der Terminus des „Krankheitsgewinnes" hat diesem Sachverhalt Rechnung getragen; man wäre noch berechtigt, den primären Gewinn für das Ich, der schon bei der Entstehung wirksam sein muß, von einem „sekundären" Anteil zu unterscheiden, welcher in Anlehnung an andere Absichten des Ichs hinzutritt, wenn sich das Symptom behaupten soll. Auch daß die Entziehung dieses Krankheitsgewinnes oder das Aufhören desselben infolge einer realen Veränderung einen der Mechanismen der Heilung vom Symptom ergibt, ist der Analyse längst bekannt gewesen. Auf diese unschwer festzustellenden und mühelos einzusehenden Beziehungen fällt in der Adlerschen Lehre der Hauptakzent, wobei gänzlich übersehen wird, daß das Ich ungezählte Male bloß aus der Not eine Tugend macht, indem es sich das unerwünschteste, ihm aufgezwungene Symptom wegen des daran gehängten Nutzens gefallen läßt, z. B. wenn es die Angst als Sicherungsmittel akzeptiert. Das Ich spielt dabei die lächerliche Rolle des dummen August im Zirkus, der den Zuschauern durch seine Gesten die Überzeugung beibringen will, daß sich alle Veränderungen in der Manège nur infolge seines Kommandos vollziehen. Aber nur die Jüngsten unter den Zuschauern schenken ihm Glauben.

Für den zweiten Bestandteil der Adlerschen Lehre muß die Psychoanalyse einstehen wie für eigenes Gut. Er ist auch nichts anderes als psychoanalytische Erkenntnis, die der Autor aus den allen zugänglichen Quellen während der zehn Jahre gemeinsamer Arbeit geschöpft und dann durch Veränderung der Nomenklatur zu seinem Eigentum gestempelt hat. Ich halte z. B. selbst „Sicherung" für ein besseres Wort als das von mir gebrauchte „Schutzmaßregel", aber ich kann einen neuen Sinn darin nicht finden. Ebenso würden in den Adlerschen Behauptungen eine Menge altbekannter Züge hervortreten, wenn man anstatt „fingiert, fiktiv und Fiktion" das ursprünglichere „phantasiert" und „Phantasie" wieder einsetzen würde. Von seiten der Psychoanalyse würde diese Identität betont werden, auch wenn der Autor nicht durch lange Jahre an den gemeinsamen Arbeiten teilgenommen hätte.

Der dritte Anteil der Adlerschen Lehre, die Umdeutungen und Entstellungen der unbequemen analytischen Tatsachen, enthält das, was die nunmehrige „Individualpsychologie" endgültig von der Analyse trennt. Der Systemgedanke Adlers lautet bekanntlich, es sei die Absicht der Selbstbehauptung des Individuums, sein „Wille zur Macht", der sich in der Form des „männlichen Protests" in Lebensführung, Charakterbildung und Neurose dominierend kundgibt. Dieser männliche Protest, der Adlersche Motor, ist aber nichts anderes als die von ihrem psychologischen Mechanismus losgelöste Verdrängung, die überdies sexualisiert ist, was mit der gerühmten Vertreibung der Sexualität aus ihrer Rolle im Seelenleben schlecht zusammenstimmt. Der männliche Protest existiert nun sicherlich, aber bei seiner Konstituierung zum Motor des seelischen Geschehens hat die Beobachtung nur die Rolle des Sprungbrettes gespielt, welches man verläßt, um sich zu erheben. Nehmen wir eine der Grundsituationen des infantilen Begehrens vor, die Beobachtung des Geschlechtsaktes zwischen Erwachsenen durch das Kind. Dann

weist die Analyse bei jenen Personen, deren Lebensgeschichte
später den Arzt beschäftigen wird, nach, daß sich in jenem
Moment zwei Regungen des unmündigen Zuschauers bemächtigt
haben, die eine, wenn es ein Knabe ist, sich an die Stelle des
aktiven Mannes zu setzen, und die andere, die Gegenstrebung,
sich mit dem leidenden Weibe zu identifizieren. Beide Strebungen
erschöpfen miteinander die Lustmöglichkeiten, die sich aus der
Situation ergeben. Nur die erstere läßt sich dem männlichen
Protest unterordnen, wenn dieser Begriff überhaupt einen Sinn
behalten soll. Die zweite, um deren Schicksal sich Adler nicht
kümmert oder die er nicht kennt, ist aber die, welche es zu
einer größeren Bedeutung für die spätere Neurose bringen wird.
Adler hat sich so ganz in die eifersüchtige Beschränktheit des
Ichs versetzt, daß er nur jenen Triebregungen Rechnung trägt,
welche dem Ich genehm sind und von ihm gefördert werden;
gerade der Fall der Neurose, daß sich diese Regungen dem Ich
widersetzen, liegt außerhalb seines Horizonts.

Bei dem durch die Psychoanalyse unabweisbar gewordenen
Versuch, das Grundprinzip der Lehre an das Seelenleben des
Kindes anzuknüpfen, haben sich für Adler die schwersten
Abweichungen von der Realität der Beobachtung und die tief-
gehendsten Begriffsverwirrungen ergeben. Der biologische, soziale
und psychologische Sinn von „männlich" und „weiblich" sind
dabei zu hoffnungsloser Mischbildung vermengt. Es ist unmöglich
und durch die Beobachtung zurückzuweisen, daß das — männliche oder weibliche — Kind seinen Lebensplan auf eine
ursprüngliche Geringschätzung des weiblichen Geschlechts
begründen und sich zur Leitlinie den Wunsch machen könne:
ich will ein rechter Mann werden. Das Kind ahnt die Bedeutung des Geschlechtsunterschiedes anfänglich nicht, geht vielmehr von der Voraussetzung aus, daß beiden Geschlechtern das
nämliche (männliche) Genitale zukomme, beginnt seine Sexualforschung nicht mit dem Problem der Geschlechtsdifferenz und

steht der sozialen Minderschätzung des Weibes völlig ferne. Es gibt Frauen, in deren Neurose der Wunsch, ein Mann zu sein, keine Rolle gespielt hat. Was vom männlichen Protest zu konstatieren ist, führt sich leicht auf die Störung des uranfänglichen Narzißmus durch die Kastrationsdrohung, respektive auf die ersten Behinderungen der Sexualbetätigung zurück. Aller Streit um die Psychogenese der Neurosen muß schließlich auf dem Gebiete der Kinderneurosen zum Austrage kommen. Die sorgfältige Zergliederung einer Neurose im frühkindlichen Alter macht allen Irrtümern in betreff der Ätiologie der Neurosen und Zweifeln an der Rolle der Sexualtriebe ein Ende. Darum mußte auch Adler in seiner Kritik der Jungschen Arbeit „Konflikte der kindlichen Seele" zu der Unterstellung greifen, das Material des Falles sei „wohl vom Vater" einheitlich gerichtet worden.[1]

Ich werde nicht weiter bei der biologischen Seite der Adlerschen Theorie verweilen und nicht untersuchen, ob die greifbare Organminderwertigkeit oder das subjektive Gefühl derselben — man weiß nicht, welches von beiden — wirklich imstande ist, als Grundlage das Adlersche System zu tragen. Nur der Bemerkung sei Raum gegönnt, daß die Neurose dann ein Nebenerfolg der allgemeinen Verkümmerung würde, während die Beobachtung lehrt, daß eine erdrückend große Mehrheit von Häßlichen, Mißgestalteten, Verkrüppelten, Verelendeten es unterläßt, auf ihre Mängel mit der Entwicklung von Neurose zu reagieren. Auch die interessante Auskunft, die Minderwertigkeit ins Kindheitsgefühl zu verlegen, lasse ich beiseite. Sie zeigt uns, in welcher Verkleidung das in der Analyse so sehr betonte Moment des Infantilismus in der Individualpsychologie wiederkehrt. Dagegen obliegt es mir, hervorzuheben, wie alle psychologischen Erwerbungen der Psychoanalyse bei Adler in den Wind geschlagen worden sind. Das Unbewußte tritt noch im „nervösen Charakter" als eine psychologische Be-

---

1) Zentralblatt für Psychoanalyse, Bd. I, S. 122.

sonderheit auf, aber ohne alle Beziehung zum System. Später hat er folgerichtig erklärt, es sei ihm gleichgültig, ob eine Vorstellung bewußt oder unbewußt sei. Für die Verdrängung fand sich bei Adler von vornherein kein Verständnis. In dem Referat über einen Vortrag im Wiener Verein (Februar 1911) heißt es: „An der Hand eines Falles wird darauf hingewiesen, daß der Patient weder seine Libido verdrängt hatte, vor der er sich ja fortwährend zu sichern suchte..."[1] In einer Wiener Diskussion äußerte er bald darauf: „Wenn Sie fragen, woher kommt die Verdrängung, so bekommen Sie die Antwort: Von der Kultur. Wenn Sie aber dann fragen: Woher kommt die Kultur?, so antwortet man Ihnen: Von der Verdrängung. Sie sehen also, es handelt sich nur um ein Spiel mit Worten." Ein kleiner Bruchteil des Scharfsinnes, mit dem Adler die Verteidigungskünste seines „nervösen Charakters" entlarvt hat, hätte hingereicht, ihm den Ausweg aus diesem rabulistischen Argument zu zeigen. Es ist nichts anderes dahinter, als daß die Kultur auf den Verdrängungsleistungen früherer Generationen ruht, und daß jede neue Generation aufgefordert wird, diese Kultur durch Vollziehung derselben Verdrängungen zu erhalten. Ich habe von einem Kinde gehört, welches sich für gefoppt hielt und zu schreien begann, weil es auf die Frage: Woher kommen die Eier? zur Antwort erhalten hatte: Von den Hühnern, auf die weitere Frage: Woher kommen die Hühner? aber die Auskunft bekam: Aus den Eiern. Und doch hatte man da nicht mit Worten gespielt, sondern dem Kinde etwas Wahres gesagt.

Ebenso kläglich und inhaltsleer ist alles, was Adler über den Traum, dieses Schiboleth der Psychoanalyse, geäußert hat. Der Traum war ihm zuerst eine Wendung von der weiblichen auf die männliche Linie, was nichts anderes besagt, als die Übersetzung der Lehre von der Wunscherfüllung im Traume in die Sprache des „männlichen Protestes". Später findet er das Wesen

---

1) Korrespondenzblatt Nr. 5, Zürich, April 1911.

des Traumes darin, daß der Mensch sich durch ihn unbewußt ermögliche, was bewußt versagt sei. Auch die Priorität für die Verwechslung des Traumes mit den latenten Traumgedanken, auf der die Erkenntnis seiner „prospektiven Tendenz" ruht, ist Adler zuzusprechen. Maeder ist ihm hierin später nachgekommen. Dabei übersieht man bereitwillig, daß jede Deutung eines Traumes, der in seiner manifesten Erscheinung überhaupt nichts Verständliches sagt, auf der Anwendung der nämlichen Traumdeutung beruht, deren Voraussetzungen und Folgerungen man bestreitet. Vom Widerstand weiß Adler anzugeben, daß er der Durchsetzung des Kranken gegen den Arzt dient. Dies ist gewiß richtig; es heißt soviel als: er dient dem Widerstande. Woher er aber kommt, und wie es zugeht, daß seine Phänomene der Absicht des Kranken zu Gebote stehen, das wird, als für das Ich uninteressant, nicht weiter erörtert. Die Detailmechanismen der Symptome und Phänomene, die Begründung der Mannigfaltigkeit von Krankheiten und Krankheitsäußerungen finden überhaupt keine Berücksichtigung, da doch alles in gleicher Weise dem männlichen Protest, der Selbstbehauptung, der Erhöhung der Persönlichkeit dienstbar ist. Das System ist fertig, es hat eine außerordentliche Umdeutungsarbeit gekostet, dafür auch nicht eine einzige neue Beobachtung geliefert. Ich glaube gezeigt zu haben, daß es mit Psychoanalyse nichts zu schaffen hat.

Das Lebensbild, welches aus dem Adlerschen System hervorgeht, ist ganz auf den Aggressionstrieb gegründet; es läßt keinen Raum für die Liebe. Man könnte sich ja verwundern, daß eine so trostlose Weltanschauung überhaupt Beachtung gefunden hat; aber man darf nicht daran vergessen, daß die vom Joch ihrer Sexualbedürfnisse bedrückte Menschheit bereit ist, alles anzunehmen, wenn man ihr nur die „Überwindung der Sexualität" als Köder hinhält.

Die Adlersche Abfallsbewegung vollzog sich vor dem Kongreß in Weimar 1911; nach diesem Datum setzte die der Schweizer ein. Ihre ersten Anzeichen waren sonderbarerweise einige Äußerungen R i k l i n s in populären Aufsätzen der schweizerischen Literatur, aus denen die Umwelt also früher als die nächsten Fachgenossen erfuhr, daß die Psychoanalyse einige bedauerliche, sie diskreditierende Irrtümer überwunden habe. 1912 rühmte sich J u n g in einem Briefe aus Amerika, daß seine Modifikationen der Psychoanalyse die Widerstände bei vielen Personen überwunden hätten, die bis dahin nichts von ihr hatten wissen wollen. Ich antwortete, das sei kein Ruhmestitel, und je mehr er von den mühselig erworbenen Wahrheiten der Psychoanalyse opfere, desto mehr werde er den Widerstand schwinden sehen. Die Modifikation, auf deren Einführung die Schweizer sich so stolz zeigten, war wiederum keine andere als die theoretische Zurückdrängung des sexuellen Moments. Ich gestehe, daß ich von allem Anfang an diesen „Fortschritt" als eine zuweitgehende Anpassung an die Anforderungen der Aktualität auffaßte.

Die beiden rückläufigen, von der Psychoanalyse wegstrebenden Bewegungen, die ich nun zu vergleichen habe, zeigen auch die Ähnlichkeit, daß sie durch gewisse hochragende Gesichtspunkte wie sub specie aeternitatis um ein günstiges Vorurteil werben. Bei A d l e r spielt die Relativität aller Erkenntnis und das Recht der Persönlichkeit, den Wissensstoff individuell künstlerisch zu gestalten, diese Rolle; bei J u n g wird auf das kulturhistorische Recht der Jugend gepocht, Fesseln abzuwerfen, in welche sie das tyrannische, in seinen Anschauungen erstarrte Alter schlagen möchte. Diese Argumente machen einige abweisende Worte notwendig. Die Relativität unserer Erkenntnis ist ein Bedenken, welches jeder anderen Wissenschaft ebensowohl entgegengesetzt werden kann wie der Psychoanalyse. Es entstammt bekannten reaktionären, der Wissenschaft feindlichen Strömungen der Gegenwart und will den Schein einer Überlegenheit in Anspruch nehmen, die uns nicht gebührt. Keiner von uns kann ahnen, welches das endgültige Urteil der Menschheit über unsere theoretischen Bemühungen sein wird. Man hat Beispiele dafür, daß die Abweisung der nächsten drei Generationen noch von der nächstfolgenden korrigiert und in Anerkennung verwandelt wurde. Es bleibt dem einzelnen nichts übrig, als seine auf Erfahrung gestützte Überzeugung mit all seinen Kräften zu vertreten, nachdem er die eigene kritische Stimme sorgfältig und die der Gegner mit einiger Aufmerksamkeit angehört hat. Man begnüge sich damit, seine Sache ehrlich zu führen, und maße sich nicht ein Richteramt an, das einer fernen Zukunft vorbehalten ist. Die Betonung der persönlichen Willkür in wissenschaftlichen Dingen ist arg; sie will der Psychoanalyse offenbar den Wert einer Wissenschaft bestreiten, der allerdings durch die vorhergehende Bemerkung bereits herabgesetzt ist. Wer das wissenschaftliche Denken hochstellt, wird eher nach Mitteln und Methoden suchen, um den Faktor der persönlichen künstlerischen Willkür dort möglichst einzuschränken, wo er noch eine übergroße Rolle spielt. Übrigens darf man sich rechtzeitig erinnern, daß aller Eifer der Verteidigung unangebracht ist. Diese Argumente Adlers sind nicht ernst gemeinte; sie sollen nur gegen den Gegner verwertet werden, respektieren aber die eigenen Theorien. Sie haben auch Adlers Anhänger nicht abgehalten, ihn als den Messias zu feiern, auf dessen Erscheinen die harrende Menschheit durch so und so viel Vorläufer vorbereitet worden ist. Der Messias ist gewiß nichts Relatives mehr.

Das Jungsche Argument ad captandam benevolentiam ruht auf der allzu optimistischen Voraussetzung, als hätte sich der Fortschritt der Menschheit, der Kultur, des Wissens, stets in ungebrochener Linie vollzogen. Als hätte es niemals Epigonen gegeben, Reaktionen und Restaurationen nach jeder Revolution, Geschlechter, die durch einen Rückschritt auf den Erwerb einer früheren Generation verzichtet hätten. Die Annäherung an den Standpunkt der Menge, das Aufgeben einer als unliebsam empfundenen Neuerung, machen es von vornherein unwahrscheinlich, daß die Jungsche Korrektur der Psychoanalyse den Anspruch auf eine befreiende Jugendtat sollte erheben können. Endlich sind es nicht die Jahre des Täters, welche hierüber entscheiden, sondern der Charakter der Tat.

Von den beiden hier behandelten Bewegungen ist die Adlersche unzweifelhaft die bedeutsamere; radikal falsch, ist sie doch durch Konsequenz und Kohärenz ausgezeichnet. Sie ist auch noch immer auf eine Trieblehre gegründet. Die Jungsche Modifikation dagegen hat den Zusammenhang der Phänomene mit dem Triebleben gelockert; sie ist übrigens, wie ihre Kritiker (Abraham, Ferenczi, Jones) hervorgehoben, so unklar, undurchsichtig und verworren, daß es nicht leicht ist, Stellung zu ihr zu nehmen. Wo man sie antastet, muß man darauf vorbereitet sein, zu hören, daß man sie mißverstanden hat, und man weiß nicht, wie man zu ihrem richtigen Verständnis kommen soll. Sie stellt sich selbst in eigentümlich schwankender Weise vor, bald als „ganz zahme Abweichung, die das Geschrei nicht wert sei, das sich darum erhoben habe" (Jung), bald als neue Heilsbotschaft, mit der eine neue Epoche für die Psychoanalyse beginne, ja, eine neue Weltanschauung für alle übrigen.

Unter dem Eindruck der Unstimmigkeiten zwischen den einzelnen privaten und öffentlichen Äußerungen der Jungschen Richtung wird man sich fragen müssen, wie groß daran der Anteil der eigenen Unklarheit und der der Unaufrichtigkeit sei. Man wird aber zugestehen, daß sich die Vertreter der neuen Lehre in einer schwierigen Situation befinden. Sie bekämpfen nun Dinge, welche sie früher selbst verteidigt haben, und zwar nicht auf Grund neuer Beobachtungen, von denen sie sich belehren lassen konnten, sondern infolge von Umdeutungen, welche ihnen jetzt die Dinge anders erscheinen lassen, als sie sie vorher sahen. Darum wollen sie den Zusammenhang mit der Psychoanalyse, als deren Vertreter sie der Welt bekannt wurden, nicht aufgeben und ziehen es vor zu verkünden, daß die Psychoanalyse sich geändert hat. Auf dem

Münchner Kongreß sah ich mich genötigt, dieses Halbdunkel aufzuhellen, und tat es durch die Erklärung, daß ich die Neuerungen der Schweizer nicht als legitime Fortsetzung und Weiterentwicklung der von mir ausgehenden Psychoanalyse anerkenne. Außenstehende Kritiker (wie Furtmüller) hatten diesen Sachverhalt schon vorher erkannt, und Abraham spricht mit Recht davon, daß sich Jung auf dem vollen Rückzuge von der Psychoanalyse befinde. Ich bin natürlich gern bereit zuzugestehen, daß ein jeder das Recht hat, zu denken und zu schreiben, was er will, aber er hat nicht das Recht, es für etwas anderes auszugeben, als es wirklich ist.

Wie die Adlersche Forschung der Psychoanalyse etwas Neues brachte, ein Stück der Ichpsychologie, und sich dieses Geschenk allzu teuer bezahlen lassen wollte durch die Verwerfung aller grundlegenden analytischen Lehren, so haben auch Jung und seine Anhänger ihren Kampf gegen die Psychoanalyse an eine Neuerwerbung für dieselbe angeknüpft. Sie haben im einzelnen verfolgt (worin ihnen Pfister vorangegangen war), wie das Material der sexuellen Vorstellungen aus dem Familienkomplex und der inzestuösen Objektwahl zur Darstellung der höchsten ethischen und religiösen Interessen der Menschen verwendet wird, also einen bedeutsamen Fall von Sublimierung der erotischen Triebkräfte und Umsetzung derselben in nicht mehr erotisch zu nennende Strebungen aufgeklärt. Dies stand im besten Einklang mit den in der Psychoanalyse enthaltenen Erwartungen und hätte sich vortrefflich mit der Auffassung vertragen, daß in Traum und Neurose die regressive Auflösung dieser wie aller anderen Sublimierungen sichtbar wird. Allein die Welt hätte empört gerufen, man habe Ethik und Religion sexualisiert! Ich kann es nun nicht vermeiden, einmal „final" zu denken und anzunehmen, daß sich die Entdecker diesem Entrüstungssturm nicht gewachsen fühlten. Vielleicht begann er auch in der eigenen Brust zu toben. Die theologische Vorgeschichte so vieler Schweizer ist für ihre Stellung zur Psychoanalyse so wenig gleichgültig wie die sozialistische Adlers für die Entwicklung seiner Psychologie. Man wird an die berühmte Geschichte Mark Twains von den Schicksalen seiner Uhr erinnert und an die Verwunderung, mit der sie schließt: *And he used to wonder what became of all the unsuccessful tinkers, and gunsmiths, and shoemakers, and blacksmiths; but nobody could ever tell him.*

Ich will den Weg des Gleichnisses betreten und annehmen, in einer Gesellschaft lebe ein Emporkömmling, der sich der Abstammung von uradeliger, aber ortsfremder Familie rühme. Nun werde ihm nachgewiesen, daß seine Eltern irgendwo in der Nähe leben und sehr bescheidene Leute seien. Jetzt steht ihm noch ein Auskunftsmittel zu Gebote und zu diesem greift er auch. Er kann die Eltern nicht mehr verleugnen, aber er behauptet, die seien selbst hochadelig, nur herabgekommen, und verschafft ihnen bei einem gefälligen Amt ein Abkunftsdokument. Ich meine, so ähnlich haben sich die Schweizer benehmen müssen. Wenn Ethik und Religion nicht sexualisiert werden durften, sondern von Anfang an etwas „Höheres" waren, die Herleitung ihrer Vorstellungen aus dem Familien- und Ödipuskomplex aber unabweisbar erschien, so ergab sich nur eine Auskunft: diese Komplexe selbst durften von Anfang an nicht bedeuten, was sie auszusagen schienen, sondern jenen höheren, „anagogischen" Sinn (nach Silberers Namengebung) haben, mit dem sie sich in ihre Verwendung in den abstrakten Gedankengängen der Ethik und der religiösen Mystik einfügten.

Ich bin nun gefaßt darauf, wiederum zu hören, daß ich Inhalt und Absicht der Neu-Züricher Lehre mißverstanden habe, aber ich verwahre mich von vornherein dagegen, daß die Widersprüche gegen meine Auffassung, die sich aus den Veröffentlichungen dieser Schule ergeben, mir, anstatt ihnen selbst zur Last gelegt sein sollen. Auf keine andere Art kann ich mir das Ensemble der Jungschen Neuerungen verständlich machen und im Zusammenhange begreifen. Von der Absicht, das Anstößige der Familienkomplexe zu beseitigen, um dies Anstößige nicht in Religion und Ethik wiederzufinden, strahlen alle die Abänderungen aus, welche J u n g an der Psychoanalyse vorgenommen hat. Die sexuelle Libido wurde durch einen abstrakten Begriff ersetzt, von dem man behaupten darf, daß er für Weise wie für Toren gleich geheimnisvoll und unfaßbar geblieben ist. Der Ödipuskomplex war nur „symbolisch" gemeint, die Mutter darin bedeutete das Unerreichbare, auf welches man im Interesse der Kulturentwicklung verzichten muß; der Vater, der im Ödipusmythus getötet wird, ist der „innerliche" Vater, von dem man sich freizumachen hat, um selbständig zu werden. Andere Stücke des sexuellen Vorstellungsmaterials werden im Laufe der Zeit sicherlich ähnliche Umdeutungen erfahren. An Stelle des Konfliktes zwischen ichwidrigen erotischen Strebungen und der Ichbehauptung trat der Konflikt zwischen der „Lebensaufgabe" und der „psychischen Trägheit"; das neurotische Schuldbewußtsein entsprach dem Vorwurf, seiner Lebensaufgabe nicht . gerecht zu werden. Ein neues religiös-ethisches System wurde so geschaffen, welches ganz wie das A d l e r sche die tatsächlichen Ergebnisse der Analyse umdeuten, verzerren oder beseitigen mußte. In Wirklichkeit hatte man aus der Symphonie des Weltgeschehens ein paar kulturelle Obertöne herausgehört und die urgewaltige Triebmelodie wieder einmal überhört.

Um dieses System zu halten, war eine volle Abwendung von der Beobachtung und von der Technik der Psychoanalyse notwendig. Gelegentlich gestattete die Begeisterung für die hehre Sache auch eine Geringschätzung der wissenschaftlichen Logik, wie wenn J u n g den Ödipuskomplex nicht „spezifisch" genug für die Ätiologie der Neurosen findet und diese Spezifität der Trägheit, also der allgemeinsten Eigenschaft belebter wie unbelebter Körper zuerkennt! Dabei ist zu bemerken, daß der „Ödipuskomplex" nur einen Inhalt darstellt, an dem sich die Seelenkräfte des Individuums messen, und nicht selbst eine Kraft ist, wie die „psychische Trägheit". Die Erforschung des einzelnen Menschen hatte ergeben und wird immer von neuem ergeben, daß die sexuellen Komplexe in ihrem ursprünglichen Sinne in ihm lebendig sind. Darum wurde die Individualforschung zurückgedrängt und durch die Beurteilung nach Anhaltspunkten aus der Völkerforschung ersetzt. In der frühen Kindheit eines jeden Menschen war man am ehesten der Gefahr ausgesetzt, auf den ursprünglichen und unverhüllten Sinn der umgedeuteten Komplexe zu stoßen, daher ergab sich für die Therapie die Vorschrift, bei dieser Vergangenheit so kurz als möglich zu verweilen und den Hauptakzent auf die Rückkehr zum aktuellen Konflikt zu legen, an dem aber beileibe nicht das Zufällige und Persönliche, sondern das Generelle, eben das Nichterfüllen der Lebensaufgabe, das Wesentliche ist. Wir haben aber gehört, daß der aktuelle Konflikt des Neurotikers erst verständlich und lösbar wird, wenn man ihn auf die Vorgeschichte des Kranken zurückführt, den Weg geht, den seine Libido bei der Erkrankung gegangen ist.

Wie sich die Neu-Züricher Therapie unter solchen Tendenzen gestaltet hat, kann ich nach den Angaben eines Patienten mitteilen, der sie an sich selbst erfahren mußte. „Diesmal keine Spur von Rücksicht auf Vergangenheit und Übertragung. Wo ich letztere zu greifen glaubte, wurde sie für reines Libidosymbol ausgegeben. Die moralischen Belehrungen waren sehr schön und ich lebte ihnen getreulich nach, aber ich kam keinen Schritt vorwärts. Es war mir noch unangenehmer als ihm, aber was konnte ich dafür? ... Statt analytisch zu befreien, brachte jede Stunde neue ungeheure Forderungen, an deren Erfüllung die Überwindung der Neurose geknüpft wurde, z. B. innerliche Konzentration durch Introversion, religiöse Vertiefung, neues Gemeinschaftsleben mit meiner Frau in liebevoller Hingabe usw. Es ging fast über die Kraft, lief es doch auf eine radikale Umgestaltung des ganzen inneren Menschen hinaus. Man verließ die Analyse als armer Sünder mit den stärksten Zerknirschungsgefühlen und den besten Vorsätzen, aber gleichzeitig in tiefster Entmutigung. Was er mir empfahl, hätte jeder Pfarrer mir auch geraten, aber woher die Kraft?" Der Patient teilt zwar mit, er habe gehört, daß die Vergangenheits- und Übertragungsanalyse vorangehen müsse. Ihm wurde gesagt, daß er davon genug gehabt habe. Da sie nicht mehr geholfen hat, scheint mir der Schluß gerechtfertigt, daß der Patient von der ersteren Art der Analyse n i c h t g e n u g bekommen hat. Keinesfalls hat das daraufgesetzte Stück Behandlung mehr geholfen, welches auf den Namen einer Psychoanalyse keinen Anspruch mehr hat. Es ist zu verwundern, daß die Züricher den langen Umweg über Wien gebraucht haben, um endlich nach dem so nahen Bern zu kommen, in dem D u b o i s Neurosen durch ethische Aufmunterung in schonungsvollerer Weise heilt.[1]

Der völlige Zerfall dieser neuen Richtung mit der Psychoanalyse erweist sich natürlich auch in der Behandlung der Verdrängung, welche in den Schriften J u n g s kaum mehr erwähnt wird, in der Verkennung des Traumes, den sie wie A d l e r unter Verzicht auf die Traumpsychologie mit den latenten Traumgedanken verwechselt, in dem Verlust des Verständnisses für das Unbewußte, kurz in all den Punkten, in welche ich die Wesenheit der Psychoanalyse verlegen konnte. Wenn man von J u n g hört, der Inzestkomplex sei nur s y m b o l i s c h, er habe doch keine r e a l e Existenz, der Wilde verspüre doch kein Gelüste nach der alten Vettel, sondern ziehe ein junges und schönes Weib vor, so ist man versucht anzunehmen, daß ‚symbolisch' und ‚keine reale Existenz' eben das bedeuten, was

---

1) Ich kenne die Bedenken, welche der Verwertung einer Patientenaussage im Wege stehen, und will darum ausdrücklich versichern, daß mein Gewährsmann eine ebenso vertrauenswürdige wie urteilsfähige Persönlichkeit ist. Er hat mich informiert, ohne daß ich ihn dazu aufgefordert, und ich bediene mich seiner Mitteilung, ohne seine Zustimmung einzuholen, weil ich nicht zugeben kann, daß eine psychoanalytische Technik den Schutz der Diskretion beanspruchen sollte.

man in der Psychoanalyse mit Rücksicht auf seine Äußerungen und pathogenen Wirkungen als „unbewußt existent" bezeichnet, um auf solche Weise den scheinbaren Widerspruch zu erledigen. Wenn man sich vorhält, daß der Traum noch etwas anderes ist als die latenten Traumgedanken, die er verarbeitet, so wird man sich nicht wundern, daß die Kranken von den Dingen träumen, mit denen man ihren Sinn während der Behandlung erfüllt hat, sei es die „Lebensaufgabe" oder das „Oben- und Untensein". Gewiß sind die Träume der Analysierten lenkbar, in ähnlicher Art, wie man Träume durch experimentell angebrachte Reize beeinflussen kann. Man kann einen Teil des Materials bestimmen, welches in den Träumen vorkommt; am Wesen und am Mechanismus des Traumes wird hiedurch nichts geändert. Ich glaube auch nicht daran, daß die sogenannten „biographischen" Träume sich außerhalb der Analyse ereignen. Analysiert man hingegen Träume, die vor der Behandlung vorgefallen sind, oder achtet man darauf, was der Träumer zu den ihm in der Kur gegebenen Anregungen hinzufügt, oder kann man es vermeiden, ihm solche Aufgaben zu stellen, so überzeugt man sich, wie ferne es dem Traume liegt, gerade nur Lösungsversuche der Lebensaufgabe zu liefern. Der Traum ist ja nur eine Form des Denkens; das Verständnis dieser Form kann man nie aus dem Inhalt seiner Gedanken gewinnen, dazu führt nur die Würdigung der Traumarbeit.

Die faktische Widerlegung der Jungschen Mißverständnisse und Abweichungen von der Psychoanalyse ist nicht schwierig. Jede regelrecht ausgeführte Analyse, ganz besonders aber jede Analyse am Kinde, bestärkt die Überzeugungen, auf denen die Theorie der Psychoanalyse ruht, und weist die Umdeutungen des Adlerschen wie des Jungschen Systems zurück. Jung selbst hat in der Zeit vor seiner Erleuchtung eine solche Kinderanalyse durchgeführt und publiziert; es ist abzuwarten, ob er eine neue Deutung derselben mit Hilfe einer anderen „einheitlichen Richtung der Tatsachen" (nach dem hierauf bezüglichen Ausdruck Adlers) vornehmen wird.

Die Ansicht, daß die sexuelle Darstellung „höherer" Gedanken in Traum und Neurose nichts anderes als eine archaische Ausdrucksweise bedeute, ist natürlich mit der Tatsache unvereinbar, daß sich diese sexuellen Komplexe in der Neurose als die Träger jener Libidoquantitäten erweisen, welche dem realen Leben entzogen worden sind. Handelte es sich nur um einen sexuellen Jargon, so könnte dadurch an der Ökonomie der Libido nichts geändert worden sein. Jung selbst gesteht dies noch in seiner „Darstellung der psychoanalytischen Theorie" zu und formuliert als therapeutische Aufgabe, daß diesen Komplexen die Libidobesetzung entzogen werden solle. Dies gelingt aber niemals durch Wegweisen von ihnen und Drängen zur Sublimierung, sondern nur durch eingehendste Beschäftigung mit ihnen und durch Bewußtmachen im vollen Umfange. Das erste Stück der Realität, dem der Kranke Rechnung zu tragen hat, ist eben seine Krankheit. Bemühungen, ihn dieser Aufgabe zu entziehen, deuten auf eine Unfähigkeit des Arztes, ihm zur Überwindung der Widerstände zu verhelfen, oder auf eine Scheu des Arztes vor den Ergebnissen dieser Arbeit.

Ich möchte abschließend sagen, Jung hat mit seiner „Modifikation" der Psychoanalyse ein Gegenstück zum berühmten Lichtenbergschen Messer geliefert. Er hat das Heft verändert und eine neue Klinge eingesetzt; weil dieselbe Marke darauf eingeritzt ist, sollen wir nun dies Instrument für das frühere halten.

Ich glaube im Gegenteile gezeigt zu haben, daß die neue Lehre, welche die Psychoanalyse substituieren möchte, ein Aufgeben der Analyse und einen Abfall von ihr bedeutet. Man wird vielleicht der Befürchtung zuneigen, daß dieser Abfall für ihr Schicksal verhängnisvoller werden müsse als ein anderer, weil er von Personen ausgeht, welche eine so große Rolle in der Bewegung gespielt und sie um ein so großes Stück gefördert haben. Ich teile diese Befürchtung nicht. Menschen sind stark, solange sie eine starke Idee vertreten; sie werden ohnmächtig, wenn sie sich ihr widersetzen. Die Psychoanalyse wird diesen Verlust ertragen und für diese Anhänger andere gewinnen. Ich kann nur mit dem Wunsche schließen, daß das Schicksal allen eine bequeme Auffahrt bescheren möge, denen der Aufenthalt in der Unterwelt der Psychoanalyse unbehaglich geworden ist. Den anderen möge es gestattet sein, ihre Arbeiten in der Tiefe unbelästigt zu Ende zu führen.

ÜBER FAUSSE RECONNAISSANCE (»DÉJÀ RACONTÉ«) WÄHREND DER PSYCHOANALYTISCHEN ARBEIT

ÜBER FAUSSE RECONNAISSANCE (»DÉJÀ RACONTÉ«) WÄHREND DER PSYCHOANALYTISCHEN ARBEIT

Es ereignet sich nicht selten während der Arbeit der Analyse, daß der Patient die Mitteilung eines von ihm erinnerten Faktums mit der Bemerkung begleitet, „das habe ich Ihnen aber schon erzählt", während man selbst sicher zu sein glaubt, diese Erzählung von ihm noch niemals vernommen zu haben. Äußert man diesen Widerspruch gegen den Patienten, so wird er häufig energisch versichern, er wisse es ganz gewiß, er sei bereit, es zu beschwören, usw.; in demselben Maße wird aber die eigene Überzeugung von der Neuheit des Gehörten stärker. Es wäre nun ganz unpsychologisch, einen solchen Streit durch Überschreien oder Überbieten mit Beteuerungen entscheiden zu wollen. Ein solches Überzeugungsgefühl von der Treue seines Gedächtnisses hat bekanntlich keinen objektiven Wert, und da einer von beiden sich notwendigerweise irren muß, kann es ebensowohl der Arzt wie der Analysierte sein, welcher der Paramnesie verfallen ist. Man gesteht dies dem Patienten zu, bricht den Streit ab und verschiebt dessen Erledigung auf eine spätere Gelegenheit.

In einer Minderzahl von Fällen erinnert man sich dann selbst, die fragliche Mitteilung bereits gehört zu haben, und findet gleichzeitig das subjektive, oft weit hergeholte Motiv für deren zeitweilige Beseitigung. In der großen Mehrzahl aber ist es der Analysierte, der geirrt hat und auch dazu bewogen werden kann, es einzusehen. Die Erklärung für dieses häufige Vorkommnis scheint zu sein, daß er wirklich bereits die Absicht gehabt hat, diese Mitteilung zu machen, daß er eine vorbereitende Äußerung wirklich ein oder mehrere Male getan hat, dann aber durch den Widerstand abgehalten wurde, seine Absicht auszuführen, und nun die Erinnerung an die Intention mit der an die Ausführung derselben verwechselt.

Ich lasse nun alle die Fälle beiseite, in denen der Sachverhalt irgendwie zweifelhaft bleiben kann, und hebe einige andere hervor, die ein besonderes theoretisches Interesse haben. Es ereignet sich nämlich bei einzelnen Personen, und zwar wiederholt, daß sie die Behauptung, sie hätten dies oder jenes schon erzählt, besonders hartnäckig bei Mitteilungen vertreten, wo die Sachlage es ganz unmöglich macht, daß sie recht haben können. Was sie bereits früher einmal erzählt haben wollen, und jetzt als etwas altes, was auch der Arzt wissen müßte, wiedererkennen, sind dann Erinnerungen von höchsten Wert für die Analyse, Bestätigungen, auf welche man lange Zeit gewartet, Lösungen, die einem Teilstück der Arbeit ein Ende machen, an die der analysierende Arzt sicherlich eingehende Erörterungen geknüpft hätte. Angesichts dieser Verhältnisse gibt der Patient auch bald zu, daß ihn seine Erinnerung getäuscht haben muß, obwohl er sich die Bestimmtheit derselben nicht erklären kann.

Das Phänomen, welches der Analysierte in solchen Fällen bietet, hat Anspruch darauf, eine *„fausse reconnaissance"* genannt zu werden, und ist durchaus analog den anderen Fällen, in denen man spontan die Empfindung hat: In dieser Situation war ich schon einmal, das habe ich schon einmal erlebt (das

„déjà vu"), ohne daß man je in die Lage käme, diese Überzeugung durch das Wiederauffinden jenes früheren Males im Gedächtnisse zu bewahrheiten. Es ist bekannt, daß dies Phänomen eine Fülle von Erklärungsversuchen hervorgerufen hat, die sich im allgemeinen in zwei Gruppen bringen lassen.[1] In der einen wird der im Phänomen enthaltenen Empfindung Glauben geschenkt und angenommen, es handle sich wirklich darum, daß etwas erinnert werde; die Frage bleibt nur, was. Zu einer bei weitem zahlreicheren Gruppe treten jene Erklärungen zusammen, die vielmehr behaupten, daß hier eine Täuschung der Erinnerung vorliege, und die nun die Aufgabe haben, nachzuspüren, wie es zu dieser paramnestischen Fehlleistung kommen könne. Im übrigen umfassen diese Versuche einen weiten Umkreis von Motiven, beginnend mit der uralten, dem Pythagoras zugeschriebenen Auffassung, daß das Phänomen des *déjà vu* einen Beweis für eine frühere individuelle Existenz enthalte, fortgesetzt über die auf die Anatomie gestützte Hypothese, daß ein zeitliches Auseinanderweichen in der Tätigkeit der beiden Hirnhemisphären das Phänomen begründe (Wigan 1860), bis auf die rein psychologischen Theorien der meisten neueren Autoren, welche im *déjà vu* eine Äußerung einer Apperzeptionsschwäche erblicken und Ermüdung, Erschöpfung, Zerstreutheit für dasselbe verantwortlich machen.

Grasset[2] hat im Jahre 1904 eine Erklärung des *déjà vu* gegeben, welche zu den „gläubigen" gerechnet werden muß. Er meinte, das Phänomen weise darauf hin, daß früher einmal eine **unbewußte** Wahrnehmung gemacht worden sei, welche erst jetzt unter dem Einfluß eines neuen und ähnlichen Eindruckes das Bewußtsein erreiche. Mehrere andere Autoren haben sich ihm angeschlossen und die Erinnerung an vergessenes

---

[1] Siehe eine der letzten Zusammenstellungen der betreffenden Literatur in H. Ellis „World of Dreams", 1911.
[2] La sensation du „déjà vu". (Journal de psychologie norm. et pathol. I, 1904.)

Geträumtes zur Grundlage des Phänomens gemacht. In beiden Fällen würde es sich um die Belebung eines unbewußten Eindruckes handeln.

Ich habe im Jahre 1907, in der zweiten Auflage meiner „Psychopathologie des Alltagslebens", eine ganz ähnliche Erklärung der angeblichen Paramnesie vertreten, ohne die Arbeit von Grasset zu kennen oder zu erwähnen. Zu meiner Entschuldigung mag dienen, daß ich meine Theorie als Ergebnis einer psychoanalytischen Untersuchung gewann, die ich an einem sehr deutlichen, aber etwa 28 Jahre zurückliegenden Falle von *déjà vu* bei einer Patientin vornehmen konnte. Ich will die kleine Analyse hier nicht wiederholen. Sie ergab, daß die Situation, in welcher das *déjà vu* auftrat, wirklich geeignet war, die Erinnerung an ein früheres Erlebnis der Analysierten zu wecken. In der Familie, welche das damals zwölfjährige Kind besuchte, befand sich ein schwerkranker, dem Tode verfallener Bruder, und ihr eigener Bruder war einige Monate vorher in derselben Gefahr gewesen. An dies Gemeinsame hatte sich aber im Falle des ersteren Erlebnisses eine bewußtseinsunfähige Phantasie geknüpft, — der Wunsch, der Bruder solle sterben — und darum konnte die Analogie der beiden Fälle nicht bewußt werden. Die Empfindung derselben ersetzte sich durch das Phänomen des Schon-einmal-erlebt-habens, indem sich die Identität von dem Gemeinsamen auf die Lokalität verschob.

Man weiß, daß der Name *„déjà vu"* für eine ganze Reihe analoger Phänomene steht, für ein *„déjà entendu"*, ein *„déjà éprouvé"*, ein *„déjà senti"*. Der Fall, den ich an Stelle vieler ähnlicher nun berichten werde, enthält ein *„déjà raconté"*, welches also von einem unbewußten, unausgeführt gebliebenen Vorsatz abzuleiten wäre.

Ein Patient erzählt im Laufe seiner Assoziationen: „Wie ich damals im Alter von fünf Jahren im Garten mit einem Messer gespielt und mir dabei den kleinen Finger durchgeschnitten habe

— oh, ich habe nur geglaubt, daß er durchgeschnitten ist, — aber das habe ich Ihnen ja schon erzählt."
Ich versichere, daß ich mich an nichts Ähnliches zu erinnern weiß. Er beteuert immer überzeugter, daß er sich darin nicht täuschen kann. Endlich mache ich dem Streit in der eingangs angegebenen Weise ein Ende und bitte ihn, die Geschichte auf alle Fälle zu wiederholen. Wir würden ja dann sehen.

„Als ich fünf Jahre alt war, spielte ich im Garten neben meiner Kinderfrau und schnitzelte mit meinem Taschenmesser an der Rinde eines jener Nußbäume, die auch in meinem Traum[1] eine Rolle spielen.[2] Plötzlich bemerkte ich mit unaussprechlichem Schrecken, daß ich mir den kleinen Finger der (rechten oder linken?) Hand so durchgeschnitten hatte, daß er nur noch an der Haut hing. Schmerz spürte ich keinen, aber eine große Angst. Ich getraute mich nicht, der wenige Schritte entfernten Kinderfrau etwas zu sagen, sank auf die nächste Bank und blieb da sitzen, unfähig, noch einen Blick auf den Finger zu werfen. Endlich wurde ich ruhig, faßte den Finger ins Auge, und siehe da, er war ganz unverletzt."

Wir einigten uns bald darüber, daß er mir diese Vision oder Halluzination doch nicht erzählt haben könne. Er verstand sehr wohl, daß ich einen solchen Beweis für die Existenz der Kastrationsangst in seinem fünften Jahr doch nicht unverwertet gelassen hätte. Sein Widerstand gegen die Annahme des Kastrationskomplexes war damit gebrochen, aber er warf die Frage auf: Warum habe ich so sicher geglaubt, daß ich diese Erinnerung schon erzählt habe?

Dann fiel uns beiden ein, daß er wiederholt, bei verschiedenen Anlässen, aber jedesmal ohne Vorteil, folgende kleine Erinnerung vorgetragen hatte:

---

1) Vgl. Märchenstoffe in Träumen [Enthalten in diesem Bande].
2) Korrektur bei späterer Erzählung: Ich glaube, ich schnitt nicht in den Baum. Das ist eine Verschmelzung mit einer anderen Erinnerung, die auch halluzinatorisch gefälscht sein muß, daß ich in einen Baum einen Schnitt mit dem Messer machte, und daß dabei B l u t aus dem Baume kam.

„Als der Onkel einmal verreiste, fragte er mich und die Schwester, was er uns mitbringen solle. Die Schwester wünschte sich ein Buch, ich ein Taschenmesser." Nun verstanden wir diesen Monate vorher aufgetauchten Einfall als Deckerinnerung für die verdrängte Erinnerung und als Ansatz zu der infolge des Widerstandes unterbliebenen Erzählung vom vermeintlichen Verlust des kleinen Fingers (eines unverkennbaren Penisäquivalents). Das Messer, welches ihm der Onkel auch wirklich mitgebracht hatte, war nach seiner sicheren Erinnerung das nämliche, welches in der lange unterdrückten Mitteilung vorkam.

Ich glaube, es ist überflüssig, zur Deutung dieser kleinen Erfahrung, soweit sie auf das Phänomen der „fausse reconnaissance" Licht wirft, weiteres hinzuzufügen. Zum Inhalt der Vision des Patienten will ich bemerken, daß solche halluzinatorische Täuschungen gerade im Gefüge des Kastrationskomplexes nicht vereinzelt sind, und daß sie ebensowohl zur Korrektur unerwünschter Wahrnehmungen dienen können.

Im Jahre 1911 stellte mir ein akademisch Gebildeter aus einer deutschen Universitätsstadt, den ich nicht kenne, dessen Alter mir unbekannt ist, folgende Mitteilung aus seiner Kindheit zur freien Verfügung:

„Bei der Lektüre Ihrer ‚Kindheitserinnerung des Leonardo' haben mich die Ausführungen auf pag. 29 bis 31 zu innerem Widerspruch gereizt. Ihre Bemerkung, daß das männliche Kind von dem Interesse für sein eigenes Genitale beherrscht ist, weckte in mir eine Gegenbemerkung von der Art: ‚Wenn das ein allgemeines Gesetz ist, so bin Ich jedenfalls eine Ausnahme.' Die nun folgenden Zeilen (pag. 31 bis 32 oben) las ich mit dem größten Staunen, jenem Staunen, von dem man bei Kenntnisnahme einer ganz neuartigen Tatsache erfaßt wird. Mitten in meinem Staunen kommt mir eine Erinnerung, die mich — zu meiner eigenen Überraschung — lehrt, daß mir jene Tatsache gar nicht so neu sein dürfte. Ich hatte nämlich zur Zeit, da ich mich mitten in der ‚infantilen Sexualforschung' befand, durch einen glücklichen Zufall Gelegenheit, ein weibliches Genitale an einer kleinen Altersgenossin zu betrachten und h a b e h i e b e i g a n z k l a r e i n e n P e n i s v o n d e r A r t m e i n e s e i g e n e n b e m e r k t. Bald darauf hat mich aber der Anblick weiblicher Statuen und Akte in neue Verwirrung gestürzt und ich habe, um diesem ‚wissenschaftlichen' Zwiespalt zu entrinnen, das folgende Experiment ersonnen: Ich brachte mein Genitale durch Aneinanderpressen der Oberschenkel zwischen diesen zum Verschwinden und konstatierte mit Befriedigung, daß hiedurch jeder Unterschied gegen den weiblichen Akt beseitigt sei. Offenbar, so dachte ich mir, war auch beim weiblichen Akt das Genitale auf gleiche Weise zum Verschwinden gebracht."

„Hier nun kommt mir eine andere Erinnerung, die mir insofern schon von jeher von größter Wichtigkeit war, als sie die e i n e von den drei Erinnerungen ist, aus welchen meine Gesamterinnerung an meine früh verstorbene Mutter besteht. Meine Mutter steht vor dem Waschtisch und reinigt die Gläser und Waschbecken, während ich im selben Zimmer spiele und irgend einen Unfug mache. Zur Strafe wird mir die Hand durchgeklopft: da sehe ich zu meinem größten Entsetzen, daß mein kleiner Finger herabfällt, und zwar gerade in den Wasserkübel fällt. Da ich meine Mutter erzürnt weiß, getraue ich mich nichts zu sagen und sehe mit noch gesteigertem Entsetzen, wie bald darauf der Wasserkübel vom Dienstmädchen hinausgetragen wird. Ich war lange überzeugt, daß ich einen Finger verloren habe, vermutlich bis in die Zeit, wo ich das Zählen lernte."

„Diese Erinnerung, die mir — wie bereits erwähnt — durch ihre Beziehung zu meiner Mutter immer von größter Wichtigkeit war, habe ich oft zu deuten versucht: keine dieser Deutungen hat mich aber befriedigt. Erst jetzt — nach Lektüre Ihrer Schrift — ahne ich eine einfache, befriedigende Lösung des Rätsels."

Eine andere Art der *fausse reconnaissance* kommt zur Befriedigung des Therapeuten nicht selten beim Abschluß einer Behandlung vor. Nachdem es gelungen ist, das verdrängte Ereignis realer oder psychischer Natur gegen alle Widerstände zur Annahme durchzusetzen, es gewissermaßen zu rehabilitieren, sagt der Patient: Jetzt habe ich die Empfindung, ich habe es immer gewußt. Damit ist die analytische Aufgabe gelöst.

ERINNERN, WIEDERHOLEN UND DURCHARBEITEN

ERINNERN, WIEDERHOLEN UND DURCHARBEITEN

Es scheint mir nicht überflüssig, den Lernenden immer wieder daran zu mahnen, welche tiefgreifenden Veränderungen die psychoanalytische Technik seit ihren ersten Anfängen erfahren hat. Zuerst, in der Phase der Breuerschen Katharsis, die direkte Einstellung des Moments der Symptombildung und das konsequent festgehaltene Bemühen, die psychischen Vorgänge jener Situation reproduzieren zu lassen, um sie zu einem Ablauf durch bewußte Tätigkeit zu leiten. Erinnern und Abreagieren waren damals die mit Hilfe des hypnotischen Zustandes zu erreichenden Ziele. Sodann, nach dem Verzicht auf die Hypnose, drängte sich die Aufgabe vor, aus den freien Einfällen des Analysierten zu erraten, was er zu erinnern versagte. Durch die Deutungsarbeit und die Mitteilung ihrer Ergebnisse an den Kranken sollte der Widerstand umgangen werden; die Einstellung auf die Situationen der Symptombildung und jene anderen, die sich hinter dem Momente der Erkrankung ergaben, blieb erhalten, das Abreagieren trat zurück und schien durch den Arbeitsaufwand ersetzt, den der Analysierte bei der ihm aufgedrängten Über-

windung der Kritik gegen seine Einfälle (bei der Befolgung der
ψα Grundregel) zu leisten hatte. Endlich hat sich die konsequente
heutige Technik herausgebildet, bei welcher der Arzt auf die
Einstellung eines bestimmten Moments oder Problems verzichtet,
sich damit begnügt, die jeweilige psychische Oberfläche des Analysierten zu studieren und die Deutungskunst wesentlich dazu
benützt, um die an dieser hervortretenden Widerstände zu erkennen
und dem Kranken bewußt zu machen. Es stellt sich dann eine
neue Art von Arbeitsteilung her: der Arzt deckt die dem Kranken
unbekannten Widerstände auf; sind diese erst bewältigt, so erzählt
der Kranke oft ohne alle Mühe die vergessenen Situationen und
Zusammenhänge. Das Ziel dieser Techniken ist natürlich unverändert geblieben. Deskriptiv: die Ausfüllung der Lücken der
Erinnerung, dynamisch: die Überwindung der Verdrängungs-
widerstände.

Man muß der alten hypnotischen Technik dankbar dafür
bleiben, daß sie uns einzelne psychische Vorgänge der Analyse
in Isolierung und Schematisierung vorgeführt hat. Nur dadurch
konnten wir den Mut gewinnen, komplizierte Situationen in
der analytischen Kur selbst zu schaffen und durchsichtig zu
erhalten.

Das Erinnern gestaltete sich nun in jenen hypnotischen
Behandlungen sehr einfach. Der Patient versetzte sich in eine
frühere Situation, die er mit der gegenwärtigen niemals zu verwechseln schien, teilte die psychischen Vorgänge derselben mit,
soweit sie normal geblieben waren, und fügte daran, was sich
durch die Umsetzung der damals unbewußten Vorgänge in
bewußte ergeben konnte.

Ich schließe hier einige Bemerkungen an, die jeder Analytiker
in seiner Erfahrung bestätigt gefunden hat. Das Vergessen von
Eindrücken, Szenen, Erlebnissen reduziert sich zumeist auf eine
„Absperrung" derselben. Wenn der Patient von diesem „Vergessen" spricht, versäumt er selten, hinzuzufügen: das habe ich

eigentlich immer gewußt, nur nicht daran gedacht. Er äußert nicht selten seine Enttäuschung darüber, daß ihm nicht genug Dinge einfallen wollen, die er als „vergessen" anerkennen kann, an die er nie wieder gedacht, seitdem sie vorgefallen sind. Indes findet auch diese Sehnsucht, zumal bei Konversionshysterien, ihre Befriedigung. Das „Vergessen" erfährt eine weitere Einschränkung durch die Würdigung der so allgemein vorhandenen Deckerinnerungen. In manchen Fällen habe ich den Eindruck empfangen, daß die bekannte, für uns theoretisch so bedeutsame Kindheitsamnesie durch die Deckerinnerungen vollkommen aufgewogen wird. In diesen ist nicht nur einiges Wesentliche aus dem Kindheitsleben erhalten, sondern eigentlich alles Wesentliche. Man muß nur verstehen, es durch die Analyse aus ihnen zu entwickeln. Sie repräsentieren die vergessenen Kinderjahre so zureichend wie der manifeste Trauminhalt die Traumgedanken.

Die andere Gruppe von psychischen Vorgängen, die man als rein interne Akte den Eindrücken und Erlebnissen entgegenstellen kann, Phantasien, Beziehungsvorgänge, Gefühlsregungen, Zusammenhänge, muß in ihrem Verhältnis zum Vergessen und Erinnern gesondert betrachtet werden. Hier ereignet es sich besonders häufig, daß etwas „erinnert" wird, was nie „vergessen" werden konnte, weil es zu keiner Zeit gemerkt wurde, niemals bewußt war, und es scheint überdies völlig gleichgültig für den psychischen Ablauf, ob ein solcher „Zusammenhang" bewußt war und dann vergessen wurde, oder ob er es niemals zum Bewußtsein gebracht hat. Die Überzeugung, die der Kranke im Laufe der Analyse erwirbt, ist von einer solchen Erinnerung ganz unabhängig.

Besonders bei den mannigfachen Formen der Zwangsneurose schränkt sich das Vergessene meist auf die Auflösung von Zusammenhängen, Verkennung von Abfolgen, Isolierung von Erinnerungen ein.

Für eine besondere Art von überaus wichtigen Erlebnissen, die in sehr frühe Zeiten der Kindheit fallen und seinerzeit ohne Verständnis erlebt worden sind, **nachträglich** aber Verständnis und Deutung gefunden haben, läßt sich eine Erinnerung meist nicht erwecken. Man gelangt durch Träume zu ihrer Kenntnis und wird durch die zwingendsten Motive aus dem Gefüge der Neurose genötigt, an sie zu glauben, kann sich auch überzeugen, daß der Analysierte nach Überwindung seiner Widerstände das Ausbleiben des Erinnerungsgefühles (Bekanntschaftsempfindung) nicht gegen deren Annahme verwertet. Immerhin erfordert dieser Gegenstand soviel kritische Vorsicht und bringt soviel Neues und Befremdendes, daß ich ihn einer gesonderten Behandlung an geeignetem Materiale vorbehalte.

Von diesem erfreulich glatten Ablauf ist nun bei Anwendung der neuen Technik sehr wenig, oft nichts, übrig geblieben. Es kommen auch hier Fälle vor, die sich ein Stück weit verhalten wie bei der hypnotischen Technik und erst später versagen; andere Fälle benehmen sich aber von vornherein anders. Halten wir uns zur Kennzeichnung des Unterschiedes an den letzteren Typus, so dürfen wir sagen, der Analysierte **erinnere** überhaupt nichts von dem Vergessenen und Verdrängten, sondern er **agiere** es. Er reproduziert es nicht als Erinnerung, sondern als Tat, er **wiederholt** es, ohne natürlich zu wissen, daß er es wiederholt.

Zum Beispiel: Der Analysierte erzählt nicht, er erinnere sich, daß er trotzig und ungläubig gegen die Autorität der Eltern gewesen sei, sondern er benimmt sich in solcher Weise gegen den Arzt. Er erinnert nicht, daß er in seiner infantilen Sexualforschung rat- und hilflos stecken geblieben ist, sondern er bringt einen Haufen verworrener Träume und Einfälle vor, jammert, daß ihm nichts gelinge, und stellt es als sein Schicksal hin, niemals eine Unternehmung zu Ende zu führen. Er erinnert nicht, daß er sich gewisser Sexualbetätigungen intensiv geschämt und ihre Entdeckung gefürchtet hat, sondern er zeigt, daß er sich der Behandlung schämt, der er sich jetzt unterzogen hat, und sucht diese vor allen geheim zu halten usw.

Vor allem beginnt er die Kur mit einer solchen Wiederholung. Oft, wenn man einem Patienten mit wechselvoller Lebensgeschichte und länger Krankheitsgeschichte die psychoanalytische Grundregel mitgeteilt und ihn dann aufgefordert hat, zu sagen, was ihm einfalle, und nun erwartet, daß sich seine Mitteilungen im Strom ergießen werden, erfährt man zunächst, daß er nichts zu sagen weiß. Er schweigt und behauptet, daß ihm nichts einfallen will. Das ist natürlich nichts anderes als die Wiederholung einer homosexuellen Einstellung, die sich als Widerstand gegen jedes Erinnern vordrängt. Solange er in Behandlung verbleibt, wird er von diesem Zwange zur Wiederholung nicht mehr frei; man versteht endlich, dies ist seine Art zu erinnern.

Natürlich wird uns das Verhältnis dieses Wiederholungszwanges zur Übertragung und zum Widerstande in erster Linie interessieren. Wir merken bald, die Übertragung ist selbst nur ein Stück Wiederholung und die Wiederholung ist die Übertragung der vergessenen Vergangenheit nicht nur auf den Arzt, sondern auch auf alle anderen Gebiete der gegenwärtigen Situation. Wir müssen also darauf gefaßt sein, daß der Analysierte sich dem Zwange zur Wiederholung, der nun den Impuls zur Erinnerung ersetzt, nicht nur im persönlichen Verhältnis zum Arzte hingibt, sondern auch in allen anderen gleichzeitigen Tätigkeiten und Beziehungen seines Lebens, zum Beispiel wenn er während der Kur ein Liebesobjekt wählt, eine Aufgabe auf sich nimmt, eine Unternehmung eingeht. Auch der Anteil des Widerstandes ist leicht zu erkennen. Je größer der Widerstand ist, desto ausgiebiger wird das Erinnern durch das Agieren (Wiederholen) ersetzt sein. Entspricht doch das ideale Erinnern des Vergessenen in der Hypnose einem Zustande, in welchem der Widerstand völlig bei Seite geschoben ist. Beginnt die Kur unter der

Patronanz einer milden und unausgesprochenen positiven Übertragung, so gestattet sie zunächst ein Vertiefen in die Erinnerung wie bei der Hypnose, während dessen selbst die Krankheitssymptome schweigen; wird aber im weiteren Verlaufe diese Übertragung feindselig oder überstark und darum verdrängungsbedürftig, so tritt sofort das Erinnern dem Agieren den Platz ab. Von da an bestimmen dann die Widerstände die Reihenfolge des zu Wiederholenden. Der Kranke holt aus dem Arsenale der Vergangenheit die Waffen hervor, mit denen er sich der Fortsetzung der Kur erwehrt, und die wir ihm Stück für Stück entwinden müssen.

Wir haben nun gehört, der Analysierte wiederholt anstatt zu erinnern, er wiederholt unter den Bedingungen des Widerstandes; wir dürfen jetzt fragen, was wiederholt oder agiert er eigentlich? Die Antwort lautet, er wiederholt alles, was sich aus den Quellen seines Verdrängten bereits in seinem offenkundigen Wesen durchgesetzt hat, seine Hemmungen und unbrauchbaren Einstellungen, seine pathologischen Charakterzüge. Er wiederholt ja auch während der Behandlung alle seine Symptome. Und nun können wir merken, daß wir mit der Hervorhebung des Zwanges zur Wiederholung keine neue Tatsache, sondern nur eine einheitlichere Auffassung gewonnen haben. Wir machen uns nun klar, daß das Kranksein des Analysierten nicht mit dem Beginne seiner Analyse aufhören kann, daß wir seine Krankheit nicht als eine historische Angelegenheit, sondern als eine aktuelle Macht zu behandeln haben. Stück für Stück dieses Krankseins wird nun in den Horizont und in den Wirkungsbereich der Kur gerückt, und während der Kranke es als etwas Reales und Aktuelles erlebt, haben wir daran die therapeutische Arbeit zu leisten, die zum guten Teile in der Zurückführung auf die Vergangenheit besteht.

Das Erinnernlassen in der Hypnose mußte den Eindruck eines Experiments im Laboratorium machen. Das Wiederholenlassen während der analytischen Behandlung nach der neueren Technik heißt ein Stück realen Lebens heraufbeschwören und kann darum nicht in allen Fällen harmlos und unbedenklich sein. Das ganze Problem der oft unausweichlichen „Verschlimmerung während der Kur" schließt hier an.

Vor allem bringt es schon die Einleitung der Behandlung mit sich, daß der Kranke seine bewußte Einstellung zur Krankheit ändere. Er hat sich gewöhnlich damit begnügt, sie zu bejammern, sie als Unsinn zu verachten, in ihrer Bedeutung zu unterschätzen, hat aber sonst das verdrängende Verhalten, die Vogel-Strauß-Politik, die er gegen ihre Ursprünge übte, auf ihre Äußerungen fortgesetzt. So kann es kommen, daß er die Bedingungen seiner Phobie nicht ordentlich kennt, den richtigen Wortlaut seiner Zwangsideen nicht anhört oder die eigentliche Absicht seines Zwangsimpulses nicht erfaßt. Das kann die Kur natürlich nicht brauchen. Er muß den Mut erwerben, seine Aufmerksamkeit mit den Erscheinungen seiner Krankheit zu beschäftigen. Die Krankheit selbst darf ihm nichts Verächtliches mehr sein, vielmehr ein würdiger Gegner werden, ein Stück seines Wesens, das sich auf gute Motive stützt, aus dem es Wertvolles für sein späteres Leben zu holen gilt. Die Versöhnung mit dem Verdrängten, welches sich in den Symptomen äußert, wird so von Anfang an vorbereitet, aber es wird auch eine gewisse Toleranz fürs Kranksein eingeräumt. Werden nun durch dies neue Verhältnis zur Krankheit Konflikte verschärft und Symptome hervorgedrängt, die früher noch undeutlich waren, so kann man den Patienten darüber leicht durch die Bemerkung trösten, daß dies nur notwendige, aber vorübergehende Verschlechterungen sind, und daß man keinen Feind umbringen kann, der abwesend oder nicht nahe genug ist. Der Widerstand kann aber die Situation für seine Absichten ausbeuten und die Erlaubnis, krank zu sein, mißbrauchen wollen. Er scheint dann zu demonstrieren: Schau her, was dabei herauskommt, wenn ich mich wirklich auf diese Dinge einlasse. Hab' ich nicht recht getan, sie der Verdrängung zu überlassen? Besonders jugendliche und kindliche Personen pflegen die in der Kur erforderliche Einlenkung auf das Kranksein gern zu einem Schwelgen in den Krankheitssymptomen zu benützen. Weitere Gefahren entstehen dadurch, daß im Fortgange der Kur auch neue, tiefer liegende Triebregungen, die sich noch nicht durchgesetzt hatten, zur Wiederholung gelangen können. Endlich können die Aktionen des Patienten außerhalb der Übertragung vorübergehende Lebensschädigungen mit sich bringen oder sogar so gewählt sein, daß sie die zu erreichende Gesundheit dauernd entwerten. Die Taktik, welche der Arzt in dieser Situation einzuschlagen hat, ist leicht zu rechtfertigen. Für ihn bleibt das Erinnern nach alter Manier, das Reproduzieren auf psychischem Gebiete, das Ziel, an welchem er festhält, wenn er auch weiß, daß es bei der neuen Technik nicht zu erreichen ist. Er richtet sich auf einen beständigen Kampf mit dem Patienten ein, um alle Impulse auf psychischem Gebiete zurückzuhalten, welche dieser aufs Motorische lenken möchte, und feiert es als einen Triumph der Kur, wenn es gelingt, etwas durch die Erinnerungsarbeit zu erledigen, was der Patient durch eine Aktion abführen möchte. Wenn die Bindung durch die Übertragung eine irgend brauchbare geworden ist, so bringt es die Behandlung zustande, den Kranken an allen bedeutungsvolleren Wiederholungsaktionen zu hindern und den Vorsatz dazu in statu nascendi als Material für die therapeutische Arbeit zu verwenden. Vor der Schädigung durch die Ausführung seiner Impulse behütet man den Kranken am besten, wenn man ihn dazu verpflichtet, während der Dauer der Kur keine lebenswichtigen Entscheidungen zu treffen, etwa keinen Beruf, kein definitives Liebesobjekt zu wählen, sondern für alle diese Absichten den Zeitpunkt der Genesung abzuwarten.

Man schont dabei gern, was von der persönlichen Freiheit des Analysierten mit diesen Vorsichten vereinbar ist, hindert ihn

nicht an der Durchsetzung belangloser, wenn auch törichter
Absichten, und vergißt nicht daran, daß der Mensch eigentlich
nur durch Schaden und eigene Erfahrung klug werden kann.
Es gibt wohl auch Fälle, die man nicht abhalten kann, sich
während der Behandlung in irgend eine ganz unzweckmäßige
Unternehmung einzulassen, und die erst nachher mürbe und für
die analytische Bearbeitung zugänglich werden. Gelegentlich muß
es auch vorkommen, daß man nicht die Zeit hat, den wilden
Trieben den Zügel der Übertragung anzulegen, oder daß der
Patient in einer Wiederholungsaktion das Band zerreißt, das ihn
an die Behandlung knüpft. Ich kann als extremes Beispiel den
Fall einer älteren Dame wählen, die wiederholt in Dämmer-
zuständen ihr Haus und ihren Mann verlassen hatte und irgend-
wohin geflüchtet war, ohne sich je eines Motives für dieses
„Durchgehen" bewußt zu werden. Sie kam mit einer gut aus-
gebildeten zärtlichen Übertragung in meine Behandlung, steigerte
dieselbe in unheimlich rascher Weise in den ersten Tagen und
war am Ende einer Woche auch von mir „durchgegangen", ehe
ich noch Zeit gehabt hatte, ihr etwas zu sagen, was sie an dieser
Wiederholung hätte hindern können.

Das Hauptmittel aber, den Wiederholungszwang des Patienten
zu bändigen und ihn zu einem Motiv fürs Erinnern umzu-
schaffen, liegt in der Handhabung der Übertragung. Wir machen
ihn unschädlich, ja vielmehr nutzbar, indem wir ihm sein Recht
einräumen, ihn auf einem bestimmten Gebiete gewähren lassen.
Wir eröffnen ihm die Übertragung als den Tummelplatz, auf
dem ihm gestattet wird, sich in fast völliger Freiheit zu entfalten, und auferlegt ist, uns alles vorzuführen, was sich an pathogenen Trieben im Seelenleben des Analysierten verborgen hat.
Wenn der Patient nur so viel Entgegenkommen zeigt, daß er
die Existenzbedingungen der Behandlung respektiert, gelingt es
uns regelmäßig, allen Symptomen der Krankheit eine neue Über-
tragungsbedeutung zu geben, seine gemeine Neurose durch

eine Übertragungsneurose zu ersetzen, von der er durch die
therapeutische Arbeit geheilt werden kann. Die Übertragung
schafft so ein Zwischenreich zwischen der Krankheit und dem
Leben, durch welches sich der Übergang von der ersteren zum
letzteren vollzieht. Der neue Zustand hat alle Charaktere der
Krankheit übernommen, aber er stellt eine artefizielle Krankheit
dar, die überall unseren Eingriffen zugänglich ist. Er ist gleichzeitig ein Stück des realen Erlebens, aber durch besonders
günstige Bedingungen ermöglicht und von der Natur eines
Provisoriums. Von den Wiederholungsreaktionen, die sich in der
Übertragung zeigen, führen dann die bekannten Wege zur
Erweckung der Erinnerungen, die sich nach Überwindung der
Widerstände wie mühelos einstellen.

Ich könnte hier abbrechen, wenn nicht die Überschrift dieses
Aufsatzes mich verpflichten würde, ein weiteres Stück der analytischen Technik in die Darstellung zu ziehen. Die Überwindung
der Widerstände wird bekanntlich dadurch eingeleitet, daß der
Arzt den vom Analysierten niemals erkannten Widerstand aufdeckt und ihn dem Patienten mitteilt. Es scheint nun, daß
Anfänger in der Analyse geneigt sind, diese Einleitung für die
ganze Arbeit zu halten. Ich bin oft in Fällen zu Rate gezogen
worden, in denen der Arzt darüber klagte, er habe dem Kranken
seinen Widerstand vorgestellt, und doch habe sich nichts geändert,
ja der Widerstand sei erst recht erstarkt und die ganze Situation
sei noch undurchsichtiger geworden. Die Kur scheine nicht
weiter zu gehen. Diese trübe Erwartung erwies sich dann immer
als irrig. Die Kur war in der Regel im besten Fortgange; der
Arzt hatte nur vergessen, daß das Benennen des Widerstandes
nicht das unmittelbare Aufhören desselben zur Folge haben kann.
Man muß dem Kranken die Zeit lassen, sich in den ihm unbekannten Widerstand zu vertiefen, ihn d u r c h z u a r b e i t e n, ihn
zu überwinden, indem er ihm zum Trotze die Arbeit nach der
analytischen Grundregel fortsetzt. Erst auf der Höhe desselben

findet man dann in gemeinsamer Arbeit mit dem Analysierten die verdrängten Triebregungen auf, welche den Widerstand speisen und von deren Existenz und Mächtigkeit sich der Patient durch solches Erleben überzeugt. Der Arzt hat dabei nichts anderes zu tun, als zuzuwarten und einen Ablauf zuzulassen, der nicht vermieden, auch nicht immer beschleunigt werden kann. Hält er an dieser Einsicht fest, so wird er sich oftmals die Täuschung, gescheitert zu sein, ersparen, wo er doch die Behandlung längs der richtigen Linie fortführt.

Dieses Durcharbeiten der Widerstände mag in der Praxis zu einer beschwerlichen Aufgabe für den Analysierten und zu einer Geduldprobe für den Arzt werden. Es ist aber jenes Stück der Arbeit, welches die größte verändernde Einwirkung auf den Patienten hat und das die analytische Behandlung von jeder Suggestionsbeeinflussung unterscheidet. Theoretisch kann man es dem „Abreagieren" der durch die Verdrängung eingeklemmten Affektbeträge gleichstellen, ohne welches die hypnotische Behandlung einflußlos blieb.

ZUR EINFÜHRUNG DES NARZISSMUS

I

Der Terminus Narzißmus entstammt der klinischen Deskription und ist von P. Näcke 1899 zur Bezeichnung jenes Verhaltens gewählt worden, bei welchem ein Individuum den eigenen Leib in ähnlicher Weise behandelt wie sonst den eines Sexualobjekts, ihn also mit sexuellem Wohlgefallen beschaut, streichelt, liebkost, bis es durch diese Vornahmen zur vollen Befriedigung gelangt. In dieser Ausbildung hat der Narzißmus die Bedeutung einer Perversion, welche das gesamte Sexualleben der Person aufgesogen hat, und unterliegt darum auch den Erwartungen, mit denen wir an das Studium aller Perversionen herantreten.

Es ist dann der psychoanalytischen Beobachtung aufgefallen, daß einzelne Züge des narzißtischen Verhaltens bei vielen mit anderen Störungen behafteten Personen gefunden werden, so nach Sadger bei Homosexuellen, und endlich lag die Vermutung nahe, daß eine als Narzißmus zu bezeichnende Unterbringung der Libido in viel weiterem Umfang in Betracht kommen und eine Stelle in der regulären Sexualentwicklung des Menschen beanspruchen könnte.[1] Auf die nämliche Vermutung kam man von den Schwierigkeiten der psychoanalytischen Arbeit an Neurotikern her, denn es schien, als ob ein solches narzißtisches Verhalten derselben eine der Grenzen ihrer Beeinflußbarkeit herstellte. Narzißmus in diesem Sinne wäre keine Perversion, sondern die

---

[1] O. Rank, Ein Beitrag zum Narzißmus. Jahrbuch f. psychoanalyt. Forschungen. Bd. III, 1911.

libidinöse Ergänzung zum Egoismus des Selbsterhaltungstriebes, von dem jedem Lebewesen mit Recht ein Stück zugeschrieben wird. Ein dringendes Motiv, sich mit der Vorstellung eines primären und normalen Narzißmus zu beschäftigen, ergab sich, als der Versuch unternommen wurde, das Verständnis der Dementia praecox (K r a e p e l i n) oder Schizophrenie (B l e u l e r) unter die Voraussetzung der Libidotheorie zu bringen. Zwei fundamentale Charakterzüge zeigen solche Kranke, die ich vorgeschlagen habe als Paraphreniker zu bezeichnen: den Größenwahn und die Abwendung ihres Interesses von der Außenwelt (Personen und Dingen). Infolge der letzteren Veränderung entziehen sie sich der Beeinflussung durch die Psychoanalyse, werden sie für unsere Bemühungen unheilbar. Die Abwendung des Paraphrenikers von der Außenwelt bedarf aber einer genaueren Kennzeichnung. Auch der Hysteriker und Zwangsneurotiker hat, soweit seine Krankheit reicht, die Beziehung zur Realität aufgegeben. Die Analyse zeigt aber, daß er die erotische Beziehung zu Personen und Dingen keineswegs aufgehoben hat. Er hält sie noch in der Phantasie fest, das heißt er hat einerseits die realen Objekte durch imaginäre seiner Erinnerung ersetzt oder sie mit ihnen vermengt, anderseits darauf verzichtet, die motorischen Aktionen zur Erreichung seiner Ziele an diesen Objekten einzuleiten. Für diesen Zustand der Libido sollte man allein den von J u n g ohne Unterscheidung gebrauchten Ausdruck: I n t r o v e r s i o n der Libido gelten lassen. Anders der Paraphreniker. Dieser scheint seine Libido von den Personen und Dingen der Außenwelt wirklich zurückgezogen zu haben, ohne diese durch andere in seiner Phantasie zu ersetzen. Wo dies dann geschieht, scheint es sekundär zu sein und einem Heilungsversuch anzugehören, welcher die Libido zum Objekt zurückführen will.[1]

---

[1] Vgl. für diese Aufstellungen die Diskussion des „Weltunterganges" in der Analyse des Senatspräsidenten Schreber. Jahrbuch, Bd. III [Ges. Werke, Bd. VIII], 1911. Ferner: A b r a h a m, Die psychosexuellen Differenzen der Hysterie und der Dementia praecox. 1908. (Klinische Beiträge zur Psychoanalyse. S. 23 ff.)

Es entsteht die Frage: Welches ist das Schicksal der den Objekten entzogenen Libido bei der Schizophrenie? Der Größenwahn dieser Zustände weist hier den Weg. Er ist wohl auf Kosten der Objektlibido entstanden. Die der Außenwelt entzogene Libido ist dem Ich zugeführt worden, so daß ein Verhalten entstand, welches wir Narzißmus heißen können. Der Größenwahn selbst ist aber keine Neuschöpfung, sondern, wie wir wissen, die Vergrößerung und Verdeutlichung eines Zustandes, der schon vorher bestanden hatte. Somit werden wir dazu geführt, den Narzißmus, der durch Einbeziehung der Objektbesetzungen entsteht, als einen sekundären aufzufassen, welcher sich über einen primären, durch mannigfache Einflüsse verdunkelten, aufbaut.

Ich bemerke nochmals, daß ich hier keine Klärung oder Vertiefung des Schizophrenieproblems geben will, sondern nur zusammentrage, was bereits an anderen Stellen gesagt worden ist, um eine Einführung des Narzißmus zu rechtfertigen.

Ein dritter Zufluß zu dieser, wie ich meine, legitimen Weiterbildung der Libidotheorie ergibt sich aus unseren Beobachtungen und Auffassungen des Seelenlebens von Kindern und von primitiven Völkern. Wir finden bei diesen letzteren Züge, welche, wenn sie vereinzelt wären, dem Größenwahn zugerechnet werden könnten, eine Überschätzung der Macht ihrer Wünsche und psychischen Akte, die „Allmacht der Gedanken", einen Glauben an die Zauberkraft der Worte, eine Technik gegen die Außenwelt, die „Magie", welche als konsequente Anwendung dieser größensüchtigen Voraussetzungen erscheint.[1] Wir erwarten eine ganz analoge Einstellung zur Außenwelt beim Kinde unserer Zeit, dessen Entwicklung für uns weit undurchsichtiger ist.[2] Wir

---

[1] Siehe die entsprechenden Abschnitte in meinem Buch „Totem und Tabu", 1913 [Ges. Werke. Bd. IX].
[2] S. Ferenczi, Entwicklungsstufen des Wirklichkeitssinnes. Intern. Zschr. f. PsA. I, 1913.

bilden so die Vorstellung einer ursprünglichen Libidobesetzung des Ichs, von der später an die Objekte abgegeben wird, die aber, im Grunde genommen, verbleibt und sich zu den Objektbesetzungen verhält wie der Körper eines Protoplasmatierchens zu den von ihm ausgeschickten Pseudopodien. Dieses Stück der Libidounterbringung mußte für unsere von den neurotischen Symptomen ausgehende Forschung zunächst verdeckt bleiben. Die Emanationen dieser Libido, die Objektbesetzungen, die ausgeschickt und wieder zurückgezogen werden können, wurden uns allein auffällig. Wir sehen auch im groben einen Gegensatz zwischen der Ichlibido und der Objektlibido. Je mehr die eine verbraucht, desto mehr verarmt die andere. Als die höchste Entwicklungsphase, zu der es die letztere bringt, erscheint uns der Zustand der Verliebtheit, der sich uns wie ein Aufgeben der eigenen Persönlichkeit gegen die Objektbesetzung darstellt und seinen Gegensatz in der Phantasie (oder Selbstwahrnehmung) der Paranoiker vom Weltuntergang findet.[1] Endlich folgern wir für die Unterscheidung der psychischen Energien, daß sie zunächst im Zustande des Narzißmus beisammen und für unsere grobe Analyse ununterscheidbar sind, und daß es erst mit der Objektbesetzung möglich wird, eine Sexualenergie, die Libido, von einer Energie der Ichtriebe zu unterscheiden.

Ehe ich weiter gehe, muß ich zwei Fragen berühren, welche mitten in die Schwierigkeiten des Themas leiten. Erstens: Wie verhält sich der Narzißmus, von dem wir jetzt handeln, zum Autoerotismus, den wir als einen Frühzustand der Libido beschrieben haben? Zweitens: Wenn wir dem Ich eine primäre Besetzung mit Libido zuerkennen, wozu ist es überhaupt noch nötig, eine sexuelle Libido von einer nicht sexuellen Energie der Ichtriebe zu trennen? Würde die Zugrundelegung einer einheitlichen psychischen Energie nicht alle Schwierigkeiten der

---

1) Es gibt zwei Mechanismen dieses Weltunterganges, wenn alle Libidobesetzung auf das geliebte Objekt abströmt, und wenn alle in das Ich zurückfließt.

Sonderung von Ichtriebenergie und Ichlibido, Ichlibido und Objektlibido ersparen? Zur ersten Frage bemerke ich: Es ist eine notwendige Annahme, daß eine dem Ich vergleichbare Einheit nicht von Anfang an im Individuum vorhanden ist; das Ich muß entwickelt werden. Die autoerotischen Triebe sind aber uranfänglich; es muß also irgend etwas zum Autoerotismus hinzukommen, eine neue psychische Aktion, um den Narzißmus zu gestalten.

Die Aufforderung, die zweite Frage in entschiedener Weise zu beantworten, muß bei jedem Psychoanalytiker ein merkliches Unbehagen erwecken. Man wehrt sich gegen das Gefühl, die Beobachtung für sterile theoretische Streitigkeiten zu verlassen, darf sich dem Versuch einer Klärung aber doch nicht entziehen. Gewiß sind Vorstellungen, wie die einer Ichlibido, Ichtriebenergie und so weiter, weder besonders klar faßbar noch inhaltsreich genug; eine spekulative Theorie der betreffenden Beziehungen würde vor allem einen scharf umschriebenen Begriff zur Grundlage gewinnen wollen. Allein ich meine, das ist eben der Unterschied zwischen einer spekulativen Theorie und einer auf Deutung der Empirie gebauten Wissenschaft. Die letztere wird der Spekulation das Vorrecht einer glatten, logisch unantastbaren Fundamentierung nicht neiden, sondern sich mit nebelhaft verschwindenden, kaum vorstellbaren Grundgedanken gerne begnügen, die sie im Laufe ihrer Entwicklung klarer zu erfassen hofft, eventuell auch gegen andere einzutauschen bereit ist. Diese Ideen sind nämlich nicht das Fundament der Wissenschaft, auf dem alles ruht; dies ist vielmehr allein die Beobachtung. Sie sind nicht das Unterste, sondern das Oberste des ganzen Baues und können ohne Schaden ersetzt und abgetragen werden. Wir erleben dergleichen in unseren Tagen wiederum an der Physik, deren Grundanschauungen über Materie, Kraftzentren, Anziehung und dergleichen kaum weniger bedenklich sind als die entsprechenden der Psychoanalyse.

Der Wert der Begriffe: Ichlibido, Objektlibido liegt darin, daß sie aus der Verarbeitung der intimen Charaktere neurotischer und psychotischer Vorgänge stammen. Die Sonderung der Libido in eine solche, die dem Ich eigen ist, und eine, die den Objekten angehängt wird, ist eine unerläßliche Fortführung einer ersten Annahme, welche Sexualtriebe und Ichtriebe voneinander schied. Dazu nötigte mich wenigstens die Analyse der reinen Übertragungsneurosen (Hysterie und Zwang), und ich weiß nur, daß alle Versuche, von diesen Phänomenen mit anderen Mitteln Rechenschaft zu geben, gründlich mißlungen sind.

Bei dem völligen Mangel einer irgendwie orientierenden Trieblehre ist es gestattet oder besser geboten, zunächst irgendeine Annahme in konsequenter Durchführung zu erproben, bis sie versagt oder sich bewährt. Für die Annahme einer ursprünglichen Sonderung von Sexualtrieben und anderen, Ichtrieben, spricht nun mancherlei nebst ihrer Brauchbarkeit für die Analyse der Übertragungsneurosen. Ich gebe zu, daß dieses Moment allein nicht unzweideutig wäre, denn es könnte sich um indifferente psychische Energie handeln, die erst durch den Akt der Objektbesetzung zur Libido wird. Aber diese begriffliche Scheidung entspricht erstens der populär so geläufigen Trennung von Hunger und Liebe. Zweitens machen sich biologische Rücksichten zu ihren Gunsten geltend. Das Individuum führt wirklich eine Doppelexistenz als sein Selbstzweck und als Glied in einer Kette, der es gegen, jedenfalls ohne seinen Willen dienstbar ist. Es hält selbst die Sexualität für eine seiner Absichten, während eine andere Betrachtung zeigt, daß es nur ein Anhängsel an sein Keimplasma ist, dem es seine Kräfte gegen eine Lustprämie zur Verfügung stellt, der sterbliche Träger einer — vielleicht — unsterblichen Substanz, wie ein Majoratsherr nur der jeweilige Inhaber einer ihn überdauernden Institution. Die Sonderung der Sexualtriebe von den Ichtrieben würde nur diese doppelte Funktion des Individuums spiegeln. Drittens muß man sich daran erinnern, daß all unsere psychologischen Vorläufigkeiten einmal auf den Boden organischer Träger gestellt werden sollen. Es wird dann wahrscheinlich, daß es besondere Stoffe und chemische Prozesse sind, welche die Wirkungen der Sexualität ausüben und die Fortsetzung des individuellen Lebens in das der Art vermitteln. Dieser Wahrscheinlichkeit tragen wir Rechnung, indem wir die besonderen chemischen Stoffe durch besondere psychische Kräfte substituieren.

Gerade weil ich sonst bemüht bin, alles andersartige, auch das biologische Denken, von der Psychologie ferne zu halten, will ich an dieser Stelle ausdrücklich zugestehen, daß die Annahme gesonderter Ich- und Sexualtriebe, also die Libidotheorie, zum wenigsten auf psychologischem Grunde ruht, wesentlich biologisch gestützt ist. Ich werde also auch konsequent genug sein, diese Annahme fallen zu lassen, wenn sich aus der psychoanalytischen Arbeit selbst eine andere Voraussetzung über die Triebe als die besser verwertbare erheben würde. Dies ist bisher nicht der Fall gewesen. Es mag dann sein, daß die Sexualenergie, die Libido — im tiefsten Grund und in letzter Ferne — nur ein Differenzierungsprodukt der sonst in der Psyche wirkenden Energie ist. Aber eine solche Behauptung ist nicht belangreich. Sie bezieht sich auf Dinge, die bereits so weit weg sind von den Problemen unserer Beobachtung und so wenig Kenntnisinhalt haben, daß es ebenso müßig ist, sie zu bestreiten, wie sie zu verwerten; möglicherweise hat diese Uridentität mit unseren analytischen Interessen so wenig zu tun, wie die Urverwandtschaft aller Menschenrassen mit dem Nachweis der von der Erbschaftsbehörde geforderten Verwandtschaft mit dem Erblasser. Wir kommen mit all diesen Spekulationen zu nichts; da wir nicht warten können, bis uns die Entscheidungen der Trieblehre von einer anderen Wissenschaft geschenkt werden, ist es weit zweckmäßiger, zu versuchen, welches Licht durch eine Synthese der psychologischen Phänomene auf jene biologischen Grundrätsel geworfen werden kann. Machen wir uns mit der Möglichkeit des Irrtums vertraut, aber lassen wir uns nicht abhalten, die ersterwähnte Annahme eines Gegensatzes von Ich- und Sexualtrieben, die sich uns durch die Analyse der Übertragungsneurosen aufgedrängt hat, konsequent fortzuführen, ob sie sich widerspruchsfrei und fruchtbringend entwickeln und auch auf andere Affektionen, z. B. die Schizophrenie, anwenden läßt.

Anders stünde es natürlich, wenn der Beweis erbracht wäre, daß die Libidotheorie an der Erklärung der letztgenannten Krankheit bereits gescheitert ist. C. G. J u n g hat diese Behauptung aufgestellt[1] und mich dadurch zu den letzten Ausführungen, die ich mir gern erspart hätte, genötigt. Ich hätte es vorgezogen, den in der Analyse des Falles Schreber betretenen Weg unter Stillschweigen über dessen Voraussetzungen bis zum Ende zu gehen. Die Behauptung von J u n g ist aber zum mindesten eine Voreiligkeit. Seine Begründungen sind spärlich. Er beruft sich zunächst auf mein eigenes Zeugnis, daß ich selbst mich genötigt gesehen habe, angesichts der Schwierigkeiten der Schreber-Analyse den Begriff der Libido zu erweitern, das heißt seinen sexuellen Inhalt aufzugeben, Libido mit psychischem Interesse überhaupt zusammenfallen zu lassen. Was zur Richtigstellung dieser Fehldeutung zu sagen ist, hat F e r e n c z i in einer gründlichen Kritik der J u n g schen Arbeit bereits vorgebracht.[2] Ich kann dem Kritiker nur beipflichten und wiederholen, daß ich keinen derartigen Verzicht auf die Libidotheorie ausgesprochen habe. Ein weiteres Argument von J u n g, es sei nicht anzunehmen, daß der Verlust der normalen Realfunktion allein durch die Zurückziehung der Libido verursacht werden könne, ist kein Argument, sondern ein Dekret; *it begs the question,* es nimmt die Entscheidung vorweg und erspart die Diskussion, denn ob und wie das möglich ist,

---

[1] Wandlungen und Symbole der Libido. Jahrbuch für psa. Forschungen, Bd. IV, 1912.
[2] Intern. Zschr. f. PsA., Bd. I, 1913.

sollte eben untersucht werden. In seiner nächsten großen Arbeit[1] ist Jung an der von mir längst angedeuteten Lösung knapp vorbeigekommen: „Dabei ist nun allerdings noch in Betracht zu ziehen — worauf übrigens Freud in seiner Arbeit in dem Schreberschen Falle Bezug nimmt — daß die Introversion der Libido sexualis zu einer Besetzung des „Ich" führt, wodurch möglicherweise jener Effekt des Realitätsverlustes herausgebracht wird. Es ist in der Tat eine verlockende Möglichkeit, die Psychologie des Realitätsverlustes in dieser Art zu erklären." Allein Jung läßt sich mit dieser Möglichkeit nicht viel weiter ein. Wenige Seiten später tut er sie mit der Bemerkung ab, daß aus dieser Bedingung „die Psychologie eines asketischen Anachoreten hervorgehen würde, nicht aber eine Dementia praecox." Wie wenig dieser ungeeignete Vergleich eine Entscheidung bringen kann, mag die Bemerkung lehren, daß ein solcher Anachoret, der „jede Spur von Sexualinteresse auszurotten bestrebt ist" (doch nur im populären Sinne des Wortes „sexual"), nicht einmal eine pathogene Unterbringung der Libido aufzuweisen braucht. Er mag sein sexuelles Interesse von den Menschen gänzlich abgewendet und kann es doch zum gesteigerten Interesse für Göttliches, Natürliches, Tierisches sublimiert haben, ohne einer Introversion seiner Libido auf seine Phantasien oder einer Rückkehr derselben zu seinem Ich verfallen zu sein. Es scheint, daß dieser Vergleich die mögliche Unterscheidung vom Interesse aus erotischen Quellen und anderen von vornherein vernachlässigt. Erinnern wir uns ferner daran, daß die Untersuchungen der Schweizer Schule trotz all ihrer Verdienstlichkeit doch nur über zwei Punkte im Bilde der Dementia praecox Aufklärung gebracht haben, über die Existenz der von Gesunden wie von Neurotikern bekannten Komplexe und über die Ähnlichkeit ihrer Phantasiebildungen mit den Völker-

---

[1] Versuch einer Darstellung der psychoanalytischen Theorie. Jahrbuch, Bd. V, 1913.

mythen, auf den Mechanismus der Erkrankung aber sonst kein Licht werfen konnten, so werden wir die Behauptung **Jungs** zurückweisen können, daß die Libidotheorie an der Bewältigung der Dementia praecox gescheitert und damit auch für die anderen Neurosen erledigt sei.

II

Ein direktes Studium des Narzißmus scheint mir durch besondere Schwierigkeiten verwehrt zu sein. Der Hauptzugang dazu wird wohl die Analyse der Paraphrenien bleiben. Wie die Übertragungsneurosen uns die Verfolgung der libidinösen Triebregungen ermöglicht haben, so werden uns die Dementia praecox und Paranoia die Einsicht in die Ichpsychologie gestatten. Wiederum werden wir das anscheinend Einfache des Normalen aus den Verzerrungen und Vergröberungen des Pathologischen erraten müssen. Immerhin bleiben uns einige andere Wege offen, um uns der Kenntnis des Narzißmus anzunähern, die ich nun der Reihe nach beschreiben will: Die Betrachtung der organischen Krankheit, der Hypochondrie und des Liebeslebens der Geschlechter.

Mit der Würdigung des Einflusses organischer Krankheit auf die Libidoverteilung folge ich einer mündlichen Anregung von S. Ferenczi. Es ist allgemein bekannt und erscheint uns selbstverständlich, daß der von organischem Schmerz und Mißempfindungen Gepeinigte das Interesse an den Dingen der Außenwelt, soweit sie nicht sein Leiden betreffen, aufgibt. Genauere Beobachtung lehrt, daß er auch das libidinöse Interesse von seinen Liebesobjekten zurückzieht, aufhört zu lieben, solange er leidet. Die Banalität dieser Tatsache braucht uns nicht abzuhalten, ihr eine Übersetzung in die Ausdrucksweise der Libidotheorie zu geben. Wir würden dann sagen: Der Kranke zieht seine Libidobesetzungen auf sein Ich zurück, um sie nach der Genesung wieder auszusenden. „Einzig in der engen Höhle," sagt W. Busch vom zahnschmerzkranken Dichter, „des Backenzahnes weilt die Seele." Libido und Ichinteresse haben dabei das gleiche Schicksal und sind wiederum voneinander nicht unterscheidbar. Der bekannte Egoismus der Kranken deckt beides. Wir finden ihn so selbstverständlich, weil wir gewiß sind, uns im gleichen Falle ebenso zu verhalten. Das Verscheuchen noch so intensiver Liebesbereitschaft durch körperliche Störungen, der plötzliche Ersatz derselben durch völlige Gleichgültigkeit, findet in der Komik entsprechende Ausnützung.

Ähnlich wie die Krankheit bedeutet auch der Schlafzustand ein narzißtisches Zurückziehen der Libidopositionen auf die eigene Person, des Genaueren, auf den einen Wunsch zu schlafen. Der Egoismus der Träume fügt sich wohl in diesen Zusammenhang ein. In beiden Fällen sehen wir, wenn auch nichts anderes, Beispiele von Veränderungen der Libidoverteilung infolge von Ichveränderung.

Die Hypochondrie äußert sich wie das organische Kranksein in peinlichen und schmerzhaften Körperempfindungen und trifft auch in der Wirkung auf die Libidoverteilung mit ihm zusammen. Der Hypochondrische zieht Interesse wie Libido — die letztere besonders deutlich — von den Objekten der Außenwelt zurück und konzentriert beides auf das ihn beschäftigende Organ. Ein Unterschied zwischen Hypochondrie und organischer Krankheit drängt sich nun vor: im letzteren Falle sind die peinlichen Sensationen durch nachweisbare Veränderungen begründet, im ersteren Falle nicht. Es würde aber ganz in den Rahmen unserer sonstigen Auffassung der Neurosenvorgänge passen, wenn wir uns entschließen würden zu sagen: Die Hypochondrie muß recht haben, die Organveränderungen dürfen auch bei ihr nicht fehlen. Worin bestünden sie nun?

Wir wollen uns hier durch die Erfahrung bestimmen lassen, daß Körpersensationen unlustiger Art, den hypochondrischen vergleichbar, auch bei den anderen Neurosen nicht fehlen. Ich habe schon früher einmal die Neigung ausgesprochen, die Hypochondrie als dritte Aktualneurose neben die Neurasthenie und die Angstneurose hinzustellen. Man geht wahrscheinlich nicht zu weit, wenn man es so darstellt, als wäre regelmäßig bei den anderen Neurosen auch ein Stückchen Hypochondrie mitausgebildet. Am schönsten sieht man dies wohl bei der Angstneurose und der sie überbauenden Hysterie. Nun ist das uns bekannte Vorbild des schmerzhaft empfindlichen, irgendwie veränderten und doch nicht im gewöhnlichen Sinne kranken Organs das Genitale in seinen Erregungszuständen. Es wird dann blutdurchströmt, geschwellt, durchfeuchtet und der Sitz mannigfaltiger Sensationen. Nennen wir die Tätigkeit einer Körperstelle, sexuell erregende Reize ins Seelenleben zu schicken, ihre Erogeneität und denken daran, daß wir durch die Erwägungen der Sexualtheorie längst an die Auffassung gewöhnt sind, gewisse andere Körperstellen — die erogenen Zonen — könnten die Genitalien vertreten und sich ihnen analog verhalten, so haben wir hier nur einen Schritt weiter zu wagen. Wir können uns entschließen, die Erogeneität als allgemeine Eigenschaft aller Organe anzusehen, und dürfen dann von der Steigerung oder Herabsetzung derselben an einem bestimmten Körperteile sprechen. Jeder solchen Veränderung der Erogeneität in den Organen könnte eine Veränderung der Libidobesetzung im Ich parallel gehen. In solchen Momenten hätten wir das zu suchen, was wir der Hypochondrie zugrunde legen und was die nämliche Einwirkung auf die Libidoverteilung haben kann wie die materielle Erkrankung der Organe.

Wir merken, wenn wir diesen Gedankengang fortsetzen, stoßen wir auf das Problem nicht nur der Hypochondrie, sondern auch der anderen Aktualneurosen, der Neurasthenie und der Angstneurose. Wir wollen darum an dieser Stelle halt machen; es liegt nicht in der Absicht einer rein psychologischen Untersuchung, die Grenze so weit ins Gebiet der physiologischen Forschung zu überschreiten. Es sei nur erwähnt, daß sich von hier aus vermuten läßt, die Hypochondrie stehe in einem ähnlichen Verhältnis zur Paraphrenie wie die anderen Aktualneurosen zur Hysterie und Zwangsneurose, hänge also von der Ichlibido ab, wie die anderen von der Objektlibido; die hypochondrische Angst sei das Gegenstück von der Ichlibido her zur neurotischen Angst. Ferner: Wenn wir mit der Vorstellung bereits vertraut sind, den Mechanismus der Erkrankung und Symptombildung bei den Übertragungsneurosen, den Fortschritt von der Introversion zur Regression, an eine Stauung der Objektlibido zu knüpfen[1], so dürfen wir auch der Vorstellung einer Stauung der Ichlibido nähertreten und sie in Beziehung zu den Phänomenen der Hypochondrie und der Paraphrenie bringen.

Natürlich wird unsere Wißbegierde hier die Frage aufwerfen, warum eine solche Libidostauung im Ich als unlustvoll empfunden werden muß. Ich möchte mich da mit der Antwort begnügen, daß Unlust überhaupt der Ausdruck der höheren Spannung ist, daß es also eine Quantität des materiellen Geschehens ist, die sich hier wie anderwärts in die psychische Qualität der Unlust umsetzt; für die Unlustentwicklung mag dann immerhin nicht die absolute Größe jenes materiellen Vorganges entscheidend sein, sondern eher eine gewisse Funktion dieser absoluten Größe. Von hier aus mag man es selbst wagen, an die Frage heranzutreten, woher denn überhaupt die Nötigung für das Seelenleben rührt, über die Grenzen des Narzißmus hinauszugehen und die Libido auf Objekte zu setzen. Die aus unserem Gedankengang abfolgende Antwort würde wiederum sagen, diese Nötigung trete ein, wenn die Ichbesetzung mit Libido ein gewisses Maß überschritten habe. Ein starker Egoismus schützt vor Erkrankung, aber endlich muß man beginnen zu lieben, um nicht krank zu werden, und muß erkranken, wenn man infolge von Versagung nicht lieben

---

[1] Vgl. „Über neurotische Erkrankungstypen", 1913. [Ges. Werke, Bd. VIII].

kann. Etwa nach dem Vorbild, wie sich H. Heine die Psychogenese der Weltschöpfung vorstellt:

„Krankheit ist wohl der letzte Grund
Des ganzen Schöpferdrangs gewesen;
Erschaffend konnte ich genesen,
Erschaffend wurde ich gesund."

Wir haben in unserem seelischen Apparat vor allem ein Mittel erkannt, welchem die Bewältigung von Erregungen übertragen ist, die sonst peinlich empfunden oder pathogen wirksam würden. Die psychische Bearbeitung leistet Außerordentliches für die innere Ableitung von Erregungen, die einer unmittelbaren äußeren Abfuhr nicht fähig sind, oder für die eine solche nicht augenblicklich wünschenswert wäre. Für eine solche innere Verarbeitung ist es aber zunächst gleichgültig, ob sie an realen oder an imaginierten Objekten geschieht. Der Unterschied zeigt sich erst später, wenn die Wendung der Libido auf die irrealen Objekte (Introversion) zu einer Libidostauung geführt hat. Eine ähnliche innere Verarbeitung der ins Ich zurückgekehrten Libido gestattet bei den Paraphrenien der Größenwahn; vielleicht wird erst nach seinem Versagen die Libidostauung im Ich pathogen und regt den Heilungsprozeß an, der uns als Krankheit imponiert.

Ich versuche an dieser Stelle, einige kleine Schritte weit in den Mechanismus der Paraphrenie einzudringen, und stelle die Auffassungen zusammen, welche mir schon heute beachtenswert erscheinen. Den Unterschied dieser Affektionen von den Übertragungsneurosen verlege ich in den Umstand, daß die durch Versagung frei gewordene Libido nicht bei Objekten in der Phantasie bleibt, sondern sich aufs Ich zurückzieht; der Größenwahn entspricht dann der psychischen Bewältigung dieser Libidomenge, also der Introversion auf die Phantasiebildungen bei den Übertragungsneurosen; dem Versagen dieser psychischen Leistung entspringt die Hypochondrie der Paraphrenie, welche der Angst der Übertragungsneurosen homolog ist. Wir wissen, daß diese Angst durch weitere psychische Bearbeitung ablösbar ist, also durch Konversion, Reaktionsbildung, Schutzbildung (Phobie). Diese Stellung nimmt bei den Paraphrenien der Restitutionsversuch ein, dem wir die auffälligen Krankheitserscheinungen danken. Da die Paraphrenie häufig — wenn nicht zumeist — eine bloß partielle Ablösung der Libido von den Objekten mit sich bringt, so ließen sich in ihrem Bilde drei Gruppen von Erscheinungen sondern: *1)* Die der erhaltenen Normalität oder Neurose (Resterscheinungen), *2)* die des Krankheitsprozesses (der Ablösung der Libido von den Objekten, dazu der Größenwahn, die Hypochondrie, die Affektstörung, alle Regressionen), *3)* die der Restitution, welche nach Art einer Hysterie (Dementia praecox, eigentliche Paraphrenie) oder einer Zwangsneurose (Paranoia) die Libido wieder an die Objekte heftet. Diese neuerliche Libidobesetzung geschieht von einem anderen Niveau her, unter anderen Bedingungen als die primäre. Die Differenz der bei ihr geschaffenen Übertragungsneurosen von den entsprechenden Bildungen des normalen Ichs müßte die tiefste Einsicht in die Struktur unseres seelischen Apparates vermitteln können.

*

Einen dritten Zugang zum Studium des Narzißmus gestattet das Liebesleben der Menschen in seiner verschiedenartigen Differenzierung bei Mann und Weib. Ähnlich, wie die Objektlibido unserer Beobachtung zuerst die Ichlibido verdeckt hat, so haben wir auch bei der Objektwahl des Kindes (und Heranwachsenden) zuerst gemerkt, daß es seine Sexualobjekte seinen Befriedigungserlebnissen entnimmt. Die ersten autoerotischen sexuellen Befriedigungen werden im Anschluß an lebenswichtige, der Selbsterhaltung dienende Funktionen erlebt. Die Sexualtriebe lehnen sich zunächst an die Befriedigung der Ichtriebe an, machen sich erst später von den letzteren selbständig; die Anlehnung zeigt sich aber noch darin, daß die Personen, welche mit der Ernährung,

Pflege, dem Schutz des Kindes zu tun haben, zu den ersten Sexualobjekten werden, also zunächst die Mutter oder ihr Ersatz. Neben diesem Typus und dieser Quelle der Objektwahl, den man den **Anlehnungs**typus heißen kann, hat uns aber die analytische Forschung einen zweiten kennen gelehrt, den zu finden wir nicht vorbereitet waren. Wir haben, besonders deutlich bei Personen, deren Libidoentwicklung eine Störung erfahren hat, wie bei Perversen und Homosexuellen, gefunden, daß sie ihr späteres Liebesobjekt nicht nach dem Vorbild der Mutter wählen, sondern nach dem ihrer eigenen Person. Sie suchen offenkundigerweise sich selbst als Liebesobjekt, zeigen den **narzißtisch** zu nennenden Typus der Objektwahl. In dieser Beobachtung ist das stärkste Motiv zu erkennen, welches uns zur Annahme des Narzißmus genötigt hat.

Wir haben nun nicht geschlossen, daß die Menschen in zwei scharf geschiedene Gruppen zerfallen, je nachdem sie den Anlehnungs- oder den narzißtischen Typus der Objektwahl haben, sondern ziehen die Annahme vor, daß jedem Menschen beide Wege zur Objektwahl offen stehen, wobei der eine oder der andere bevorzugt werden kann. Wir sagen, der Mensch habe zwei ursprüngliche Sexualobjekte: sich selbst und das pflegende Weib, und setzen dabei den primären Narzißmus jedes Menschen voraus, der eventuell in seiner Objektwahl dominierend zum Ausdruck kommen kann.

Die Vergleichung von Mann und Weib zeigt dann, daß sich in deren Verhältnis zum Typus der Objektwahl fundamentale, wenn auch natürlich nicht regelmäßige, Unterschiede ergeben. Die volle Objektliebe nach dem Anlehnungstypus ist eigentlich für den Mann charakteristisch. Sie zeigt die auffällige Sexualüberschätzung, welche wohl dem ursprünglichen Narzißmus des Kindes entstammt und somit einer Übertragung desselben auf das Sexualobjekt entspricht. Diese Sexualüberschätzung gestattet die Entstehung des eigentümlichen, an neurotischen Zwang mahnenden Zustandes der Verliebtheit, der sich so auf eine Verarmung des

Ichs an Libido zugunsten des Objektes zurückführt. Anders gestaltet sich die Entwicklung bei dem häufigsten, wahrscheinlich reinsten und echtesten Typus des Weibes. Hier scheint mit der Pubertätsentwicklung durch die Ausbildung der bis dahin latenten weiblichen Sexualorgane eine Steigerung des ursprünglichen Narzißmus aufzutreten, welche der Gestaltung einer ordentlichen, mit Sexualüberschätzung ausgestatteten Objektliebe ungünstig ist. Es stellt sich besonders im Falle der Entwicklung zur Schönheit eine Selbstgenügsamkeit des Weibes her, welche das Weib für die ihm sozial verkümmerte Freiheit der Objektwahl entschädigt. Solche Frauen lieben, streng genommen, nur sich selbst mit ähnlicher Intensität, wie der Mann sie liebt. Ihr Bedürfnis geht auch nicht dahin zu lieben, sondern geliebt zu werden, und sie lassen sich den Mann gefallen, welcher diese Bedingung erfüllt. Die Bedeutung dieses Frauentypus für das Liebesleben der Menschen ist sehr hoch einzuschätzen. Solche Frauen üben den größten Reiz auf die Männer aus, nicht nur aus ästhetischen Gründen, weil sie gewöhnlich die schönsten sind, sondern auch infolge interessanter psychologischer Konstellationen. Es erscheint nämlich deutlich erkennbar, daß der Narzißmus einer Person eine große Anziehung auf diejenigen anderen entfaltet, welche sich des vollen Ausmaßes ihres eigenen Narzißmus begeben haben und sich in der Werbung um die Objektliebe befinden; der Reiz des Kindes beruht zum guten Teil auf dessen Narzißmus, seiner Selbstgenügsamkeit und Unzugänglichkeit, ebenso der Reiz gewisser Tiere, die sich um uns nicht zu kümmern scheinen, wie der Katzen und großen Raubtiere, ja selbst der große Verbrecher und der Humorist zwingen in der poetischen Darstellung unser Interesse durch die narzißtische Konsequenz, mit welcher sie alles ihr Ich Verkleinernde von ihm fernzuhalten wissen. Es ist so, als beneideten wir sie um die Erhaltung eines seligen psychischen Zustandes, einer unangreifbaren Libidoposition, die wir selbst seither aufgegeben haben. Dem großen Reiz des narzißtischen Weibes fehlt aber die

Kehrseite nicht; ein guter Teil der Unbefriedigung des verliebten Mannes, der Zweifel an der Liebe des Weibes, der Klagen über die Rätsel im Wesen desselben hat in dieser Inkongruenz der Objektwahltypen seine Wurzel.

Vielleicht ist es nicht überflüssig, zu versichern, daß mir bei dieser Schilderung des weiblichen Liebeslebens jede Tendenz zur Herabsetzung des Weibes fernliegt. Abgesehen davon, daß mir Tendenzen überhaupt fernliegen, ich weiß auch, daß diese Ausbildungen nach verschiedenen Richtungen der Differenzierung von Funktionen in einem höchst komplizierten biologischen Zusammenhang entsprechen; ich bin ferner bereit zuzugestehen, daß es unbestimmt viele Frauen gibt, die nach dem männlichen Typus lieben und auch die dazugehörige Sexualüberschätzung entfalten.

Auch für die narzißtisch und gegen den Mann kühl gebliebenen Frauen gibt es einen Weg, der sie zur vollen Objektliebe führt. In dem Kinde, das sie gebären, tritt ihnen ein Teil des eigenen Körpers wie ein fremdes Objekt gegenüber, dem sie nun vom Narzißmus aus die volle Objektliebe schenken können. Noch andere Frauen brauchen nicht auf das Kind zu warten, um den Schritt in der Entwicklung vom (sekundären) Narzißmus zur Objektliebe zu machen. Sie haben sich selbst vor der Pubertät männlich gefühlt und ein Stück weit männlich entwickelt; nachdem diese Strebung mit dem Auftreten der weiblichen Reife abgebrochen wurde, bleibt ihnen die Fähigkeit, sich nach einem männlichen Ideal zu sehnen, welches eigentlich die Fortsetzung des knabenhaften Wesens ist, das sie selbst einmal waren.

Eine kurze Übersicht der Wege zur Objektwahl mag diese andeutenden Bemerkungen beschließen. Man liebt:

1) Nach dem narzißtischen Typus:
    a) was man selbst ist (sich selbst),
    b) was man selbst war,
    c) was man selbst sein möchte,
    d) die Person, die ein Teil des eigenen Selbst war.

2) Nach dem Anlehnungstypus:
   a) die nährende Frau,
   b) den schützenden Mann
und die in Reihen von ihnen ausgehenden Ersatzpersonen. Der Fall c) des ersten Typus kann erst durch später folgende Ausführungen gerechtfertigt werden.

Die Bedeutung der narzißtischen Objektwahl für die Homosexualität des Mannes bleibt in anderem Zusammenhange zu würdigen.

Der von uns supponierte primäre Narzißmus des Kindes, der eine der Voraussetzungen unserer Libidotheorien enthält, ist weniger leicht durch direkte Beobachtung zu erfassen als durch Rückschluß von einem anderen Punkte her zu bestätigen. Wenn man die Einstellung zärtlicher Eltern gegen ihre Kinder ins Auge faßt, muß man sie als Wiederaufleben und Reproduktion des eigenen, längst aufgegebenen Narzißmus erkennen. Das gute Kennzeichen der Überschätzung, welches wir als narzißtisches Stigma schon bei der Objektwahl gewürdigt haben, beherrscht, wie allbekannt, diese Gefühlsbeziehung. So besteht ein Zwang, dem Kinde alle Vollkommenheiten zuzusprechen, wozu nüchterne Beobachtung keinen Anlaß fände, und alle seine Mängel zu verdecken und zu vergessen, womit ja die Verleugnung der kindlichen Sexualität im Zusammenhange steht. Es besteht aber auch die Neigung, alle kulturellen Erwerbungen, deren Anerkennung man seinem Narzißmus abgezwungen hat, vor dem Kinde zu suspendieren und die Ansprüche auf längst aufgegebene Vorrechte bei ihm zu erneuern. Das Kind soll es besser haben als seine Eltern, es soll den Notwendigkeiten, die man als im Leben herrschend erkannt hat, nicht unterworfen sein. Krankheit, Tod, Verzicht auf Genuß, Einschränkung des eigenen Willens sollen für das Kind nicht gelten, die Gesetze der Natur wie der Gesellschaft vor ihm haltmachen, es soll wirklich wieder Mittelpunkt und Kern der Schöpfung sein. *His Majesty the Baby*, wie man sich einst selbst dünkte. Es soll die unausgeführten Wunschträume der Eltern erfüllen, ein großer Mann und Held werden an Stelle des Vaters, einen Prinzen zum Gemahl bekommen zur späten Entschädigung der Mutter. Der heikelste Punkt des narzißtischen Systems, die von der Realität hart bedrängte Unsterblichkeit des Ichs, hat ihre Sicherung in der Zuflucht zum Kinde gewonnen. Die rührende, im Grunde so kindliche Elternliebe ist nichts anderes als der wiedergeborene Narzißmus der Eltern, der in seiner Umwandlung zur Objektliebe sein einstiges Wesen unverkennbar offenbart.

III

Welchen Störungen der ursprüngliche Narzißmus des Kindes ausgesetzt ist, und mit welchen Reaktionen er sich derselben erwehrt, auch auf welche Bahnen er dabei gedrängt wird, das möchte ich als einen wichtigen Arbeitsstoff, welcher noch der Erledigung harrt, beiseite stellen; das bedeutsamste Stück desselben kann man als „Kastrationskomplex" (Penisangst beim Knaben, Penisneid beim Mädchen) herausheben und im Zusammenhange mit dem Einfluß der frühzeitigen Sexualeinschüchterung behandeln. Die psychoanalytische Untersuchung, welche uns sonst die Schicksale der libidinösen Triebe verfolgen läßt, wenn diese, von den Ichtrieben isoliert, sich in Opposition zu denselben befinden, gestattet uns auf diesem Gebiete Rückschlüsse auf eine Epoche und eine psychische Situation, in welcher beiderlei Triebe noch einhellig wirksam in untrennbarer Vermengung als narzißtische Interessen auftreten. A. Adler hat aus diesem Zusammenhange seinen „männlichen Protest" geschöpft, den er zur fast alleinigen Triebkraft der Charakter- wie der Neurosenbildung erhebt, während er ihn nicht auf eine narzißtische, also immer noch libidinöse Strebung, sondern auf eine soziale Wertung begründet. Vom Standpunkte der psychoanalytischen Forschung ist Existenz und Bedeutung des „männlichen Protestes" von allem Anfang an anerkannt, seine narzißtische Natur und Herkunft aus dem Kastrationskomplex aber gegen Adler vertreten worden. Er gehört der Charakterbildung an, in deren Genese er nebst vielen anderen Faktoren eingeht, und ist zur Aufklärung der Neurosenprobleme, an denen Adler nichts beachten will als die Art, wie sie dem Ichinteresse dienen, völlig ungeeignet. Ich finde es ganz unmöglich, die Genese der Neurose auf die schmale Basis des Kastrationskomplexes zu stellen, so mächtig dieser auch bei Männern unter den Widerständen gegen die Heilung der Neurose hervortreten mag. Ich kenne endlich auch Fälle von Neurosen, in denen der „männliche Protest" oder in unserem Sinne der Kastrationskomplex keine pathogene Rolle spielt oder überhaupt nicht vorkommt.

Die Beobachtung des normalen Erwachsenen zeigt dessen einstigen Größenwahn gedämpft und die psychischen Charaktere, aus denen wir seinen infantilen Narzißmus erschlossen haben, verwischt. Was ist aus seiner Ichlibido geworden? Sollen wir annehmen, daß ihr ganzer Betrag in Objektbesetzungen aufgegangen ist? Diese Möglichkeit widerspricht offenbar dem ganzen Zuge unserer Erörterungen; wir können aber auch aus der Psychologie der Verdrängung einen Hinweis auf eine andere Beantwortung der Frage entnehmen.

Wir haben gelernt, daß libidinöse Triebregungen dem Schicksal der pathogenen Verdrängung unterliegen, wenn sie in Konflikt mit den kulturellen und ethischen Vorstellungen des Individuums geraten. Unter dieser Bedingung wird niemals verstanden, daß die Person von der Existenz dieser Vorstellungen eine bloß intellektuelle Kenntnis habe, sondern stets, daß sie dieselben als maßgebend für sich anerkenne, sich den aus ihnen hervorgehenden Anforderungen unterwerfe. Die Verdrängung, haben wir gesagt, geht vom Ich aus; wir könnten präzisieren: von der Selbstachtung des Ichs. Dieselben Eindrücke, Erlebnisse, Impulse, Wunschregungen, welche der eine Mensch in sich gewähren läßt oder wenigstens bewußt verarbeitet, werden vom anderen in voller Empörung zurückgewiesen oder bereits vor ihrem Bewußtwerden erstickt. Der Unterschied der beiden aber, welcher die Bedingung der Verdrängung enthält, läßt sich leicht in Ausdrücke fassen, welche eine Bewältigung durch die Libidotheorie ermöglichen. Wir können sagen, der eine habe ein **Ideal** in sich aufgerichtet, an welchem er sein aktuelles Ich mißt, während dem anderen eine solche Idealbildung abgehe. Die Idealbildung wäre von seiten des Ichs die Bedingung der Verdrängung.

Diesem Idealich gilt nun die Selbstliebe, welche in der Kindheit das wirkliche Ich genoß. Der Narzißmus erscheint auf dieses neue ideale Ich verschoben, welches sich wie das infantile im Besitz aller wertvollen Vollkommenheiten befindet. Der Mensch hat sich hier, wie jedesmal auf dem Gebiete der Libido, unfähig erwiesen, auf die einmal genossene Befriedigung zu verzichten. Er will die narzißtische Vollkommenheit seiner Kindheit nicht entbehren, und wenn er diese nicht festhalten konnte, durch die Mahnungen während seiner Entwicklungszeit gestört und in seinem Urteil geweckt, sucht er sie in der neuen Form des Ichideals wieder zu gewinnen. Was er als sein Ideal vor sich hin projiziert, ist der Ersatz für den verlorenen Narzißmus seiner Kindheit, in der er sein eigenes Ideal war.

Es liegt nahe, die Beziehungen dieser Idealbildung zur Sublimierung zu untersuchen. Die Sublimierung ist ein Prozeß an der Objektlibido und besteht darin, daß sich der Trieb auf ein anderes, von der sexuellen Befriedigung entferntes Ziel wirft; der Akzent ruht dabei auf der Ablenkung vom Sexuellen. Die Idealisierung ist ein Vorgang mit dem Objekt, durch welchen dieses ohne Änderung seiner Natur vergrößert und psychisch erhöht wird. Die Idealisierung ist sowohl auf dem Gebiete der Ichlibido wie auch der Objektlibido möglich. So ist zum Beispiel die Sexualüberschätzung des Objektes eine Idealisierung desselben. Insofern also Sublimierung etwas beschreibt, was mit dem Trieb, Idealisierung etwas, was am Objekt vorgeht, sind die beiden begrifflich auseinanderzuhalten.

Die Ichidealbildung wird oft zum Schaden des Verständnisses mit der Triebsublimierung verwechselt. Wer seinen Narzißmus

gegen die Verehrung eines hohen Ichideals eingetauscht hat, dem
braucht darum die Sublimierung seiner libidinösen Triebe nicht
gelungen zu sein. Das Ichideal fordert zwar solche Sublimierung,
aber es kann sie nicht erzwingen; die Sublimierung bleibt ein
besonderer Prozeß, dessen Einleitung vom Ideal angeregt werden
mag, dessen Durchführung durchaus unabhängig von solcher
Anregung bleibt. Man findet gerade bei den Neurotikern die
höchsten Spannungsdifferenzen zwischen der Ausbildung des Ichideals und dem Maß von Sublimierung ihrer primitiven libidinösen Triebe, und es fällt im allgemeinen viel schwerer, den
Idealisten von dem unzweckmäßigen Verbleib seiner Libido zu
überzeugen, als den simplen, in seinen Ansprüchen genügsam
gebliebenen Menschen. Das Verhältnis von Idealbildung und
Sublimierung zur Verursachung der Neurose ist auch ein ganz
verschiedenes. Die Idealbildung steigert, wie wir gehört haben,
die Anforderungen des Ichs und ist die stärkste Begünstigung
der Verdrängung; die Sublimierung stellt den Ausweg dar, wie
die Anforderung erfüllt werden kann, ohne die Verdrängung
herbeizuführen.

Es wäre nicht zu verwundern, wenn wir eine besondere psychische
Instanz auffinden sollten, welche die Aufgabe erfüllt, über die
Sicherung der narzißtischen Befriedigung aus dem Ichideal zu
wachen, und in dieser Absicht das aktuelle Ich unausgesetzt
beobachtet und am Ideal mißt. Wenn eine solche Instanz existiert,
so kann es uns unmöglich zustoßen, sie zu entdecken; wir können
sie nur als solche agnoszieren und dürfen uns sagen, daß das,
was wir unser G e w i s s e n heißen, diese Charakteristik erfüllt. Die
Anerkennung dieser Instanz ermöglicht uns das Verständnis des
sogenannten Beachtungs- oder richtiger B e o b a c h t u n g s wahnes,
welcher in der Symptomatologie der paranoiden Erkrankungen so
deutlich hervortritt, vielleicht auch als isolierte Erkrankung oder
in eine Übertragungsneurose eingesprengt vorkommen kann. Die
Kranken klagen dann darüber, daß man alle ihre Gedanken

kennt, ihre Handlungen beobachtet und beaufsichtigt; sie werden von dem Walten dieser Instanz durch Stimmen informiert, welche charakteristischerweise in der dritten Person zu ihnen sprechen. („Jetzt denkt sie wieder daran; jetzt geht er fort.") Diese Klage hat recht, sie beschreibt die Wahrheit; eine solche Macht, die alle unsere Absichten beobachtet, erfährt und kritisiert, besteht wirklich, und zwar bei uns allen im normalen Leben. Der Beobachtungswahn stellt sie in regressiver Form dar, enthüllt dabei ihre Genese und den Grund, weshalb sich der Erkrankte gegen sie auflehnt.

Die Anregung zur Bildung des Ichideals, als dessen Wächter das Gewissen bestellt ist, war nämlich von dem durch die Stimme vermittelten kritischen Einfluß der Eltern ausgegangen, an welche sich im Laufe der Zeiten die Erzieher, Lehrer und als unübersehbarer, unbestimmbarer Schwarm alle anderen Personen des Milieus angeschlossen hatten. (Die Mitmenschen, die öffentliche Meinung.)

Große Beträge von wesentlich homosexueller Libido wurden so zur Bildung des narzißtischen Ichideals herangezogen und finden in der Erhaltung desselben Ableitung und Befriedigung. Die Institution des Gewissens war im Grunde eine Verkörperung zunächst der elterlichen Kritik, in weiterer Folge der Kritik der Gesellschaft, ein Vorgang, wie er sich bei der Entstehung einer Verdrängungsneigung aus einem zuerst äußerlichen Verbot oder Hindernis wiederholt. Die Stimmen sowie die unbestimmt gelassene Menge werden nun von der Krankheit zum Vorschein gebracht, damit die Entwicklungsgeschichte des Gewissens regressiv reproduziert. Das Sträuben gegen diese **zensorische Instanz** rührt aber daher, daß die Person, dem Grundcharakter der Krankheit entsprechend, sich von all diesen Einflüssen, vom elterlichen angefangen, ablösen will, die homosexuelle Libido von ihnen zurückzieht. Ihr Gewissen tritt ihr dann in regressiver Darstellung als Einwirkung von außen feindselig entgegen.

Die Klage der Paranoia zeigt auch, daß die Selbstkritik des Gewissens im Grunde mit der Selbstbeobachtung, auf die sie gebaut ist, zusammenfällt. Dieselbe psychische Tätigkeit, welche die Funktion des Gewissens übernommen hat, hat sich also auch in den Dienst der Innenforschung gestellt, welche der Philosophie das Material für ihre Gedankenoperationen liefert. Das mag für den Antrieb zur spekulativen Systembildung, welcher die Paranoia auszeichnet, nicht gleichgültig sein.[1]

Es wird uns gewiß bedeutsam sein, wenn wir die Anzeichen von der Tätigkeit dieser kritisch beobachtenden — zum Gewissen und zur philosophischen Introspektion gesteigerten — Instanz noch auf anderen Gebieten zu erkennen vermögen. Ich ziehe hier heran, was H. S i l b e r e r als das „funktionelle Phänomen" beschrieben hat, eine der wenigen Ergänzungen zur Traumlehre, deren Wert unbestreitbar ist. S i l b e r e r hat bekanntlich gezeigt, daß man in Zuständen zwischen Schlafen und Wachen die Umsetzung von Gedanken in visuelle Bilder direkt beobachten kann, daß aber unter solchen Verhältnissen häufig nicht eine Darstellung des Gedankeninhalts auftritt, sondern des Zustandes (von Bereitwilligkeit, Ermüdung usw.), in welchem sich die mit dem Schlaf kämpfende Person befindet. Ebenso hat er gezeigt, daß manche Schlüsse von Träumen und Absätze innerhalb des Trauminhaltes nichts anderes bedeuten als die Selbstwahrnehmung des Schlafens und Erwachens. Er hat also den Anteil der Selbstbeobachtung — im Sinne des paranoischen Beobachtungswahnes — an der Traumbildung nachgewiesen. Dieser Anteil ist ein inkonstanter; ich habe ihn wahrscheinlich darum übersehen, weil er in meinen eigenen Träumen keine große Rolle spielt; bei philosophisch begabten, an Introspektion gewöhnten Personen mag er sehr deutlich werden.

---

1) Nur als Vermutung füge ich an, daß die Ausbildung und Erstarkung dieser beobachtenden Instanz auch die späte Entstehung des (subjektiven) Gedächtnisses und des für unbewußte Vorgänge nicht geltenden Zeitmoments in sich fassen könnte.

Wir erinnern uns, daß wir gefunden haben, die Traumbildung entstehe unter der Herrschaft einer Zensur, welche die Traumgedanken zur Entstellung nötigt. Unter dieser Zensur stellten wir uns aber keine besondere Macht vor, sondern wählten diesen Ausdruck für die den Traumgedanken zugewandte Seite der das Ich beherrschenden, verdrängenden Tendenzen. Gehen wir in die Struktur des Ichs weiter ein, so dürfen wir im Ichideal und den dynamischen Äußerungen des Gewissens auch den Traumzensor erkennen. Merkt dieser Zensor ein wenig auch während des Schlafes auf, so werden wir verstehen, daß die Voraussetzung seiner Tätigkeit, die Selbstbeobachtung und Selbstkritik, mit Inhalten, wie: jetzt ist er zu schläfrig, um zu denken — jetzt wacht er auf, einen Beitrag zum Trauminhalt leistet.[1]

Von hier aus dürfen wir die Diskussion des Selbstgefühls beim Normalen und beim Neurotischen versuchen.

Das Selbstgefühl erscheint uns zunächst als Ausdruck der Ichgröße, deren Zusammengesetztheit nicht weiter in Betracht kommt. Alles, was man besitzt oder erreicht hat, jeder durch die Erfahrung bestätigte Rest des primitiven Allmachtgefühls hilft das Selbstgefühl steigern.

Wenn wir unsere Unterscheidung von Sexual- und Ichtrieben einführen, müssen wir dem Selbstgefühl eine besonders innige Abhängigkeit von der narzißtischen Libido zuerkennen. Wir lehnen uns dabei an die zwei Grundtatsachen an, daß bei den Paraphrenien das Selbstgefühl gesteigert, bei den Übertragungsneurosen herabgesetzt ist, und daß im Liebesleben das Nichtgeliebtwerden das Selbstgefühl erniedrigt, das Geliebtwerden dasselbe erhöht. Wir haben angegeben, daß Geliebtwerden das Ziel und die Befriedigung bei narzißtischer Objektwahl darstellt.

---

1) Ob die Sonderung dieser zensorischen Instanz vom anderen Ich imstande ist, die philosophische Scheidung eines Bewußtseins von einem Selbstbewußtsein psychologisch zu fundieren, kann ich hier nicht entscheiden.

Es ist ferner leicht zu beobachten, daß die Libidobesetzung der Objekte das Selbstgefühl nicht erhöht. Die Abhängigkeit vom geliebten Objekt wirkt herabsetzend; wer verliebt ist, ist demütig. Wer liebt, hat sozusagen ein Stück seines Narzißmus eingebüßt und kann es erst durch das Geliebtwerden ersetzt erhalten. In all diesen Beziehungen scheint das Selbstgefühl in Relation mit dem narzißtischen Anteil am Liebesleben zu bleiben.

Die Wahrnehmung der Impotenz, des eigenen Unvermögens zu lieben, infolge seelischer oder körperlicher Störungen, wirkt im hohen Grade herabsetzend auf das Selbstgefühl ein. Hier ist nach meinem Ermessen eine der Quellen für die so bereitwillig kundgegebenen Minderwertigkeitsgefühle der Übertragungsneurotiker zu suchen. Die Hauptquelle dieser Gefühle ist aber die Ichverarmung, welche sich aus den außerordentlich großen, dem Ich entzogenen Libidobesetzungen ergibt, also die Schädigung des Ichs durch die der Kontrolle nicht mehr unterworfenen Sexualstrebungen.

A. Adler hat mit Recht geltend gemacht, daß die Wahrnehmung eigener Organminderwertigkeiten anspornend auf ein leistungsfähiges Seelenleben wirkt und auf dem Wege der Überkompensation eine Mehrleistung hervorruft. Es wäre aber eine volle Übertreibung, wenn man jede gute Leistung nach seinem Vorgang auf diese Bedingung der ursprünglichen Organminderwertigkeit zurückführen wollte. Nicht alle Maler sind mit Augenfehlern behaftet, nicht alle Redner ursprünglich Stotterer gewesen. Es gibt auch reichlich vortreffliche Leistung auf Grund vorzüglicher Organbegabung. Für die Ätiologie der Neurose spielt organische Minderwertigkeit und Verkümmerung eine geringfügige Rolle, etwa die nämliche, wie das aktuelle Wahrnehmungsmaterial für die Traumbildung. Die Neurose bedient sich desselben als Vorwand wie aller anderen tauglichen Momente. Hat man eben einer neurotischen Patientin den Glauben geschenkt, daß sie krank werden mußte, weil sie unschön, mißgebildet, reizlos sei, so daß niemand sie lieben könne, so wird man durch die nächste Neurotika eines Besseren belehrt, die in Neurose und Sexualablehnung verharrt, obwohl sie über das Durchschnittsmaß begehrenswert erscheint und begehrt wird. Die hysterischen Frauen gehören in ihrer Mehrzahl zu den anziehenden und selbst schönen Vertreterinnen ihres Geschlechts, und anderseits leistet die Häufung von Häßlichkeiten, Organverkümmerungen und Gebrechen bei den niederen Ständen unserer Gesellschaft nichts für die Frequenz neurotischer Erkrankungen in ihrer Mitte.

Die Beziehungen des Selbstgefühls zur Erotik (zu den libidinösen Objektbesetzungen) lassen sich formelhaft in folgender Weise darstellen: Man hat die beiden Fälle zu unterscheiden, ob die Liebesbesetzungen ichgerecht sind oder im Gegenteil eine Verdrängung erfahren haben. Im ersteren Falle (bei ichgerechter Verwendung der Libido) wird das Lieben wie jede andere Betätigung des Ichs gewertet. Das Lieben an sich, als Sehnen, Entbehren, setzt das Selbstgefühl herab, das Geliebtwerden, Gegenliebe finden, Besitzen des geliebten Objekts hebt es wieder. Bei verdrängter Libido wird die Liebesbesetzung als arge Verringerung des Ichs empfunden, Liebesbefriedigung ist unmöglich, die Wiederbereicherung des Ichs wird nur durch die Zurückziehung der Libido von den Objekten möglich. Die Rückkehr der Objektlibido zum Ich, deren Verwandlung in Narzißmus, stellt gleichsam wieder eine glückliche Liebe dar, und anderseits entspricht auch eine reale glückliche Liebe dem Urzustand, in welchem Objekt- und Ichlibido voneinander nicht zu unterscheiden sind.

Die Wichtigkeit und Unübersichtlichkeit des Gegenstandes möge nun die Anfügung von einigen anderen Sätzen in loserer Anordnung rechtfertigen:

Die Entwicklung des Ichs besteht in einer Entfernung vom primären Narzißmus und erzeugt ein intensives Streben, diesen wieder zu gewinnen. Diese Entfernung geschieht vermittels der Libidoverschiebung auf ein von außen aufgenötigtes Ichideal, die Befriedigung durch die Erfüllung dieses Ideals.

Gleichzeitig hat das Ich die libidinösen Objektbesetzungen ausgeschickt. Es ist zugunsten dieser Besetzungen wie des Ichideals verarmt und bereichert sich wieder durch die Objektbefriedigungen wie durch die Idealerfüllung.

Ein Anteil des Selbstgefühls ist primär, der Rest des kindlichen Narzißmus, ein anderer Teil stammt aus der durch Erfahrung bestätigten Allmacht (der Erfüllung des Ichideals), ein dritter aus der Befriedigung der Objektlibido.

Das Ichideal hat die Libidobefriedigung an den Objekten unter schwierige Bedingungen gebracht, indem es einen Teil derselben durch seinen Zensor als unverträglich abweisen läßt. Wo sich ein solches Ideal nicht entwickelt hat, da tritt die betreffende sexuelle Strebung unverändert als Perversion in die Persönlichkeit ein. Wiederum ihr eigenes Ideal sein, auch in betreff der Sexualstrebungen, wie in der Kindheit, das wollen die Menschen als ihr Glück erreichen.

Die Verliebtheit besteht in einem Überströmen der Ichlibido auf das Objekt. Sie hat die Kraft, Verdrängungen aufzuheben und Perversionen wieder herzustellen. Sie erhebt das Sexualobjekt zum Sexualideal. Da sie bei dem Objekt- oder Anlehnungstypus auf Grund der Erfüllung infantiler Liebesbedingungen erfolgt, kann man sagen: Was diese Liebesbedingung erfüllt, wird idealisiert.

Das Sexualideal kann in eine interessante Hilfsbeziehung zum Ichideal treten. Wo die narzißtische Befriedigung auf reale Hindernisse stößt, kann das Sexualideal zur Ersatzbefriedigung verwendet werden. Man liebt dann nach dem Typus der narzißtischen Objektwahl das, was man war und eingebüßt hat, oder was die Vorzüge besitzt, die man überhaupt nicht hat (vergleiche oben unter c). Die der obigen parallele Formel lautet: Was den dem

Ich zum Ideal fehlenden Vorzug besitzt, wird geliebt. Dieser Fall der Aushilfe hat eine besondere Bedeutung für den Neurotiker, der durch seine übermäßigen Objektbesetzungen im Ich verarmt und außerstande ist, sein Ichideal zu erfüllen. Er sucht dann von seiner Libidoverschwendung an die Objekte den Rückweg zum Narzißmus, indem er sich ein Sexualideal nach dem narzißtischen Typus wählt, welches die von ihm nicht zu erreichenden Vorzüge besitzt. Dies ist die Heilung durch Liebe, welche er in der Regel der analytischen vorzieht. Ja, er kann an einen anderen Mechanismus der Heilung nicht glauben, bringt meist die Erwartung desselben in die Kur mit und richtet sie auf die Person des ihn behandelnden Arztes. Diesem Heilungsplan steht natürlich die Liebesunfähigkeit des Kranken infolge seiner ausgedehnten Verdrängungen im Wege. Hat man dieser durch die Behandlung bis zu einem gewissen Grade abgeholfen, so erlebt man häufig den unbeabsichtigten Erfolg, daß der Kranke sich nun der weiteren Behandlung entzieht, um eine Liebeswahl zu treffen und die weitere Herstellung dem Zusammenleben mit der geliebten Person zu überlassen. Man könnte mit diesem Ausgang zufrieden sein, wenn er nicht alle Gefahren der drückenden Abhängigkeit von diesem Nothelfer mit sich brächte.

Vom Ichideal aus führt ein bedeutsamer Weg zum Verständnis der Massenpsychologie. Dies Ideal hat außer seinem individuellen einen sozialen Anteil, es ist auch das gemeinsame Ideal einer Familie, eines Standes, einer Nation. Es hat außer der narzißtischen Libido einen großen Betrag der homosexuellen Libido einer Person gebunden, welcher auf diesem Wege ins Ich zurückgekehrt ist. Die Unbefriedigung durch Nichterfüllung dieses Ideals macht homosexuelle Libido frei, welche sich in Schuldbewußtsein (soziale Angst) verwandelt. Das Schuldbewußtsein war ursprünglich Angst vor der Strafe der Eltern, richtiger gesagt: vor dem Liebesverlust bei ihnen; an Stelle der Eltern ist später die unbestimmte Menge der Genossen getreten. Die häufige Verursachung der Paranoia durch Kränkung des Ichs, Versagung der Befriedigung im Bereiche des Ichideals, wird so verständlicher, auch das Zusammentreffen von Idealbildung und Sublimierung im Ichideal, die Rückbildung der Sublimierungen und eventuelle Umbildung der Ideale bei den paraphrenischen Erkrankungen.

DER MOSES DES
MICHELANGELO

DER MOSES DES MICHELANGELO

Ich schicke voraus, daß ich kein Kunstkenner bin, sondern Laie. Ich habe oft bemerkt, daß mich der Inhalt eines Kunstwerkes stärker anzieht als dessen formale und technische Eigenschaften, auf welche doch der Künstler in erster Linie Wert legt. Für viele Mittel und manche Wirkungen der Kunst fehlt mir eigentlich das richtige Verständnis. Ich muß dies sagen, um mir eine nachsichtige Beurteilung meines Versuches zu sichern.

Aber Kunstwerke üben eine starke Wirkung auf mich aus, insbesondere Dichtungen und Werke der Plastik, seltener Malereien. Ich bin so veranlaßt worden, bei den entsprechenden Gelegenheiten lange vor ihnen zu verweilen, und wollte sie auf meine Weise erfassen, d. h. mir begreiflich machen, wodurch sie wirken. Wo ich das nicht kann, z. B. in der Musik, bin ich fast genußunfähig. Eine rationalistische oder vielleicht analytische Anlage sträubt sich in mir dagegen, daß ich ergriffen sein und dabei nicht wissen solle, warum ich es bin, und was mich ergreift.

Ich bin dabei auf die anscheinend paradoxe Tatsache aufmerksam geworden, daß gerade einige der großartigsten und überwältigendsten Kunstschöpfungen unserem Verständnis dunkel geblieben sind. Man bewundert sie, man fühlt sich von ihnen bezwungen, aber man weiß nicht zu sagen, was sie vorstellen. Ich bin nicht belesen genug, um zu wissen, ob dies schon bemerkt worden ist, oder ob nicht ein Ästhetiker gefunden hat, solche Ratlosigkeit unseres begreifenden Verstandes sei sogar eine notwendige Bedingung für die höchsten Wirkungen, die ein Kunstwerk hervorrufen soll. Ich könnte mich nur schwer entschließen, an diese Bedingung zu glauben.

Nicht etwa daß die Kunstkenner oder Enthusiasten keine Worte fänden, wenn sie uns ein solches Kunstwerk anpreisen. Sie haben deren genug, sollte ich meinen. Aber vor einer solchen Meisterschöpfung des Künstlers sagt in der Regel jeder etwas anderes und keiner das, was dem schlichten Bewunderer das Rätsel löst. Was uns so mächtig packt, kann nach meiner Auffassung doch nur die Absicht des Künstlers sein, insofern es ihm gelungen ist, sie in dem Werke auszudrücken und von uns erfassen zu lassen. Ich weiß, daß es sich um kein bloß verständnismäßiges Erfassen handeln kann; es soll die Affektlage, die psychische Konstellation, welche beim Künstler die Triebkraft zur Schöpfung abgab, bei uns wieder hervorgerufen werden. Aber warum soll die Absicht des Künstlers nicht angebbar und in Worte zu fassen sein wie irgend eine andere Tatsache des seelischen Lebens? Vielleicht daß dies bei den großen Kunstwerken nicht ohne Anwendung der Analyse gelingen wird. Das Werk selbst muß doch diese Analyse ermöglichen, wenn es der auf uns wirksame Ausdruck der Absichten und Regungen des Künstlers ist. Und um diese Absicht zu erraten, muß ich doch vorerst den Sinn und Inhalt des im Kunstwerk Dargestellten herausfinden, also es deuten können. Es ist also möglich, daß ein solches Kunstwerk der Deutung bedarf, und daß ich erst nach Vollziehung derselben erfahren kann, warum ich einem so gewaltigen Eindruck unterlegen bin. Ich hege selbst die Hoffnung, daß dieser Eindruck keine Abschwächung erleiden wird, wenn uns eine solche Analyse geglückt ist.

Nun denke man an den Hamlet, das über dreihundert Jahre alte Meisterstück Shakespeares.[1] Ich verfolge die psychoanalytische Literatur und schließe mich der Behauptung an, daß erst die Psychoanalyse durch die Zurückführung des Stoffes auf das Ödipus-Thema das Rätsel der Wirkung dieser Tragödie gelöst hat. Aber vorher, welche Überfülle von verschiedenen, miteinander unverträglichen Deutungsversuchen, welche Auswahl von Meinungen über den Charakter des Helden und die Absichten des Dichters! Hat Shakespeare unsere Teilnahme für einen Kranken in Anspruch genommen oder für einen unzulänglichen Minderwertigen, oder für einen Idealisten, der nur zu gut ist für die reale Welt? Und wie viele dieser Deutungen lassen uns so kalt, daß sie für die Erklärung der Wirkung der Dichtung nichts leisten können, und uns eher darauf verweisen, deren Zauber allein auf den Eindruck der Gedanken und den Glanz der Sprache zu begründen! Und doch, sprechen nicht gerade diese Bemühungen dafür, daß ein Bedürfnis verspürt wird, eine weitere Quelle dieser Wirkung aufzufinden?

Ein anderes dieser rätselvollen und großartigen Kunstwerke ist die Marmorstatue des Moses, in der Kirche von S. Pietro in Vincoli zu Rom von Michelangelo aufgestellt, bekanntlich nur ein Teilstück jenes riesigen Grabdenkmals, welches der Künstler für den gewaltigen Papstherrn Julius II. errichten sollte.[2] Ich freue mich jedesmal, wenn ich eine Äußerung über diese Gestalt lese wie: sie sei „die Krone der modernen Skulptur" (Herman Grimm). Denn ich habe von keinem Bildwerk je eine stärkere Wirkung

---

1) Vielleicht 1602 zuerst gespielt.
2) Nach Henry Thode ist die Statue in den Jahren 1512 bis 1516 ausgeführt worden.

erfahren. Wie oft bin ich die steile Treppe vom unschönen Corso Cavour hinaufgestiegen zu dem einsamen Platz, auf dem die verlassene Kirche steht, habe immer versucht, dem verächtlich-zürnenden Blick des Heros standzuhalten, und manchmal habe ich mich dann behutsam aus dem Halbdunkel des Innenraumes geschlichen, als gehörte ich selbst zu dem Gesindel, auf das sein Auge gerichtet ist, das keine Überzeugung festhalten kann, das nicht warten und nicht vertrauen will und jubelt, wenn es die Illusion des Götzenbildes wieder bekommen hat.

Aber warum nenne ich diese Statue rätselvoll? Es besteht nicht der leiseste Zweifel, daß sie Moses darstellt, den Gesetzgeber der Juden, der die Tafeln mit den heiligen Geboten hält. Soviel ist sicher, aber auch nichts darüber hinaus. Ganz kürzlich erst (1912) hat ein Kunstschriftsteller (Max Sauerlandt) den Ausspruch machen können: „Über kein Kunstwerk der Welt sind so widersprechende Urteile gefällt worden wie über diesen panköpfigen Moses. Schon die einfache Interpretation der Figur bewegt sich in vollkommenen Widersprüchen..." An der Hand einer Zusammenstellung, die nur um fünf Jahre zurückliegt, werde ich darlegen, welche Zweifel sich an die Auffassung der Figur des Moses knüpfen, und es wird nicht schwer sein zu zeigen, daß hinter ihnen das Wesentliche und Beste zum Verständnis dieses Kunstwerkes verhüllt liegt.[1]

I

Der Moses des Michelangelo ist sitzend dargestellt, den Rumpf nach vorne gerichtet, den Kopf mit dem mächtigen Bart und den Blick nach links gewendet, den rechten Fuß auf dem Boden ruhend, den linken aufgestellt, so daß er nur mit den Zehen den Boden berührt, den rechten Arm mit den Tafeln und einem Teil des Bartes in Beziehung; der linke Arm ist in den Schoß gelegt. Wollte ich eine genauere Beschreibung geben, so müßte ich dem

---

[1] Henry Thode: Michelangelo, Kritische Untersuchungen über seine Werke, I. Bd., 1908.

vorgreifen, was ich später vorzubringen habe. Die Beschreibungen der Autoren sind mitunter in merkwürdiger Weise unzutreffend. Was nicht verstanden war, wurde auch ungenau wahrgenommen oder wiedergegeben. H. Grimm sagt, daß die rechte Hand, „unter deren Arme die Gesetzestafeln ruhen, in den Bart greife". Ebenso W. Lübke: „Erschüttert greift er mit der Rechten in den herrlich herabflutenden Bart . . ."; Springer: „Die eine (linke) Hand drückt Moses an den Leib, mit der anderen greift er wie unbewußt in den mächtig wallenden Bart." C. Justi findet, daß die Finger der (rechten) Hand mit dem Bart spielen, „wie der zivilisierte Mensch in der Aufregung mit der Uhrkette". Das Spielen mit dem Bart hebt auch Müntz hervor. H. Thode spricht von der „ruhig festen Haltung der rechten Hand auf den aufgestemmten Tafeln". Selbst in der rechten Hand erkennt er nicht ein Spiel der Aufregung, wie Justi und ähnlich Boito wollen. „Die Hand verharrt so, wie sie den Bart greifend, gehalten ward, ehe der Titan den Kopf zur Seite wandte." Jakob Burkhardt stellt aus, „daß der berühmte linke Arm im Grunde nichts anderes zu tun habe, als diesen Bart an den Leib zu drücken".

Wenn die Beschreibungen nicht übereinstimmen, werden wir uns über die Verschiedenheit in der Auffassung einzelner Züge der Statue nicht verwundern. Ich meine zwar, wir können den Gesichtsausdruck des Moses nicht besser charakterisieren als Thode, der eine „Mischung von Zorn, Schmerz und Verachtung" aus ihm las, „den Zorn in den dräuend zusammengezogenen Augenbrauen, den Schmerz in dem Blick der Augen, die Verachtung in der vorgeschobenen Unterlippe und den herabgezogenen Mundwinkeln". Aber andere Bewunderer müssen mit anderen Augen gesehen haben. So hatte Dupaty geurteilt: *Ce front auguste semble n'être qu'un voile transparent, qui couvre à peine un esprit immense.*[1] Dagegen meint Lübke: „In dem Kopfe würde man vergebens den Ausdruck höherer Intelligenz suchen; nichts als die

---

1) Thode, l. c., p. 197.

Fähigkeit eines ungeheuren Zornes, einer alles durchsetzenden Energie spricht sich in der zusammengedrängten Stirne aus." Noch weiter entfernt sich in der Deutung des Gesichtsausdruckes Guillaume (1875), der keine Erregung darin fand, „nur stolze Einfachheit, beseelte Würde, Energie des Glaubens. Moses' Blick gehe in die Zukunft, er sehe die Dauer seiner Rasse, die Unveränderlichkeit seines Gesetzes voraus". Ähnlich läßt Müntz „die Blicke Moses' weit über das Menschengeschlecht hinschweifen; sie seien auf die Mysterien gerichtet, die er als Einziger gewahrt hat" Ja, für Steinmann ist dieser Moses „nicht mehr der starre Gesetzgeber, nicht mehr der fürchterliche Feind der Sünde mit dem Jehovazorn, sondern der königliche Priester, welchen das Alter nicht berühren darf, der segnend und weissagend, den Abglanz der Ewigkeit auf der Stirne, von seinem Volke den letzten Abschied nimmt".

Es hat noch andere gegeben, denen der Moses des Michelangelo überhaupt nichts sagte, und die ehrlich genug waren, es zu äußern. So ein Rezensent in der „Quarterly Review" 1858: *„There is an absence of meaning in the general conception, which precludes the idea of a self-sufficing whole . . ."* Und man ist erstaunt zu erfahren, daß noch andere nichts an dem Moses zu bewundern fanden, sondern sich auflehnten gegen ihn, die Brutalität der Gestalt anklagten und die Tierähnlichkeit des Kopfes.

Hat der Meister wirklich so undeutliche oder zweideutige Schrift in den Stein geschrieben, daß so verschiedenartige Lesungen möglich wurden?

Es erhebt sich aber eine andere Frage, welcher sich die erwähnten Unsicherheiten leicht unterordnen. Hat Michelangelo in diesem Moses ein „zeitloses Charakter- und Stimmungsbild" schaffen wollen oder hat er den Helden in einem bestimmten, dann aber höchst bedeutsamen Moment seines Lebens dargestellt? Eine Mehrzahl von Beurteilern entscheidet sich für das letztere und weiß auch die Szene aus dem Leben Moses' anzugeben, welche der Künstler für die Ewigkeit festgebannt hat. Es handelt sich hier um die Herabkunft vom Sinai, woselbst er die Gesetzestafeln von Gott in Empfang genommen hat, und um die Wahrnehmung, daß die Juden unterdes ein goldenes Kalb gemacht haben, das sie jubelnd umtanzen. Auf dieses Bild ist sein Blick gerichtet, dieser Anblick ruft die Empfindungen hervor, die in seinen Mienen ausgedrückt sind und die gewaltige Gestalt alsbald in die heftigste Aktion versetzen werden. Michelangelo hat den Moment der letzten Zögerung, der Ruhe vor dem Sturm, zur Darstellung gewählt; im nächsten wird Moses aufspringen — der linke Fuß ist schon vom Boden abgehoben — die Tafeln zu Boden schmettern und seinen Grimm über die Abtrünnigen entladen.

In Einzelheiten dieser Deutung weichen auch deren Vertreter voneinander ab.

Jak. Burkhardt: „Moses scneint in dem Momente dargestellt, da er die Verehrung des goldenen Kalbes erblickt und aufspringen will. Es lebt in seiner Gestalt die Vorbereitung zu einer gewaltigen Bewegung, wie man sie von der physischen Macht, mit der er ausgestattet ist, nur mit Zittern erwarten mag."

W. Lübke: „Als sähen die blitzenden Augen eben den Frevel der Verehrung des goldenen Kalbes, so gewaltsam durchzuckt eine innere Bewegung die ganze Gestalt. Erschüttert greift er mit der Rechten in den herrlich herabflutenden Bart, als wolle er seiner Bewegung noch einen Augenblick Herr bleiben, um dann um so zerschmetternder loszufahren."

Springer schließt sich dieser Ansicht an, nicht ohne ein Bedenken vorzutragen, welches weiterhin noch unsere Aufmerksamkeit beanspruchen wird: „Durchglüht von Kraft und Eifer kämpft der Held nur mühsam die innere Erregung nieder ... Man denkt daher unwillkürlich an eine dramatische Szene und meint, Moses sei in dem Augenblick dargestellt, wie er die Verehrung des goldenen Kalbes erblickt und im Zorn aufspringen will. Diese Vermutung trifft zwar schwerlich die wahre Absicht des Künstlers, da ja Moses, wie die übrigen fünf sitzenden Statuen des Oberbaues[1] vorwiegend dekorativ wirken sollte; sie darf aber als ein glänzendes Zeugnis für die Lebensfülle und das persönliche Wesen der Mosesgestalt gelten."

Einige Autoren, die sich nicht gerade für die Szene des goldenen Kalbes entscheiden, treffen doch mit dieser Deutung in dem wesentlichen Punkte zusammen, daß dieser Moses im Begriffe sei aufzuspringen und zur Tat überzugehen.

Herman Grimm: „Eine Hoheit erfüllt sie (diese Gestalt), ein Selbstbewußtsein, ein Gefühl, als stünden diesem Manne die Donner des Himmels zu Gebote, doch er bezwänge sich, ehe er sie entfesselte, erwartend, ob die Feinde, die er vernichten will, ihn anzugreifen wagten. Er sitzt da, als wollte er eben aufspringen, das Haupt stolz aus den Schultern in die Höhe gereckt, mit der Hand, unter deren Arme die Gesetzestafeln ruhen, in den Bart greifend, der in schweren Strömen auf die Brust sinkt, mit weit atmenden Nüstern und mit einem Munde, auf dessen Lippen die Worte zu zittern scheinen."

Heath Wilson sagt, Moses' Aufmerksamkeit sei durch etwas erregt, er sei im Begriffe aufzuspringen, doch zögere er noch. Der Blick, in dem Entrüstung und Verachtung gemischt seien, könne sich noch in Mitleid verändern.

Wölfflin spricht von „gehemmter Bewegung". Der Hemmungsgrund liegt hier im Willen der Person selbst, es ist der letzte Moment des Ansichhaltens vor dem Losbrechen, d. h. vor dem Aufspringen.

Am eingehendsten hat C. Justi die Deutung auf die Wahrnehmung des goldenen Kalbes begründet und sonst nicht beachtete Einzelheiten der Statue in Zusammenhang mit dieser Auffassung gebracht. Er lenkt unseren Blick auf die in der Tat auffällige Stellung der beiden Gesetzestafeln, welche im Begriffe seien, auf

---

[1] Vom Grabdenkmal des Papstes nämlich.

den Steinsitz herabzugleiten: „Er (Moses) könnte also entweder in der Richtung des Lärmes schauen mit dem Ausdruck böser Ahnungen, oder es wäre der Anblick des Gräuels selbst, der ihn wie ein betäubender Schlag trifft. Durchbebt von Abscheu und Schmerz hat er sich niedergelassen.¹ Er war auf dem Berge vierzig Tage und Nächte geblieben, also ermüdet. Das Ungeheure, ein großes Schicksal, Verbrechen, selbst ein Glück kann zwar in einem Augenblick wahrgenommen, aber nicht gefaßt werden nach Wesen, Tiefe, Folgen. Einen Augenblick scheint ihm sein Werk zerstört, er verzweifelt an diesem Volke. In solchen Augenblicken verrät sich der innere Aufruhr in unwillkürlichen kleinen Bewegungen. Er läßt die beiden Tafeln, die er in der Rechten hielt, auf den Steinsitz herabrutschen, sie sind über Eck zu stehen gekommen, vom Unterarm an die Seite der Brust gedrückt. Die Hand aber fährt an Brust und Bart, bei der Wendung des Halses nach rechts muß sie den Bart nach der linken Seite ziehen und die Symmetrie dieser breiten männlichen Zierde aufheben; es sieht aus, als spielten die Finger mit dem Bart, wie der zivilisierte Mensch in der Aufregung mit der Uhrkette. Die Linke gräbt sich in den Rock am Bauch (im alten Testament sind die Eingeweide Sitz der Affekte). Aber das linke Bein ist bereits zurückgezogen und das rechte vorgesetzt; im nächsten Augenblick wird er auffahren, die psychische Kraft von der Empfindung auf den Willen überspringen, der rechte Arm sich bewegen, die Tafeln werden zu Boden fallen und Ströme Blutes die Schmach des Abfalls sühnen . . ." „Es ist hier noch nicht der Spannungsmoment der Tat. Noch waltet der Seelenschmerz fast lähmend."

Ganz ähnlich äußert sich Fritz Knapp; nur daß er die Eingangssituation dem vorhin geäußerten Bedenken entzieht, auch

---

1) Es ist zu bemerken, daß die sorgfältige Anordnung des Mantels um die Beine der sitzenden Gestalt dieses erste Stück der Auslegung Justis unhaltbar macht. Man müßte vielmehr annehmen, es sei dargestellt, wie Moses im ruhigen erwartungslosen Dasitzen durch eine plötzliche Wahrnehmung aufgeschreckt werde.

die angedeutete Bewegung der Tafeln konsequenter weiterführt: „Ihn, der soeben noch mit seinem Gotte allein war, lenken irdische Geräusche ab. Er hört Lärm, das Geschrei von gesungenen Tanzreigen weckt ihn aus dem Traume. Das Auge, der Kopf wenden sich hin zu dem Geräusch. Schrecken, Zorn, die ganze Furie wilder Leidenschaften durchfahren im Moment die Riesengestalt. Die Gesetzestafeln fangen an herabzugleiten, sie werden zur Erde fallen und zerbrechen, wenn die Gestalt auffährt, um die donnernden Zornesworte in die Massen des abtrünnigen Volkes zu schleudern ... Dieser Moment höchster Spannung ist gewählt ..." Knapp betont also die Vorbereitung zur Handlung und bestreitet die Darstellung der anfänglichen Hemmung infolge der übergewaltigen Erregung.

Wir werden nicht in Abrede stellen, daß Deutungsversuche wie die letzterwähnten von Justi und Knapp etwas ungemein Ansprechendes haben. Sie verdanken diese Wirkung dem Umstande, daß sie nicht bei dem Gesamteindruck der Gestalt stehen bleiben, sondern einzelne Charaktere derselben würdigen, welche man sonst, von der Allgemeinwirkung überwältigt und gleichsam gelähmt, zu beachten versäumt. Die entschiedene Seitenwendung von Kopf und Augen der im übrigen nach vorne gerichteten Figur stimmt gut zu der Annahme, daß dort etwas erblickt wird, was plötzlich die Aufmerksamkeit des Ruhenden auf sich zieht. Der vom Boden abgehobene Fuß läßt kaum eine andere Deutung zu, als die einer Vorbereitung zum Aufspringen,[1] und die ganz sonderbare Haltung der Tafeln, die doch etwas hochheiliges sind und nicht wie ein beliebiges Beiwerk irgendwie im Raum untergebracht werden dürfen, findet ihre gute Aufklärung in der Annahme, sie glitten infolge der Erregung ihres Trägers herab und würden dann zu Boden fallen. So wüßten wir also, daß diese Statue des Moses einen bestimmten bedeutsamen Moment aus dem Leben des

---

[1] Obwohl der linke Fuß des ruhig sitzenden Giuliano in der Medicikapelle ähnlich abgehoben ist.

Mannes darstellt, und wären auch nicht in Gefahr, diesen Moment zu verkennen.

Allein zwei Bemerkungen von Thode entreißen uns wieder, was wir schon zu besitzen glaubten. Dieser Beobachter sagt, er sehe die Tafeln nicht herabgleiten, sondern „fest verharren". Er konstatiert „die ruhig feste Haltung der rechten Hand auf den aufgestemmten Tafeln". Blicken wir selbst hin, so müssen wir Thode ohne Rückhalt recht geben. Die Tafeln sind festgestellt und nicht in Gefahr zu gleiten. Die rechte Hand stützt sie oder stützt sich auf sie. Dadurch ist ihre Aufstellung zwar nicht erklärt, aber sie wird für die Deutung von Justi und anderen unverwendbar.

Eine zweite Bemerkung trifft noch entscheidender. Thode mahnt daran, daß „diese Statue als eine von sechsen gedacht war und daß sie sitzend dargestellt ist. Beides widerspricht der Annahme, Michelangelo habe einen bestimmten historischen Moment fixieren wollen. Denn, was das erste anbetrifft, so schloß die Aufgabe, nebeneinander sitzende Figuren als Typen menschlichen Wesens (*Vita activa! Vita contemplativa!*) zu geben, die Vorstellung einzelner historischer Vorgänge aus. Und bezüglich des zweiten widerspricht die Darstellung des Sitzens, welche durch die gesamte künstlerische Konzeption des Denkmals bedingt war, dem Charakter jenes Vorganges, nämlich dem Herabsteigen vom Berge Sinai zu dem Lager".

Machen wir uns dies Bedenken Thodes zu eigen; ich meine, wir werden seine Kraft noch steigern können. Der Moses sollte mit fünf (in einem späteren Entwurf drei) anderen Statuen das Postament des Grabmals zieren. Sein nächstes Gegenstück hätte ein Paulus werden sollen. Zwei der anderen, die Vita activa und contemplativa sind als Lea und Rahel an dem heute vorhandenen, kläglich verkümmerten Monument ausgeführt worden, allerdings stehend. Diese Zugehörigkeit des Moses zu einem Ensemble macht die Annahme unmöglich, daß die Figur in dem Beschauer die

Erwartung erwecken solle, sie werde nun gleich von ihrem Sitze aufspringen, etwa davonstürmen und auf eigene Faust Lärm schlagen. Wenn die anderen Figuren nicht gerade auch in der Vorbereitung zu so heftiger Aktion dargestellt waren, — was sehr unwahrscheinlich ist, — so würde es den übelsten Eindruck machen, wenn gerade die eine uns die Illusion geben könnte, sie werde ihren Platz und ihre Genossen verlassen, also sich ihrer Aufgabe im Gefüge des Denkmals entziehen. Das ergäbe eine grobe Inkohärenz, die man dem großen Künstler nicht ohne die äußerste Nötigung zumuten dürfte. Eine in solcher Art davonstürmende Figur wäre mit der Stimmung, welche das ganze Grabmonument erwecken soll, aufs äußerste unverträglich.

Also dieser Moses darf nicht aufspringen wollen, er muß in hehrer Ruhe verharren können, wie die anderen Figuren, wie das beabsichtigte (dann nicht von Michelangelo ausgeführte) Bild des Papstes selbst. Dann aber kann der Moses, den wir betrachten, nicht die Darstellung des von Zorn erfaßten Mannes sein, der vom Sinai herabkommend, sein Volk abtrünnig findet und die heiligen Tafeln hinwirft, daß sie zerschmettern. Und wirklich, ich weiß mich an meine Enttäuschung zu erinnern, wenn ich bei früheren Besuchen in S. Pietro in Vincoli mich vor die Statue hinsetzte, in der Erwartung, ich werde nun sehen, wie sie auf dem aufgestellten Fuß emporschnellen, wie sie die Tafeln zu Boden schleudern und ihren Zorn entladen werde. Nichts davon geschah; anstatt dessen wurde der Stein immer starrer, eine fast erdrückende heilige Stille ging von ihm aus, und ich mußte fühlen, hier sei etwas dargestellt, was unverändert so bleiben könne, dieser Moses werde ewig so dasitzen und so zürnen.

Wenn wir aber die Deutung der Statue mit dem Moment vor dem losbrechenden Zorn beim Anblick des Götzenbildes aufgeben müssen, so bleibt uns wenig mehr übrig als eine der Auffassungen anzunehmen, welche in diesem Moses ein Charakterbild erkennen wollen. Am ehesten von Willkür frei und am besten auf die

Analyse der Bewegungsmotive der Gestalt gestützt erscheint dann das Urteil von Thode: „Hier, wie immer, ist es ihm um die Gestaltung eines Charaktertypus zu tun. Er schafft das Bild eines leidenschaftlichen Führers der Menschheit, der, seiner göttlichen gesetzgebenden Aufgabe bewußt, dem unverständigen Widerstand der Menschen begegnet. Einen solchen Mann der Tat zu kennzeichnen, gab es kein anderes Mittel, als die Energie des Willens zu verdeutlichen, und dies war möglich durch die Veranschaulichung einer die scheinbare Ruhe durchdringenden Bewegung, wie sie in der Wendung des Kopfes, der Anspannung der Muskeln, der Stellung des linken Beines sich äußert. Es sind dieselben Erscheinungen wie bei dem *vir activus* der Medicikapelle Giuliano. Diese allgemeine Charakteristik wird weiter vertieft durch die Hervorhebung des Konfliktes, in welchen ein solcher die Menschheit gestaltender Genius zu der Allgemeinheit tritt: die Affekte des Zornes, der Verachtung, des Schmerzes gelangen zu typischem Ausdruck. Ohne diesen war das Wesen eines solchen Übermenschen nicht zu verdeutlichen. Nicht ein Historienbild, sondern einen Charaktertypus unüberwindlicher Energie, welche die widerstrebende Welt bändigt, hat Michelangelo geschaffen, die in der Bibel gegebenen Züge, die eigenen inneren Erlebnisse, Eindrücke der Persönlichkeit Julius', und wie ich glaube auch solche der Savonarolaschen Kampfestätigkeit gestaltend."

In die Nähe dieser Ausführungen kann man etwa die Bemerkung von Knackfuß rücken: Das Hauptgeheimnis der Wirkung des Moses liege in dem künstlerischen Gegensatz zwischen dem inneren Feuer und der äußerlichen Ruhe der Haltung.

Ich finde nichts in mir, was sich gegen die Erklärung von Thode sträuben würde, aber ich vermisse irgend etwas. Vielleicht, daß sich ein Bedürfnis äußert nach einer innigeren Beziehung zwischen dem Seelenzustand des Helden und dem in seiner Haltung ausgedrückten Gegensatz von „scheinbarer Ruhe" und „innerer Bewegtheit".

II

Lange bevor ich etwas von der Psychoanalyse hören konnte, erfuhr ich, daß ein russischer Kunstkenner,. Ivan Lermolieff, dessen erste Aufsätze 1874 bis 1876 in deutscher Sprache veröffentlicht wurden, eine Umwälzung in den Galerien Europas hervorgerufen hatte, indem er die Zuteilung vieler Bilder an die einzelnen Maler revidierte, Kopien von Originalen mit Sicherheit unterscheiden lehrte und aus den von ihren früheren Bezeichnungen frei gewordenen Werken neue Künstlerindividualitäten konstruierte. Er brachte dies zustande, indem er vom Gesamteindruck und von den großen Zügen eines Gemäldes absehen hieß und die charakteristische Bedeutung von untergeordneten Details hervorhob, von solchen Kleinigkeiten wie die Bildung der Fingernägel, der Ohrläppchen, des Heiligenscheines und anderer unbeachteter Dinge, die der Kopist nachzuahmen vernachlässigt, und die doch jeder Künster in einer ihn kennzeichnenden Weise ausführt. Es hat mich dann sehr interessiert zu erfahren, daß sich hinter dem russischen Pseudonym ein italienischer Arzt, namens Morelli, verborgen hatte. Er ist 1891 als Senator des Königreiches Italien gestorben. Ich glaube, sein Verfahren ist mit der Technik der ärztlichen Psychoanalyse nahe verwandt. Auch diese ist gewöhnt, aus gering geschätzten oder nicht beachteten Zügen, aus dem Abhub — dem „*refuse*" — der Beobachtung, Geheimes und Verborgenes zu erraten.

An zwei Stellen der Mosesfigur finden sich nun Details, die bisher nicht beachtet, ja eigentlich noch nicht richtig beschrieben worden sind. Sie betreffen die Haltung der rechten Hand und die Stellung der beiden Tafeln. Man darf sagen, daß diese Hand in sehr eigentümlicher, gezwungener, Erklärung heischender Weise zwischen den Tafeln und dem — Bart des zürnenden Helden vermittelt. Es ist gesagt worden, daß sie mit den Fingern im Barte wühlt, mit den Strängen desselben spielt, während sie sich mit dem Kleinfingerrand auf die Tafeln stützt. Aber dies trifft offenbar nicht zu. Es verlohnt sich, sorgfältiger ins Auge zu fassen, was die Finger dieser rechten Hand tun, und den mächtigen Bart, zu dem sie in Beziehung treten, genau zu beschreiben.[1] Man sieht dann mit aller Deutlichkeit: Der Daumen dieser Hand ist versteckt, der Zeigefinger und dieser allein ist mit dem Bart in wirksamer Berührung. Er drückt sich so tief in die weichen Haarmassen ein, daß sie ober und unter ihm (kopfwärts und bauchwärts vom drückenden Finger) über sein Niveau hervorquellen. Die anderen drei Finger stemmen sich, in den kleinen Gelenken gebeugt, an die Brustwand, sie werden von der äußersten rechten Flechte des Bartes, die über sie hinwegsetzt, bloß gestreift. Sie haben sich dem Barte sozusagen entzogen. Man kann also nicht sagen, die rechte Hand spiele mit dem Bart oder wühle in ihm; nichts anderes ist richtig, als daß der eine Zeigefinger über einen Teil des Bartes gelegt ist und eine tiefe Rinne in ihm hervorruft. Mit einem Finger auf seinen Bart drücken, ist gewiß eine sonderbare und schwer verständliche Geste.

Der viel bewunderte Bart des Moses läuft von Wangen, Oberlippe und Kinn in einer Anzahl von Strängen herab, die man noch in ihrem Verlauf voneinander unterscheiden kann. Einer der äußersten rechten Haarsträhne, der von der Wange ausgeht, läuft auf den oberen Rand des lastenden Zeigefingers zu, von dem er aufgehalten wird. Wir können annehmen, er gleitet zwischen diesem und dem verdeckten Daumen weiter herab. Der ihm entsprechende Strang der linken Seite fließt fast ohne Ablenkung bis weit auf die Brust herab. Die dicke Haarmasse nach innen von diesem letzteren Strang, von ihm bis zur Mittellinie reichend, hat das auffälligste Schicksal erfahren. Sie kann der Wendung des Kopfes nach links nicht folgen, sie ist genötigt, einen sich weich aufrollenden Bogen, ein Stück einer Guirlande, zu bilden, welche die inneren rechten Haarmassen überkreuzt. Sie wird nämlich

---

1) Siehe die Beilage.

von dem Druck des rechten Zeigefingers festgehalten, obwohl sie links von der Mittellinie entsprungen ist und eigentlich den Hauptanteil der linken Barthälfte darstellt. Der Bart erscheint so in seiner Hauptmasse nach rechts geworfen, obwohl der Kopf scharf nach links gewendet ist. An der Stelle, wo der rechte Zeigefinger sich eindrückt, hat sich etwas wie ein Wirbel von Haaren gebildet; hier liegen Stränge von links über solchen von rechts, beide durch den gewalttätigen Finger komprimiert. Erst jenseits von dieser Stelle brechen die von ihrer Richtung abgelenkten Haarmassen frei hervor, um nun senkrecht herabzulaufen, bis ihre Enden von der im Schoß ruhenden, geöffneten linken Hand aufgenommen werden.

Ich gebe mich keiner Täuschung über die Einsichtlichkeit meiner Beschreibung hin und getraue mich keines Urteils darüber, ob uns der Künstler die Auflösung jenes Knotens im Bart wirklich leicht gemacht hat. Aber über diesen Zweifel hinweg bleibt die Tatsache bestehen, daß der Druck des Zeigefingers der rechten Hand hauptsächlich Haarstränge der linken Barthälfte betrifft, und daß durch diese übergreifende Einwirkung der Bart zurückgehalten wird, die Wendung des Kopfes und Blickes nach der linken Seite mitzumachen. Nun darf man fragen, was diese Anordnung bedeuten soll und welchen Motiven sie ihr Dasein verdankt. Wenn es wirklich Rücksichten der Linienführung und Raumausfüllung waren, die den Künstler dazu bewogen haben, die herabwallende Bartmasse des nach links schauenden Moses nach rechts herüber zu streichen, wie sonderbar ungeeignet erscheint als Mittel hiefür der Druck des einen Fingers? Und wer, der aus irgend einem Grund seinen Bart auf die andere Seite gedrängt hat, würde dann darauf verfallen, durch den Druck eines Fingers die eine Barthälfte über der anderen zu fixieren? Vielleicht aber bedeuten diese im Grunde geringfügigen Züge nichts und wir zerbrechen uns den Kopf über Dinge, die dem Künstler gleichgültig waren?

Setzen wir unter der Voraussetzung fort, daß auch diese Details eine Bedeutung haben. Es gibt dann eine Lösung, welche die Schwierigkeiten aufhebt und uns einen neuen Sinn ahnen läßt. Wenn an der Figur des Moses die linken Bartsträhge unter dem Druck des rechten Zeigefingers liegen, so läßt sich dies vielleicht als der Rest einer Beziehung zwischen der rechten Hand und der linken Barthälfte verstehen, welche in einem früheren Momente als dem dargestellten eine weit innigere war. Die rechte Hand hatte vielleicht den Bart weit energischer angefaßt, war bis zum linken Rand desselben vorgedrungen, und als sie sich in die Haltung zurückzog, welche wir jetzt an der Statue sehen, folgte ihr ein Teil des Bartes nach und legt nun Zeugnis ab von der Bewegung, die hier abgelaufen ist. Die Bartguirlande wäre die Spur des von dieser Hand zurückgelegten Weges.

So hätten wir also eine Rückbewegung der rechten Hand erschlossen. Die eine Annahme nötigt uns andere wie unvermeidlich auf. Unsere Phantasie vervollständigt den Vorgang, von dem die durch die Bartspur bezeugte Bewegung ein Stück ist, und führt uns zwanglos zur Auffassung zurück, welche den ruhenden Moses durch den Lärm des Volkes und den Anblick des goldenen Kalbes aufschrecken läßt. Er saß ruhig da, den Kopf mit dem herabwallenden Bart nach vorne gerichtet, die Hand hatte wahrscheinlich nichts mit dem Barte zu tun. Da schlägt das Geräusch an sein Ohr, er wendet Kopf und Blick nach der Richtung, aus der die Störung kommt, erschaut die Szene und versteht sie. Nun packen ihn Zorn und Empörung, er möchte aufspringen, die Frevler bestrafen, vernichten. Die Wut, die sich von ihrem Objekt noch entfernt weiß, richtet sich unterdes als Geste gegen den eigenen Leib. Die ungeduldige, zur Tat bereite Hand greift nach vorne in den Bart, welcher der Wendung des Kopfes gefolgt war, preßt ihn mit eisernem Griffe zwischen Daumen und Handfläche mit den zusammenschließenden Fingern, eine Gebärde von einer Kraft und Heftigkeit, die an andere Darstellungen Michelangelos erinnern mag. Dann aber tritt, wir wissen noch nicht wie und warum, eine Änderung ein, die vorgestreckte, in den Bart versenkte Hand wird eilig zurückgezogen, ihr Griff gibt den Bart frei, die Finger lösen sich von ihm, aber so tief waren sie in ihn eingegraben, daß sie bei ihrem Rückzug einen mächtigen Strang von der linken Seite nach rechts herüberziehen, wo er unter dem Druck des einen, längsten und obersten Fingers die rechten Bartflechten überlagern muß. Und diese neue Stellung, die nur durch die Ableitung aus der ihr vorhergehenden verständlich ist, wird jetzt festgehalten.

Es ist Zeit, uns zu besinnen. Wir haben angenommen, daß die rechte Hand zuerst außerhalb des Bartes war, daß sie sich dann in einem Moment hoher Affektspannung nach links herüberstreckte, um den Bart zu packen, und daß sie endlich wieder zurückfuhr, wobei sie einen Teil des Bartes mitnahm. Wir haben mit dieser rechten Hand geschaltet, als ob wir frei über sie verfügen dürften. Aber dürfen wir dies? Ist diese Hand denn frei? Hat sie nicht die heiligen Tafeln zu halten oder zu tragen, sind ihr solche mimische Exkursionen nicht durch ihre wichtige Aufgabe untersagt? Und weiter, was soll sie zu der Rückbewegung veranlassen, wenn sie einem starken Motiv gefolgt war, um ihre anfängliche Lage zu verlassen?

Das sind nun wirklich neue Schwierigkeiten. Allerdings gehört die rechte Hand zu den Tafeln. Wir können hier auch nicht in Abrede stellen, daß uns ein Motiv fehlt, welches die rechte Hand zu dem erschlossenen Rückzug veranlassen könnte. Aber wie wäre es, wenn sich beide Schwierigkeiten miteinander lösen ließen und erst dann einen ohne Lücke verständlichen Vorgang ergeben würden? Wenn gerade etwas, was an den Tafeln geschieht, uns die Bewegungen der Hand aufklärte?

An diesen Tafeln ist einiges zu bemerken, was bisher der Beobachtung nicht wert gefunden wurde.[1] Man sagte: Die Hand

---
1) Siehe das Detail Figur D.

stützt sich auf die Tafeln oder: die Hand stützt die Tafeln. Man sieht auch ohneweiters die beiden rechteckigen, aneinander gelegten Tafeln auf der Kante stehen. Schaut man näher zu, so findet man, daß der untere Rand der Tafeln anders gebildet ist als der obere, schräg nach vorne geneigte. Dieser obere ist geradlinig begrenzt, der untere aber zeigt in seinem vordern Anteil einen Vorsprung wie ein Horn, und gerade mit diesem Vorsprung berühren die Tafeln den Steinsitz. Was kann die Bedeutung dieses Details sein, welches übrigens an einem großen Gipsabguß in der Sammlung der Wiener Akademie der bildenden Künste ganz unrichtig wiedergegeben ist? Es ist kaum zweifelhaft, daß dieses Horn den der Schrift nach oberen Rand der Tafeln auszeichnen soll. Nur der obere Rand solcher rechteckigen Tafeln pflegt abgerundet oder ausgeschweift zu sein. Die Tafeln stehen also hier auf dem Kopf. Das ist nun eine sonderbare Behandlung so heiliger Gegenstände. Sie sind auf den Kopf gestellt und werden fast auf einer Spitze balanciert. Welches formale Moment kann bei dieser Gestaltung mitwirken? Oder soll auch dieses Detail dem Künstler gleichgültig gewesen sein?

Da stellt sich nun die Auffassung ein, daß auch die Tafeln durch eine abgelaufene Bewegung in diese Position gekommen sind, daß diese Bewegung abhängig war von der erschlossenen Ortsveränderung der rechten Hand, und daß sie dann ihrerseits diese Hand zu ihrer späteren Rückbewegung gezwungen hat. Die Vorgänge an der Hand und die an den Tafeln setzen sich zu folgender Einheit zusammen: Anfänglich, als die Gestalt in Ruhe dasaß, trug sie die Tafeln aufrecht unter dem rechten Arm. Die rechte Hand faßte deren untere Ränder und fand dabei eine Stütze an dem nach vorn gerichteten Vorsprung. Diese Erleichterung des Tragens erklärt ohneweiters, warum die Tafeln umgekehrt gehalten waren. Dann kam der Moment, in dem die Ruhe durch das Geräusch gestört wurde. Moses wendete den Kopf hin, und als er die Szene erschaut hatte, machte sich der Fuß zum

Aufspringen bereit, die Hand ließ ihren Griff an den Tafeln los und fuhr nach links und oben in den Bart, wie um ihr Ungestüm am eigenen Leibe zu betätigen. Die Tafeln waren nun dem Druck des Armes anvertraut, der sie an die Brustwand pressen sollte. Aber diese Fixierung reichte nicht aus, sie begannen nach vorn und unten zu gleiten, der früher horizontal gehaltene obere

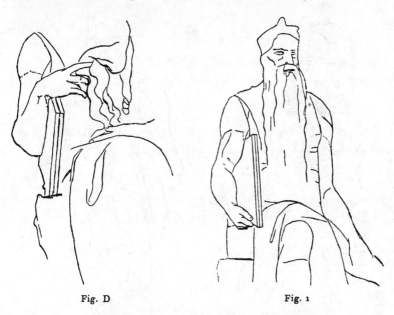

Fig. D   Fig. 1

Rand richtete sich nach vorn ·und abwärts, der seiner Stütze beraubte untere Rand näherte sich mit seiner vorderen Spitze dem Steinsitz. Einen Augenblick weiter und die Tafeln hätten sich um den neu gefundenen Stützpunkt drehen müssen, mit dem früher oberen Rande zuerst den Boden erreichen und an ihm zerschellen. Um dies zu verhüten, fährt die rechte Hand zurück, und entläßt den Bart, von dem ein Teil ohne Absicht mitgezogen wird, erreicht noch den Rand der Tafeln und stützt sie nahe ihrer hinteren, jetzt zur obersten gewordenen Ecke. So leitet sich das sonderbar gezwungen scheinende Ensemble von Bart, Hand und auf die Spitze gestelltem Tafelpaar aus der einen leidenschaftlichen Bewegung der Hand und deren gut begründeten Folgen ab. Will man die Spuren des abgelaufenen Bewegungssturmes rückgängig machen, so muß man die vordere obere Ecke der Tafeln heben und in die Bildebene zurückschieben, damit die

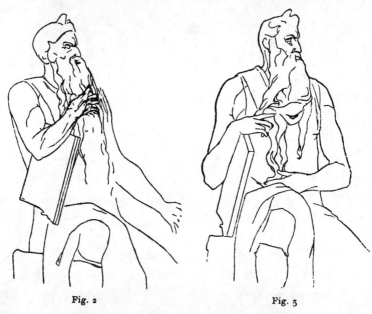

Fig. 2　　　　　　　　　　Fig. 3

vordere untere Ecke (mit dem Vorsprung) vom Steinsitz entfernen, die Hand senken und sie unter den nun horizontal stehenden unteren Tafelrand führen.

Ich habe mir von Künstlerhand drei Zeichnungen machen lassen, welche meine Beschreibung verdeutlichen sollen. Die dritte derselben gibt die Statue wieder, wie wir sie sehen; die beiden anderen stellen die Vorstadien dar, welche meine Deutung postuliert, die erste das der Ruhe, die zweite das der höchsten Spannung, der Bereitschaft zum Aufspringen, der Abwendung der Hand von den Tafeln und des beginnenden Herabgleitens derselben. Es ist nun bemerkenswert, wie die beiden von meinem Zeichner ergänzten Darstellungen die unzutreffenden Beschreibungen früherer Autoren zu Ehren bringen. Ein Zeitgenosse Michelangelos, Condivi, sagte: „Moses, der Herzog und Kapitän der Hebräer, sitzt in der Stellung eines sinnenden Weisen, hält unter dem rechten Arm die Gesetzestafeln und stützt mit der linken Hand das Kinn (!), wie einer, der müde und voll von Sorgen." Das ist nun an der Statue Michelangelos nicht zu sehen, aber es deckt sich fast mit der Annahme, welche der ersten Zeichnung zugrunde liegt. W. Lübke hatte wie andere Beobachter geschrieben: „Erschüttert greift er mit der Rechten in den herrlich herabflutenden Bart . . ." Das ist nun unrichtig, wenn man es auf die Abbildung der Statue bezieht, trifft aber für unsere zweite Zeichnung zu. Justi und Knapp haben, wie erwähnt, gesehen, daß die Tafeln im Herabgleiten sind und in der Gefahr schweben, zu zerbrechen. Sie mußten sich von Thode berichtigen lassen, daß die Tafeln durch die rechte Hand sicher fixiert seien, aber sie hätten recht, wenn sie nicht die Statue, sondern unser mittleres Stadium beschreiben würden. Man könnte fast meinen, diese Autoren hätten sich von dem Gesichtsbild der Statue frei gemacht und hätten unwissentlich eine Analyse der Bewegungsmotive derselben begonnen, durch welche sie zu denselben Anforderungen geführt wurden, wie wir sie bewußter und ausdrücklicher aufgestellt haben.

III

Wenn ich nicht irre, wird es uns jetzt gestattet sein, die Früchte unserer Bemühung zu ernten. Wir haben gehört, wie vielen, die unter dem Eindruck der Statue standen, sich die Deutung aufgedrängt hat, sie stelle Moses dar unter der Einwirkung des Anblicks, daß sein Volk abgefallen sei und um ein Götzenbild tanze. Aber diese Deutung mußte aufgegeben werden, denn sie fand ihre Fortsetzung in der Erwartung, er werde im nächsten Moment aufspringen, die Tafeln zertrümmern und das Werk der Rache vollbringen. Dies widersprach aber der Bestimmung der Statue als Teilstück des Grabdenkmals Julius II. neben drei oder fünf anderen sitzenden Figuren. Wir dürfen nun diese verlassene Deutung wieder aufnehmen, denn unser Moses wird nicht aufspringen und die Tafeln nicht von sich schleudern. Was wir an ihm sehen, ist nicht die Einleitung zu einer gewaltsamen Aktion, sondern der Rest einer abgelaufenen Bewegung. Er wollte es in einem Anfall von Zorn, aufspringen, Rache nehmen, an die Tafeln vergessen, aber er hat die Versuchung überwunden, er wird jetzt so sitzen bleiben in gebändigter Wut, in mit Verachtung gemischtem Schmerz. Er wird auch die Tafeln nicht wegwerfen, daß sie am Stein zerschellen, denn gerade ihretwegen hat er seinen Zorn bezwungen, zu ihrer Rettung seine Leidenschaft beherrscht. Als er sich seiner leidenschaftlichen Empörung überließ, mußte er die Tafeln vernachlässigen, die Hand, die sie trug, von ihnen abziehen. Da begannen sie herabzugleiten, gerieten in Gefahr zu zerbrechen. Das mahnte ihn. Er gedachte seiner Mission und verzichtete für sie auf die Befriedigung seines Affekts. Seine Hand fuhr zurück und rettete die sinkenden Tafeln, noch ehe sie fallen konnten. In dieser Stellung blieb er verharrend, und so hat ihn Michelangelo als Wächter des Grabmals dargestellt.

Eine dreifache Schichtung drückt sich in seiner Figur in vertikaler Richtung aus. In den Mienen des Gesichts spiegeln sich die Affekte, welche die herrschenden geworden sind, in der Mitte der Figur sind die Zeichen der unterdrückten Bewegung sichtbar, der Fuß zeigt noch die Stellung der beabsichtigten Aktion, als wäre die Beherrschung von oben nach unten vorgeschritten. Der linke Arm, von dem noch nicht die Rede war, scheint seinen Anteil an unserer Deutung zu fordern. Seine Hand ist mit weicher Gebärde in den Schoß gelegt und umfängt wie liebkosend die letzten Enden des herabfallenden Bartes. Es macht den Eindruck, als wollte sie die Gewaltsamkeit aufheben, mit der einen Moment vorher die andere Hand den Bart mißhandelt hatte.

Nun wird man uns aber entgegenhalten: Das ist also doch nicht der Moses der Bibel, der wirklich in Zorn geriet und die Tafeln hinwarf, daß sie zerbrachen. Das wäre ein ganz anderer Moses von der Empfindung des Künstlers, der sich dabei herausgenommen hätte, den heiligen Text zu emendieren und den Charakter des göttlichen Mannes zu verfälschen. Dürfen wir Michelangelo diese Freiheit zumuten, die vielleicht nicht weit von einem Frevel am Heiligen liegt?

Die Stelle der Heiligen Schrift, in welcher das Benehmen Moses' bei der Szene des goldenen Kalbes berichtet wird, lautet folgendermaßen (ich bitte um Verzeihung, daß ich mich in anachronistischer Weise der Übersetzung Luthers bediene):

(II. B. Kap. 32.) „7) Der Herr sprach aber zu Mose: Geh', steig hinab; denn dein Volk, das du aus Ägyptenland geführt hast, hat's verderbt. 8) Sie sind schnell von dem Wege getreten, den ich ihnen geboten habe. Sie haben sich ein gegossen Kalb gemacht, und haben's angebetet, und ihm geopfert, und gesagt: Das sind deine Götter, Israel, die dich aus Ägyptenland geführt haben. 9) Und der Herr sprach zu Mose: Ich sehe, daß es ein halsstarrig Volk ist. 10) Und nun laß mich, daß mein Zorn über sie ergrimme, und sie vertilge; so will ich dich zum großen Volk machen. 11) Mose aber flehte vor dem Herrn, seinem Gott und sprach: Ach, Herr, warum will dein Zorn ergrimmen über dein Volk, das du mit großer Kraft und starker Hand hast aus Ägyptenland geführt? . . .

. . . 14) Also gereuete den Herrn das Übel, das er dräuete seinem Volk zu tun. 15) Moses wandte sich, und stieg vom Berge, und hatte zwo Tafeln des Zeugnisses in seiner Hand, die waren geschrieben auf beiden Seiten. 16) Und ·Gott hatte sie selbst gemacht, und selber die Schrift drein gegraben. 17) Da nun Josua hörte des Volkes Geschrei, daß sie jauchzeten, sprach er zu Mose:

Es ist ein Geschrei im Lager wie im Streit. 18) Er antwortete: Es ist nicht ein Geschrei gegeneinander derer die obsiegen und unterliegen, sondern ich höre ein Geschrei eines Siegestanzes. 19) Als er aber nahe zum Lager kam, und das Kalb und den Reigen sah, ergrimmte er mit Zorn, und warf die Tafeln aus seiner Hand, und zerbrach sie unten am Berge; 20) und nahm das Kalb, das sie gemacht hatten, und zerschmelzte es mit Feuer, und zermalmte es mit Pulver, und stäubte es aufs Wasser, und gab's den Kindern Israels zu trinken; . . .

. . . 30) Des Morgens sprach Mose zum Volk: Ihr habt eine große Sünde getan; nun will ich hinaufsteigen zu dem Herrn, ob ich vielleicht eure Sünde versöhnen möge. 31) Als nun Mose wieder zum Herrn kam, sprach er: Ach, das Volk hat eine große Sünde getan, und haben sich güldene Götter gemacht. 32) Nun vergib ihnen ihre Sünde; wo nicht, so tilge mich auch aus deinem Buch, das du geschrieben hast. 33) Der Herr sprach zu Mose: Was? Ich will den aus meinem Buch tilgen, der an mir sündiget. 34) So gehe nun hin und führe das Volk, dahin ich dir gesagt habe. Siehe, mein Engel soll vor dir hergehen. Ich werde ihre Sünde wohl heimsuchen, wenn meine Zeit kommt heimzusuchen. 35) Also strafte der Herr das Volk, daß sie das Kalb hatten gemacht, welches Aaron gemacht hatte."

Unter dem Einfluß der modernen Bibelkritik wird es uns unmöglich, diese Stelle zu lesen, ohne in ihr die Anzeichen ungeschickter Zusammensetzung aus mehreren Quellberichten zu finden. In Vers 8 teilt der Herr selbst Moses mit, daß das Volk abgefallen sei und sich ein Götzenbild gemacht habe. Moses bittet für die Sünder. Doch benimmt er sich in Vers 18 gegen Josua, als wüßte er es nicht, und wallt im plötzlichen Zorn auf (Vers 19), wie er die Szene des Götzendienstes erblickt. In Vers 14 hat er die Verzeihung Gottes für sein sündiges Volk bereits erlangt, doch begibt er sich Vers 31 ff. wieder auf den Berg, um diese Verzeihung zu erflehen, berichtet dem Herrn von dem Abfall des

Volkes und erhält die Versicherung des Strafaufschubes. Vers 35 bezieht sich auf eine Bestrafung des Volkes durch Gott, von der nichts mitgeteilt wird, während in den Versen zwischen 20 und 30 das Strafgericht, das Moses selbst vollzogen hat, geschildert wurde. Es ist bekannt, daß die historischen Partien des Buches, welches vom Auszug handelt, von noch auffälligeren Inkongruenzen und Widersprüchen durchsetzt sind.

Für die Menschen der Renaissance gab es solche kritische Einstellung zum Bibeltexte natürlich nicht, sie mußten den Bericht als einen zusammenhängenden auffassen und fanden dann wohl, daß er der darstellenden Kunst keine gute Anknüpfung bot. Der Moses der Bibelstelle war von dem Götzendienst des Volkes bereits unterrichtet worden, hatte sich auf die Seite der Milde und Verzeihung gestellt und erlag dann doch einem plötzlichen Wutanfall, als er des goldenen Kalbes und der tanzenden Menge ansichtig wurde. Es wäre also nicht zu verwundern, wenn der Künstler, der die Reaktion des Helden auf diese schmerzliche Überraschung darstellen wollte, sich aus inneren Motiven von dem Bibeltext unabhängig gemacht hätte. Auch war solche Abweichung vom Wortlaut der Heiligen Schrift aus geringeren Motiven keineswegs ungewöhnlich oder dem Künstler versagt. Ein berühmtes Gemälde des Parmigianino in seiner Vaterstadt zeigt uns den Moses, wie er auf der Höhe eines Berges sitzend die Tafeln zu Boden schleudert, obwohl der Bibelvers ausdrücklich besagt: er zerbrach sie am Fuße des Berges. Schon die Darstellung eines sitzenden Moses findet keinen Anhalt am Bibeltext und scheint eher jenen Beurteilern recht zu geben, welche annahmen, daß die Statue Michelangelos kein bestimmtes Moment aus dem Leben des Helden festzuhalten beabsichtige.

Wichtiger als die Untreue gegen den heiligen Text ist wohl die Umwandlung, die Michelangelo nach unserer Deutung mit dem Charakter des Moses vorgenommen hat. Der Mann Moses war nach den Zeugnissen der Tradition jähzornig und Aufwallungen von Leidenschaft unterworfen. In einem solchen Anfalle von heiligem Zorne hatte er den Ägypter erschlagen, der einen Israeliten mißhandelte, und mußte deshalb aus dem Lande in die Wüste fliehen. In einem ähnlichen Affektausbruch zerschmetterte er die beiden Tafeln, die Gott selbst beschrieben hatte. Wenn die Tradition solche Charakterzüge berichtet, ist sie wohl tendenzlos und hat den Eindruck einer großen Persönlichkeit, die einmal gelebt hat, erhalten. Aber Michelangelo hat an das Grabdenkmal des Papstes einen anderen Moses hingesetzt, welcher dem historischen oder traditionellen Moses überlegen ist. Er hat das Motiv der zerbrochenen Gesetzestafeln umgearbeitet, er läßt sie nicht durch den Zorn Moses' zerbrechen, sondern diesen Zorn durch die Drohung, daß sie zerbrechen könnten, beschwichtigen oder wenigstens auf dem Wege zur Handlung hemmen. Damit hat er etwas Neues, Übermenschliches in die Figur des Moses gelegt, und die gewaltige Körpermasse und kraftstrotzende Muskulatur der Gestalt wird nur zum leiblichen Ausdrucksmittel für die höchste psychische Leistung die einem Menschen möglich ist, für das Niederringen der eigenen Leidenschaft zugunsten und im Auftrage einer Bestimmung, der man sich geweiht hat.

Hier darf die Deutung der Statue Michelangelos ihr Ende erreichen. Man kann noch die Frage aufwerfen, welche Motive in dem Künstler tätig waren, als er den Moses, und zwar einen so umgewandelten Moses, für das Grabdenkmal des Papstes Julius II. bestimmte. Von vielen Seiten wurde übereinstimmend darauf hingewiesen, daß diese Motive in dem Charakter des Papstes und im Verhältnis des Künstlers zu ihm zu suchen seien. Julius II. war Michelangelo darin verwandt, daß er Großes und Gewaltiges zu verwirklichen suchte, vor allem das Große der Dimension. Er war ein Mann der Tat, sein Ziel war angebbar, er strebte nach der Einigung Italiens unter der Herrschaft des Papsttums. Was erst mehrere Jahrhunderte später einem Zusammenwirken von anderen Mächten gelingen sollte, das wollte er allein erreichen, ein Einzelner in der kurzen Spanne Zeit und Herrschaft, die ihm gegönnt war, ungeduldig mit gewalttätigen Mitteln. Er wußte Michelangelo als seinesgleichen zu schätzen, aber er ließ ihn oft leiden unter seinem Jähzorn und seiner Rücksichtslosigkeit. Der Künstler war sich der gleichen Heftigkeit des Strebens bewußt und mag als tiefer blickender Grübler die Erfolglosigkeit geahnt haben, zu der sie beide verurteilt waren. So brachte er seinen Moses an dem Denkmal des Papstes an, nicht ohne Vorwurf gegen den Verstorbenen, zur Mahnung für sich selbst, sich mit dieser Kritik über die eigene Natur erhebend.

IV

Im Jahre 1863 hat ein Engländer W. Watkiss Lloyd dem Moses von Michelangelo ein kleines Büchlein gewidmet.[1] Als es mir gelang, dieser Schrift von 46 Seiten habhaft zu werden, nahm ich ihren Inhalt mit gemischten Empfindungen zur Kenntnis. Es war eine Gelegenheit, wieder an der eigenen Person zu erfahren, was für unwürdige infantile Motive zu unserer Arbeit im Dienste einer großen Sache beizutragen pflegen. Ich bedauerte, daß Lloyd so vieles vorweg genommen hatte, was mir als Ergebnis meiner eigenen Bemühung wertvoll war, und erst in zweiter Instanz konnte ich mich über die unerwartete Bestätigung freuen. An einem entscheidenden Punkte trennen sich allerdings unsere Wege.

Lloyd hat zuerst bemerkt, daß die gewöhnlichen Beschreibungen der Figur unrichtig sind, daß Moses nicht im Begriffe ist, aufzustehen,[2] daß die rechte Hand nicht in den Bart greift, daß nur deren Zeigefinger noch auf dem Barte ruht.[3] Er hat auch,

---

[1] W. Watkiss Lloyd, The Moses of Michelangelo. London, Williams and Norgate, 1863.
[2] *But he is not rising or preparing to rise; the bust is fully upright, not thrown forward for the alteration of balance preparatory for such a movement . . .* (p. 10).
[3] *Such a description is altogether erroneous; the fillets of the beard are detained by the right hand, but they are not held, nor grasped, enclosed or taken hold of. They are even detained but momentarily — momentarily engaged, they are on the point of being free for disengagement* (p. 11).

was weit mehr besagen will, eingesehen, daß die dargestellte Haltung der Gestalt nur durch die Rückbeziehung auf einen früheren, nicht dargestellten, Moment aufgeklärt werden kann, und daß das Herüberziehen der linken Bartstränge nach rechts andeuten solle, die rechte Hand und die linke Hälfte des Bartes seien vorher in inniger, natürlich vermittelter Beziehung gewesen. Aber er schlägt einen anderen Weg ein, um diese mit Notwendigkeit erschlossene Nachbarschaft wieder herzustellen, er läßt nicht die Hand in den Bart gefahren, sondern den Bart bei der Hand gewesen sein. Er erklärt, man müsse sich vorstellen, „der Kopf der Statue sei einen Moment vor der plötzlichen Störung voll nach rechts gewendet gewesen über der Hand, welche damals wie jetzt die Gesetztafeln hält". Der Druck auf die Hohlhand (durch die Tafeln) läßt deren Finger sich natürlich unter den herabwallenden Locken öffnen, und die plötzliche Wendung des Kopfes nach der anderen Seite hat zur Folge, daß ein Teil der Haarsträhne für einen Augenblick von der nicht bewegten Hand zurückgehalten wird und jene Haarguirlande bildet, die als Wegspur *(„wake")* verstanden werden soll.

Von der anderen Möglichkeit einer früheren Annäherung von rechter Hand und linker Barthälfte läßt sich Lloyd durch eine Erwägung zurückhalten, welche beweist, wie nahe er an unserer Deutung vorbeigegangen ist. Es sei nicht möglich, daß der Prophet, selbst nicht in höchster Erregung, die Hand vorgestreckt haben könne, um seinen Bart so beiseite zu ziehen. In dem Falle wäre die Haltung der Finger eine ganz andere geworden, und überdies hätten infolge dieser Bewegung die Tafeln herabfallen müssen, welche nur vom Druck der rechten Hand gehalten werden, es sei denn, man mute der Gestalt, um die Tafeln auch dann noch zu erhalten, eine sehr ungeschickte Bewegung zu, deren Vorstellung eigentlich eine Entwürdigung enthalte. *(„Unless clutched by a gesture so awkward, that to imagine it is profanation.")*

Es ist leicht zu sehen, worin die Versäumnis des Autors liegt. Er hat die Auffälligkeiten des Bartes richtig als Anzeichen einer abgelaufenen Bewegung gedeutet, es aber dann unterlassen, denselben Schluß auf die nicht weniger gezwungenen Einzelheiten in der Stellung der Tafeln anzuwenden. Er verwertet nur die Anzeichen vom Bart, nicht auch die von den Tafeln, deren Stellung er als die ursprüngliche hinnimmt. So verlegt er sich den Weg zu einer Auffassung wie die unsrige, welche durch die Wertung gewisser unscheinbarer Details zu einer überraschenden Deutung der ganzen Figur und ihrer Absichten gelangt.

Wie nun aber, wenn wir uns beide auf einem Irrwege befänden? Wenn wir Einzelheiten schwer und bedeutungsvoll aufnehmen würden, die dem Künstler gleichgültig waren, die er rein willkürlich oder auf gewisse formale Anlässe hin nur eben so gestaltet hätte, wie sie sind, ohne etwas Geheimes in sie hineinzulegen? Wenn wir dem Los so vieler Interpreten verfallen wären, die deutlich zu sehen glauben, was der Künstler weder bewußt noch unbewußt schaffen gewollt hat? Darüber kann ich nicht entscheiden. Ich weiß nicht zu sagen, ob es angeht, einem Künstler wie Michelangelo, in dessen Werken soviel Gedankeninhalt nach Ausdruck ringt, eine solche naive Unbestimmtheit zuzutrauen, und ob dies gerade für die auffälligen und sonderbaren Züge der Mosesstatue annehmbar ist. Endlich darf man noch in aller Schüchternheit hinzufügen, daß sich in die Verschuldung dieser Unsicherheit der Künstler mit dem Interpreten zu teilen habe. Michelangelo ist oft genug in seinen Schöpfungen bis an die äußerste Grenze dessen, was die Kunst ausdrücken kann, gegangen; vielleicht ist es ihm auch beim Moses nicht völlig geglückt, wenn es seine Absicht war, den Sturm heftiger Erregung aus den Anzeichen erraten zu lassen, die nach seinem Ablauf in der Ruhe zurückblieben.

ZUR PSYCHOLOGIE DES GYMNASIASTEN

ZUR PSYCHOLOGIE DES GYMNASIASTEN

Man hat ein sonderbares Gefühl, wenn man in so vorgerückten Jahren noch einmal den Auftrag erhält, einen „deutschen Aufsatz" für das Gymnasium zu schreiben. Man gehorcht aber automatisch wie jener ausgediente Soldat, der auf das Kommando „Habt Acht!" die Hände an die Hosennaht anlegen und seine Päckchen zu Boden fallen lassen muß. Es ist merkwürdig, wie bereitwillig man zugesagt hat, als ob sich in dem letzten Halbjahrhundert nichts Besonderes geändert hätte. Man ist doch alt geworden seither, steht knapp vor dem sechzigsten Lebensjahr, und Körpergefühl wie Spiegel zeigen unzweideutig an, wieviel man von seinem Lebenslicht bereits heruntergebrannt hat.

Noch vor zehn Jahren etwa konnte man Momente haben, in denen man sich plötzlich wieder ganz jung fühlte. Wenn man, bereits graubärtig und mit allen Lasten einer bürgerlichen Existenz beladen, durch die Straßen der Heimatstadt ging, begegnete man unversehens dem einen oder anderen wohlerhaltenen älteren Herrn, den man fast demütig begrüßte, weil man einen seiner Gymnasiallehrer in ihm erkannt hatte. Dann aber blieb man stehen und sah ihm versonnen nach: Ist er das wirklich oder nur jemand, der ihm so täuschend ähnlich ist? Wie jugendlich sieht er doch aus und du bist selbst so alt geworden! Wie alt mag er heute wohl sein? Ist es möglich, daß diese Männer, die uns damals die Erwachsenen repräsentierten, um so weniges älter waren als wir?

Die Gegenwart war dann wie verdunkelt und die Lebensjahre von zehn bis achtzehn stiegen aus den Winkeln des Gedächtnisses empor mit ihren Ahnungen und Irrungen, ihren schmerzhaften Umbildungen und beseligenden Erfolgen, die ersten Einblicke in eine untergegangene Kulturwelt, die wenigstens mir später ein unübertroffener Trost in den Kämpfen des Lebens werden sollte, die ersten Berührungen mit den Wissenschaften, unter denen man glaubte wählen zu können, welcher man seine — sicherlich unschätzbaren — Dienste weihen würde. Und ich glaubte mich zu erinnern, daß die ganze Zeit von der Ahnung einer Aufgabe durchzogen war, die sich zuerst nur leise andeutete, bis ich sie in dem Maturitätsaufsatze in die lauten Worte kleiden konnte, ich wollte in meinem Leben zu unserem menschlichen Wissen einen Beitrag leisten.

Ich bin dann Arzt geworden, aber eigentlich doch eher Psychologe, und konnte eine neue psychologische Disziplin schaffen, die sogenannte „Psychoanalyse", welche gegenwärtig Ärzte und Forscher in nahen wie in fernen fremdsprachigen Ländern in Atem hält und zu Lob und Tadel aufregt, die des eigenen Vaterlandes natürlich am geringsten.

Als Psychoanalytiker muß ich mich mehr für affektive als für intellektuelle Vorgänge, mehr für das unbewußte als für das bewußte Seelenleben interessieren. Meine Ergriffenheit bei der Begegnung mit meinem früheren Gymnasialprofessor mahnt mich, ein erstes Bekenntnis abzulegen: Ich weiß nicht, was uns stärker in Anspruch nahm und bedeutsamer für uns wurde, die Beschäftigung mit den uns vorgetragenen Wissenschaften oder die mit den Persönlichkeiten unserer Lehrer. Jedenfalls galt den letzteren bei uns allen eine niemals aussetzende Unterströmung, und bei vielen führte der Weg zu den Wissenschaften nur über die Personen der Lehrer; manche blieben auf diesem Weg stecken und einigen ward er auf solche Weise — warum sollen wir es nicht eingestehen? — dauernd verlegt.

Wir warben um sie oder wandten uns von ihnen ab, imaginierten bei ihnen Sympathien oder Antipathien, die wahrscheinlich nicht bestanden, studierten ihre Charaktere und bildeten oder verbildeten an ihnen unsere eigenen. Sie riefen unsere stärksten Auflehnungen hervor und zwangen uns zur vollständigen Unterwerfung; wir spähten nach ihren kleinen Schwächen und waren stolz auf ihre großen Vorzüge, ihr Wissen und ihre Gerechtigkeit. Im Grunde liebten wir sie sehr, wenn sie uns irgendeine Begründung dazu gaben; ich weiß nicht, ob alle unsere Lehrer dies bemerkt haben.

Aber es ist nicht zu leugnen, wir waren in einer ganz besonderen Weise
gegen sie eingestellt, in einer Weise, die ihre Unbequemlichkeiten für die
Betroffenen haben mochte. Wir waren von vornherein gleich geneigt zur
Liebe wie zum Haß, zur Kritik wie zur Verehrung gegen sie. Die Psychoanalyse nennt eine solche Bereitschaft zu gegensätzlichem Verhalten eine
ambivalente; sie ist auch nicht verlegen, die Quelle einer solchen Gefühlsambivalenz nachzuweisen.

Sie hat uns nämlich gelehrt, daß die für das spätere Verhalten des
Individuums so überaus wichtigen Affekteinstellungen gegen andere Personen
in ungeahnt früher Zeit fertig gemacht werden. Schon in den ersten sechs
Jahren der Kindheit hat der kleine Mensch die Art und den Affektton
seiner Beziehungen zu Personen des nämlichen und des anderen Geschlechts
festgelegt, er kann sie von da an entwickeln und nach bestimmten Richtungen umwandeln, aber nicht mehr aufheben. Die Personen, an welche er
sich in solcher Weise fixiert, sind seine Eltern und Geschwister. Alle
Menschen, die er später kennen lernt, werden ihm zu Ersatzpersonen dieser
ersten Gefühlsobjekte (etwa noch der Pflegepersonen neben den Eltern)
und ordnen sich für ihn in Reihen an, die von den „Imagines", wie wir
sagen, des Vaters, der Mutter, der Geschwister usw. ausgehen. Diese späteren
Bekanntschaften haben also eine Art von Gefühlserbschaft zu übernehmen,
sie stoßen auf Sympathien und Antipathien, zu deren Erwerbung sie selbst
nur wenig beigetragen haben; alle spätere Freundschafts- und Liebeswahl
erfolgt auf Grund von Erinnerungsspuren, welche jene ersten Vorbilder
hinterlassen haben.

Von den Imagines einer gewöhnlich nicht mehr im Gedächtnis bewahrten
Kindheit ist aber keine für den Jüngling und Mann bedeutungsvoller als
die seines Vaters. Organische Notwendigkeit hat in dies Verhältnis eine
Gefühlsambivalenz eingeführt, als deren ergreifendsten Ausdruck wir den
griechischen Mythus vom König Ödipus erfassen können. Der kleine Knabe
muß seinen Vater lieben und bewundern, er scheint ihm das stärkste,
gütigste und weiseste aller Geschöpfe; ist doch Gott selbst nur eine Erhöhung dieses Vaterbildes, wie es sich dem frühkindlichen Seelenleben darstellt. Aber sehr bald tritt die andere Seite dieser Gefühlsrelation hervor.
Der Vater wird auch als der übermächtige Störer des eigenen Trieblebens
erkannt, er wird zum Vorbild, das man nicht nur nachahmen, sondern
auch beseitigen will, um seine Stelle selbst einzunehmen. Die zärtliche
und die feindselige Regung gegen den Vater bestehen nun nebeneinander
fort, oft durch das ganze Leben hindurch, ohne daß die eine die andere

aufheben könnte. In einem solchen Nebeneinander der Gegensätze liegt der Charakter dessen, was wir eine Gefühlsambivalenz heißen.

In der zweiten Hälfte der Kindheit bereitet sich eine Veränderung dieses Verhältnisses zum Vater vor, deren Bedeutung man sich nicht großartig genug vorstellen kann. Der Knabe beginnt aus seiner Kinderstube in die reale Welt draußen zu schauen, und nun muß er die Entdeckungen machen, welche seine ursprüngliche Hochschätzung des Vaters untergraben und seine Ablösung von diesem ersten Ideal befördern. Er findet, daß der Vater nicht mehr der Mächtigste, Weiseste, Reichste ist, er wird mit ihm unzufrieden, lernt ihn kritisieren und sozial einordnen und läßt ihn dann gewöhnlich schwer für die Enttäuschung büßen, die jener ihm bereitet hat. Alles Hoffnungsvolle, aber auch alles Anstößige, was die neue Generation auszeichnet, hat diese Ablösung vom Vater zur Bedingung.

In diese Phase der Entwicklung des jungen Menschen fällt sein Zusammentreffen mit den Lehrern. Wir verstehen jetzt unser Verhältnis zu unseren Gymnasialprofessoren. Diese Männer, die nicht einmal alle selbst Väter waren, wurden uns zum Vaterersatz. Darum kamen sie uns, auch wenn sie noch sehr jung waren, so gereift, so unerreichbar erwachsen vor. Wir übertrugen auf sie den Respekt und die Erwartungen von dem allwissenden Vater unserer Kindheitsjahre und dann begannen wir, sie zu behandeln wie unsere Väter zu Hause. Wir brachten ihnen die Ambivalenz entgegen, die wir in der Familie erworben hatten, und mit Hilfe dieser Einstellung rangen wir mit ihnen, wie wir mit unseren leiblichen Vätern zu ringen gewohnt waren. Ohne Rücksicht auf die Kinderstube und das Familienhaus wäre unser Benehmen gegen unsere Lehrer nicht zu verstehen, aber auch nicht zu entschuldigen.

Noch andere und kaum weniger wichtige Erlebnisse hatten wir als Gymnasiasten mit den Nachfahren unserer Geschwister, mit unseren Kameraden, aber diese sollen auf einem anderen Blatt beschrieben werden. Das Jubiläum der Schule hält unsere Gedanken bei den Lehrern fest.

TRIEBE UND TRIEBSCHICKSALE

TRIEBE UND TRIEBSCHICKSALE

Wir haben oftmals die Forderung vertreten gehört, daß eine Wissenschaft über klaren und scharf definierten Grundbegriffen aufgebaut sein soll. In Wirklichkeit beginnt keine Wissenschaft mit solchen Definitionen, auch die exaktesten nicht. Der richtige Anfang der wissenschaftlichen Tätigkeit besteht vielmehr in der Beschreibung von Erscheinungen, die dann weiterhin gruppiert, angeordnet und in Zusammenhänge eingetragen werden. Schon bei der Beschreibung kann man es nicht vermeiden, gewisse abstrakte Ideen auf das Material anzuwenden, die man irgendwoher, gewiß nicht aus der neuen Erfahrung allein, herbeiholt. Noch unentbehrlicher sind solche Ideen — die späteren Grundbegriffe der Wissenschaft — bei der weiteren Verarbeitung des Stoffes. Sie müssen zunächst ein gewisses Maß von Unbestimmtheit an sich tragen; von einer klaren Umzeichnung ihres Inhaltes kann keine Rede sein. Solange sie sich in diesem Zustande befinden, verständigt man sich über ihre Bedeutung durch den wiederholten Hinweis auf das Erfahrungsmaterial, dem sie entnommen scheinen, das aber in Wirklichkeit ihnen unterworfen wird. Sie haben also strenge genommen den Charakter von Konventionen, wobei aber alles darauf ankommt, daß sie doch nicht willkürlich gewählt werden, sondern durch bedeutsame Beziehungen zum empirischen Stoffe bestimmt sind, die man zu erraten vermeint, noch ehe man sie erkennen und nachweisen kann. Erst nach gründlicherer Erforschung des betreffenden Erscheinungsgebietes kann man auch dessen wissenschaftliche Grundbegriffe schärfer erfassen und sie fortschreitend so abändern, daß sie in großem Umfange brauchbar und dabei durchaus widerspruchsfrei werden. Dann mag es auch an der Zeit sein, sie in Definitionen zu bannen. Der Fortschritt der Erkenntnis duldet aber auch keine Starrheit der Definitionen. Wie das Beispiel der Physik in glänzender Weise lehrt, erfahren auch die in Definitionen festgelegten „Grundbegriffe" einen stetigen Inhaltswandel.

Ein solcher konventioneller, vorläufig noch ziemlich dunkler Grundbegriff, den wir aber in der Psychologie nicht entbehren können, ist der des Triebes. Versuchen wir es, ihn von verschiedenen Seiten her mit Inhalt zu erfüllen.

Zunächst von seiten der Physiologie. Diese hat uns den Begriff des Reizes und das Reflexschema gegeben, demzufolge ein von außen her an das lebende Gewebe (der Nervensubstanz) gebrachter Reiz durch Aktion nach außen abgeführt wird. Diese Aktion wird dadurch zweckmäßig, daß sie die gereizte Substanz der Einwirkung des Reizes entzieht, aus dem Bereich der Reizwirkung entrückt.

Wie verhält sich nun der „Trieb" zum „Reiz"? Es hindert uns nichts, den Begriff des Triebes unter den des Reizes zu subsummieren: der Trieb sei ein Reiz für das Psychische. Aber wir werden sofort davor gewarnt, Trieb und psychischen Reiz gleichzusetzen. Es gibt offenbar für das Psychische noch andere Reize als die Triebreize, solche, die sich den physiologischen Reizen weit ähnlicher benehmen. Wenn z. B. ein starkes Licht auf das Auge fällt, so ist das kein Triebreiz; wohl aber, wenn sich die Austrocknung der Schlundschleimhaut fühlbar macht oder die Anätzung der Magenschleimhaut.[1]

Wir haben nun Material für die Unterscheidung von Triebreiz und anderem (physiologischem) Reiz, der auf das Seelische einwirkt, gewonnen. Erstens: Der Triebreiz stammt nicht aus

---

[1] **Vorausgesetzt** nämlich, daß diese inneren Vorgänge die organischen Grundlagen der Bedürfnisse Durst und Hunger sind.

der Außenwelt, sondern aus dem Innern des Organismus selbst. Er wirkt darum auch anders auf das Seelische und erfordert zu seiner Beseitigung andere Aktionen. Ferner: Alles für den Reiz Wesentliche ist gegeben, wenn wir annehmen, er wirke wie ein einmaliger Stoß; er kann dann auch durch eine einmalige zweckmäßige Aktion erledigt werden, als deren Typus die motorische Flucht vor der Reizquelle hinzustellen ist. Natürlich können sich diese Stöße auch wiederholen und summieren, aber das ändert nichts an der Auffassung des Vorganges und an den Bedingungen der Reizaufhebung. Der Trieb hingegen wirkt nie wie eine momentane Stoßkraft, sondern immer wie eine konstante Kraft. Da er nicht von außen, sondern vom Körperinnern her angreift, kann auch keine Flucht gegen ihn nützen. Wir heißen den Triebreiz besser „Bedürfnis"; was dieses Bedürfnis aufhebt, ist die „Befriedigung". Sie kann nur durch eine zielgerechte (adäquate) Veränderung der inneren Reizquelle gewonnen werden.

Stellen wir uns auf den Standpunkt eines fast völlig hilflosen, in der Welt noch unorientierten Lebewesens, welches Reize in seiner Nervensubstanz auffängt. Dies Wesen wird sehr bald in die Lage kommen, eine erste Unterscheidung zu machen und eine erste Orientierung zu gewinnen. Es wird einerseits Reize verspüren, denen es sich durch eine Muskelaktion (Flucht) entziehen kann, diese Reize rechnet es zu einer Außenwelt; anderseits aber auch noch Reize, gegen welche eine solche Aktion nutzlos bleibt, die trotzdem ihren konstant drängenden Charakter behalten; diese Reize sind das Kennzeichen einer Innenwelt, der Beweis für Triebbedürfnisse. Die wahrnehmende Substanz des Lebewesens wird so an der Wirksamkeit ihrer Muskeltätigkeit einen Anhaltspunkt gewonnen haben, um ein „außen" von einem „innen" zu scheiden.

Wir finden also das Wesen des Triebes zunächst in seinen Hauptcharakteren, der Herkunft von Reizquellen im Innern des Organismus, dem Auftreten als konstante Kraft, und leiten davon eines seiner weiteren Merkmale, seine Unbezwingbarkeit durch Fluchtaktionen ab. Während dieser Erörterungen mußte uns aber etwas auffallen, was uns ein weiteres Eingeständnis abnötigt. Wir bringen nicht nur gewisse Konventionen als Grundbegriffe an unser Erfahrungsmaterial heran, sondern bedienen uns auch mancher komplizierter Voraussetzungen, um uns bei der Bearbeitung der psychologischen Erscheinungswelt leiten zu lassen. Die wichtigste dieser Voraussetzungen haben wir bereits angeführt; es erübrigt uns nur noch, sie ausdrücklich hervorzuheben. Sie ist biologischer Natur, arbeitet mit dem Begriff der Tendenz (eventuell der Zweckmäßigkeit) und lautet: Das Nervensystem ist ein Apparat, dem die Funktion erteilt ist, die anlangenden Reize wieder zu beseitigen, auf möglichst niedriges Niveau herabzusetzen, oder der, wenn es nur möglich wäre, sich überhaupt reizlos erhalten wollte. Nehmen wir an der Unbestimmtheit dieser Idee vorläufig keinen Anstoß und geben wir dem Nervensystem die Aufgabe — allgemein gesprochen: der Reizbewältigung. Wir sehen dann, wie sehr die Einführung der Triebe das einfache physiologische Reflexschema kompliziert. Die äußeren Reize stellen nur die eine Aufgabe, sich ihnen zu entziehen, dies geschieht dann durch Muskelbewegungen, von denen endlich eine das Ziel erreicht und dann als die zweckmäßige zur erblichen Disposition wird. Die im Innern des Organismus entstehenden Triebreize sind durch diesen Mechanismus nicht zu erledigen. Sie stellen also weit höhere Anforderungen an das Nervensystem, veranlassen es zu verwickelten, ineinander greifenden Tätigkeiten, welche die Außenwelt so weit verändern, daß sie der inneren Reizquelle die Befriedigung bietet, und nötigen es vor allem, auf seine ideale Absicht der Reizfernhaltung zu verzichten, da sie eine unvermeidliche kontinuierliche Reizzufuhr unterhalten. Wir dürfen also wohl schließen, daß sie, die Triebe, und nicht die äußeren Reize, die eigentlichen Motoren der Fortschritte sind, welche das so unendlich leistungsfähige Nervensystem auf seine gegenwärtige Entwicklungshöhe gebracht haben. Natürlich steht nichts der Annahme im Wege, daß die Triebe selbst, wenigstens zum Teil, Niederschläge äußerer Reizwirkungen sind, welche im Laufe der Phylogenese auf die lebende Substanz verändernd einwirkten. Wenn wir dann finden, daß die Tätigkeit auch der höchstentwickelten Seelenapparate dem Lustprinzip unterliegt, d. h. durch Empfindungen der Lust-Unlustreihe automatisch reguliert wird, so können wir die weitere Voraussetzung schwerlich abweisen, daß diese Empfindungen die Art, wie die Reizbewältigung vor sich geht, wiedergeben. Sicherlich in dem Sinne, daß die Unlustempfindung mit Steigerung, die Lustempfindung mit Herabsetzung des Reizes zu tun hat. Die weitgehende Unbestimmtheit dieser Annahme wollen wir aber sorgfältig festhalten, bis es uns etwa gelingt, die Art der Beziehung zwischen Lust-Unlust und den Schwankungen der auf das Seelenleben wirkenden Reizgrößen zu erraten. Es sind gewiß sehr mannigfache und nicht sehr einfache solcher Beziehungen möglich.

Wenden wir uns nun von der biologischen Seite her der Betrachtung des Seelenlebens zu, so erscheint uns der „Trieb" als ein Grenzbegriff zwischen Seelischem und Somatischem, als psychischer Repräsentant der aus dem Körperinnern stammenden, in die Seele gelangenden Reize, als ein Maß der Arbeitsanforderung, die dem Seelischen infolge seines Zusammenhanges mit dem Körperlichen auferlegt ist.

Wir können nun einige Termini diskutieren, welche im Zusammenhang mit dem Begriffe Trieb gebraucht werden, wie: Drang, Ziel, Objekt, Quelle des Triebes.

Unter dem Drange eines Triebes versteht man dessen motorisches Moment, die Summe von Kraft oder das Maß von Arbeitsanforderung, das er repräsentiert. Der Charakter des Drängenden ist eine allgemeine Eigenschaft der Triebe, ja das Wesen derselben. Jeder Trieb ist ein Stück Aktivität; wenn man lässigerweise von passiven Trieben spricht, kann man nichts anderes meinen als Triebe mit passivem Ziele.

Das Ziel eines Triebes ist allemal die Befriedigung, die nur durch Aufhebung des Reizzustandes an der Triebquelle erreicht werden kann. Aber wenn auch dies Endziel für jeden Trieb unveränderlich bleibt, so können doch verschiedene Wege zum gleichen Endziel führen, so daß sich mannigfache nähere oder intermediäre Ziele für einen Trieb ergeben können, die miteinander kombiniert oder gegeneinander vertauscht werden. Die Erfahrung gestattet uns auch, von „zielgehemmten" Trieben zu sprechen bei Vorgängen, die ein Stück weit in der Richtung der Triebbefriedigung zugelassen werden, dann aber eine Hemmung oder Ablenkung erfahren. Es ist anzunehmen, daß auch mit solchen Vorgängen eine partielle Befriedigung verbunden ist.

Das Objekt des Triebes ist dasjenige, an welchem oder durch welches der Trieb sein Ziel erreichen kann. Es ist das variabelste am Triebe, nicht ursprünglich mit ihm verknüpft, sondern ihm nur infolge seiner Eignung zur Ermöglichung der Befriedigung zugeordnet. Es ist nicht notwendig ein fremder Gegenstand, sondern ebensowohl ein Teil des eigenen Körpers. Es kann im Laufe der Lebensschicksale des Triebes beliebig oft gewechselt werden; dieser Verschiebung des Triebes fallen die bedeutsamsten Rollen zu. Es kann der Fall vorkommen, daß dasselbe Objekt gleichzeitig mehreren Trieben zur Befriedigung dient, nach Alfred Adler der Fall der Triebverschränkung. Eine besonders innige Bindung des Triebes an das Objekt wird als Fixierung desselben hervorgehoben. Sie vollzieht sich oft in sehr frühen Perioden der Triebentwicklung und macht der Beweglichkeit des Triebes ein Ende, indem sie der Lösung intensiv widerstrebt.

Unter der Quelle des Triebes versteht man jenen somatischen Vorgang in einem Organ oder Körperteil, dessen Reiz im Seelenleben durch den Trieb repräsentiert ist. Es ist unbekannt, ob dieser Vorgang regelmäßig chemischer Natur ist oder auch der

Entbindung anderer, z. B. mechanischer Kräfte entsprechen kann. Das Studium der Triebquellen gehört der Psychologie nicht mehr an; obwohl die Herkunft aus der somatischen Quelle das schlechtweg Entscheidende für den Trieb ist, wird er uns im Seelenleben doch nicht anders als durch seine Ziele bekannt. Die genauere Erkenntnis der Triebquellen ist für die Zwecke der psychologischen Forschung nicht durchwegs erforderlich. Manchmal ist der Rückschluß aus den Zielen des Triebes auf dessen Quellen gesichert.

Soll man annehmen, daß die verschiedenen aus dem Körperlichen stammenden, auf das Seelische wirkenden Triebe auch durch verschiedene Qualitäten ausgezeichnet sind und darum in qualitativ verschiedener Art sich im Seelenleben benehmen? Es scheint nicht gerechtfertigt; man reicht vielmehr mit der einfacheren Annahme aus, daß die Triebe alle qualitativ gleichartig sind und ihre Wirkung nur den Erregungsgrößen, die sie führen, verdanken, vielleicht noch gewissen Funktionen dieser Quantität. Was die psychischen Leistungen der einzelnen Triebe von einander unterscheidet, läßt sich auf die Verschiedenheit der Triebquellen zurückführen. Es kann allerdings erst in einem späteren Zusammenhange klargelegt werden, was das Problem der Triebqualität bedeutet.

Welche Triebe darf man aufstellen und wie viele? Dabei ist offenbar der Willkür ein weiter Spielraum gelassen. Man kann nichts dagegen einwenden, wenn jemand den Begriff eines Spieltriebes, Destruktionstriebes, Geselligkeitstriebes in Anwendung bringt, wo der Gegenstand es fordert und die Beschränkung der psychologischen Analyse es zuläßt. Man sollte aber die Frage nicht außer acht lassen, ob diese einerseits so sehr spezialisierten Triebmotive nicht eine weitere Zerlegung in der Richtung nach den Triebquellen gestatten, so daß nur die weiter nicht zerlegbaren Urtriebe eine Bedeutung beanspruchen können.

Ich habe vorgeschlagen, von solchen Urtrieben zwei Gruppen zu unterscheiden, die der Ich- oder Selbsterhaltungstriebe und die der **Sexualtriebe**. Dieser Aufstellung kommt aber nicht die Bedeutung einer notwendigen Voraussetzung zu, wie z. B. der Annahme über die biologische Tendenz des seelischen Apparates (s. o.); sie ist eine bloße Hilfskonstruktion, die nicht länger festgehalten werden soll, als sie sich nützlich erweist, und deren Ersetzung durch eine andere an den Ergebnissen unserer beschreibenden und ordnenden Arbeit wenig ändern wird. Der Anlaß zu dieser Aufstellung hat sich aus der Entwicklungsgeschichte der Psychoanalyse ergeben, welche die Psychoneurosen, und zwar die als „Übertragungsneurosen" zu bezeichnende Gruppe derselben (Hysterie und Zwangsneurose) zum ersten Objekt nahm und an ihnen zur Einsicht gelangte, daß ein Konflikt zwischen den Ansprüchen der Sexualität und denen des Ichs an der Wurzel jeder solchen Affektion zu finden sei. Es ist immerhin möglich, daß ein eindringendes Studium der anderen neurotischen Affektionen (vor allem der narzißtischen Psychoneurosen: der Schizophrenien) zu einer Abänderung dieser Formel und somit zu einer anderen Gruppierung der Urtriebe nötigen wird. Aber gegenwärtig kennen wir diese neue Formel nicht und haben auch noch kein Argument gefunden, welches der Gegenüberstellung von Ich- und Sexualtrieben ungünstig wäre.

Es ist mir überhaupt zweifelhaft, ob es möglich sein wird, auf Grund der Bearbeitung des psychologischen Materials entscheidende Winke zur Scheidung und Klassifizierung der Triebe zu gewinnen. Es erscheint vielmehr notwendig, zum Zwecke dieser Bearbeitung bestimmte Annahmen über das Triebleben an das Material heranzubringen, und es wäre wünschenswert, daß man diese Annahmen einem anderen Gebiete entnehmen könnte, um sie auf die Psychologie zu übertragen. Was die Biologie hiefür leistet, läuft der Sonderung von Ich- und Sexualtrieben gewiß nicht zuwider. Die Biologie lehrt, daß die Sexualität nicht gleichzustellen ist den anderen Funktionen des Individuums, da ihre Tendenzen über das Individuum hinausgehen und die Produktion neuer Individuen, also die Erhaltung der Art, zum Inhalt haben. Sie zeigt uns ferner, daß zwei Auffassungen des Verhältnisses zwischen Ich und Sexualität wie gleichberechtigt nebeneinander stehen, die eine, nach welcher das Individuum die Hauptsache ist und die Sexualität als eine seiner Betätigungen, die Sexualbefriedigung als eines seiner Bedürfnisse wertet, und eine andere, derzufolge das Individuum ein zeitweiliger und vergänglicher Anhang an das quasi unsterbliche Keimplasma ist, welches ihm von der Generation anvertraut wurde. Die Annahme, daß sich die Sexualfunktion durch einen besonderen Chemismus von den anderen Körpervorgängen scheidet, bildet, soviel ich weiß, auch eine Voraussetzung der Ehrlichschen biologischen Forschung.

Da das Studium des Trieblebens vom Bewußtsein her kaum übersteigbare Schwierigkeiten bietet, bleibt die psychoanalytische Erforschung der Seelenstörungen die Hauptquelle unserer Kenntnis. Ihrem Entwicklungsgang entsprechend hat uns aber die Psychoanalyse bisher nur über die Sexualtriebe einigermaßen befriedigende Auskünfte bringen können, weil sie gerade nur diese Triebgruppe an den Psychoneurosen wie isoliert beobachten konnte. Mit der Ausdehnung der Psychoanalyse auf die anderen neurotischen Affektionen wird gewiß auch unsere Kenntnis der Ichtriebe begründet werden, obwohl es vermessen erscheint, auf diesem weiteren Forschungsgebiete ähnlich günstige Bedingungen für die Beobachtung zu erwarten.

Zu einer allgemeinen Charakteristik der Sexualtriebe kann man folgendes aussagen: Sie sind zahlreich, entstammen vielfältigen organischen Quellen, betätigen sich zunächst unabhängig voneinander und werden erst spät zu einer mehr oder minder vollkommenen Synthese zusammengefaßt. Das Ziel, das jeder von ihnen anstrebt, ist die Erreichung der Organlust; erst nach vollzogener Synthese treten sie in den Dienst der Fortpflanzungsfunktion, womit sie dann als Sexualtriebe allgemein kenntlich werden. Bei ihrem ersten Auftreten lehnen sie sich zuerst an die Erhaltungstriebe an, von denen sie sich erst allmählich ablösen, folgen auch bei der Objektfindung den Wegen, die ihnen die Ichtriebe weisen. Ein Anteil von ihnen bleibt den Ichtrieben zeitlebens gesellt und stattet diese mit libidinösen Komponenten aus, welche während der normalen Funktion leicht übersehen und erst durch die Erkrankung klargelegt werden. Sie sind dadurch ausgezeichnet, daß sie in großem Ausmaße vikariierend für einander eintreten und leicht ihre Objekte wechseln können. Infolge der letztgenannten Eigenschaften sind sie zu Leistungen befähigt, die weitab von ihren ursprünglichen Zielhandlungen liegen. (Sublimierung.)

Die Untersuchung, welche Schicksale Triebe im Laufe der Entwicklung und des Lebens erfahren können, werden wir auf die uns besser bekannten Sexualtriebe einschränken müssen. Die Beobachtung lehrt uns als solche Triebschicksale folgende kennen:

Die Verkehrung ins Gegenteil.
Die Wendung gegen die eigene Person.
Die Verdrängung.
Die Sublimierung.

Da ich die Sublimierung hier nicht zu behandeln gedenke, die Verdrängung aber ein besonderes Kapitel beansprucht, erübrigt uns nur Beschreibung und Diskussion der beiden ersten Punkte. Mit Rücksicht auf Motive, welche einer direkten Fortsetzung der Triebe entgegenwirken, kann man die Triebschicksale auch als Arten der Abwehr gegen die Triebe darstellen.

Die Verkehrung ins Gegenteil löst sich bei näherem Zusehen in zwei verschiedene Vorgänge auf, in die Wendung eines Triebes von der Aktivität zur Passivität und in die inhaltliche Verkehrung. Beide Vorgänge sind, weil wesensverschieden, auch gesondert zu behandeln.

Beispiele für den ersteren Vorgang ergeben die Gegensatzpaare Sadismus—Masochismus und Schaulust—Exhibition. Die Verkehrung betrifft nur die Ziele des Triebes; für das aktive

Ziel: quälen, beschauen, wird das passive: gequält werden, beschaut werden eingesetzt. Die inhaltliche Verkehrung findet sich in dem einen Falle der Verwandlung des Liebens in ein Hassen. Die Wendung gegen die eigene Person wird uns durch die Erwägung nahegelegt, daß der Masochismus ja ein gegen das eigene Ich gewendeter Sadismus ist, die Exhibition das Beschauen des eigenen Körpers mit einschließt. Die analytische Beobachtung läßt auch keinen Zweifel daran bestehen, daß der Masochist das Wüten gegen seine Person, der Exhibitionist das Entblößen derselben mitgenießt. Das Wesentliche an dem Vorgang ist also der Wechsel des Objektes bei ungeändertem Ziel.

Es kann uns indes nicht entgehen, daß Wendung gegen die eigene Person und Wendung von der Aktivität zur Passivität in diesen Beispielen zusammentreffen oder zusammenfallen. Zur Klarstellung der Beziehungen wird eine gründlichere Untersuchung unerläßlich.

Beim Gegensatzpaar Sadismus—Masochismus kann man den Vorgang folgendermaßen darstellen:

a) Der Sadismus besteht in Gewalttätigkeit, Machtbetätigung gegen eine andere Person als Objekt.

b) Dieses Objekt wird aufgegeben und durch die eigene Person ersetzt. Mit der Wendung gegen die eigene Person ist auch die Verwandlung des aktiven Triebzieles in ein passives vollzogen.

c) Es wird neuerdings eine fremde Person als Objekt gesucht, welche infolge der eingetretenen Zielverwandlung die Rolle des Subjekts übernehmen muß.

Fall *c* ist der des gemeinhin so genannten Masochismus. Die Befriedigung erfolgt auch bei ihm auf dem Wege des ursprünglichen Sadismus, indem sich das passive Ich phantastisch in seine frühere Stelle versetzt, die jetzt dem fremden Subjekt überlassen ist. Ob es auch eine direktere masochistische Befriedigung gibt, ist durchaus zweifelhaft. Ein ursprünglicher Masochismus, der nicht auf die beschriebene Art aus dem Sadismus entstanden wäre, scheint nicht vorzukommen.¹ Daß die Annahme der Stufe *b* nicht überflüssig ist, geht wohl aus dem Verhalten des sadistischen Triebes bei der Zwangsneurose hervor. Hier findet sich die Wendung gegen die eigene Person ohne die Passivität gegen eine neue. Die Verwandlung geht nur bis zur Stufe *b*. Aus der Quälsucht wird Selbstquälerei, Selbstbestrafung, nicht Masochismus. Das aktive Verbum wandelt sich nicht in das Passivum, sondern in ein reflexives Medium.

Die Auffassung des Sadismus wird auch durch den Umstand beeinträchtigt, daß dieser Trieb neben seinem allgemeinen Ziel (vielleicht besser: innerhalb desselben) eine ganz spezielle Zielhandlung anzustreben scheint. Neben der Demütigung, Überwältigung, die Zufügung von Schmerzen. Nun scheint die Psychoanalyse zu zeigen, daß das Schmerzzufügen unter den ursprünglichen Zielhandlungen des Triebes keine Rolle spielt. Das sadistische Kind zieht die Zufügung von Schmerzen nicht in Betracht und beabsichtigt sie nicht. Wenn sich aber einmal die Umwandlung in Masochismus vollzogen hat, eignen sich die Schmerzen sehr wohl, ein passives masochistisches Ziel abzugeben, denn wir haben allen Grund anzunehmen, daß auch die Schmerz- wie andere Unlustempfindungen auf die Sexualerregung übergreifen und einen lustvollen Zustand erzeugen, um dessentwillen man sich auch die Unlust des Schmerzes gefallen lassen kann. Ist das Empfinden von Schmerzen einmal ein masochistisches Ziel geworden, so kann sich rückgreifend auch das sadistische Ziel, Schmerzen zuzufügen, ergeben, die man, während man sie anderen erzeugt, selbst masochistisch in der Identifizierung mit dem leidenden Objekt genießt. Natürlich genießt man in beiden Fällen nicht den Schmerz selbst, sondern die ihn begleitende Sexualerregung, und dies dann als Sadist besonders bequem. Das Schmerzgenießen wäre also ein ursprünglich masochistisches Ziel, das aber nur beim ursprünglich Sadistischen zum Triebziele werden kann.

---

1) [*Zusatz 1924:*] In späteren Arbeiten (siehe: **Das ökonomische Problem des Masochismus**, 1924; Bd. XIII dieser Ausgabe) habe ich im Zusammenhang mit Problemen des Trieblebens mich zu einer gegenteiligen Auffassung bekannt.

Der Vollständigkeit zuliebe füge ich an, daß das Mitleid nicht als ein Ergebnis der Triebverwandlung beim Sadismus beschrieben werden kann, sondern die Auffassung einer Reaktionsbildung gegen den Trieb (über den Unterschied s. später) erfordert.

Etwas andere und einfachere Ergebnisse liefert die Untersuchung eines anderen Gegensatzpaares, der Triebe, die das Schauen und sich Zeigen zum Ziele haben. (Voyeur und Exhibitionist in der Sprache der Perversionen). Auch hier kann man die nämlichen Stufen aufstellen wie im vorigen Falle: *a)* Das Schauen als Aktivität gegen ein fremdes Objekt gerichtet; *b)* das Aufgeben des Objektes, die Wendung des Schautriebes gegen einen Teil des eigenen Körpers, damit die Verkehrung in Passivität und die Aufstellung des neuen Zieles: beschaut zu werden; *c)* die Einsetzung eines neuen Subjektes, dem man sich zeigt, um von ihm beschaut zu werden. Es ist auch kaum zweifelhaft, daß das aktive Ziel früher auftritt als das passive, das Schauen dem Beschautwerden vorangeht. Aber eine bedeutsame Abweichung vom Falle des Sadismus liegt darin, daß beim Schautrieb eine noch frühere Stufe als die mit *a* bezeichnete zu erkennen ist. Der Schautrieb ist nämlich zu Anfang seiner Betätigung autoerotisch, er hat wohl ein Objekt, aber er findet es am eigenen Körper. Erst späterhin wird er dazu geleitet (auf dem Wege der Vergleichung), dies Objekt mit einem analogen des fremden Körpers zu vertauschen (Stufe *a*). Diese Vorstufe ist nun dadurch interessant, daß aus ihr die beiden Situationen des resultierenden Gegensatzpaares hervorgehen, je nachdem der Wechsel an der einen oder anderen Stelle vorgenommen wird. Das Schema für den Schautrieb könnte lauten:

α) Selbst ein Sexualglied beschauen = Sexualglied von eigener Person beschaut werden

β) Selbst fremdes Objekt beschauen
   (aktive Schaulust)

γ) Eigenes Objekt von fremder
   Person beschaut werden.
   (Zeigelust, Exhibition).

Eine solche Vorstufe fehlt dem Sadismus, der sich von vornherein auf ein fremdes Objekt richtet, obwohl es nicht gerade widersinnig wäre, sie aus den Bemühungen des Kindes, das seiner eigenen Glieder Herr werden will, zu konstruieren.[1] Für beide hier betrachteten Triebbeispiele gilt die Bemerkung, daß die Triebverwandlung durch Verkehrung der Aktivität in Passivität und Wendung gegen die eigene Person eigentlich niemals am ganzen Betrag der Triebregung vorgenommen wird. Die ältere aktive Triebrichtung bleibt in gewissem Ausmaße neben der jüngeren passiven bestehen, auch wenn der Prozeß der Triebumwandlung sehr ausgiebig ausgefallen ist. Die einzig richtige Aussage über den Schautrieb müßte lauten, daß alle Entwicklungsstufen des Triebes, die autoerotische Vorstufe wie die aktive und passive Endgestaltung nebeneinander bestehen bleiben, und diese Behauptung wird evident, wenn man anstatt der Triebhandlungen den Mechanismus der Befriedigung zur Grundlage seines Urteiles nimmt. Vielleicht ist übrigens noch eine andere Auffassungs- und Darlegungsweise gerechtfertigt. Man kann sich jedes Triebleben in einzelne zeitlich geschiedene und innerhalb der (beliebigen) Zeiteinheit gleichartige Schübe zerlegen, die sich etwa zueinander verhalten wie sukzessive Lavaeruptionen. Dann kann man sich etwa vorstellen, die erste und ursprünglichste Trieberuption setze sich ungeändert fort und erfahre überhaupt keine Entwicklung. Ein nächster Schub unterliege von Anfang an einer Veränderung, etwa der Wendung zur Passivität, und addiere sich nun mit diesem neuen Charakter zum früheren hinzu usw. Überblickt man dann die Triebregung von ihrem Anfang an bis zu einem gewissen Haltepunkt, so muß die beschriebene Sukzession der Schübe das Bild einer bestimmten Entwicklung des Triebes ergeben.

Die Tatsache, daß zu jener späteren Zeit der Entwicklung neben einer Triebregung ihr (passiver) Gegensatz zu beobachten

---
[1] Siehe Anmerkung auf Seite 221.

ist, verdient die Hervorhebung durch den trefflichen, von Bleuler eingeführten Namen: **Ambivalenz**.

Die Triebentwicklung wäre unserem Verständnis durch den Hinweis auf die Entwicklungsgeschichte des Triebes und die Permanenz der Zwischenstufen nahe gerückt. Das Ausmaß der nachweisbaren Ambivalenz wechselt erfahrungsgemäß in hohem Grade bei Individuen, Menschengruppen oder Rassen. Eine ausgiebige Triebambivalenz bei einem heute Lebenden kann als archaisches Erbteil aufgefaßt werden, da wir Grund zur Annahme haben, der Anteil der unverwandelten aktiven Regungen am Triebleben sei in Urzeiten größer gewesen als durchschnittlich heute.

Wir haben uns daran gewöhnt, die frühe Entwicklungsphase des Ichs, während welcher dessen Sexualtriebe sich autoerotisch befriedigen, **Narzißmus** zu heißen, ohne zunächst die Beziehung zwischen Autoerotismus und Narzißmus in Diskussion zu ziehen. Dann müssen wir von der Vorstufe des Schautriebes, auf der die Schaulust den eigenen Körper zum Objekt hat, sagen, sie gehöre dem Narzißmus an, sei eine narzißtische Bildung. Aus ihr entwickelt sich der aktive Schautrieb, indem er den Narzißmus verläßt, der passive Schautrieb halte aber das narzißtische Objekt fest. Ebenso bedeute die Umwandlung des Sadismus in Masochismus eine Rückkehr zum narzißtischen Objekt, während in beiden Fällen das narzißtische Subjekt durch Identifizierung mit einem anderen fremden Ich vertauscht wird. Mit Rücksichtnahme auf die konstruierte narzißtische Vorstufe des Sadismus nähern wir uns so der allgemeineren Einsicht, daß die **Triebschicksale der Wendung gegen das eigene Ich und der Verkehrung von Aktivität in Passivität** von der narzißtischen Organisation des Ichs abhängig sind und den Stempel dieser **Phase** an sich tragen. Sie entsprechen vielleicht den Abwehrversuchen, die auf höheren Stufen der Ichentwicklung mit anderen Mitteln durchgeführt werden.

Wir besinnen uns hier, daß wir bisher nur die zwei Triebgegensatzpaare: Sadismus—Masochismus und Schaulust—Zeigelust in Erörterung gezogen haben. Es sind dies die bestbekannten ambivalent auftretenden Sexualtriebe. Die anderen Komponenten der späteren Sexualfunktion sind der Analyse noch nicht genug zugänglich geworden, um sie in ähnlicher Weise diskutieren zu können. Wir können von ihnen allgemein aussagen, daß sie sich autoerotisch betätigen, d. h., ihr Objekt verschwindet gegen das Organ, das ihre Quelle ist, und fällt in der Regel mit diesem zusammen. Das Objekt des Schautriebes, obwohl auch zuerst ein Teil des eigenen Körpers, ist doch nicht das Auge selbst, und beim Sadismus weist die Organquelle, wahrscheinlich die aktionsfähige Muskulatur, direkt auf ein anderes Objekt, sei es auch am eigenen Körper hin. Bei den autoerotischen Trieben ist die Rolle der Organquelle so ausschlaggebend, daß nach einer ansprechenden Vermutung von P. Federn und L. Jekels[1] Form und Funktion des Organs über die Aktivität und Passivität des Triebzieles entscheiden.

Die Verwandlung eines Triebes in sein (materielles) Gegenteil wird nur in einem Falle beobachtet, bei der Umsetzung von Liebe in Haß. Da diese beiden besonders häufig gleichzeitig auf dasselbe Objekt gerichtet vorkommen, ergibt diese Koexistenz auch das bedeutsamste Beispiel einer Gefühlsambivalenz.

Der Fall von Liebe und Haß erwirbt ein besonderes Interesse durch den Umstand, daß er der Einreihung in unsere Darstellung der Triebe widerstrebt. Man kann an der innigsten Beziehung zwischen diesen beiden Gefühlsgegensätzen und dem Sexualleben nicht zweifeln, muß sich aber natürlich dagegen sträuben, das Lieben etwa als einen besonderen Partialtrieb der Sexualität wie die anderen aufzufassen. Man möchte eher das Lieben als den Ausdruck der ganzen Sexualstrebung ansehen,

---

[1] Intern. Zeitschrift für Psychoanalyse, I, 1915.

kommt aber auch damit nicht zurecht und weiß nicht, wie man ein materielles Gegenteil dieser Strebung verstehen soll.

Das Lieben ist nicht nur eines, sondern dreier Gegensätze fähig. Außer dem Gegensatz: lieben—hassen gibt es den anderen: lieben—geliebt werden, und überdies setzen sich lieben und hassen zusammengenommen dem Zustande der Indifferenz oder Gleichgültigkeit entgegen. Von diesen drei Gegensätzen entspricht der zweite, der von lieben—geliebt werden, durchaus der Wendung von der Aktivität zur Passivität und läßt auch die nämliche Zurückführung auf eine Grundsituation wie beim Schautrieb zu. Diese heißt: sich selbst lieben, was für uns die Charakteristik des Narzißmus ist. Je nachdem nun das Objekt oder das Subjekt gegen ein fremdes vertauscht wird, ergibt sich die aktive Zielstrebung des Liebens oder die passive des Geliebtwerdens, von denen die letztere dem Narzißmus nahe verbleibt.

Vielleicht kommt man dem Verständnis der mehrfachen Gegenteile des Liebens näher, wenn man sich besinnt, daß das seelische Leben überhaupt von drei Polaritäten beherrscht wird, den Gegensätzen von:
Subjekt (Ich)—Objekt (Außenwelt).
Lust—Unlust.
Aktiv—Passiv.

Der Gegensatz von Ich—Nicht-Ich (Außen), (Subjekt—Objekt), wird dem Einzelwesen, wie wir bereits erwähnt haben, frühzeitig aufgedrängt durch die Erfahrung, daß es Außenreize durch seine Muskelaktion zum Schweigen bringen kann, gegen Triebreize aber wehrlos ist. Er bleibt vor allem in der intellektuellen Betätigung souverän und schafft die Grundsituation für die Forschung, die durch kein Bemühen abgeändert werden kann. Die Polarität von Lust—Unlust haftet an einer Empfindungsreihe, deren unübertroffene Bedeutung für die Entscheidung unserer Aktionen (Wille) bereits betont worden ist. Der Gegensatz von Aktiv—

Passiv ist nicht mit dem von Ich-Subjekt—Außen-Objekt zu verwechseln. Das Ich verhält sich passiv gegen die Außenwelt, insoweit es Reize von ihr empfängt, aktiv, wenn es auf dieselben reagiert. Zu ganz besonderer Aktivität gegen die Außenwelt wird es durch seine Triebe gezwungen, so daß man unter Hervorhebung des Wesentlichen sagen könnte: Das Ich-Subjekt sei passiv gegen die äußeren Reize, aktiv durch seine eigenen Triebe. Der Gegensatz Aktiv—Passiv verschmilzt späterhin mit dem von Männlich—Weiblich, der, ehe dies geschehen ist, keine psychologische Bedeutung hat. Die Verlötung der Aktivität mit der Männlichkeit, der Passivität mit der Weiblichkeit tritt uns nämlich als biologische Tatsache entgegen; sie ist aber keineswegs so regelmäßig durchgreifend und ausschließlich, wie wir anzunehmen geneigt sind.

Die drei seelischen Polaritäten gehen die bedeutsamsten Verknüpfungen miteinander ein. Es gibt eine psychische Ursituation, in welcher zwei derselben zusammentreffen. Das Ich findet sich ursprünglich, zu allem Anfang des Seelenlebens, triebbesetzt und zum Teil fähig, seine Triebe an sich selbst zu befriedigen. Wir heißen diesen Zustand den des Narzißmus, die Befriedigungsmöglichkeit die autoerotische.[1] Die Außenwelt ist derzeit nicht mit Interesse (allgemein gesprochen) besetzt und für die Befriedigung gleichgültig. Es fällt also um diese Zeit das Ich-Subjekt mit dem Lustvollen, die Außenwelt mit dem Gleichgültigen (eventuell als Reizquelle Unlustvollen) zusammen. Definieren wir zunächst das Lieben als die Relation des Ichs zu seinen Lust-

---

[1] Ein Anteil der Sexualtriebe ist, wie wir wissen, dieser autoerotischen Befriedigung fähig, eignet sich also zum Träger der nachstehend geschilderten Entwicklung unter der Herrschaft des Lustprinzips. Die Sexualtriebe, welche von vornherein ein Objekt fordern, und die autoerotisch niemals zu befriedigenden Bedürfnisse der Ichtriebe stören natürlich diesen Zustand und bereiten die Fortschritte vor. Ja, der narzißtische Urzustand könnte nicht jene Entwicklung nehmen, wenn nicht jedes Einzelwesen eine Periode von Hilflosigkeit und Pflege durchmachte, während dessen seine drängenden Bedürfnisse durch Dazutun von Außen befriedigt und somit von der Entwicklung abgehalten würden.

quellen, so erläutert die Situation, in der es nur sich selbst liebt und gegen die Welt gleichgültig ist, die erste der Gegensatzbeziehungen, in denen wir das „Lieben" gefunden haben.

Das Ich bedarf der Außenwelt nicht, insofern es autoerotisch ist, es bekommt aber Objekte aus ihr infolge der Erlebnisse der Icherhaltungstriebe und kann doch nicht umhin, innere Triebreize als unlustvoll für eine Zeit zu verspüren. Unter der Herrschaft des Lustprinzips vollzieht sich nun in ihm eine weitere Entwicklung. Es nimmt die dargebotenen Objekte, insofern sie Lustquellen sind, in sein Ich auf, introjiziert sich dieselben (nach dem Ausdrucke Ferenczis) und stößt anderseits von sich aus, was ihm im eigenen Innern Unlustanlaß wird. (Siehe später den Mechanismus der Projektion.)

Es wandelt sich so aus dem anfänglichen Real-Ich, welches Innen und Außen nach einem guten objektiven Kennzeichen unterschieden hat, in ein purifiziertes Lust-Ich, welches den Lustcharakter über jeden anderen setzt. Die Außenwelt zerfällt ihm in einen Lustanteil, den es sich einverleibt hat, und einen Rest, der ihm fremd ist. Aus dem eigenen Ich hat es einen Bestandteil ausgesondert, den es in die Außenwelt wirft und als feindlich empfindet. Nach dieser Umordnung ist die Deckung der beiden Polaritäten

Ich-Subjekt — mit Lust

Außenwelt — mit Unlust (von früher her Indifferenz) wieder hergestellt.

Mit dem Eintreten des Objekts in die Stufe des primären Narzißmus erreicht auch der zweite Gegensinn des Liebens, das Hassen, seine Ausbildung.

Das Objekt wird dem Ich, wie wir gehört haben, zuerst von den Selbsterhaltungstrieben aus der Außenwelt gebracht, und es ist nicht abzuweisen, daß auch der ursprüngliche Sinn des Hassens die Relation gegen die fremde und reizzuführende Außenwelt bedeutet. Die Indifferenz ordnet sich dem Haß, der Abneigung, als Spezialfall ein, nachdem sie zuerst als dessen Vorläufer aufgetreten ist. Das Äußere, das Objekt, das Gehaßte wären zu allem Anfang identisch. Erweist sich späterhin das Objekt als Lustquelle, so wird es geliebt, aber auch dem Ich einverleibt, so daß für das purifizierte Lust-Ich das Objekt doch wiederum mit dem Fremden und Gehaßten zusammenfällt.

Wir merken aber jetzt auch, wie das Gegensatzpaar Liebe—Indifferenz die Polarität Ich—Außenwelt spiegelt, so reproduziert der zweite Gegensatz Liebe—Haß die mit der ersteren verknüpfte Polarität von Lust—Unlust. Nach der Ablösung der rein narzißtischen Stufe durch die Objektstufe bedeuten Lust und Unlust Relationen des Ichs zum Objekt. Wenn das Objekt die Quelle von Lustempfindungen wird, so stellt sich eine motorische Tendenz heraus, welche dasselbe dem Ich annähern, ins Ich einverleiben will; wir sprechen dann auch von der „Anziehung", die das lustspendende Objekt ausübt, und sagen, daß wir das Objekt „lieben". Umgekehrt, wenn das Objekt Quelle von Unlustempfindungen ist, bestrebt sich eine Tendenz, die Distanz zwischen ihm und dem Ich zu vergrößern, den ursprünglichen Fluchtversuch vor der reizausschickenden Außenwelt an ihm zu wiederholen. Wir empfinden die „Abstoßung" des Objekts und hassen es; dieser Haß kann sich dann zur Aggressionsneigung gegen das Objekt, zur Absicht, es zu vernichten, steigern.

Man könnte zur Not von einem Trieb aussagen, daß er das Objekt „liebt", nach dem er zu seiner Befriedigung strebt. Daß ein Trieb ein Objekt „haßt", klingt uns aber befremdend, so daß wir aufmerksam werden, die Beziehungen Liebe und Haß seien nicht für die Relationen der Triebe zu ihren Objekten verwendbar, sondern für die Relation des Gesamt-Ichs zu den Objekten reserviert. Die Beobachtung des gewiß sinnvollen Sprachgebrauches zeigt uns aber eine weitere Einschränkung in der Bedeutung von Liebe und Haß. Von den Objekten, welche der Icherhaltung dienen, sagt man nicht aus, daß man sie liebt, sondern betont, daß man ihrer bedarf, und gibt etwa einem Zusatz von andersartiger Relation Ausdruck, indem man Worte gebraucht, die ein sehr abgeschwächtes Lieben andeuten, wie: gerne haben, gerne sehen, angenehm finden.

Das Wort „lieben" rückt also immer mehr in die Sphäre der reinen Lustbeziehung des Ichs zum Objekt und fixiert sich schließlich an die Sexualobjekte im engeren Sinne und an solche Objekte, welche die Bedürfnisse sublimierter Sexualtriebe befriedigen. Die Scheidung der Ichtriebe von den Sexualtrieben, welche wir unserer Psychologie aufgedrängt haben, erweist sich so als konform mit dem Geiste unserer Sprache. Wenn wir nicht gewohnt sind zu sagen, der einzelne Sexualtrieb liebe sein Objekt, aber die adäquateste Verwendung des Wortes „lieben" in der Beziehung des Ichs zu seinem Sexualobjekt finden, so lehrt uns diese Beobachtung, daß dessen Verwendbarkeit in dieser Relation erst mit der Synthese aller Partialtriebe der Sexualität unter dem Primat der Genitalien und im Dienste der Fortpflanzungsfunktion beginnt.

Es ist bemerkenswert, daß im Gebrauche des Wortes „hassen" keine so innige Beziehung zur Sexuallust und Sexualfunktion zum Vorschein kommt, sondern die Unlustrelation die einzig entscheidende scheint. Das Ich haßt, verabscheut, verfolgt mit Zerstörungsabsichten alle Objekte, die ihm zur Quelle von Unlustempfindungen werden, gleichgültig ob sie ihm eine Versagung sexueller Befriedigung oder der Befriedigung von Erhaltungsbedürfnissen bedeuten. Ja, man kann behaupten, daß die richtigen Vorbilder für die Haßrelation nicht aus dem Sexualleben, sondern aus dem Ringen des Ichs um seine Erhaltung und Behauptung stammen.

Liebe und Haß, die sich uns als volle materielle Gegensätze vorstellen, stehen also doch in keiner einfachen Beziehung zueinander. Sie sind nicht aus der Spaltung eines Urgemeinsamen hervorgegangen, sondern haben verschiedene Ursprünge und haben ein jedes seine eigene Entwicklung durchgemacht, bevor sie sich unter dem Einfluß der Lust-Unlustrelation zu Gegensätzen formiert haben. Es erwächst uns hier die Aufgabe, zusammenzustellen, was wir von der Genese von Liebe und Haß wissen.

Die Liebe stammt von der Fähigkeit des Ichs, einen Anteil seiner Triebregungen autoerotisch, durch die Gewinnung von Organlust zu befriedigen. Sie ist ursprünglich narzißtisch, übergeht dann auf die Objekte, die dem erweiterten Ich einverleibt worden sind, und drückt das motorische Streben des Ichs nach diesen Objekten als Lustquellen aus. Sie verknüpft sich innig mit der Betätigung der späteren Sexualtriebe und fällt, wenn deren Synthese vollzogen ist, mit dem Ganzen der Sexualstrebung zusammen. Vorstufen des Liebens ergeben sich als vorläufige Sexualziele, während die Sexualtriebe ihre komplizierte Entwicklung durchlaufen. Als erste derselben erkennen wir das sich Einverleiben oder Fressen, eine Art der Liebe, welche mit der Aufhebung der Sonderexistenz des Objekts vereinbar ist, also als ambivalent bezeichnet werden kann. Auf der höheren Stufe der prägenitalen sadistisch-analen Organisation tritt das Streben nach dem Objekt in der Form des Bemächtigungsdranges auf, dem die Schädigung oder Vernichtung des Objekts gleichgültig ist. Diese Form und Vorstufe der Liebe ist in ihrem Verhalten gegen das Objekt vom Haß kaum zu unterscheiden. Erst mit der Herstellung der Genitalorganisation ist die Liebe zum Gegensatz vom Haß geworden.

Der Haß ist als Relation zum Objekt älter als die Liebe, er entspringt der uranfänglichen .Ablehnung der reizspendenden Außenwelt von seiten des narzißtischen Ichs. Als Äußerung der durch Objekte hervorgerufenen Unlustreaktion bleibt er immer in inniger Beziehung zu den Trieben der Icherhaltung, so daß Ichtriebe und Sexualtriebe leicht in einen Gegensatz geraten können, der den von Hassen und Lieben wiederholt. Wenn die Ichtriebe die Sexualfunktion beherrschen wie auf der Stufe der sadistisch-analen Organisation, so leihen sie auch dem Triebziel die Charaktere des Hasses.

Die Entstehungs- und Beziehungsgeschichte der Liebe macht es uns verständlich, daß sie so häufig „ambivalent", d. h. in Begleitung von Haßregungen gegen das nämliche Objekt auftritt. Der der Liebe beigemengte Haß rührt zum Teil von den nicht völlig überwundenen Vorstufen des Liebens her, zum anderen Teil begründet er sich durch Ablehnungsreaktionen der Ichtriebe, die sich bei den häufigen Konflikten zwischen Ich- und Liebesinteressen auf reale und aktuelle Motive berufen können. In beiden Fällen geht also der beigemengte Haß auf die Quelle der Icherhaltungstriebe zurück. Wenn die Liebesbeziehung zu einem bestimmten Objekt abgebrochen wird, so tritt nicht selten Haß an deren Stelle, woraus wir den Eindruck einer Verwandlung der Liebe in Haß empfangen. Über diese Deskription hinaus führt dann die Auffassung, daß dabei der real motivierte Haß durch die Regression des Liebens auf die sadistische Vorstufe verstärkt wird, so daß das Hassen einen erotischen Charakter erhält und die Kontinuität einer Liebesbeziehung gewährleistet wird.

Die dritte Gegensätzlichkeit des Liebens, die Verwandlung des Liebens in ein Geliebtwerden entspricht der Einwirkung der Polarität von Aktivität und Passivität und unterliegt derselben Beurteilung wie die Fälle des Schautriebes und des Sadismus. Wir dürfen zusammenfassend hervorheben, die Triebschicksale bestehen im wesentlichen darin, daß die Triebregungen den Einflüssen der drei großen das Seelenleben beherrschenden Polaritäten unterzogen werden. Von diesen drei Polaritäten könnte man die der Aktivität—Passivität als die biologische, die Ich-Außenwelt als die reale, endlich die von Lust—Unlust als die ökonomische bezeichnen.

Das Triebschicksal der Verdrängung wird den Gegenstand einer anschließenden Untersuchung bilden.

MITTEILUNG EINES DER PSYCHOANALYTISCHEN THEORIE WIDERSPRECHENDEN FALLES VON PARANOIA

MITTEILUNG EINES DER PSYCHOANALYTISCHEN THEORIE WIDERSPRECHENDEN FALLES VON PARANOIA

Vor Jahren ersuchte mich ein bekannter Rechtsanwalt um Begutachtung eines Falles, dessen Auffassung ihm zweifelhaft erschien. Eine junge Dame hatte sich an ihn gewendet, um Schutz gegen die Verfolgungen eines Mannes zu finden, der sie zu einem Liebesverhältnis bewogen hatte. Sie behauptete, daß dieser Mann ihre Gefügigkeit mißbraucht hatte, um von ungesehenen Zuschauern photographische Aufnahmen ihres zärtlichen Beisammenseins herstellen zu lassen; nun läge es in seiner Hand, sie durch das Zeigen dieser Bilder zu beschämen und zum Aufgeben ihrer Stellung zu zwingen. Der Rechtsfreund war erfahren genug, das krankhafte Gepräge dieser Anklage zu erkennen, meinte aber, es komme so viel im Leben vor, was man für unglaubwürdig halten möchte, daß ihm das Urteil eines Psychiaters über die Sache wertvoll wäre. Er versprach, mich ein nächstes Mal in Gesellschaft der Klägerin zu besuchen.

Ehe ich meinen Bericht fortsetze, will ich bekennen, daß ich das Milieu der zu untersuchenden Begebenheit zur Unkenntlichkeit verändert habe, aber auch nichts anderes als dies. Ich halte es sonst für einen Mißbrauch, aus irgend welchen, wenn auch aus den besten Motiven, Züge einer Krankengeschichte in der Mitteilung zu entstellen, da man unmöglich wissen kann, welche Seite des Falles ein selbständig urteilender Leser herausgreifen wird, und somit Gefahr läuft, diesen letzteren in die Irre zu führen.

Die Patientin, die ich nun bald darauf kennen lernte, war ein dreißigjähriges Mädchen von ungewöhnlicher Anmut und Schönheit; sie schien viel jünger zu sein, als sie angab, und machte einen echt weiblichen Eindruck. Gegen den Arzt benahm sie sich voll ablehnend und gab sich keine Mühe, ihr Mißtrauen zu verbergen. Offenbar nur unter dem Drucke des mitanwesenden Rechtsfreundes erzählte sie die folgende Geschichte, die mir ein später zu erwähnendes Problem aufgab. Ihre Mienen und Affektäußerungen verrieten dabei nichts von einer schamhaften Befangenheit, wie sie der Einstellung zu dem fremden Zuhörer entsprochen hätte. Sie stand ausschließlich unter dem Banne der Besorgnis, die sich aus ihrem Erlebnis ergeben hatte.

Sie war jahrelang Angestellte in einem großen Institut gewesen, in dem sie einen verantwortlichen Posten zur eigenen Befriedigung und zur Zufriedenheit der Vorgesetzten innehatte. Liebesbeziehungen zu Männern hatte sie nie gesucht; sie lebte ruhig neben einer alten Mutter, deren einzige Stütze sie war. Geschwister fehlten, der Vater war vor vielen Jahren gestorben. In der letzten Zeit hatte sich ein männlicher Beamter desselben Bureaus ihr genähert, ein sehr gebildeter, einnehmender Mann, dem auch sie ihre Sympathie nicht versagen konnte. Eine Heirat zwischen ihnen war durch äußere Verhältnisse ausgeschlossen, aber der Mann wollte nichts davon wissen, dieser Unmöglichkeit wegen den Verkehr aufzugeben. Er hielt ihr vor, wie unsinnig es sei, wegen sozialer Konventionen auf alles zu verzichten, was sie sich beide wünschten, worauf sie ein unzweifelhaftes Anrecht hätten, und was wie nichts anderes zur Erhöhung des Lebens beitrüge. Da er versprochen hatte, sie nicht in Gefahr zu bringen, willigte sie endlich ein, ihn in seiner Junggesellenwohnung bei Tage zu besuchen. Dort kam es nun zu Küssen und Umarmungen, sie lagerten sich nebeneinander, er bewunderte ihre zum Teil enthüllte Schönheit. Mitten in dieser Schäferstunde wurde sie durch ein einmaliges Geräusch wie ein Pochen oder Ticken erschreckt. Es kam von der Gegend des Schreibtisches her, welcher schräg vor dem Fenster stand; der Zwischenraum zwischen Tisch und Fenster war zum Teil von einem schweren Vorhang eingenommen. Sie erzählte, daß sie den Freund sofort nach der Bedeutung des Geräusches gefragt und von ihm die Auskunft bekommen hatte, es rühre wahrscheinlich von der kleinen, auf dem Schreibtisch befindlichen Stehuhr her; ich werde mir aber die Freiheit nehmen, zu diesem Teil ihres Berichts später eine Bemerkung zu machen.

Als sie das Haus verließ, traf sie noch auf der Treppe mit zwei Männern zusammen, die bei ihrem Anblick einander etwas zuflüsterten. Einer der beiden Unbekannten trug einen verhüllten Gegenstand wie ein Kästchen. Die Begegnung beschäftigte ihre Gedanken; noch auf dem Heimwege bildete sie die Kombination, dies Kästchen könnte leicht ein photographischer Apparat gewesen sein, der Mann, der es trug, ein Photograph, der während ihrer Anwesenheit im Zimmer hinter dem Vorhang versteckt geblieben war, und das Ticken, das sie gehört, das Geräusch des Abdrückens, nachdem der Mann die besonders verfängliche Situation herausgefunden, die er im Bilde festhalten wollte. Ihr Argwohn gegen den Geliebten war von da an nicht mehr zum Schweigen zu bringen; sie verfolgte ihn mündlich und schriftlich mit der Anforderung, ihr Aufklärung und Beruhigung zu geben, und mit Vorwürfen, erwies sich aber unzugänglich gegen die Versicherungen, die er ihr machte, mit denen er die Aufrichtigkeit seiner Gefühle und die Grundlosigkeit ihrer Verdächtigung vertrat. Endlich wandte sie sich an den Advokaten, erzählte ihm ihr Erlebnis und übergab ihm die Briefe, die sie in dieser

Angelegenheit von dem Verdächtigten erhalten hatte. Ich konnte später in einige dieser Briefe Einsicht nehmen; sie machten mir den besten Eindruck; ihr Hauptinhalt war das Bedauern, daß ein so schönes, zärtliches Einvernehmen durch diese „unglückselige krankhafte Idee" zerstört worden sei.

Es bedarf wohl keiner Rechtfertigung, daß ich das Urteil des Beschuldigten auch zu dem meinigen machte. Aber der Fall hatte für mich ein anderes als bloß diagnostisches Interesse. Es war in der psychoanalytischen Literatur behauptet worden, daß der Paranoiker gegen eine Verstärkung seiner homosexuellen Strebungen ankämpft, was im Grunde auf eine narzißtische Objektwahl zurückweist. Es war ferner gedeutet worden, daß der Verfolger im Grunde der Geliebte oder der ehemals Geliebte sei. Aus der Zusammensetzung beider Aufstellungen ergibt sich die Forderung, der Verfolger müsse von demselben Geschlecht sein wie der Verfolgte. Den Satz von der Bedingtheit der Paranoia durch die Homosexualität hatten wir allerdings nicht als allgemein und ausnahmslos gültig hingestellt, aber nur darum nicht, weil unsere Beobachtungen nicht genug zahlreich waren. Er gehörte sonst zu jenen, die infolge gewisser Zusammenhänge nur dann bedeutungsvoll sind, wenn sie Allgemeinheit beanspruchen können. In der psychiatrischen Literatur fehlte es gewiß nicht an Fällen, in denen sich der Kranke von Angehörigen des anderen Geschlechtes verfolgt glaubte, aber es blieb ein anderer Eindruck, von solchen Fällen zu lesen, als einen derselben selbst vor sich zu sehen. Was ich und meine Freunde hatten beobachten und analysieren können, hatte bisher die Beziehung der Paranoia zur Homosexualität ohne Schwierigkeit bestätigt. Der hier vorgeführte Fall sprach mit aller Entschiedenheit dagegen. Das Mädchen schien die Liebe zu einem Mann abzuwehren, indem sie den Geliebten unmittelbar in den Verfolger verwandelte; vom Einfluß des Weibes, von einem Sträuben gegen eine homosexuelle Bindung war nichts zu finden.

Bei dieser Sachlage war es wohl das Einfachste, die Parteinahme für eine allgemein gültige Abhängigkeit des Verfolgungswahnes von der Homosexualität und alles, was sich weiter daran knüpfte, wieder aufzugeben. Man mußte wohl auf diese Erkenntnis verzichten, wenn man sich nicht etwa durch diese Abweichung von der Erwartung bestimmen ließ, sich auf die Seite des Rechtsfreundes zu schlagen und wie er ein richtig gedeutetes Erlebnis anstatt einer paranoischen Kombination anzuerkennen. Ich sah aber einen anderen Ausweg, welcher die Entscheidung zunächst hinausschob. Ich erinnerte mich daran, wie oft man in die Lage gekommen war, psychisch Kranke falsch zu beurteilen, weil man sich nicht eindringlich genug mit ihnen beschäftigt und so zu wenig von ihnen erfahren hatte. Ich erklärte also, es sei mir unmöglich, heute ein Urteil zu äußern, und bitte sie vielmehr, mich ein zweites Mal zu besuchen, um mir die Geschichte ausführlicher und mit allen, diesmal vielleicht übergangenen, Nebenumständen zu erzählen. Durch die Vermittlung des Advokaten erreichte ich dies Zugeständnis von der sonst unwilligen Patientin; er kam mir auch durch die Erklärung zu Hilfe, daß bei dieser zweiten Unterredung seine Anwesenheit überflüssig sei.

Die zweite Erzählung der Patientin hob die frühere nicht auf, brachte aber solche Ergänzungen, daß alle Zweifel und Schwierigkeiten wegfielen. Vor allem, sie hatte den jungen Mann nicht einmal, sondern zweimal in seiner Wohnung besucht. Beim zweiten Zusammensein ereignete sich die Störung durch das Geräusch, an welches sie ihren Verdacht angeknüpft hatte; den ersten Besuch hatte sie bei der ersten Mitteilung unterschlagen, ausgelassen, weil er ihr nicht mehr bedeutsam vorkam. Bei diesem ersten Besuch hatte sich nichts Auffälliges zugetragen, wohl aber am Tage nachher. Die Abteilung des großen Unternehmens, bei welcher sie tätig war, stand unter der Leitung einer alten Dame, die sie mit den Worten beschrieb: Sie hat weiße Haare wie meine Mutter. Sie war es gewöhnt, von dieser alten Vorgesetzten sehr zärtlich behandelt, auch wohl manchmal geneckt zu werden, und hielt sich für ihren besonderen Liebling. Am Tage nach ihrem ersten Besuch bei dem jungen Beamten erschien dieser in den Geschäftsräumen, um der alten Dame etwas dienstlich mitzuteilen, und während er leise mit dieser sprach, entstand in ihr plötzlich die Gewißheit, er mache ihr Mitteilung von dem gestrigen Abenteuer, ja, er unterhalte längst ein Verhältnis mit ihr, von dem sie selbst nur bisher nichts gemerkt habe. Die weißhaarige, mütterliche Alte wisse nun alles. Im weiteren Verlaufe des Tages konnte sie aus dem Benehmen und den Äußerungen der Alten diesen ihren Verdacht bekräftigen. Sie ergriff die nächste Gelegenheit, den Geliebten wegen seines Verrates zur Rede zu stellen. Der sträubte sich natürlich energisch gegen das, was er eine unsinnige Zumutung hieß, und es gelang ihm in der Tat, sie für diesmal von ihrem Wahn abzubringen, so daß sie einige Zeit — ich glaube einige Wochen — später vertrauensvoll genug war, den Besuch in seiner Wohnung zu wiederholen. Das Weitere ist uns aus der ersten Erzählung der Patientin bekannt.

Was wir neu erfahren haben, macht zunächst dem Zweifel an der krankhaften Natur der Verdächtigung ein Ende. Unschwer erkennt man, daß die weißhaarige Vorsteherin ein Mutterersatz ist, daß der geliebte Mann trotz seiner Jugend an die Stelle des Vaters gerückt wird, und daß es die Macht des Mutterkomplexes ist, welche die Kranke zwingt, ein Liebesverhältnis zwischen den beiden ungleichen Partnern, aller Unwahrscheinlichkeit zum Trotze anzunehmen. Damit verflüchtigt sich aber auch der anscheinende Widerspruch gegen die von der psychoanalytischen Lehre genährte Erwartung, eine überstarke homosexuelle Bindung werde sich als die Bedingung zur Entwicklung eines Verfolgungswahnes herausstellen. Der ursprüngliche Verfolger, die Instanz, deren Einfluß man sich entziehen will, ist auch in diesem Falle nicht der Mann, sondern das Weib. Die Vorsteherin weiß von den Liebesbeziehungen des Mädchens, mißbilligt sie und gibt ihr diese Verurteilung durch geheimnisvolle Andeutungen zu erkennen. Die Bindung an das gleiche Geschlecht widersetzt sich den Bemühungen, ein Mitglied des anderen Geschlechts zum Liebesobjekt zu gewinnen. Die Liebe zur Mutter wird zur Wortführerin all der Strebungen, welche in der Rolle eines „Gewissens" das Mädchen bei dem ersten Schritt auf dem neuen, in vielen Hinsichten gefährlichen Weg zur normalen Sexualbefriedigung zurückhalten wollen, und sie erreicht es auch, die Beziehung zum Manne zu stören.

Wenn die Mutter die Sexualbetätigung der Tochter hemmt oder aufhält, so erfüllt sie eine normale Funktion, welche durch Kindheitsbeziehungen vorgezeichnet ist, starke, unbewußte Motivierungen besitzt und die Sanktion der Gesellschaft gefunden hat. Sache der Tochter ist es, sich von diesem Einfluß abzulösen und sich auf Grund breiter, rationeller Motivierung für ein Maß von Gestattung oder Versagung des Sexualgenusses zu entscheiden. Verfällt sie bei dem Versuch dieser Befreiung in neurotische Erkrankung, so liegt ein in der Regel überstarker, sicherlich aber unbeherrschter Mutterkomplex vor, dessen Konflikt mit der neuen libidinösen Strömung je nach der verwendbaren Disposition in der Form dieser oder jener Neurose erledigt wird. In allen Fällen werden die Erscheinungen der neurotischen Reaktion nicht durch die gegenwärtige Beziehung zur aktuellen Mutter, sondern durch die infantilen Beziehungen zum urzeitlichen Mutterbild bestimmt werden.

Von unserer Patientin wissen wir, daß sie seit langen Jahren vaterlos war, wir dürfen auch annehmen, daß sie nicht bis zum Alter von dreißig Jahren frei vom Manne geblieben wäre, wenn ihr nicht eine starke Gefühlsbindung an die Mutter eine Stütze geboten hätte. Diese Stütze wird ihr zur lästigen Fessel, da ihre Libido auf den Anruf einer eindringlichen Werbung zum Manne zu streben beginnt. Sie sucht sie abzustreifen, sich ihrer homosexuellen Bindung zu entledigen. Ihre Disposition — von der hier nicht die Rede zu sein braucht — gestattet, daß dies in der Form der paranoischen Wahnbildung vor sich gehe. Die Mutter wird also zur feindseligen, mißgünstigen Beobachterin und Verfolgerin. Sie könnte als solche überwunden werden, wenn nicht der Mutterkomplex die Macht behielte, die in seiner Absicht liegende Fernhaltung vom Manne durchzusetzen. Am Ende dieser ersten Phase des Konflikts hat sie sich also der Mutter entfremdet und dem Manne nicht angeschlossen. Beide konspirieren ja gegen sie. Da gelingt es der kräftigen Bemühung des Mannes, sie entscheidend an sich zu ziehen. Sie überwindet den Einspruch der Mutter und ist bereit, dem Geliebten eine neue Zusammenkunft zu gewähren. Die Mutter kommt in den weiteren Geschehnissen nicht mehr vor; wir dürfen aber daran festhalten, daß in dieser Phase der geliebte Mann nicht direkt zum Verfolger geworden war, sondern auf dem Wege über die Mutter und kraft seiner Beziehung zur Mutter, welcher in der ersten Wahnbildung die Hauptrolle zugefallen war.

Man sollte nun glauben, der Widerstand sei endgültig überwunden und das bisher an die Mutter gebundene Mädchen habe es erreicht, einen Mann zu lieben. Aber nach dem zweiten Beisammensein erfolgt eine neue Wahnbildung, welche es durch geschickte Benützung einiger Zufälligkeiten durchsetzt, diese Liebe zu verderben, und somit die Absicht des Mutterkomplexes erfolgreich fortführt. Es erscheint uns noch immer befremdlich, daß das Weib sich der Liebe zum Manne mit Hilfe eines paranoischen Wahnes erwehren sollte. Ehe wir aber dieses Verhältnis näher beleuchten, wollen wir den Zufälligkeiten einen Blick schenken, auf welche sich die zweite Wahnbildung, die allein gegen den Mann gerichtete, stützt.

Halb entkleidet auf dem Divan neben dem Geliebten liegend hört sie ein Geräusch wie ein Ticken, Klopfen, Pochen, dessen

Ursache sie nicht kennt, das sie aber später deutet, nachdem sie auf der Treppe des Hauses zwei Männern begegnet ist, von denen einer etwas wie ein verdecktes Kästchen trägt. Sie gewinnt die Überzeugung, daß sie im Auftrage des Geliebten während des intimen Beisammenseins belauscht und photographiert wurde. Es liegt uns natürlich fern zu denken, wenn dies unglückselige Geräusch sich nicht ereignet hätte, wäre auch die Wahnbildung nicht zustandegekommen. Wir erkennen vielmehr hinter dieser Zufälligkeit etwas Notwendiges, was sich ebenso zwanghaft durchsetzen mußte wie die Annahme eines Liebesverhältnisses zwischen dem geliebten Manne und der alten, zum Mutterersatz erkorenen Vorsteherin. Die Beobachtung des Liebesverkehres der Eltern ist ein selten vermißtes Stück aus dem Schatze unbewußter Phantasien, die man bei allen Neurotikern, wahrscheinlich bei allen Menschenkindern, durch die Analyse auffinden kann. Ich heiße diese Phantasiebildungen, die der Beobachtung des elterlichen Geschlechtsverkehres, die der Verführung, der Kastration und andere, **Urphantasien** und werde an anderer Stelle deren Herkunft sowie ihr Verhältnis zum individuellen Erleben eingehend untersuchen. Das zufällige Geräusch spielt also nur die Rolle einer Provokation, welche die typische, im Elternkomplex enthaltene Phantasie von der Belauschung aktiviert. Ja, es ist fraglich, ob wir es als ein „zufälliges" bezeichnen sollen. Wie O. Rank mir bemerkt hat, ist es vielmehr ein notwendiges Requisit der Belauschungsphantasie und wiederholt entweder das Geräusch, durch welches sich der Verkehr der Eltern verrät, oder auch das, wodurch sich das lauschende Kind zu verraten fürchtet. Nun erkennen wir aber mit einem Male, auf welchem Boden wir uns befinden. Der Geliebte ist noch immer der Vater, an Stelle der Mutter ist sie selbst getreten. Die Belauschung muß dann einer fremden Person zugeteilt werden. Es wird uns ersichtlich, auf welche Weise sie sich von der homosexuellen Abhängigkeit von der Mutter freigemacht hat. Durch ein Stückchen Regression;

anstatt die Mutter zum Liebesobjekt zu nehmen, hat sie sich mit ihr identifiziert, ist sie selbst zur Mutter geworden. Die Möglichkeit dieser Regression weist auf den narzißtischen Ursprung ihrer homosexuellen Objektwahl und somit auf die bei ihr vorhandene Disposition zur paranoischen Erkrankung hin. Man könnte einen Gedankengang entwerfen, der zu demselben Ergebnis führt wie diese Identifizierung: Wenn die Mutter das tut, darf ich es auch; ich habe dasselbe Recht wie die Mutter.

Man kann in der Aufhebung der Zufälligkeiten einen Schritt weiter gehen, ohne zu fordern, daß ihn der Leser mitmache, denn das Unterbleiben einer tieferen analytischen Untersuchung macht es in unserem Falle unmöglich, hier über eine gewisse Wahrscheinlichkeit hinauszukommen. Die Kranke hatte in unserer ersten Besprechung angegeben, daß sie sich sofort nach der Ursache des Geräusches erkundigt und die Auskunft erhalten habe, wahrscheinlich habe die auf dem Schreibtisch befindliche kleine Standuhr getickt. Ich nehme mir die Freiheit, diese Mitteilung als eine Erinnerungstäuschung aufzulösen. Es ist mir viel glaubhafter, daß sie zunächst jede Reaktion auf das Geräusch unterlassen, und daß ihr dies erst nach dem Zusammentreffen mit den beiden Männern auf der Treppe bedeutungsvoll erschienen ist. Den Erklärungsversuch aus dem Ticken der Uhr wird der Mann, der das Geräusch vielleicht überhaupt nicht gehört hatte, später einmal gewagt haben, als ihn der Argwohn des Mädchens bestürmte. „Ich weiß nicht, was du da gehört haben kannst; vielleicht hat gerade die Standuhr getickt, wie sie es manchmal tut." Solche Nachträglichkeit in der Verwertung von Eindrücken und solche Verschiebung in der Erinnerung sind gerade bei der Paranoia häufig und für sie charakteristisch. Da ich aber den Mann nie gesprochen habe und die Analyse des Mädchens nicht fortsetzen konnte, bleibt meine Annahme unbeweisbar.

Ich könnte es wagen, in der Zersetzung der angeblich realen „Zufälligkeit" noch weiter zu gehen. Ich glaube überhaupt nicht, daß die Standuhr getickt hat, oder daß ein Geräusch zu hören war. Die Situation, in der sie sich befand, rechtfertigte eine Empfindung von Pochen oder Klopfen an der Klitoris. Dies war es dann, was sie nachträglich als Wahrnehmung von einem äußeren Objekt hinausprojizierte. Ganz Ähnliches ist im Traume möglich. Eine meiner hysterischen Patientinnen berichtete einmal einen kurzen Wecktraum, zu dem sich kein Material von Einfällen ergeben wollte. Der Traum hieß: Es klopft, und sie wachte auf. Es hatte niemand an die Tür geklopft, aber sie war in den Nächten vorher durch die peinlichen Sensationen von Pollutionen geweckt worden und hatte nun ein Interesse daran, zu erwachen, sobald sich die ersten Zeichen der Genitalerregung einstellten. Es hatte an der Klitoris geklopft. Den nämlichen Projektionsvorgang möchte ich bei unserer Paranoika an die Stelle des zufälligen Geräusches setzen. Ich werde selbstverständlich nicht dafür einstehen, daß mir die Kranke bei einer flüchtigen Bekanntschaft unter allen Anzeichen eines ihr unliebsamen Zwanges einen aufrichtigen Bericht über die Vorgänge bei den beiden zärtlichen Zusammenkünften gegeben, aber die vereinzelte Klitoriskontraktion stimmt wohl zu ihrer Behauptung, daß eine Vereinigung der Genitalien dabei nicht stattgefunden habe. An der resultierenden Ablehnung des Mannes hat sicherlich neben dem „Gewissen" auch die Unbefriedigung ihren Anteil.

Wir kehren nun zu der auffälligen Tatsache zurück, daß sich die Kranke der Liebe zum Manne mit Hilfe einer paranoischen Wahnbildung erwehrt. Den Schlüssel zum Verständnis gibt die Entwicklungsgeschichte dieses Wahnes. Dieser richtete sich ursprünglich, wie wir erwarten durften, gegen das Weib, aber nun **wurde auf dem Boden der Paranoia der Fortschritt vom Weibe zum Manne als Objekt vollzogen.** Ein solcher Fortschritt ist bei der Paranoia nicht gewöhnlich; wir finden in der Regel, daß der Verfolgte an denselben Personen, also auch an demselben Geschlecht, fixiert bleibt,

dem seine Liebeswahl vor der paranoischen Umwandlung galt.
Aber er wird durch die neurotische Affektion nicht ausgeschlossen;
unsere Beobachtung dürfte für viele andere vorbildlich sein. Es
gibt außerhalb der Paranoia viele ähnliche Vorgänge, welche
bisher nicht unter diesem Gesichtspunkte zusammengefaßt worden
sind, darunter sehr allgemein bekannte. So wird z. B. der sogenannte
Neurastheniker durch seine unbewußte Bindung an
inzestuöse Liebesobjekte davon abgehalten, ein fremdes Weib
zum Objekt zu nehmen, und in seiner Sexualbetätigung auf die
Phantasie eingeschränkt. Auf dem Boden der Phantasie bringt er
aber den ihm versagten Fortschritt zustande und kann Mutter
und Schwester durch fremde Objekte ersetzen. Da bei diesen der
Einspruch der Zensur entfällt, wird ihm die Wahl dieser Ersatzpersonen
in seinen Phantasien bewußt.

Die Phänomene des versuchten Fortschrittes, von dem neuen
meist regressiv erworbenen Boden her, stellen sich den Bemühungen
zur Seite, welche bei manchen Neurosen unternommen werden,
um eine bereits innegehabte, aber verlorene Position der Libido
wieder zu gewinnen. Die beiden Reihen von Erscheinungen sind
begrifflich kaum voneinander zu trennen. Wir neigen allzusehr
zu der Auffassung, daß der Konflikt, welcher der Neurose zugrunde
liegt, mit der Symptombildung abgeschlossen sei. In
Wirklichkeit geht der Kampf vielfach auch nach der Symptombildung
weiter. Auf beiden Seiten tauchen neue Triebanteile auf,
welche ihn fortführen. Das Symptom selbst wird zum Objekt
dieses Kampfes; Strebungen, die es behaupten wollen, messen
sich mit anderen, die seine Aufhebung und die Herstellung des
früheren Zustandes durchzusetzen bemüht sind. Häufig werden
Wege gesucht, um das Symptom zu entwerten, indem man das
Verlorene und durch das Symptom Versagte von anderen Zugängen
her zu gewinnen trachtet. Diese Verhältnisse werfen ein klärendes
Licht auf eine Aufstellung von C. G. Jung, demzufolge eine
eigentümliche psychische Trägheit, die sich der Veränderung und

dem Fortschritt widersetzt, die Grundbedingung der Neurose ist. Diese Trägheit ist in der Tat sehr eigentümlich; sie ist keine allgemeine, sondern eine höchst spezialisierte, sie ist auch auf ihrem Gebiete nicht Alleinherrscherin, sondern kämpft mit Fortschritts- und Wiederherstellungstendenzen, die sich selbst nach der Symptombildung der Neurose nicht beruhigen. Spürt man dem Ausgangspunkte dieser speziellen Trägheit nach, so enthüllt sie sich als die Äußerung von sehr frühzeitig erfolgten, sehr schwer lösbaren Verknüpfungen von Trieben mit Eindrücken und den in ihnen gegebenen Objekten, durch welche die Weiterentwicklung dieser Triebanteile zum Stillstand gebracht wurde. Oder, um es anders zu sagen, diese spezialisierte „psychische Trägheit" ist nur ein anderer, kaum ein besserer, Ausdruck für das, was wir in der Psychoanalyse eine Fixierung zu nennen gewohnt sind.

DIE VERDRÄNGUNG

DIE VERDRÄNGUNG

Es kann das Schicksal einer Triebregung werden, daß sie auf Widerstände stößt, welche sie unwirksam machen wollen. Unter Bedingungen, deren nähere Untersuchung uns bevorsteht, gelangt sie dann in den Zustand der Verdrängung. Handelte es sich um die Wirkung eines äußeren Reizes, so wäre offenbar die Flucht das geeignete Mittel. Im Falle des Triebes kann die Flucht nichts nützen, denn das Ich kann sich nicht selbst entfliehen. Später einmal wird in der Urteilsverwerfung (Verurteilung) ein gutes Mittel gegen die Triebregung gefunden werden. Eine Vorstufe der Verurteilung, ein Mittelding zwischen Flucht und Verurteilung ist die Verdrängung, deren Begriff in der Zeit vor den psychoanalytischen Studien nicht aufgestellt werden konnte.

Die Möglichkeit einer Verdrängung ist theoretisch nicht leicht abzuleiten. Warum sollte eine Triebregung einem solchen Schicksal verfallen? Offenbar muß hier die Bedingung erfüllt sein, daß die Erreichung des Triebzieles Unlust an Stelle von Lust bereitet. Aber dieser Fall ist nicht gut denkbar. Solche Triebe gibt es nicht, eine Triebbefriedigung ist immer lustvoll. Es müßten besondere Verhältnisse anzunehmen sein, irgend ein Vorgang, durch den die Befriedigungslust in Unlust verwandelt wird.

Wir können zur besseren Abgrenzung der Verdrängung einige andere Triebsituationen in Erörterung ziehen. Es kann vorkommen, daß sich ein äußerer Reiz, z. B. dadurch, daß er ein Organ anätzt und zerstört, verinnerlicht und so eine neue Quelle beständiger Erregung und Spannungsvermehrung ergibt. Er erwirbt damit eine weitgehende Ähnlichkeit mit einem Trieb. Wir wissen, daß wir diesen Fall als Schmerz empfinden. Das Ziel dieses Pseudotriebes ist aber nur das Aufhören der Organveränderung und der mit ihr verbundenen Unlust. Andere, direkte Lust kann aus dem Aufhören des Schmerzes nicht gewonnen werden. Der Schmerz ist auch imperativ; er unterliegt nur noch der Einwirkung einer toxischen Aufhebung und der Beeinflussung durch psychische Ablenkung.

Der Fall des Schmerzes ist zu wenig durchsichtig, um etwas für unsere Absicht zu leisten. Nehmen wir den Fall, daß ein Triebreiz wie der Hunger unbefriedigt bleibt. Er wird dann imperativ, ist durch nichts anderes als durch die Befriedigungsaktion zu beschwichtigen, unterhält eine beständige Bedürfnisspannung. Etwas wie eine Verdrängung scheint hier auf lange hinaus nicht in Betracht zu kommen.

Der Fall der Verdrängung ist also gewiß nicht gegeben, wenn die Spannung infolge von Unbefriedigung einer Triebregung unerträglich groß wird. Was dem Organismus an Abwehrmitteln gegen diese Situation gegeben ist, muß in anderem Zusammenhang erörtert werden.

Halten wir uns lieber an die klinische Erfahrung, wie sie uns in der psychoanalytischen Praxis entgegentritt. Dann werden wir belehrt, daß die Befriedigung des der Verdrängung unterliegenden Triebes wohl möglich und daß sie auch jedesmal an sich lustvoll wäre, aber sie wäre mit anderen Ansprüchen und Vorsätzen unvereinbar; sie würde also Lust an der einen, Unlust an anderer Stelle erzeugen. Zur Bedingung der Verdrängung ist dann geworden, daß das Unlustmotiv eine stärkere Macht gewinnt als die Befriedigungslust. Wir werden ferner durch die psychoanalytische Erfahrung an den Übertragungsneurosen zu dem Schluß genötigt, daß die Verdrängung kein ursprünglich vorhandener Abwehrmechanismus ist, daß sie nicht eher entstehen kann, als bis sich eine scharfe Sonderung von bewußter und unbewußter Seelentätigkeit hergestellt hat, und daß ihr Wesen nur in der Abweisung und Fernhaltung vom Bewußten besteht. Diese Auffassung der Verdrängung würde durch die Annahme ergänzt werden, daß vor solcher Stufe der seelischen Organisation die anderen Triebschicksale wie die Verwandlung ins Gegenteil, die Wendung gegen die eigene Person, die Aufgabe der Abwehr von Triebregungen bewältigen.

Wir meinen jetzt auch, Verdrängung und Unbewußtes seien in so großem Ausmaße korrelativ, daß wir die Vertiefung in das Wesen der Verdrängung aufschieben müssen, bis wir mehr von dem Aufbau des psychischen Instanzenzuges und der Differenzierung von Unbewußt und Bewußt erfahren haben. Vorher können wir nur noch einige klinisch erkannte Charaktere der Verdrängung in rein deskriptiver Weise zusammenstellen, auf die Gefahr hin, vieles anderwärts Gesagte ungeändert zu wiederholen.

Wir haben also Grund, eine **Urverdrängung** anzunehmen, eine erste Phase der Verdrängung, die darin besteht, daß der psychischen (Vorstellungs-) Repräsentanz des Triebes die Übernahme ins Bewußte versagt wird. Mit dieser ist eine **Fixierung** gegeben; die betreffende Repräsentanz bleibt von da an unveränderlich bestehen und der Trieb an sie gebunden. Dies geschieht infolge der später zu besprechenden Eigenschaften unbewußter Vorgänge.

Die zweite Stufe der Verdrängung, die **eigentliche Verdrängung**, betrifft psychische Abkömmlinge der verdrängten Repräsentanz, oder solche Gedankenzüge, die, anderswoher stammend, in assoziative Beziehung zu ihr geraten sind. Wegen dieser Beziehung erfahren diese Vorstellungen dasselbe Schicksal wie das Urverdrängte. Die eigentliche Verdrängung ist also ein Nachdrängen. Man tut übrigens unrecht, wenn man nur die Abstoßung hervorhebt, die vom Bewußten her auf das zu Verdrängende wirkt. Es kommt ebensosehr die Anziehung in Betracht, welche das Urverdrängte auf alles ausübt, womit es sich in Verbindung setzen kann. Wahrscheinlich würde die Verdrängungstendenz ihre Absicht nicht erreichen, wenn diese Kräfte nicht zusammenwirkten, wenn es nicht ein vorher Verdrängtes gäbe, welches das vom Bewußten Abgestoßene aufzunehmen bereit wäre.

Unter dem Einfluß des Studiums der Psychoneurosen, welches uns die bedeutsamen Wirkungen der Verdrängung vorführt, werden wir geneigt, deren psychologischen Inhalt zu überschätzen, und vergessen zu leicht, daß die Verdrängung die Triebrepräsentanz nicht daran hindert, im Unbewußten fortzubestehen, sich weiter zu organisieren, Abkömmlinge zu bilden und Verbindungen anzuknüpfen. Die Verdrängung stört wirklich nur die Beziehung zu einem psychischen System, dem des Bewußten.

Die Psychoanalyse kann uns noch anderes zeigen, was für das Verständnis der Wirkungen der Verdrängung bei den Psychoneurosen bedeutsam ist. Z. B., daß die Triebrepräsentanz sich ungestörter und reichhaltiger entwickelt, wenn sie durch die Verdrängung dem bewußten Einfluß entzogen ist. Sie wuchert dann sozusagen im Dunkeln und findet extreme Ausdrucksformen, welche, wenn sie dem Neurotiker übersetzt und vorgehalten werden, ihm nicht nur fremd erscheinen müssen, sondern ihn auch durch die Vorspiegelung einer außerordentlichen und gefährlichen Triebstärke schrecken. Diese täuschende Triebstärke ist das Ergebnis einer ungehemmten Entfaltung in der Phantasie und der Aufstauung infolge versagter Befriedigung. Daß dieser letztere Erfolg an die Verdrängung geknüpft ist, weist darauf hin, worin wir ihre eigentliche Bedeutung zu suchen haben.

Indem wir aber noch zur Gegenansicht zurückkehren, stellen wir fest, es sei nicht einmal richtig, daß die Verdrängung alle Abkömmlinge des Urverdrängten vom Bewußten abhalte. Wenn sich diese weit genug von der verdrängten Repräsentanz entfernt haben, sei es durch Annahme von Entstellungen oder durch die Anzahl der eingeschobenen Mittelglieder, so steht ihnen der Zugang zum Bewußten ohne weiteres frei. Es ist, als ob der Widerstand des Bewußten gegen sie eine Funktion ihrer Entfernung vom ursprünglich Verdrängten wäre. Während der Ausübung der psychoanalytischen Technik fordern wir den Patienten unausgesetzt dazu auf, solche Abkömmlinge des Verdrängten zu produzieren, die infolge ihrer Entfernung oder Entstellung die Zensur des Bewußten passieren können. Nichts anderes sind ja die Einfälle, die wir unter Verzicht auf alle bewußten Zielvorstellungen und alle Kritik von ihm verlangen, und aus denen wir eine bewußte Übersetzung der verdrängten Repräsentanz wiederherstellen. Wir beobachten dabei, daß der Patient eine solche Einfallsreihe fortspinnen kann, bis er in ihrem Ablauf auf eine Gedankenbildung stößt, bei welcher die Beziehung zum Verdrängten so intensiv durchwirkt, daß er seinen Verdrängungsversuch wiederholen muß. Auch die neurotischen Symptome müssen der obigen Bedingung genügt haben, denn sie sind Abkömmlinge des Verdrängten, welches sich mittels dieser Bildungen den ihm versagten Zugang zum Bewußtsein endlich erkämpft hat.

Wie weit die Entstellung und Entfernung vom Verdrängten gehen muß, bis der Widerstand des Bewußten aufgehoben ist, läßt sich allgemein nicht angeben. Es findet dabei eine feine Abwägung statt, deren Spiel uns verdeckt ist, deren Wirkungsweise uns aber erraten läßt, es handle sich darum, vor einer bestimmten Intensität der Besetzung des Unbewußten haltzumachen, mit' deren Überschreitung es zur Befriedigung durchdringen würde. Die Verdrängung arbeitet also höchst individuell; jeder einzelne Abkömmling des Verdrängten kann sein besonderes Schicksal haben; ein wenig mehr oder weniger von Entstellung macht, daß der ganze Erfolg umschlägt. In demselben Zusammenhang ist auch zu begreifen, daß die bevorzugten Objekte der Menschen, ihre Ideale, aus denselben Wahrnehmungen und Erlebnissen stammen wie die von ihnen am meisten verabscheuten, und sich ursprünglich nur durch geringe Modifikationen voneinander unterscheiden. Ja, es kann, wie wir's bei der Entstehung des Fetisch gefunden haben, die ursprüngliche Triebrepräsentanz in zwei Stücke zerlegt worden sein, von denen das eine der Verdrängung verfiel, während der Rest, gerade wegen dieser innigen Verknüpftheit, das Schicksal der Idealisierung erfuhr.

Dasselbe, was ein Mehr oder Weniger an Entstellung leistet, kann auch sozusagen am anderen Ende des Apparates durch eine Modifikation in den Bedingungen der Lust-Unlustproduktion erzielt werden. Es sind besondere Techniken ausgebildet worden, deren Absicht dahin geht, solche Veränderungen des psychischen Kräftespieles herbeizuführen, daß dasselbe, was sonst Unlust erzeugt, auch einmal lustbringend wird, und so oft solch ein technisches Mittel in Aktion tritt, wird die Verdrängung für eine sonst abgewiesene Triebrepräsentanz aufgehoben. Diese Techniken sind bisher nur für den Witz genauer verfolgt worden. In der Regel ist die Aufhebung der Verdrängung nur eine vorübergehende; sie wird alsbald wiederhergestellt.

Erfahrungen dieser Art reichen aber hin, uns auf weitere Charaktere der Verdrängung aufmerksam zu machen. Sie ist nicht nur, wie eben ausgeführt, individuell, sondern auch im hohen Grade mobil. Man darf sich den Verdrängungsvorgang nicht wie ein einmaliges Geschehen mit Dauererfolg vorstellen, etwa wie wenn man etwas Lebendes erschlagen hat, was von da an tot ist; sondern die Verdrängung erfordert einen anhaltenden Kraftaufwand, mit dessen Unterlassung ihr Erfolg in Frage gestellt wäre, so daß ein neuerlicher Verdrängungsakt notwendig würde. Wir dürfen uns vorstellen, daß das Verdrängte einen kontinuierlichen Druck in der Richtung zum Bewußten hin ausübt, dem durch unausgesetzten Gegendruck das Gleichgewicht gehalten werden muß. Die Erhaltung einer Verdrängung setzt also eine beständige Kraftausgabe voraus und ihre Aufhebung bedeutet ökonomisch eine Ersparung. Die Mobilität der Verdrängung findet übrigens auch einen Ausdruck in den psychischen Charakteren des Schlafzustandes, welcher allein die Traumbildung ermöglicht. Mit dem Erwachen werden die eingezogenen Verdrängungsbesetzungen wieder ausgeschickt.

Wir dürfen endlich nicht vergessen, daß wir von einer Triebregung erst sehr wenig ausgesagt haben, wenn wir feststellen, sie sei eine verdrängte. Sie kann sich unbeschadet der Verdrängung in sehr verschiedenen Zuständen befinden, inaktiv sein, d. h. sehr wenig mit psychischer Energie besetzt, oder in wechselndem Grade besetzt und damit zur Aktivität befähigt. Ihre Aktivierung wird zwar nicht die Folge haben, daß sie die Verdrängung direkt aufhebt, wohl aber alle die Vorgänge anregen, welche mit dem Durchdringen zum Bewußtsein auf Umwegen einen Abschluß finden. Bei unverdrängten Abkömmlingen des Unbewußten entscheidet oft das Ausmaß der Aktivierung oder Besetzung über das Schicksal der einzelnen Vorstellung. Es ist ein alltägliches Vorkommnis, daß ein solcher Abkömmling unverdrängt bleibt, solange er eine geringe Energie repräsentiert, obwohl sein Inhalt geeignet wäre, einen Konflikt mit dem bewußt Herrschenden zu ergeben. Das quantitative Moment zeigt sich aber als entscheidend für den Konflikt; sobald die im Grunde anstößige Vorstellung sich über ein gewisses Maß verstärkt, wird der Konflikt aktuell und gerade die Aktivierung zieht die Verdrängung nach sich. Zunahme der Energiebesetzung wirkt also in Sachen der Verdrängung gleichsinnig wie Annäherung an das Unbewußte, Abnahme derselben wie Entfernung davon oder Entstellung. Wir verstehen, daß die verdrängenden Tendenzen in der Abschwächung des Unliebsamen einen Ersatz für dessen Verdrängung finden können.

In den bisherigen Erörterungen behandelten wir die Verdrängung einer Triebrepräsentanz und verstanden unter einer solchen eine Vorstellung oder Vorstellungsgruppe, welche vom Trieb her mit einem bestimmten Betrag von psychischer Energie

(Libido, Interesse) besetzt ist. Die klinische Beobachtung nötigt uns nun zu zerlegen, was wir bisher einheitlich aufgefaßt hatten, denn sie zeigt uns, daß etwas anderes, was den Trieb repräsentiert, neben der Vorstellung in Betracht kommt, und daß dieses andere ein Verdrängungsschicksal erfährt, welches von dem der Vorstellung ganz verschieden sein kann. Für dieses andere Element der psychischen Repräsentanz hat sich der Name **Affektbetrag** eingebürgert; es entspricht dem Triebe, insofern er sich von der Vorstellung abgelöst hat und einen seiner Quantität gemäßen Ausdruck in Vorgängen findet, welche als Affekte der Empfindung bemerkbar werden. Wir werden von nun an, wenn wir einen Fall von Verdrängung beschreiben, gesondert verfolgen müssen, was durch die Verdrängung aus der Vorstellung und was aus der an ihr haftenden Triebenergie geworden ist.

Gern würden wir über beiderlei Schicksale etwas allgemeines aussagen wollen. Dies wird uns auch nach einiger Orientierung möglich. Das allgemeine Schicksal der den Trieb repräsentierenden Vorstellung kann nicht leicht etwas anderes sein, als daß sie aus dem Bewußten verschwindet, wenn sie früher bewußt war, oder vom Bewußtsein abgehalten wird, wenn sie im Begriffe war, bewußt zu werden. Der Unterschied ist nicht mehr bedeutsam; er kommt etwa darauf hinaus, ob ich einen unliebsamen Gast aus meinem Salon hinausbefördere oder aus meinem Vorzimmer oder ihn, nachdem ich ihn erkannt habe, überhaupt nicht über die Schwelle der Wohnungstür treten lasse.[1] Das Schicksal des quantitativen Faktors der Triebrepräsentanz kann ein dreifaches sein, wie uns eine flüchtige Übersicht über die in der Psychoanalyse gemachten Erfahrungen lehrt: Der Trieb wird entweder ganz unterdrückt, so daß man nichts von ihm auf-

---

[1] Dieses für den Verdrängungsvorgang brauchbare Gleichnis kann auch über einen früher erwähnten Charakter der Verdrängung ausgedehnt werden. Ich brauche nur hinzuzufügen, daß ich die dem Gast verbotene Tür durch einen ständigen Wächter bewachen lassen muß, weil der Abgewiesene sie sonst aufsprengen würde. (S. o.)

findet, oder er kommt als irgendwie qualitativ gefärbter Affekt zum Vorschein, oder er wird in Angst verwandelt. Die beiden letzteren Möglichkeiten stellen uns die Aufgabe, die Umsetzung der psychischen Energien der Triebe in Affekte und ganz besonders in Angst als neues Triebschicksal ins Auge zu fassen. Wir erinnern uns, daß Motiv und Absicht der Verdrängung nichts anderes als die Vermeidung von Unlust war. Daraus folgt, daß das Schicksal des Affektbetrags der Repräsentanz bei weitem wichtiger ist als das der Vorstellung, und daß dies über die Beurteilung des Verdrängungsvorganges entscheidet. Gelingt es einer Verdrängung nicht, die Entstehung von Unlustempfindungen oder Angst zu verhüten, so dürfen wir sagen, sie sei mißglückt, wenngleich sie ihr Ziel an dem Vorstellungsanteil erreicht haben mag. Natürlich wird die mißglückte Verdrängung mehr Anspruch auf unser Interesse erheben als die etwa geglückte, die sich zumeist unserem Studium entziehen wird.

Wir wollen nun Einblick in den Mechanismus des Verdrängungsvorganges gewinnen und vor allem wissen, ob es nur einen einzigen Mechanismus der Verdrängung gibt oder mehrere, und ob vielleicht jede der Psychoneurosen durch einen ihr eigentümlichen Mechanismus der Verdrängung ausgezeichnet ist. Zu Beginn dieser Untersuchung stoßen wir aber auf Komplikationen. Der Mechanismus einer Verdrängung wird uns nur zugänglich, wenn wir aus den Erfolgen der Verdrängung auf ihn zurückschließen. Beschränken wir die Beobachtung auf die Erfolge an dem Vorstellungsanteil der Repräsentanz, so erfahren wir, daß die Verdrängung in der Regel eine Ersatzbildung schafft. Welches ist nun der Mechanismus einer solchen Ersatzbildung, oder gibt es hier auch mehrere Mechanismen zu unterscheiden? Wir wissen auch, daß die Verdrängung Symptome hinterläßt. Dürfen wir nun Ersatzbildung und Symptombildung zusammenfallen lassen, und wenn dies im Ganzen angeht, deckt sich der Mechanismus der Symptombildung mit dem der Verdrängung?

Die Verdrängung

Die vorläufige Wahrscheinlichkeit scheint dafür zu sprechen, daß beide weit auseinandergehen, daß es nicht die Verdrängung selbst ist, welche Ersatzbildungen und Symptome schafft, sondern daß diese letzteren als Anzeichen einer **Wiederkehr des Verdrängten** ganz anderen Vorgängen ihr Entstehen verdanken. Es scheint sich auch zu empfehlen, daß man die Mechanismen der Ersatz- und Symptombildung vor denen der Verdrängung in Untersuchung ziehe.

Es ist klar, daß die Spekulation hier weiter nichts zu suchen hat, sondern durch die sorgfältige Analyse der bei den einzelnen Neurosen zu beobachtenden Erfolge der Verdrängung abgelöst werden muß. Ich muß aber den Vorschlag machen, auch diese Arbeit aufzuschieben, bis wir uns verläßliche Vorstellungen über das Verhältnis des Bewußten zum Unbewußten gebildet haben. Nur um die vorliegende Erörterung nicht ganz unfruchtbar ausgehen zu lassen, will ich vorwegnehmen, daß 1. der Mechanismus der Verdrängung tatsächlich nicht mit dem oder den Mechanismen der Ersatzbildung zusammenfällt, 2. daß es sehr verschiedene Mechanismen der Ersatzbildung gibt, und 3. daß den Mechanismen der Verdrängung wenigstens eines gemeinsam ist, die **Entziehung der Energiebesetzung** (oder **Libido**, wenn wir von Sexualtrieben handeln).

Ich will auch unter Einschränkung auf die drei bekanntesten Psychoneurosen an einigen Beispielen zeigen, wie die hier eingeführten Begriffe auf das Studium der Verdrängung Anwendung finden. Von der **Angsthysterie** werde ich das gut analysierte Beispiel einer Tierphobie wählen. Die der Verdrängung unterliegende Triebregung ist eine libidinöse Einstellung zum Vater, gepaart mit der Angst vor demselben. Nach der Verdrängung ist diese Regung aus dem Bewußtsein geschwunden, der Vater kommt als Objekt der Libido nicht darin vor. Als Ersatz findet sich an analoger Stelle ein Tier, das sich mehr oder weniger gut zum Angstobjekt eignet. Die Ersatzbildung des Vorstellungsanteiles hat sich auf dem Wege der Verschiebung längs eines in bestimmter Weise determinierten Zusammenhanges hergestellt. Der quantitative Anteil ist nicht verschwunden, sondern hat sich in Angst umgesetzt. Das Ergebnis ist eine Angst vor dem Wolf an Stelle eines Liebesanspruches an den Vater. Natürlich reichen die hier verwendeten Kategorien nicht aus, um den Erklärungsansprüchen auch nur des einfachsten Falles von Psychoneurose zu genügen. Es kommen immer noch andere Gesichtspunkte in Betracht.

Eine solche Verdrängung wie im Falle der Tierphobie darf als eine gründlich mißglückte bezeichnet werden. Das Werk der Verdrängung besteht nur in der Beseitigung und Ersetzung der Vorstellung, die Unlustersparnis ist überhaupt nicht gelungen. Deshalb ruht die Arbeit der Neurose auch nicht, sondern setzt sich in einem zweiten Tempo fort, um ihr nächstes, wichtigeres Ziel zu erreichen. Es kommt zur Bildung eines Fluchtversuches, der eigentlichen Phobie, einer Anzahl von Vermeidungen, welche die Angstentbindung ausschließen sollen. Durch welchen Mechanismus die Phobie ans Ziel gelangt, können wir in einer spezielleren Untersuchung verstehen lernen.

Zu einer ganz anderen Würdigung des Verdrängungsvorganges nötigt uns das Bild der echten Konversionshysterie. Hier ist das Hervorstechende, daß es gelingen kann, den Affektbetrag zum völligen Verschwinden zu bringen. Der Kranke zeigt dann gegen seine Symptome das Verhalten, welches Charcot „*la belle indifférence des hystériques*" genannt hat. Andere Male gelingt diese Unterdrückung nicht so vollständig, ein Anteil peinlicher Sensationen knüpft sich an die Symptome selbst, oder ein Stück Angstentbindung hat sich nicht vermeiden lassen, das seinerseits den Mechanismus der Phobiebildung ins Werk setzt. Der Vorstellungsinhalt der Triebrepräsentanz ist dem Bewußtsein gründlich entzogen; als Ersatzbildung — und gleichzeitig als Symptom — findet sich eine überstarke — in den vorbildlichen Fällen somatische — Innervation, bald sensorischer, bald motorischer Natur, entweder als Erregung oder als Hemmung. Die überinnervierte Stelle erweist sich bei näherer Betrachtung als ein Stück der verdrängten Triebrepräsentanz selbst, welches wie durch Verdichtung die gesamte Besetzung auf sich gezogen hat. Natürlich decken auch diese Bemerkungen den Mechanismus einer Konversionshysterie nicht restlos auf; vor allem ist noch das Moment der Regression hinzuzufügen, das in anderem Zusammenhang gewürdigt werden soll.

Die Verdrängung der Hysterie kann als völlig mißglückt beurteilt werden, insofern sie nur durch ausgiebige Ersatzbildungen ermöglicht worden ist; mit Bezug auf die Erledigung des Affektbetrages, die eigentliche Aufgabe der Verdrängung, bedeutet sie aber in der Regel einen vollen Erfolg. Der Verdrängungsvorgang der Konversionshysterie ist dann auch mit der Symptombildung abgeschlossen und braucht sich nicht wie bei Angsthysterie zweizeitig — oder eigentlich unbegrenzt — fortzusetzen.

Ein ganz anderes Ansehen zeigt die Verdrängung wieder bei der dritten Affektion, die wir zu dieser Vergleichung heranziehen, bei der Zwangsneurose. Hier gerät man zuerst in Zweifel, was man als die der Verdrängung unterliegende Repräsentanz anzusehen hat, eine libidinöse oder eine feindselige Strebung. Die Unsicherheit rührt daher, daß die Zwangsneurose auf der Voraussetzung einer Regression ruht, durch welche eine sadistische Strebung an die Stelle der zärtlichen getreten ist. Dieser feindselige Impuls gegen eine geliebte Person ist es, welcher der Verdrängung unterliegt. Der Effekt ist in einer ersten Phase der Verdrängungsarbeit ein ganz anderer als später. Zunächst hat diese vollen Erfolg, der Vorstellungsinhalt wird abgewiesen und der Affekt zum Verschwinden gebracht. Als Ersatzbildung findet sich eine Ichveränderung, die Steigerung der Gewissenhaftigkeit, die man nicht gut ein Symptom heißen kann. Ersatz- und Symptombildung fallen hier auseinander. Hier erfährt man auch etwas über den Mechanismus der Verdrängung. Diese hat wie überall eine Libidoentziehung zu stande gebracht, aber sich zu diesem Zwecke der **Reaktionsbildung** durch Verstärkung eines Gegensatzes bedient. Die Ersatzbildung hat also hier denselben Mechanismus wie die Verdrängung und fällt im Grunde mit ihr zusammen, sie trennt sich aber zeitlich, wie begrifflich, von der Symptombildung. Es ist sehr wahrscheinlich, daß das Ambivalenzverhältnis, in welches der zu verdrängende sadistische Impuls eingetragen ist, den ganzen Vorgang ermöglicht.

Die anfänglich gute Verdrängung hält aber nicht Stand, im weiteren Verlaufe drängt sich das Mißglücken der Verdrängung immer mehr vor. Die Ambivalenz, welche die Verdrängung durch Reaktionsbildung gestattet hat, ist auch die Stelle, an welcher dem Verdrängten die Wiederkehr gelingt. Der verschwundene Affekt kommt in der Verwandlung zur sozialen Angst, Gewissensangst, Vorwurf ohne Ersparnis wieder, die abgewiesene Vorstellung ersetzt sich durch Verschiebungsersatz, oft durch Verschiebung auf Kleinstes, Indifferentes. Eine Tendenz zur intakten Herstellung der verdrängten Vorstellung ist meist unverkennbar. Das Mißglücken in der Verdrängung des quantitativen, affektiven Faktors bringt denselben Mechanismus der Flucht durch Vermeidungen und Verbote ins Spiel, den wir bei der Bildung der hysterischen Phobie kennen gelernt haben. Die Abweisung der Vorstellung vom Bewußten wird aber hartnäckig festgehalten, weil mit ihr die Abhaltung von der Aktion, die motorische Fesselung des Impulses, gegeben ist. So läuft die Verdrängungsarbeit der Zwangsneurose in ein erfolgloses und unabschließbares Ringen aus.

Aus der kleinen, hier vorgebrachten Vergleichsreihe kann man sich die Überzeugung holen, daß es noch umfassender Untersuchungen bedarf, ehe man hoffen kann, die mit der Verdrängung und neurotischen Symptombildung zusammenhängenden Vorgänge zu durchschauen. Die außerordentliche Verschlungenheit aller in Betracht kommenden Momente läßt uns nur einen Weg zur Darstellung frei. Wir müssen bald den einen, bald den anderen Gesichtspunkt herausgreifen und ihn durch das Material hindurchverfolgen, solange seine Anwendung etwas zu leisten scheint. Jede einzelne dieser Bearbeitungen wird an sich unvollständig sein und dort Unklarheiten nicht vermeiden können, wo sie an das noch nicht Bearbeitete anrührt; wir dürfen aber hoffen, daß sich aus der endlichen Zusammensetzung ein gutes Verständnis ergeben wird.

DAS UNBEWUSSTE

DAS UNBEWUSSTE

Wir haben aus der Psychoanalyse erfahren, das Wesen des Prozesses der Verdrängung bestehe nicht darin, eine den Trieb repräsentierende Vorstellung aufzuheben, zu vernichten, sondern sie vom Bewußtwerden abzuhalten. Wir sagen dann, sie befinde sich im Zustande des „Unbewußten", und haben gute Beweise dafür vorzubringen, daß sie auch unbewußt Wirkungen äußern kann, auch solche, die endlich das Bewußtsein erreichen. Alles Verdrängte muß unbewußt bleiben, aber wir wollen gleich eingangs feststellen, daß das Verdrängte nicht alles Unbewußte deckt. Das Unbewußte hat den weiteren Umfang; das Verdrängte ist ein Teil des Unbewußten.

Wie sollen wir zur Kenntnis des Unbewußten kommen? Wir kennen es natürlich nur als Bewußtes, nachdem es eine Umsetzung oder Übersetzung in Bewußtes erfahren hat. Die psychoanalytische Arbeit läßt uns alltäglich die Erfahrung machen, daß solche Übersetzung möglich ist. Es wird hiezu erfordert, daß der Analysierte gewisse Widerstände überwinde, die nämlichen, welche es seinerzeit durch Abweisung vom Bewußten zu einem Verdrängten gemacht haben.

I

Die Rechtfertigung des Unbewußten

Die Berechtigung, ein unbewußtes Seelisches anzunehmen und mit dieser Annahme wissenschaftlich zu arbeiten, wird uns von vielen Seiten bestritten. Wir können dagegen anführen, daß die Annahme des Unbewußten notwendig und legitim ist, und daß wir für die Existenz des Unbewußten mehrfache Beweise besitzen. Sie ist notwendig, weil die Daten des Bewußtseins in hohem Grade lückenhaft sind; sowohl bei Gesunden als bei Kranken kommen häufig psychische Akte vor, welche zu ihrer Erklärung andere Akte voraussetzen, für die aber das Bewußtsein nicht zeugt. Solche Akte sind nicht nur die Fehlhandlungen und die Träume bei Gesunden, alles, was man psychische Symptome und Zwangserscheinungen heißt, bei Kranken — unsere persönlichste tägliche Erfahrung macht uns mit Einfällen bekannt, deren Herkunft wir nicht kennen, und mit Denkresultaten, deren Ausarbeitung uns verborgen geblieben ist. Alle diese bewußten Akte blieben zusammenhanglos und unverständlich, wenn wir den Anspruch festhalten wollen, daß wir auch alles durchs Bewußtsein erfahren müssen, was an seelischen Akten in uns vorgeht, und ordnen sich in einen aufzeigbaren Zusammenhang ein, wenn wir die erschlossenen unbewußten Akte interpolieren. Gewinn an Sinn und Zusammenhang ist aber ein vollberechtigtes Motiv, das uns über die unmittelbare Erfahrung hinaus führen darf. Zeigt es sich dann noch, daß wir auf die Annahme des Unbewußten ein erfolgreiches Handeln aufbauen können, durch welches wir den Ablauf der bewußten Vorgänge zweckdienlich beeinflussen, so haben wir in diesem Erfolg einen unanfechtbaren Beweis für die Existenz des Angenommenen gewonnen. Man muß sich dann auf den Standpunkt stellen, es sei nichts anderes als eine unhaltbare Anmaßung, zu fordern, daß alles, was im Seelischen vorgeht, auch dem Bewußtsein bekannt werden müsse.

Man kann weiter gehen und zur Unterstützung eines unbewußten psychischen Zustandes anführen, daß das Bewußtsein in jedem Moment nur einen geringen Inhalt umfaßt, so daß der größte Teil dessen, was wir bewußte Kenntnis heißen, sich ohnedies über die längsten Zeiten im Zustande der Latenz, also in einem Zustande von psychischer Unbewußtheit, befinden muß.

Der Widerspruch gegen das Unbewußte würde mit Rücksicht auf alle unsere latenten Erinnerungen völlig unbegreiflich werden. Wir stoßen dann auf den Einwand, daß diese latenten Erinnerungen nicht mehr als psychisch zu bezeichnen seien, sondern den Resten von somatischen Vorgängen entsprechen, aus denen das Psychische wieder hervorgehen kann. Es liegt nahe zu erwidern, die latente Erinnerung sei im Gegenteil ein unzweifelhafter Rückstand eines psychischen Vorganges. Wichtiger ist es aber sich klarzumachen, daß der Einwand auf der nicht ausgesprochenen, aber von vornherein fixierten Gleichstellung des Bewußten mit dem Seelischen ruht. Diese Gleichstellung ist entweder eine petitio principii, welche die Frage, ob alles Psychische auch bewußt sein müsse, nicht zuläßt, oder eine Sache der Konvention, der Nomenklatur. In letzterem Charakter ist sie natürlich wie jede Konvention unwiderlegbar. Es bleibt nur die Frage offen, ob sie sich als so zweckmäßig erweist, daß man sich ihr anschließen muß. Man darf antworten, die konventionelle Gleichstellung des Psychischen mit dem Bewußten ist durchaus unzweckmäßig. Sie zerreißt die psychischen Kontinuitäten, stürzt uns in die unlösbaren Schwierigkeiten des psychophysischen Parallelismus, unterliegt dem Vorwurf, daß sie ohne einsichtliche Begründung die Rolle des Bewußtseins überschätzt, und nötigt uns, das Gebiet der psychologischen Forschung vorzeitig zu verlassen, ohne uns von anderen Gebieten her Entschädigung bringen zu können.

Immerhin ist es klar, daß die Frage, ob man die unabweisbaren latenten Zustände des Seelenlebens als unbewußte seelische oder als physische auffassen soll, auf einen Wortstreit hinauszulaufen droht. Es ist darum ratsam, das in den Vordergrund zu rücken, was uns von der Natur dieser fraglichen Zustände mit Sicherheit bekannt ist. Nun sind sie uns nach ihren physischen Charakteren vollkommen unzugänglich; keine physiologische Vorstellung, kein chemischer Prozeß kann uns eine Ahnung von ihrem Wesen vermitteln. Auf der anderen Seite steht fest, daß sie mit den bewußten seelischen Vorgängen die ausgiebigste Berührung haben; sie lassen sich mit einer gewissen Arbeitsleistung in sie umsetzen, durch sie ersetzen, und sie können mit all den Kategorien beschrieben werden, die wir auf die bewußten Seelenakte anwenden, als Vorstellungen, Strebungen, Entschließungen u. dgl. Ja, von manchen dieser latenten Zustände müssen wir aussagen, sie unterscheiden sich von den bewußten eben nur durch den Wegfall des Bewußtseins. Wir werden also nicht zögern, sie als Objekte psychologischer Forschung und in innigstem Zusammenhang mit den bewußten seelischen Akten zu behandeln.

Die hartnäckige Ablehnung des psychischen Charakters der latenten seelischen Akte erklärt sich daraus, daß die meisten der in Betracht kommenden Phänomene außerhalb der Psychoanalyse nicht Gegenstand des Studiums geworden sind. Wer die pathologischen Tatsachen nicht kennt, die Fehlhandlungen der Normalen als Zufälligkeiten gelten läßt und sich bei der alten Weisheit bescheidet, Träume seien Schäume, der braucht dann nur noch einige Rätsel der Bewußtseinspsychologie zu vernachlässigen, um sich die Annahme unbewußter seelischer Tätigkeit zu ersparen. Übrigens haben die hypnotischen Experimente, besonders die posthypnotische Suggestion, Existenz und Wirkungsweise des seelisch Unbewußten bereits vor der Zeit der Psychoanalyse sinnfällig demonstriert.

Die Annahme des Unbewußten ist aber auch eine völlig legitime, insofern wir bei ihrer Aufstellung keinen Schritt von unserer gewohnten, für korrekt gehaltenen Denkweise abweichen. Das Bewußtsein vermittelt jedem einzelnen von uns nur die Kenntnis von eigenen Seelenzuständen; daß auch ein anderer Mensch ein Bewußtsein hat, ist ein Schluß, der per analogiam auf Grund der wahrnehmbaren Äußerungen und Handlungen dieses anderen gezogen wird, um uns dieses Benehmen des anderen verständlich zu machen. (Psychologisch richtiger ist wohl die Beschreibung, daß wir ohne besondere Überlegung jedem anderen außer uns unsere eigene Konstitution, und also auch unser Bewußtsein, beilegen, und daß diese Identifizierung die Voraussetzung unseres Verständnisses ist.) Dieser Schluß — oder diese Identifizierung — wurde einst vom Ich auf andere Menschen, Tiere, Pflanzen, Unbelebtes und auf das Ganze der Welt ausgedehnt und erwies sich als brauchbar, solange die Ähnlichkeit mit dem Einzel-Ich eine überwältigend große war, wurde aber in dem Maße unverläßlicher, als sich das Andere vom Ich entfernte. Unsere heutige Kritik wird bereits beim Bewußtsein der Tiere unsicher, verweigert sich dem Bewußtsein der Pflanzen und weist die Annahme eines Bewußtseins des Unbelebten der Mystik zu. Aber auch, wo die ursprüngliche Identifizierungsneigung die kritische Prüfung bestanden hat, bei dem uns nächsten menschlichen Anderen, ruht die Annahme eines Bewußtseins auf einem Schluß und kann nicht die unmittelbare Sicherheit unseres eigenen Bewußtseins teilen.

Die Psychoanalyse fordert nun nichts anderes, als daß dieses Schlußverfahren auch gegen die eigene Person gewendet werde, wozu eine konstitutionelle Neigung allerdings nicht besteht. Geht man so vor, so muß man sagen, alle die Akte und Äußerungen, die ich an mir bemerke und mit meinem sonstigen psychischen Leben nicht zu verknüpfen weiß, müssen beurteilt werden, als ob sie einer anderen Person angehörten, und sollen durch ein ihr zugeschriebenes Seelenleben Aufklärung finden. Die Erfahrung zeigt auch, daß man dieselben Akte, denen man bei der eigenen Person die psychische Anerkennung verweigert, bei anderen sehr wohl zu deuten d. h. in den seelischen Zusammenhang einzureihen versteht. Unsere Forschung wird hier offenbar durch ein besonderes Hindernis von der eigenen Person abgelenkt und an deren richtiger Erkenntnis behindert.

Dies trotz inneren Widerstrebens gegen die eigene Person gewendete Schlußverfahren führt nun nicht zur Aufdeckung eines

Unbewußten, sondern korrekterweise zur Annahme eines anderen, zweiten Bewußtseins, welches mit dem mir bekannten in meiner Person vereinigt ist. Allein hier findet die Kritik berechtigten Anlaß, einiges einzuwerfen. Erstens ist ein Bewußtsein, von dem der eigene Träger nichts weiß, noch etwas anderes als ein fremdes Bewußtsein, und es wird fraglich, ob ein solches Bewußtsein, dem der wichtigste Charakter abgeht, überhaupt noch Diskussion verdient. Wer sich gegen die Annahme eines unbewußten Psychischen gesträubt hat, der wird nicht zufrieden sein können, dafür ein unbewußtes Bewußtsein einzutauschen. Zweitens weist die Analyse darauf hin, daß die einzelnen latenten Seelenvorgänge, die wir erschließen, sich eines hohen Grades von gegenseitiger Unabhängigkeit erfreuen, so als ob sie miteinander nicht in Verbindung stünden und nichts voneinander wüßten. Wir müssen also bereit sein, nicht nur ein zweites Bewußtsein in uns anzunehmen, sondern auch ein drittes, viertes, vielleicht eine unabschließbare Reihe von Bewußtseinszuständen, die sämtlich uns und miteinander unbekannt sind. Drittens kommt als schwerstes Argument in Betracht, daß wir durch die analytische Untersuchung erfahren, ein Teil dieser latenten Vorgänge besitze Charaktere und Eigentümlichkeiten, welche uns fremd, selbst unglaublich erscheinen und den uns bekannten Eigenschaften des Bewußtseins direkt zuwiderlaufen. Somit werden wir Grund haben, den gegen die eigene Person gewendeten Schluß dahin abzuändern, er beweise uns nicht ein zweites Bewußtsein in uns, sondern die Existenz von psychischen Akten, welche des Bewußtseins entbehren. Wir werden auch die Bezeichnung eines „Unterbewußtseins" als inkorrekt und irreführend ablehnen dürfen. Die bekannten Fälle von *„double conscience"* (Bewußtseinsspaltung) beweisen nichts gegen unsere Auffassung. Sie lassen sich am zutreffendsten beschreiben als Fälle von Spaltung der seelischen Tätigkeiten in zwei Gruppen, wobei sich dann das nämliche Bewußtsein alternierend dem einen oder dem anderen Lager zuwendet.

Es bleibt uns in der Psychoanalyse gar nichts anderes übrig, als die seelischen Vorgänge für an sich unbewußt zu erklären und ihre Wahrnehmung durch das Bewußtsein mit der Wahrnehmung der Außenwelt durch die Sinnesorgane zu vergleichen. Wir hoffen sogar aus diesem Vergleich einen Gewinn für unsere Erkenntnis zu ziehen. Die psychoanalytische Annahme der unbewußten Seelentätigkeit erscheint uns einerseits als eine weitere Fortbildung des primitiven Animismus, der uns überall Ebenbilder unseres Bewußtseins vorspiegelte, und anderseits als die Fortsetzung der Korrektur, die Kant an unserer Auffassung der äußeren Wahrnehmung vorgenommen hat. Wie Kant uns gewarnt hat, die subjektive Bedingtheit unserer Wahrnehmung nicht zu übersehen und unsere Wahrnehmung nicht für identisch mit dem unerkennbaren Wahrgenommenen zu halten, so mahnt die Psychoanalyse, die Bewußtseinswahrnehmung nicht an die Stelle des unbewußten psychischen Vorganges zu setzen, welcher ihr Objekt ist. Wie das Physische, so braucht auch das Psychische nicht in Wirklichkeit so zu sein, wie es uns erscheint. Wir werden uns aber mit Befriedigung auf die Erfahrung vorbereiten, daß die Korrektur der inneren Wahrnehmung nicht ebenso große Schwierigkeit bietet wie die der äußeren, daß das innere Objekt minder unerkennbar ist als die Außenwelt.

II
Die Vieldeutigkeit des Unbewußten und der topische Gesichtspunkt

Ehe wir weitergehen, wollen wir die wichtige, aber auch beschwerliche Tatsache feststellen, daß die Unbewußtheit nur ein Merkmal des Psychischen ist, welches für dessen Charakteristik keineswegs ausreicht. Es gibt psychische Akte von sehr verschiedener Dignität, die doch in dem Charakter, unbewußt zu sein, übereinstimmen. Das Unbewußte umfaßt einerseits Akte, die bloß latent, zeitweilig unbewußt sind, sich aber sonst von den bewußten in nichts unterscheiden, und anderseits Vorgänge wie die verdrängten, die, wenn sie bewußt würden, sich von den übrigen bewußten aufs grellste abheben müßten. Es würde allen Mißverständnissen ein Ende machen, wenn wir von nun an bei der Beschreibung der verschiedenartigen psychischen Akte ganz davon absehen würden, ob sie bewußt oder unbewußt sind, und sie bloß nach ihrer Beziehung zu den Trieben und Zielen, nach ihrer Zusammensetzung und Angehörigkeit zu den einander übergeordneten psychischen Systemen klassifizieren und in Zusammenhang bringen würden. Dies ist aber aus verschiedenen Gründen undurchführbar, und somit können wir der Zweideutigkeit nicht entgehen, daß wir die Worte bewußt und unbewußt bald im deskriptiven Sinne gebrauchen, bald im systematischen, wo sie dann Zugehörigkeit zu bestimmten Systemen und Begabung mit gewissen Eigenschaften bedeuten. Man könnte noch den Versuch machen, die Verwirrung dadurch zu vermeiden, daß man die erkannten psychischen Systeme mit willkürlich gewählten Namen bezeichnet, in denen die Bewußtheit nicht gestreift wird. Allein man müßte vorher Rechenschaft ablegen, worauf man die Unterscheidung der Systeme gründet, und könnte dabei die Bewußtheit nicht umgehen, da sie den Ausgangspunkt aller unserer Untersuchungen bildet. Wir können vielleicht einige Abhilfe von dem Vorschlag erwarten, wenigstens in der Schrift Bewußtsein durch die Darstellung *Bw* und Unbewußtes durch die entsprechende Abkürzung *Ubw* zu ersetzen, wenn wir die beiden Worte im systematischen Sinne gebrauchen.

In positiver Darstellung sagen wir nun als Ergebnis der Psychoanalyse aus, daß ein psychischer Akt im allgemeinen zwei Zustandsphasen durchläuft, zwischen welche eine Art Prüfung (Zensur) eingeschaltet ist. In der ersten Phase ist er unbewußt und gehört dem System *Ubw* an; wird er bei der Prüfung von der Zensur abgewiesen, so ist ihm der Übergang in die zweite Phase versagt; er heißt dann „verdrängt" und muß unbewußt bleiben. Besteht er aber diese Prüfung, so tritt er in die zweite Phase ein und wird dem zweiten System zugehörig, welches wir das System *Bw* nennen wollen. Sein Verhältnis zum Bewußtsein ist aber durch diese Zugehörigkeit noch nicht eindeutig bestimmt. Er ist noch nicht bewußt, wohl aber **bewußtseinsfähig** (nach dem Ausdruck von J. Breuer), d. h. er kann nun ohne besonderen Widerstand beim Zutreffen gewisser Bedingungen Objekt des Bewußtseins werden. Mit Rücksicht auf diese Bewußtseinsfähigkeit heißen wir das System *Bw* auch das „**Vorbewußte**". Sollte es sich herausstellen, daß auch das Bewußtwerden des Vorbewußten durch eine gewisse Zensur mitbestimmt wird, so werden wir die Systeme *Vbw* und *Bw* strenger voneinander sondern. Vorläufig genüge es festzuhalten, daß das System *Vbw* die Eigenschaften des Systems *Bw* teilt, und daß die strenge Zensur am Übergang vom *Ubw* zum *Vbw* (oder *Bw*) ihres Amtes waltet.

Mit der Aufnahme dieser (zwei oder drei) psychischen Systeme hat sich die Psychoanalyse einen Schritt weiter von der deskriptiven Bewußtseinspsychologie entfernt, sich eine neue Fragestellung und einen neuen Inhalt beigelegt. Sie unterschied sich von der Psychologie bisher hauptsächlich durch die **dynamische** Auffassung der seelischen Vorgänge; nun kommt hinzu, daß sie auch die psychische **Topik** berücksichtigen und von einem beliebigen seelischen Akt angeben will, innerhalb welchen Systems oder zwischen welchen Systemen er sich abspielt. Wegen dieses Bestrebens hat sie auch den Namen einer **Tiefenpsychologie** erhalten. Wir werden hören, daß sie auch noch um einen anderen Gesichtspunkt bereichert werden kann.

Wollen wir mit einer Topik der seelischen Akte Ernst machen, so müssen wir unser Interesse einer an dieser Stelle auftauchenden Zweifelfrage zuwenden. Wenn ein psychischer Akt (beschränken wir uns hier auf einen solchen von der Natur einer Vorstellung) die Umsetzung aus dem System *Ubw* in das System

Bw (oder *Vbw*) erfährt, sollen wir annehmen, daß mit dieser Umsetzung eine neuerliche Fixierung, gleichsam eine zweite Niederschrift der betreffenden Vorstellung verbunden ist, die also auch in einer neuen psychischen Lokalität enthalten sein kann, und neben welcher die ursprüngliche unbewußte Niederschrift fortbesteht? Oder sollen wir eher glauben, daß die Umsetzung in einer Zustandsänderung besteht, welche sich an dem nämlichen Material und an derselben Lokalität vollzieht? Diese Frage kann abstrus erscheinen, muß aber aufgeworfen werden, wenn wir uns von der psychischen Topik, der psychischen Tiefendimension, eine bestimmtere Idee bilden wollen. Sie ist schwierig, weil sie über das rein Psychologische hinausgeht und die Beziehungen des seelischen Apparates zur Anatomie streift. Wir wissen, daß solche Beziehungen im Gröbsten existieren. Es ist ein unerschütterliches Resultat der Forschung, daß die seelische Tätigkeit an die Funktion des Gehirns gebunden ist wie an kein anderes Organ. Ein Stück weiter — es ist nicht bekannt, wie weit — führt die Entdeckung von der Ungleichwertigkeit der Gehirnteile und deren Sonderbeziehung zu bestimmten Körperteilen und geistigen Tätigkeiten. Aber alle Versuche, von da aus eine Lokalisation der seelischen Vorgänge zu erraten, alle Bemühungen, die Vorstellungen in Nervenzellen aufgespeichert zu denken und die Erregungen auf Nervenfasern wandern zu lassen, sind gründlich gescheitert. Dasselbe Schicksal würde einer Lehre bevorstehen, die etwa den anatomischen Ort des Systems *Bw*, der bewußten Seelentätigkeit, in der Hirnrinde erkennen und die unbewußten Vorgänge in die subkortikalen Hirnpartien versetzen wollte. Es klafft hier eine Lücke, deren Ausfüllung derzeit nicht möglich ist, auch nicht zu den Aufgaben der Psychologie gehört. Unsere psychische Topik hat vorläufig nichts mit der Anatomie zu tun; sie bezieht sich auf Regionen des seelischen Apparats, wo immer sie im Körper gelegen sein mögen, und nicht auf anatomische Örtlichkeiten.

Unsere Arbeit ist also in dieser Hinsicht frei und darf nach ihren eigenen Bedürfnissen vorgehen. Es wird auch förderlich sein, wenn wir uns daran mahnen, daß unsere Annahmen zunächst nur den Wert von Veranschaulichungen beanspruchen. Die erstere der beiden in Betracht gezogenen Möglichkeiten, nämlich daß die *bw.* Phase der Vorstellung eine neue, an anderem Orte befindliche Niederschrift derselben bedeute, ist unzweifelhaft die gröbere, aber auch die bequemere. Die zweite Annahme, die einer bloß funktionellen Zustandsänderung, ist die von vornherein wahrscheinlichere, aber sie ist minder plastisch, weniger leicht zu handhaben. Mit der ersten, der topischen Annahme ist die einer topischen Trennung der Systeme *Ubw* und *Bw* und die Möglichkeit verknüpft, daß eine Vorstellung gleichzeitig an zwei Stellen des psychischen Apparats vorhanden sei, ja, daß sie, wenn durch die Zensur ungehemmt, regelmäßig von dem einen Ort an den anderen vorrücke, eventuell ohne ihre erste Niederlassung oder Niederschrift zu verlieren. Das mag befremdlich aussehen, kann sich aber an Eindrücke aus der psychoanalytischen Praxis anlehnen.

Wenn man einem Patienten eine seinerzeit von ihm verdrängte Vorstellung, die man erraten hat, mitteilt, so ändert dies zunächst an seinem psychischen Zustand nichts. Es hebt vor allem nicht die Verdrängung auf, macht deren Folgen nicht rückgängig, wie man vielleicht erwarten konnte, weil die früher unbewußte Vorstellung nun bewußt geworden ist. Man wird im Gegenteil zunächst nur eine neuerliche Ablehnung der verdrängten Vorstellung erzielen. Der Patient hat aber jetzt tatsächlich dieselbe Vorstellung in zweifacher Form an verschiedenen Stellen seines seelischen Apparats, erstens hat er die bewußte Erinnerung an die Gehörspur der Vorstellung durch die Mitteilung, zweitens trägt er daneben, wie wir mit Sicherheit wissen, die unbewußte Erinnerung an das Erlebte in der früheren Form in sich. In Wirklichkeit tritt nun eine Aufhebung der Verdrän-

gung nicht eher ein, als bis die bewußte Vorstellung sich nach
Überwindung der Widerstände mit der unbewußten Erinnerungsspur in Verbindung gesetzt hat. Erst durch das Bewußtmachen
dieser letzteren selbst wird der Erfolg erreicht. Damit schiene ja
für oberflächliche Erwägung erwiesen, daß bewußte und unbewußte Vorstellungen verschiedene und topisch gesonderte Niederschriften des nämlichen Inhaltes sind. Aber die nächste Überlegung zeigt, daß die Identität der Mitteilung mit der verdrängten Erinnerung des Patienten nur eine scheinbare ist. Das
Gehörthaben und das Erlebthaben sind zwei nach ihrer psychologischen Natur ganz verschiedene Dinge, auch wenn sie den
nämlichen Inhalt haben.

Wir sind also zunächst nicht imstande, zwischen den beiden
erörterten Möglichkeiten zu entscheiden. Vielleicht treffen wir
späterhin auf Momente, welche für eine von beiden den Ausschlag geben können. Vielleicht steht uns die Entdeckung bevor,
daß unsere Fragestellung unzureichend war, und daß die Unterscheidung der unbewußten Vorstellung von der bewußten noch
ganz anders zu bestimmen ist.

III
Unbewußte Gefühle

Wir haben die vorstehende Diskussion auf Vorstellungen eingeschränkt und können nun eine neue Frage aufwerfen, deren
Beantwortung zur Klärung unserer theoretischen Ansichten beitragen muß. Wir sagten, es gäbe bewußte und unbewußte Vorstellungen; gibt es aber auch unbewußte Triebregungen, Gefühle,
Empfindungen, oder ist es diesmal sinnlos, solche Zusammen-
setzungen zu bilden?

Ich meine wirklich, der Gegensatz von Bewußt und Unbewußt
hat auf den Trieb keine Anwendung. Ein Trieb kann nie Objekt des Bewußtseins werden, nur die Vorstellung, die ihn repräsentiert. Er kann aber auch im Unbewußten nicht anders als

durch die Vorstellung repräsentiert sein. Würde der Trieb sich nicht an eine Vorstellung heften oder nicht als ein Affektzustand zum Vorschein kommen, so könnten wir nichts von ihm wissen. Wenn wir aber doch von einer unbewußten Triebregung oder einer verdrängten Triebregung reden, so ist dies eine harmlose Nachlässigkeit des Ausdrucks. Wir können nichts anderes meinen als eine Triebregung, deren Vorstellungsrepräsentanz unbewußt ist, denn etwas anderes kommt nicht in Betracht.

Man sollte meinen, die Antwort auf die Frage nach den unbewußten Empfindungen, Gefühlen, Affekten sei ebenso leicht zu geben. Zum Wesen eines Gefühls gehört es doch, daß es verspürt, also dem Bewußtsein bekannt wird. Die Möglichkeit einer Unbewußtheit würde also für Gefühle, Empfindungen, Affekte völlig entfallen. Wir sind aber in der psychoanalytischen Praxis gewöhnt, von unbewußter Liebe, Haß, Wut usw. zu sprechen und finden selbst die befremdliche Vereinigung „unbewußtes Schuldbewußtsein" oder eine paradoxe „unbewußte Angst" unvermeidlich. Geht dieser Sprachgebrauch an Bedeutung über den im Falle des „unbewußten Triebes" hinaus?

Der Sachverhalt ist hier wirklich ein anderer. Es kann zunächst vorkommen, daß eine Affekt- oder Gefühlsregung wahrgenommen, aber verkannt wird. Sie ist durch die Verdrängung ihrer eigentlichen Repräsentanz zur Verknüpfung mit einer anderen Vorstellung genötigt worden und wird nun vom Bewußtsein für die Äußerung dieser letzteren gehalten. Wenn wir den richtigen Zusammenhang wieder herstellen, heißen wir die ursprüngliche Affektregung eine „unbewußte", obwohl ihr Affekt niemals unbewußt war, nur ihre Vorstellung der Verdrängung erlegen ist. Der Gebrauch der Ausdrücke „unbewußter Affekt und unbewußtes Gefühl" weist überhaupt auf die Schicksale des quantitativen Faktors der Triebregung infolge der Verdrängung zurück (siehe die Abhandlung über Verdrängung). Wir wissen, daß dies Schicksal ein dreifaches sein kann; der Affekt bleibt entweder — ganz oder teilweise — als solcher bestehen, oder er erfährt eine Verwandlung in einen qualitativ anderen Affektbetrag, vor allem in Angst, oder er wird unterdrückt, d. h. seine Entwicklung überhaupt verhindert. (Diese Möglichkeiten sind an der Traumarbeit vielleicht noch leichter zu studieren als bei den Neurosen.) Wir wissen auch, daß die Unterdrückung der Affektentwicklung das eigentliche Ziel der Verdrängung ist, und daß deren Arbeit unabgeschlossen bleibt, wenn das Ziel nicht erreicht wird. In allen Fällen, wo der Verdrängung die Hemmung der Affektentwicklung gelingt, heißen wir die Affekte, die wir im Redressement der Verdrängungsarbeit wieder einsetzen, „unbewußte". Dem Sprachgebrauch ist also die Konsequenz nicht abzustreiten; es besteht aber im Vergleiche mit der unbewußten Vorstellung der bedeutsame Unterschied, daß die unbewußte Vorstellung nach der Verdrängung als reale Bildung im System *Ubw* bestehen bleibt, während dem unbewußten Affekt ebendort nur eine Ansatzmöglichkeit, die nicht zur Entfaltung kommen durfte, entspricht. Streng genommen und obwohl der Sprachgebrauch tadellos bleibt, gibt es also keine unbewußten Affekte, wie es unbewußte Vorstellungen gibt. Es kann aber sehr wohl im System *Ubw* Affektbildungen geben, die wie andere bewußt werden. Der ganze Unterschied rührt daher, daß Vorstellungen Besetzungen — im Grunde von Erinnerungsspuren — sind, während die Affekte und Gefühle Abfuhrvorgängen entsprechen, deren letzte Äußerungen als Empfindungen wahrgenommen werden. Im gegenwärtigen Zustand unserer Kenntnis von den Affekten und Gefühlen können wir diesen Unterschied nicht klarer ausdrücken.

Die Feststellung, daß es der Verdrängung gelingen kann, die Umsetzung der Triebregung in Affektäußerung zu hemmen, ist für uns von besonderem Interesse. Sie zeigt uns, daß das System *Bw* normalerweise die Affektivität wie den Zugang zur Motilität beherrscht, und hebt den Wert der Verdrängung, indem sie als deren Folgen nicht nur die Abhaltung vom Bewußtsein, sondern auch von der Affektentwicklung und von der Motivierung der Muskeltätigkeit aufzeigt. Wir können auch in umgekehrter Darstellung sagen: Solange das System *Bw* Affektivität und Motilität beherrscht, heißen wir den psychischen Zustand des Individuums normal. Indes ist ein Unterschied in der Beziehung des herrschenden Systems zu den beiden einander nahe stehenden Abfuhraktionen unverkennbar.[1] Während die Herrschaft des *Bw* über die willkürliche Motilität fest gegründet ist, dem Ansturm der Neurose regelmäßig widersteht und erst in der Psychose zusammenbricht, ist die Beherrschung der Affektentwicklung durch *Bw* minder gefestigt. Noch innerhalb des normalen Lebens läßt sich ein beständiges Ringen der beiden Systeme *Bw* und *Ubw* um den Primat in der Affektivität erkennen, grenzen sich gewisse Einflußsphären voneinander ab und stellen sich Vermengungen der wirksamen Kräfte her.

Die Bedeutung des Systems *Bw (Vbw)* für die Zugänge zur Affektentbindung und Aktion macht uns auch die Rolle verständlich, welche in der Krankheitsgestaltung der Ersatzvorstellung zufällt. Es ist möglich, daß die Affektentwicklung direkt vom System *Ubw* ausgeht, in diesem Falle hat sie immer den Charakter der Angst, gegen welche alle „verdrängten" Affekte eingetauscht werden. Häufig aber muß die Triebregung warten, bis sie eine Ersatzvorstellung im System *Bw* gefunden hat. Dann ist die Affektentwicklung von diesem bewußten Ersatz her ermöglicht und der qualitative Charakter des Affekts durch dessen Natur bestimmt. Wir haben behauptet, daß bei der Verdrängung eine Trennung des Affekts von seiner Vorstellung stattfindet, worauf beide ihren gesonderten Schicksalen entgegengehen. Das ist deskriptiv unbestreitbar; der wirkliche Vorgang aber ist in der Regel,

---

[1] Die Affektivität äußert sich wesentlich in motorischer (sekretorischer, gefäßregulierender) Abfuhr zur (inneren) Veränderung des eigenen Körpers ohne Beziehung zur Außenwelt, die Motilität in Aktionen, die zur Veränderung der Außenwelt bestimmt sind.

daß ein Affekt so lange nicht zu stande kommt, bis nicht der Durchbruch zu einer neuen Vertretung im System *Bw* gelungen ist.

IV
Topik und Dynamik der Verdrängung

Wir haben das Resultat erhalten, daß die Verdrängung im wesentlichen ein Vorgang ist, der sich an Vorstellungen an der Grenze der Systeme *Ubw* und *Vbw (Bw)* vollzieht, und können nun einen neuerlichen Versuch machen, diesen Vorgang eingehender zu beschreiben. Es muß sich dabei um eine Entziehung von Besetzung handeln, aber es fragt sich, in welchem System findet die Entziehung statt, und welchem System gehört die entzogene Besetzung an.

Die verdrängte Vorstellung bleibt im *Ubw* aktionsfähig; sie muß also ihre Besetzung behalten haben. Das Entzogene muß etwas anderes sein. Nehmen wir den Fall der eigentlichen Verdrängung vor (des Nachdrängens), wie sie sich an der vorbewußten oder selbst bereits bewußten Vorstellung abspielt, dann kann die Verdrängung nur darin bestehen, daß der Vorstellung die (vor)bewußte Besetzung entzogen wird, die dem System *Vbw* angehört. Die Vorstellung bleibt dann unbesetzt oder sie erhält Besetzung vom *Ubw* her, oder sie behält die *ubw* Besetzung, die sie schon früher hatte. Also Entziehung der vorbewußten, Erhaltung der unbewußten Besetzung oder Ersatz der vorbewußten Besetzung durch eine unbewußte. Wir bemerken übrigens, daß wir dieser Betrachtung wie unabsichtlich die Annahme zu Grunde gelegt haben, der Übergang aus dem System *Ubw* in ein nächstes geschehe nicht durch eine neue Niederschrift, sondern durch eine Zustandsänderung, einen Wandel in der Besetzung. Die funktionale Annahme hat hier die topische mit leichter Mühe aus dem Felde geschlagen.

Dieser Vorgang der Libidoentziehung reicht aber nicht aus, um einen anderen Charakter der Verdrängung begreiflich zu machen. Es ist nicht einzusehen, warum die besetzt gebliebene oder vom *Ubw* her mit Besetzung versehene Vorstellung nicht den Versuch erneuern sollte, kraft ihrer Besetzung in das System *Vbw* einzudringen. Dann müßte sich die Libidoentziehung an ihr wiederholen, und dasselbe Spiel würde sich unabgeschlossen fortsetzen, das Ergebnis aber nicht das der Verdrängung sein. Ebenso würde der besprochene Mechanismus der Entziehung vorbewußter Besetzung versagen, wenn es sich um die Darstellung der Urverdrängung handelt; in diesem Falle liegt ja eine unbewußte Vorstellung vor, die noch keine Besetzung vom *Vbw* erhalten hat, der eine solche also auch nicht entzogen werden kann.

Wir bedürfen also hier eines anderen Vorganges, welcher im ersten Falle die Verdrängung unterhält, im zweiten ihre Herstellung und Fortdauer besorgt, und können diesen nur in der Annahme einer **Gegenbesetzung** finden, durch welche sich das System *Vbw* gegen das Andrängen der unbewußten Vorstellung schützt. Wie sich eine solche Gegenbesetzung, die im System *Vbw* vor sich geht, äußert, werden wir an klinischen Beispielen sehen. Sie ist es, welche den Daueraufwand einer Urverdrängung repräsentiert, aber auch deren Dauerhaftigkeit verbürgt. Die Gegenbesetzung ist der alleinige Mechanismus der Urverdrängung; bei der eigentlichen Verdrängung (dem Nachdrängen) kommt die Entziehung der *vbw* Besetzung hinzu. Es ist sehr wohl möglich, daß gerade die der Vorstellung entzogene Besetzung zur Gegenbesetzung verwendet wird.

Wir merken, wie wir allmählich dazu gekommen sind, in der Darstellung psychischer Phänomene einen dritten Gesichtspunkt zur Geltung zu bringen, außer dem dynamischen und dem topischen den **ökonomischen**, der die Schicksale der Erregungsgrößen zu verfolgen und eine wenigstens relative Schätzung derselben zu gewinnen strebt. Wir werden es nicht unbillig finden, die Betrachtungsweise, welche die Vollendung der psychoanalytischen Forschung ist, durch einen besonderen Namen auszuzeichnen. Ich schlage vor, daß es eine **metapsychologische Darstellung** genannt werden soll, wenn es uns gelingt, einen psychischen Vorgang nach seinen **dynamischen, topischen und ökonomischen** Beziehungen zu beschreiben. Es ist vorherzusagen, daß es uns bei dem gegenwärtigen Stand unserer Einsichten nur an vereinzelten Stellen gelingen wird.

Machen wir einen zaghaften Versuch, eine metapsychologische Beschreibung des Verdrängungsvorganges bei den drei bekannten Übertragungsneurosen zu geben. Wir dürfen dabei „Besetzung" durch „Libido" ersetzen, weil es sich ja, wie wir wissen, um die Schicksale von Sexualtrieben handelt.

Eine erste Phase des Vorganges bei der Angsthysterie wird häufig übersehen, vielleicht auch wirklich übergangen, ist aber bei sorgfältiger Beobachtung gut kenntlich. Sie besteht darin, daß Angst auftritt, ohne daß wahrgenommen würde, wovor. Es ist anzunehmen, daß im *Ubw* eine Liebesregung vorhanden war, die nach der Umsetzung ins System *Vbw* verlangte; aber die von diesem System her ihr zugewendete Besetzung zog sich nach Art eines Fluchtversuches von ihr zurück, und die unbewußte Libidobesetzung der zurückgewiesenen Vorstellung wurde als Angst abgeführt. Bei einer etwaigen Wiederholung des Vorganges wurde ein erster Schritt zur Bewältigung der unliebsamen Angstentwicklung unternommen. Die fliehende Besetzung wendete sich einer Ersatzvorstellung zu, die einerseits assoziativ mit der abgewiesenen Vorstellung zusammenhing, anderseits durch die Entfernung von ihr der Verdrängung entzogen war (Verschiebungsersatz) und eine Rationalisierung der noch unhemmbaren Angstentwicklung gestattete. Die Ersatzvorstellung spielt nun für das System *Bw (Vbw)* die Rolle einer Gegenbesetzung, indem sie es gegen das Auftauchen der verdrängten Vorstellung im *Bw* versichert, anderseits ist sie die Ausgangsstelle der nun erst recht unhemmbaren Angstaffektentbindung oder benimmt sich als solche. Die klinische Beobachtung zeigt, daß z. B. das an der Tierphobie leidende Kind nun unter zweierlei Bedingungen Angst verspürt, erstens wenn die verdrängte Liebesregung eine Verstärkung erfährt, und zweitens wenn das Angsttier wahrgenommen wird. Die Ersatzvorstellung benimmt sich in dem einen Falle wie die Stelle einer Überleitung aus dem System *Ubw* in das System *Bw*, im anderen wie eine selbständige Quelle der Angstentbindung. Die Ausdehnung der Herrschaft des Systems *Bw* pflegt sich darin zu äußern, daß die erste Erregungsweise der Ersatzvorstellung gegen die zweite immer mehr zurücktritt. Vielleicht benimmt sich am Ende das Kind so, als hätte es gar keine Neigung zu dem Vater, wäre ganz von ihm freigeworden, und als hätte es wirklich Angst vor dem Tier. Nur daß diese Tierangst, aus der unbewußten Triebquelle gespeist, sich widerspenstig und übergroß gegen alle Beeinflussungen aus dem System *Bw* erweist und dadurch ihre Herkunft aus dem System *Ubw* verrät.

Die Gegenbesetzung aus dem System *Bw* hat also in der zweiten Phase der Angsthysterie zur Ersatzbildung geführt. Derselbe Mechanismus findet bald eine neuerliche Anwendung. Der Verdrängungsvorgang ist, wie wir wissen, noch nicht abgeschlossen und findet ein weiteres Ziel in der Aufgabe, die vom Ersatz ausgehende Angstentwicklung zu hemmen. Dies geschieht in der Weise, daß die gesamte assoziierte Umgebung der Ersatzvorstellung mit besonderer Intensität besetzt wird, so daß sie eine hohe Empfindlichkeit gegen Erregung bezeigen kann. Eine Erregung irgend einer Stelle dieses Vorbaues muß zufolge der Verknüpfung mit der Ersatzvorstellung den Anstoß zu einer geringen Angstentwicklung geben, welche nun als Signal benützt wird, um durch neuerliche Flucht der Besetzung den weiteren Fortgang der Angstentwicklung zu hemmen. Je weiter weg vom gefürchteten Ersatz die empfindlichen und wachsamen Gegenbesetzungen angebracht sind, desto präziser kann der Mechanismus funktionieren, der die Ersatzvorstellung isolieren und neue Erregungen von ihr abhalten soll. Diese Vorsichten schützen natürlich nur gegen Erregungen, die von außen, durch die Wahrnehmung an die Ersatzvorstellung herantreten, aber niemals gegen die Trieberregung, die von der Verbindung mit der verdrängten Vorstellung her die Ersatzvorstellung trifft. Sie beginnen also erst zu wirken, wenn der Ersatz die Vertretung des Verdrängten gut übernommen hat, und können niemals ganz verläßlich wirken. Bei jedem Ansteigen der Trieberregung muß der schützende Wall um die Ersatzvorstellung um ein Stück weiter hinaus verlegt werden. Die ganze Konstruktion, die in analoger Weise bei den anderen Neurosen hergestellt wird, trägt den Namen einer Phobie. Der Ausdruck der Flucht vor bewußter Besetzung der Ersatzvorstellung sind die Vermeidungen, Verzichte und Verbote, an denen man die Angsthysterie erkennt. Überschaut man den ganzen Vorgang, so kann man sagen, die dritte Phase hat die Arbeit der zweiten in größerem Ausmaß wiederholt. Das System *Bw* schützt sich jetzt gegen die Aktivierung der Ersatzvorstellung durch die Gegenbesetzung der Umgebung, wie es sich vorhin durch die Besetzung der Ersatzvorstellung gegen das Auftauchen der verdrängten Vorstellung gesichert hatte. Die Ersatzbildung durch Verschiebung hat sich in solcher Weise fortgesetzt. Man muß auch hinzufügen, daß das System *Bw* früher nur eine kleine Stelle besaß, die eine Einbruchspforte der verdrängten Triebregung war, die Ersatzvorstellung nämlich, daß aber am Ende der ganze phobische Vorbau einer solchen Enklave des unbewußten Einflusses entspricht. Man kann ferner den interessanten Gesichtspunkt hervorheben, daß durch den ganzen ins Werk gesetzten Abwehrmechanismus eine Projektion der Triebgefahr nach außen erreicht worden ist. Das Ich benimmt sich so, als ob ihm die Gefahr der Angstentwicklung nicht von einer Triebregung, sondern von einer Wahrnehmung her drohte, und darf darum gegen diese äußere Gefahr mit den Fluchtversuchen der phobischen Vermeidungen reagieren. Eines gelingt bei diesem Vorgang der Verdrängung: die Entbindung von Angst läßt sich einigermaßen eindämmen, aber nur unter schweren Opfern an persönlicher Freiheit. Fluchtversuche vor Triebansprüchen sind aber im allgemeinen nutzlos, und das Ergebnis der phobischen Flucht bleibt doch unbefriedigend.

Von den Verhältnissen, die wir bei der Angsthysterie erkannt haben, gilt ein großer Anteil auch für die beiden anderen Neurosen, so daß wir die Erörterung auf die Unterschiede und die Rolle der Gegenbesetzung beschränken können. Bei der Konversionshysterie wird die Triebbesetzung der verdrängten Vorstellung in die Innervation des Symptoms umgesetzt. Inwieweit und unter welchen Umständen die unbewußte Vorstellung durch diese Abfuhr zur Innervation drainiert ist, so daß sie ihr Andrängen gegen das System *Bw* aufgeben kann, diese und ähnliche Fragen bleiben besser einer speziellen Untersuchung der Hysterie vorbehalten. Die Rolle der Gegenbesetzung, die vom System *Bw (Vbw)* ausgeht, ist bei der Konversionshysterie deutlich und kommt in der Symptombildung zum Vorschein. Die Gegenbesetzung ist es, welche die Auswahl trifft, auf welches Stück der Triebrepräsentanz die ganze Besetzung derselben konzentriert werden darf. Dies zum Symptom erlesene Stück erfüllt die Bedingung, daß es dem Wunschziel der Triebregung ebensosehr Ausdruck gibt wie dem Abwehr- oder Strafbestreben des Systems *Bw*; es wird also überbesetzt und von beiden Seiten her gehalten wie die Ersatzvorstellung der Angsthysterie. Wir können aus diesem Verhältnis ohne weiteres den Schluß ziehen, daß der Verdrängungsaufwand des Systems *Bw* nicht so groß zu sein braucht wie die Besetzungsenergie des Symptoms, denn die Stärke der Verdrängung wird durch die aufgewendete Gegenbesetzung gemessen, und das Symptom stützt sich nicht nur auf die Gegenbesetzung, sondern auch auf die in ihm verdichtete Triebbesetzung aus dem System *Ubw*.

Für die Zwangsneurose hätten wir den in der vorigen Abhandlung enthaltenen Bemerkungen nur hinzuzufügen, daß hier die Gegenbesetzung des Systems *Bw* am sinnfälligsten in den Vordergrund tritt. Sie ist es, die als Reaktionsbildung organisiert die erste Verdrängung besorgt, und an welcher später der Durchbruch der verdrängten Vorstellung erfolgt. Man darf der Vermutung Raum geben, daß es an dem Vorwiegen der Gegenbesetzung und Ausfallen einer Abfuhr liegt, wenn das Werk der Verdrängung bei Angsthysterie und Zwangsneurose weit weniger geglückt erscheint als bei der Konversionshysterie.

V
Die besonderen Eigenschaften des Systems Ubw

Eine neue Bedeutung erhält die Unterscheidung der beiden psychischen Systeme, wenn wir darauf aufmerksam werden, daß die Vorgänge des einen Systems, des *Ubw*, Eigenschaften zeigen, die sich in dem nächst höheren nicht wiederfinden.

Der Kern des *Ubw* besteht aus Triebrepräsentanzen, die ihre Besetzung abführen wollen, also aus Wunschregungen. Diese Triebregungen sind einander koordiniert, bestehen unbeeinflußt nebeneinander, widersprechen einander nicht. Wenn zwei Wunschregungen gleichzeitig aktiviert werden, deren Ziele uns unvereinbar erscheinen müssen, so ziehen sich die beiden Regungen nicht etwa voneinander ab oder heben einander auf, sondern sie treten zur Bildung eines mittleren Zieles, eines Kompromisses, zusammen.

Es gibt in diesem System keine Negation, keinen Zweifel, keine Grade von Sicherheit. All dies wird erst durch die Arbeit der Zensur zwischen *Ubw* und *Vbw* eingetragen. Die Negation ist ein Ersatz der Verdrängung von höherer Stufe. Im *Ubw* gibt es nur mehr oder weniger stark besetzte Inhalte.

Es herrscht eine weit größere Beweglichkeit der Besetzungsintensitäten. Durch den Prozeß der Verschiebung kann eine Vorstellung den ganzen Betrag ihrer Besetzung an eine andere abgeben, durch den der Verdichtung die ganze Besetzung mehrerer anderer an sich nehmen. Ich habe vorgeschlagen, diese beiden Prozesse als Anzeichen des sogenannten psychischen Primärvorganges anzusehen. Im System *Vbw* herrscht der Sekundärvorgang;[1] wo ein solcher Primärvorgang sich an Elementen des Systems *Vbw* abspielen darf, erscheint er „komisch" und erregt Lachen.

Die Vorgänge des Systems *Ubw* sind zeitlos, d. h. sie sind nicht zeitlich geordnet, werden durch die verlaufende Zeit nicht abgeändert, haben überhaupt keine Beziehung zur Zeit. Auch die Zeitbeziehung ist an die Arbeit des *Bw*-Systems geknüpft.

Ebensowenig kennen die *Ubw*-Vorgänge eine Rücksicht auf die Realität. Sie sind dem Lustprinzip unterworfen; ihr Schicksal hängt nur davon ab, wie stark sie sind, und ob sie die Anforderungen der Lust-Unlustregulierung erfüllen.

Fassen wir zusammen: **Widerspruchslosigkeit, Primärvorgang** (Beweglichkeit der Besetzungen), **Zeitlosigkeit** und **Ersetzung der äußeren Realität durch die psychische** sind die Charaktere, die wir an zum System *Ubw* gehörigen Vorgängen zu finden erwarten dürfen.[2]

Die unbewußten Vorgänge werden für uns nur unter den Bedingungen des Träumens und der Neurosen erkennbar, also dann, wenn Vorgänge des höheren *Vbw*-Systems durch eine Erniedrigung (Regression) auf eine frühere Stufe zurückversetzt werden. An und für sich sind sie unerkennbar, auch existenzunfähig, weil das System *Ubw* sehr frühzeitig von dem *Vbw* überlagert wird, welches den Zugang zum Bewußtsein und zur Motilität an sich gerissen hat. Die Abfuhr des Systems *Ubw* geht in die Körperinnervation zur Affektentwicklung, aber auch dieser Entladungsweg wird ihm, wie wir gehört haben, vom

---

[1] Siehe die Ausführungen im VII. Abschnitt der Traumdeutung [Ges. Werke, Band II/III], welche sich auf die von J. B r e u e r in den „Studien über Hysterie" entwickelten Ideen stützt

[2] Die Erwähnung eines anderen bedeutsamen Vorrechtes des *Ubw* sparen wir für einen anderen Zusammenhang auf.

Vbw streitig gemacht. Für sich allein könnte das *Ubw*-System unter normalen Verhältnissen keine zweckmäßige Muskelaktion zu stande bringen, mit Ausnahme jener, die als Reflexe bereits organisiert sind.

Die volle Bedeutung der beschriebenen Charaktere des Systems *Ubw* könnte uns erst einleuchten, wenn wir sie den Eigenschaften des Systems *Vbw* gegenüberstellen und an ihnen messen würden. Allein dies würde uns so weitab führen, daß ich vorschlage, wiederum einen Aufschub gutzuheißen und die Vergleichung der beiden Systeme erst im Anschluß an die Würdigung des höheren Systems vorzunehmen. Nur das Allerdringendste soll schon jetzt seine Erwähnung finden.

Die Vorgänge des Systems *Vbw* zeigen — und zwar gleichgültig, ob sie bereits bewußt oder nur bewußtseinsfähig sind — eine Hemmung der Abfuhrneigung von den besetzten Vorstellungen. Wenn der Vorgang von einer Vorstellung auf eine andere übergeht, so hält die erstere einen Teil ihrer Besetzung fest und nur ein kleiner Anteil erfährt die Verschiebung. Verschiebungen und Verdichtungen wie beim Primärvorgang sind ausgeschlossen oder sehr eingeschränkt. Dieses Verhältnis hat J. Breuer veranlaßt, zwei verschiedene Zustände der Besetzungsenergie im Seelenleben anzunehmen, einen tonisch gebundenen und einen frei beweglichen, der Abfuhr zustrebenden. Ich glaube, daß diese Unterscheidung bis jetzt unsere tiefste Einsicht in das Wesen der nervösen Energie darstellt, und sehe nicht, wie man um sie herumkommen soll. Es wäre ein dringendes Bedürfnis der metapsychologischen Darstellung — vielleicht aber noch ein allzu gewagtes Unternehmen — an dieser Stelle die Diskussion fortzuführen.

Dem System *Vbw* fallen ferner zu die Herstellung einer Verkehrsfähigkeit unter den Vorstellungsinhalten, so daß sie einander beeinflussen können, die zeitliche Anordnung derselben, die Einführung der einen Zensur oder mehrerer Zensuren, die Realitätsprüfung und das Realitätsprinzip. Auch das bewußte Gedächtnis scheint ganz am *Vbw* zu hängen, es ist scharf von den Erinnerungsspuren zu scheiden, in denen sich die Erlebnisse des *Ubw* fixieren, und entspricht wahrscheinlich einer besonderen Niederschrift, wie wir sie für das Verhältnis der bewußten zur unbewußten Vorstellung annehmen wollten, aber bereits verworfen haben. In diesem Zusammenhang werden wir auch die Mittel finden, unserem Schwanken in der Benennung des höheren Systems, das wir jetzt richtungslos bald *Vbw* bald *Bw* heißen, ein Ende zu machen.

Es wird auch die Warnung am Platze sein, nicht voreilig zu verallgemeinern, was wir hier über die Verteilung der seelischen Leistungen an die beiden Systeme zu Tage gefördert haben. Wir beschreiben die Verhältnisse, wie sie sich beim reifen Menschen zeigen, bei dem das System *Ubw* streng genommen nur als Vorstufe der höheren Organisation funktioniert. Welchen Inhalt und welche Beziehungen dies System während der individuellen Entwicklung hat, und welche Bedeutung ihm beim Tiere zukommt, das soll nicht aus unserer Beschreibung abgeleitet, sondern selbständig erforscht werden. Wir müssen auch beim Menschen darauf gefaßt sein, etwa krankhafte Bedingungen zu finden, unter denen die beiden Systeme Inhalt wie Charaktere ändern oder selbst miteinander tauschen.

VI
Der Verkehr der beiden Systeme

Es wäre doch unrecht sich vorzustellen, daß das *Ubw* in Ruhe verbleibt, während die ganze psychische Arbeit vom *Vbw* geleistet wird, daß das *Ubw* etwas Abgetanes, ein rudimentäres Organ, ein Residuum der Entwicklung sei. Oder anzunehmen, daß sich der Verkehr der beiden Systeme auf den Akt der Verdrängung beschränkt, indem das *Vbw* alles, was ihm störend erscheint, in den Abgrund des *Ubw* wirft. Das *Ubw* ist vielmehr lebend, entwicklungsfähig und unterhält eine Anzahl von anderen Beziehungen zum *Vbw*, darunter auch die der Kooperation. Man muß zusammenfassend sagen, das *Ubw* setzt sich in die sogenannten Abkömmlinge fort, es ist den Einwirkungen des Lebens zugänglich, beeinflußt beständig das *Vbw* und ist seinerseits sogar Beeinflussungen von Seiten des *Vbw* unterworfen.

Das Studium der Abkömmlinge des *Ubw* wird unseren Erwartungen einer schematisch reinlichen Scheidung zwischen den beiden psychischen Systemen eine gründliche Enttäuschung bereiten. Das wird gewiß Unzufriedenheit mit unseren Ergebnissen erwecken und wahrscheinlich dazu benützt werden, den Wert unserer Art der Trennung der psychischen Vorgänge in Zweifel zu ziehen. Allein wir werden geltend machen, daß wir keine andere Aufgabe haben, als die Ergebnisse der Beobachtung in Theorie umzusetzen, und die Verpflichtung von uns weisen, auf den ersten Anlauf eine glatte und durch Einfachheit sich empfehlende Theorie zu erreichen. Wir vertreten deren Komplikationen, solange sie sich der Beobachtung adäquat erweisen, und geben die Erwartung nicht auf, gerade durch sie zur endlichen Erkenntnis eines Sachverhaltes geleitet zu werden, der, an sich einfach, den Komplikationen der Realität gerecht werden kann.

Unter den Abkömmlingen der *ubw* Triebregungen vom beschriebenen Charakter gibt es welche, die entgegengesetzte Bestimmungen in sich vereinigen. Sie sind einerseits hochorganisiert, widerspruchsfrei, haben allen Erwerb des Systems *Bw* verwertet und würden sich für unser Urteil von den Bildungen dieses Systems kaum unterscheiden. Anderseits sind sie unbewußt und unfähig, bewußt zu werden. Sie gehören also qualitativ zum System *Vbw*, faktisch aber zum *Ubw*. Ihre Herkunft bleibt das für ihr Schicksal Entscheidende. Man muß sie mit den Mischlingen menschlicher Rassen vergleichen, die im großen und ganzen bereits den Weißen gleichen, ihre farbige Abkunft aber durch den einen oder anderen auffälligen Zug verraten und darum von der Gesellschaft ausgeschlossen bleiben und keines der Vorrechte der Weißen genießen. Solcher Art sind die Phantasiebildungen der Normalen wie der Neurotiker, die wir als Vorstufen der Traum- wie der Symptombildung erkannt haben, und die trotz ihrer hohen Organisation verdrängt bleiben und als solche nicht bewußt werden können. Sie kommen nahe ans Bewußtsein heran, bleiben ungestört, solange sie keine intensive Besetzung haben, werden aber zurückgeworfen, sobald sie eine gewisse Höhe der Besetzung überschreiten. Ebensolche höher organisierte Abkömmlinge des *Ubw* sind die Ersatzbildungen, denen aber der Durchbruch zum Bewußtsein dank einer günstigen Relation gelingt, wie z. B. durch das Zusammentreffen mit einer Gegenbesetzung des *Vbw*.

Wenn wir an anderer Stelle die Bedingungen des Bewußtwerdens eingehender untersuchen, wird uns ein Teil der hier auftauchenden Schwierigkeiten lösbar werden. Hier mag es uns vorteilhaft erscheinen, der bisherigen vom *Ubw* her aufsteigenden Betrachtung eine vom Bewußtsein ausgehende gegenüberzustellen. Dem Bewußtsein tritt die ganze Summe der psychischen Vorgänge als das Reich des Vorbewußten entgegen. Ein sehr großer Anteil dieses Vorbewußten stammt aus dem Unbewußten, hat den Charakter der Abkömmlinge desselben und unterliegt einer Zensur, ehe er bewußt werden kann. Ein anderer Anteil des *Vbw* ist ohne Zensur bewußtseinsfähig. Wir gelangen hier zu einem Widerspruch gegen eine frühere Annahme. In der Betrachtung der Verdrängung wurden wir genötigt, die für das Bewußtwerden entscheidende Zensur zwischen die Systeme *Ubw* und *Vbw* zu verlegen. Jetzt wird uns eine Zensur zwischen *Vbw* und *Bw* nahegelegt. Wir tun aber gut daran, in dieser Komplikation keine Schwierigkeit zu erblicken, sondern anzunehmen, daß jedem Übergang von einem System zum nächst höheren, also jedem Fortschritt zu einer höheren Stufe psychischer Organisation eine neue Zensur entspreche. Die Annahme einer fortlaufenden Erneuerung der Niederschriften ist damit allerdings abgetan.

Der Grund all dieser Schwierigkeiten ist darin zu suchen, daß die Bewußtheit, der einzige uns unmittelbar gegebene Charakter der psychischen Vorgänge, sich zur Systemunterscheidung in keiner Weise eignet. Abgesehen davon, daß das Bewußte nicht immer bewußt, sondern zeitweilig auch latent ist, hat uns die Beobachtung gezeigt, daß vieles, was die Eigenschaften des Systems *Vbw* teilt, nicht bewußt wird, und haben wir noch zu erfahren, daß das Bewußtwerden durch gewisse Richtungen seiner Aufmerksamkeit eingeschränkt ist. Das Bewußtsein hat so weder zu den Systemen noch zur Verdrängung ein einfaches Verhältnis. Die Wahrheit ist, daß nicht nur das psychisch Verdrängte dem Bewußtsein fremd bleibt, sondern auch ein Teil der unser Ich beherrschenden Regungen, also der stärkste funktionelle Gegensatz des Verdrängten. In dem Maße, als wir uns zu einer metapsychologischen Betrachtung des Seelenlebens durchringen wollen, müssen wir lernen, uns von der Bedeutung des Symptoms „Bewußtheit" zu emanzipieren.

Solange wir noch an diesem haften, sehen wir unsere Allgemeinheiten regelmäßig durch Ausnahmen durchbrochen. Wir sehen, daß Abkömmlinge des *Vbw* als Ersatzbildungen und als Symptome bewußt werden, in der Regel nach großen Entstellungen gegen das Unbewußte, aber oft mit Erhaltung vieler zur Verdrängung auffordernden Charaktere. Wir finden, daß viele vorbewußte Bildungen unbewußt bleiben, die, sollten wir meinen, ihrer Natur nach sehr wohl bewußt werden dürften. Wahrscheinlich macht sich bei ihnen die stärkere Anziehung des *Ubw* geltend. Wir werden darauf hingewiesen, die bedeutsamere Differenz nicht zwischen dem Bewußten und dem Vorbewußten, sondern zwischen dem Vorbewußten und dem Unbewußten zu suchen. Das *Ubw* wird an der Grenze des *Vbw* durch die Zensur zurückgewiesen, Abkömmlinge desselben können diese Zensur umgehen, sich hoch organisieren, im *Vbw* bis zu einer gewissen Intensität der Besetzung heranwachsen, werden aber dann, wenn sie diese überschritten haben und sich dem Bewußtsein aufdrängen wollen, als Abkömmlinge des *Ubw* erkannt und an der neuen Zensurgrenze zwischen *Vbw* und *Bw* neuerlich verdrängt. Die erstere Zensur funktioniert so gegen das *Ubw* selbst, die letztere gegen die *vbw* Abkömmlinge desselben. Man könnte meinen, die Zensur habe sich im Laufe der individuellen Entwicklung um ein Stück vorgeschoben.

In der psychoanalytischen Kur erbringen wir den unanfechtbaren Beweis für die Existenz der zweiten Zensur, der zwischen den Systemen *Vbw* und *Bw*. Wir fordern den Kranken auf, reichlich Abkömmlinge des *Ubw* zu bilden, verpflichten ihn dazu, die Einwendungen der Zensur gegen das Bewußtwerden dieser vorbewußten Bildungen zu überwinden, und bahnen uns durch die Besiegung dieser Zensur den Weg zur Aufhebung der Verdrängung, die das Werk der früheren Zensur ist. Fügen wir noch die Bemerkung an, daß die Existenz der Zensur zwischen *Vbw* und *Bw* uns mahnt, das Bewußtwerden sei kein bloßer Wahrnehmungsakt, sondern wahrscheinlich auch eine Überbesetzung, ein weiterer Fortschritt der psychischen Organisation.

Wenden wir uns zum Verkehr des *Ubw* mit den anderen Systemen, weniger um Neues festzustellen, als um nicht das Sinnfälligste zu übergehen. An den Wurzeln der Triebtätigkeit kommunizieren die Systeme aufs ausgiebigste miteinander. Ein Anteil der hier erregten Vorgänge geht durch das *Ubw* wie durch eine Vorbereitungsstufe durch und erreicht die höchste psychische Ausbildung im *Bw*, ein anderer wird als *Ubw* zurückgehalten. Das *Ubw* wird aber auch von den aus der äußeren Wahrnehmung stammenden Erlebnissen getroffen. Alle Wege von der Wahrnehmung zum *Ubw* bleiben in der Norm frei; erst die vom *Ubw* weiter führenden Wege unterliegen der Sperrung durch die Verdrängung.

Es ist sehr bemerkenswert, daß das *Ubw* eines Menschen mit Umgehung des *Bw* auf das *Ubw* eines anderen reagieren kann. Die Tatsache verdient eingehendere Untersuchung, besonders nach der Richtung, ob sich vorbewußte Tätigkeit dabei ausschließen läßt, ist aber als Beschreibung unbestreitbar. Der Inhalt des Systems *Vbw* (oder *Bw*) entstammt zu einem Teile dem Triebleben (durch Vermittlung des *Ubw*), zum anderen Teile der Wahrnehmung. Es ist zweifelhaft, inwieweit die Vorgänge dieses Systems eine direkte Einwirkung auf das *Ubw* äußern können; die Erforschung pathologischer Fälle zeigt oft eine kaum glaubliche Selbständigkeit und Unbeeinflußbarkeit des *Ubw*. Ein völliges Auseinandergehen der Strebungen, ein absoluter Zerfall der beiden Systeme ist überhaupt die Charakteristik des Krankseins. Allein die psychoanalytische Kur ist auf die Beeinflussung des *Ubw* vom *Bw* her gebaut und zeigt jedenfalls, daß solche, wiewohl mühsam, nicht unmöglich ist. Die zwischen beiden Systemen vermittelnden Abkömmlinge des *Ubw* bahnen uns, wie schon erwähnt, den Weg zu dieser Leistung. Wir dürfen aber wohl annehmen, daß die spontan erfolgende Veränderung des *Ubw* von seiten des *Bw* ein schwieriger und langsam verlaufender Prozeß ist.

Eine Kooperation zwischen einer vorbewußten und einer unbewußten, selbst intensiv verdrängten Regung kann zu stande kommen, wenn es die Situation ergibt, daß die unbewußte Regung gleichsinnig mit einer der herrschenden Strebungen wirken kann. Die Verdrängung wird für diesen Fall aufgehoben, die verdrängte Aktivität als Verstärkung der vom Ich beabsichtigten zugelassen. Das Unbewußte wird für diese eine Konstellation ichgerecht, ohne daß sonst an seiner Verdrängung etwas abgeändert würde. Der Erfolg des *Ubw* ist bei dieser Kooperation unverkennbar; die verstärkten Strebungen benehmen sich doch anders als die normalen, sie befähigen zu besonders vollkommener Leistung und sie zeigen gegen Widersprüche eine ähnliche Resistenz wie etwa die Zwangssymptome.

Den Inhalt des *Ubw* kann man einer psychischen Urbevölkerung vergleichen. Wenn es beim Menschen ererbte psychische Bildungen, etwas dem Instinkt der Tiere Analoges gibt, so macht dies den Kern des *Ubw* aus. Dazu kommt später das während der Kindheitsentwicklung als unbrauchbar Beseitigte hinzu, was seiner Natur nach von dem Ererbten nicht verschieden zu sein braucht. Eine scharfe und endgültige Scheidung des Inhaltes der beiden Systeme stellt sich in der Regel erst mit dem Zeitpunkte der Pubertät her.

VII

Die Agnoszierung des Unbewußten

Soviel, als wir in den vorstehenden Erörterungen zusammengetragen haben, läßt sich etwa über das *Ubw* aussagen, solange man nur aus der Kenntnis des Traumlebens und der Übertragungsneurosen schöpft. Es ist gewiß nicht viel, macht stellenweise den Eindruck des Ungeklärten und Verwirrenden und läßt vor allem die Möglichkeit vermissen, das *Ubw* an einen bereits bekannten Zusammenhang anzuordnen oder es in ihn einzureihen. Erst die Analyse einer der Affektionen, die wir narzißtische Psychoneurosen heißen, verspricht uns Auffassungen zu liefern, durch welche uns das rätselvolle *Ubw* näher gerückt und gleichsam greifbar gemacht wird.

Seit einer Arbeit von Abraham (1908), welche der gewissenhafte Autor auf meine Anregung zurückgeführt hat, versuchen wir die Dementia praecox Kraepelins (Schizophrenie Bleulers) durch ihr Verhalten zum Gegensatz von Ich und Objekt zu charakterisieren. Bei den Übertragungsneurosen (Angst- und Konversionshysterie, Zwangsneurose) lag nichts vor, was diesen Gegensatz in den Vordergrund gerückt hätte. Man wußte zwar, daß die Versagung des Objekts den Ausbruch der Neurose herbeiführt, und daß die Neurose den Verzicht auf das reale Objekt involviert, auch daß die dem realen Objekt entzogene Libido auf ein phantasiertes Objekt und von da aus auf ein verdrängtes zurückgeht (Introversion). Aber die Objektbesetzung überhaupt wird bei ihnen mit großer Energie festgehalten, und die feinere Untersuchung des Verdrängungsvorganges hat uns anzunehmen genötigt, daß die Objektbesetzung im System *Ubw* trotz der Verdrängung — vielmehr infolge derselben — fortbesteht. Die Fähigkeit zur Übertragung, welche wir bei diesen Affektionen therapeutisch ausnützen, setzt ja die ungestörte Objektbesetzung voraus.

Bei der Schizophrenie hat sich uns dagegen die Annahme aufgedrängt, daß nach dem Prozesse der Verdrängung die abgezogene Libido kein neues Objekt suche, sondern ins Ich zurücktrete, daß also hier die Objektbesetzungen aufgegeben und ein primitiver objektloser Zustand von Narzißmus wieder hergestellt werde. Die Unfähigkeit dieser Patienten zur Übertragung — soweit der Krankheitsprozeß reicht, — ihre daraus folgende therapeutische Unzugänglichkeit, die ihnen eigentümliche Ablehnung der Außenwelt, das Auftreten von Zeichen einer Überbesetzung des eigenen Ichs, der Ausgang in völlige Apathie, all diese klinischen Charaktere scheinen zu der Annahme eines Aufgebens der Objektbesetzungen trefflich zu stimmen. Von seiten des Verhältnisses der beiden psychischen Systeme wurde allen Beobachtern auffällig, daß bei der Schizophrenie vieles als bewußt geäußert wird, was wir bei den Übertragungsneurosen erst durch Psychoanalyse im *Ubw* nachweisen müssen. Aber es gelang zunächst nicht, zwischen der Ich-Objektbeziehung und den Bewußtseinsrelationen eine verständliche Verknüpfung herzustellen.

Das Gesuchte scheint sich auf folgendem unvermuteten Wege zu ergeben. Bei den Schizophrenen beobachtet man, zumal in den so lehrreichen Anfangsstadien, eine Anzahl von Veränderungen der Sprache, von denen einige es verdienen, unter einem bestimmten Gesichtspunkt betrachtet zu werden. Die Ausdrucksweise wird oft Gegenstand einer besonderen Sorgfalt, sie wird

„gewählt", „geziert". Die Sätze erfahren eine besondere Desorganisation des Aufbaues, durch welche sie uns unverständlich werden, so daß wir die Äußerungen der Kranken für unsinnig halten. Im Inhalt dieser Äußerungen wird oft eine Beziehung zu Körperorganen oder Körperinnervationen in den Vordergrund gerückt. Dem kann man anreihen, daß in solchen Symptomen der Schizophrenie, welche hysterischen oder zwangsneurotischen Ersatzbildungen gleichen, doch die Beziehung zwischen dem Ersatz und dem Verdrängten Eigentümlichkeiten zeigt, welche uns bei den beiden genannten Neurosen befremden würden.

Herr Dr. V. Tausk (Wien) hat mir einige seiner Beobachtungen bei beginnender Schizophrenie zur Verfügung gestellt, die durch den Vorzug ausgezeichnet sind, daß die Kranke selbst noch die Aufklärung ihrer Reden geben wollte. Ich will nun an zweien seiner Beispiele zeigen, welche Auffassung ich zu vertreten beabsichtige, zweifle übrigens nicht daran, daß es jedem Beobachter leicht sein würde, solches Material in Fülle vorzubringen.

Eine der Kranken Tausks, ein Mädchen, das nach einem Zwist mit ihrem Geliebten auf die Klinik gebracht wurde, klagt:
Die Augen sind nicht richtig, sie sind verdreht. Das erläutert sie selbst, indem sie in geordneter Sprache eine Reihe von Vorwürfen gegen den Geliebten vorbringt. „Sie kann ihn gar nicht verstehen, er sieht jedesmal anders aus, er ist ein Heuchler, ein Augenverdreher, er hat ihr die Augen verdreht, jetzt hat sie verdrehte Augen, es sind nicht mehr ihre Augen, sie sieht die Welt jetzt mit anderen Augen."

Die Äußerungen der Kranken zu ihrer unverständlichen Rede haben den Wert einer Analyse, da sie deren Äquivalent in allgemein verständlicher Ausdrucksweise enthalten; sie geben gleichzeitig Aufschluß über Bedeutung und über Genese der schizophrenen Wortbildung. In Übereinstimmung mit Tausk hebe ich aus diesem Beispiel hervor, daß die Beziehung zum Organ (zum

Auge) sich zur Vertretung des ganzen Inhaltes aufgeworfen hat. Die schizophrene Rede hat hier einen hypochondrischen Zug, sie ist Organsprache geworden.

Eine zweite Mitteilung derselben Kranken: „Sie steht in der Kirche, plötzlich gibt es ihr einen Ruck, sie muß sich anders stellen, als stellte sie jemand, als würde sie gestellt."

Dazu die Analyse durch eine neue Reihe von Vorwürfen gegen den Geliebten, „der ordinär ist, der sie, die vom Hause aus fein war, auch ordinär gemacht hat. Er hat sie sich ähnlich gemacht, indem er sie glauben machte, er sei ihr überlegen; nun sei sie so geworden, wie er ist, weil sie glaubte, sie werde besser sein, wenn sie ihm gleich werde. Er hat sich verstellt, sie ist jetzt so wie er (Identifizierung!), er hat sie verstellt."

Die Bewegung „des sich anders Stellen", bemerkt Tausk, ist eine Darstellung des Wortes „verstellen" und der Identifizierung mit dem Geliebten. Ich hebe wiederum die Prävalenz jenes Elements des ganzen Gedankenganges hervor, welches eine körperliche Innervation (vielmehr deren Empfindung) zum Inhalt hat. Eine Hysterika hätte übrigens im ersten Falle krampfhaft die Augen verdreht, im zweiten den Ruck wirklich ausgeführt, anstatt den Impuls dazu oder die Sensation davon zu verspüren, und in beiden Fällen hätte sie keinen bewußten Gedanken dabei gehabt und wäre auch nachträglich nicht im stande gewesen, solche zu äußern.

Soweit zeugen diese beiden Beobachtungen für das, was wir hypochondrische oder Organsprache genannt haben. Sie mahnen aber auch, was uns wichtiger erscheint, an einen anderen Sachverhalt, der sich beliebig oft z. B. an den in Bleulers Monographie gesammelten Beispielen nachweisen und in eine bestimmte Formel fassen läßt. Bei der Schizophrenie werden die Worte demselben Prozeß unterworfen, der aus den latenten Traumgedanken die Traumbilder macht, den wir den psychischen Primärvorgang geheißen haben. Sie werden verdichtet und übertragen einander ihre Besetzungen restlos durch Verschiebung; der Prozeß kann so weit gehen, daß ein einziges, durch mehrfache Beziehungen dazu geeignetes Wort die Vertretung einer ganzen Gedankenkette übernimmt. Die Arbeiten von Bleuler, Jung und ihren Schülern haben gerade für diese Behauptung reichliches Material ergeben.[1]

Ehe wir aus solchen Eindrücken einen Schluß ziehen, wollen wir noch der feinen, aber doch befremdlich wirkenden Unterschiede zwischen der schizophrenen und der hysterischen und zwangsneurotischen Ersatzbildung gedenken. Ein Patient, den ich gegenwärtig beobachte, läßt sich durch den schlechten Zustand seiner Gesichtshaut von allen Interessen des Lebens abziehen. Er behauptet, Mitesser zu haben und tiefe Löcher im Gesicht, die ihm jedermann ansieht. Die Analyse weist nach, daß er seinen Kastrationskomplex an seiner Haut abspielt. Er beschäftigte sich zunächst reuelos mit seinen Mitessern, deren Ausdrücken ihm große Befriedigung bereitete, weil dabei etwas heraussprit zte, wie er sagt. Dann begann er zu glauben, daß überall dort, wo er einen Comedo beseitigt hatte, eine tiefe Grube entstanden sei, und er machte sich die heftigsten Vorwürfe, durch sein „beständiges Herumarbeiten mit der Hand" seine Haut für alle Zeiten verdorben zu haben. Es ist evident, daß ihm das Auspressen des Inhaltes der Mitesser ein Ersatz für die Onanie ist. Die Grube, die darauf durch seine Schuld entsteht, ist das weibliche Genitale, d. h. die Erfüllung der durch die Onanie provozierten Kastrationsdrohung (resp. der sie vertretenden Phantasie). Diese Ersatzbildung hat trotz ihres hypochondrischen Charakters viel Ähnlichkeit mit einer hysterischen Konversion, und doch wird man das Gefühl haben, daß hier etwas anderes vorgehen müsse, daß man solche Ersatzbildung einer Hysterie nicht zutrauen dürfe, noch ehe man

---

[1] Gelegentlich behandelt die Traumarbeit die Worte wie die Dinge und schafft dann sehr ähnliche „schizophrene" Reden oder Wortneubildungen.

sagen kann, worin die Verschiedenheit begründet ist. Ein winziges Grübchen wie eine Hautpore wird ein Hysteriker kaum zum Symbol der Vagina nehmen, die er sonst mit allen möglichen Gegenständen vergleicht, welche einen Hohlraum umschließen. Auch meinen wir, daß die Vielheit der Grübchen ihn abhalten wird, sie als Ersatz für das weibliche Genitale zu verwenden. Ähnliches gilt für einen jugendlichen Patienten, über den Tausk vor Jahren der Wiener Psychoanalytischen Gesellschaft berichtet hat. Er benahm sich sonst ganz wie ein Zwangsneurotiker, verbrauchte Stunden für seine Toilette u. dgl. Es war aber an ihm auffällig, daß er widerstandslos die Bedeutung seiner Hemmungen mitteilen konnte. Beim Anziehen der Strümpfe störte ihn z. B. die Idee, daß er die Maschen des Gewebes, also Löcher, auseinanderziehen müsse, und jedes Loch war ihm Symbol der weiblichen Geschlechtsöffnung. Auch dies ist einem Zwangsneurotiker nicht zuzutrauen; ein solcher, aus der Beobachtung von R. Reitler, der am gleichen Verweilen beim Strumpfanziehen litt, fand nach Überwindung der Widerstände die Erklärung, daß der Fuß ein Penissymbol sei, das Überziehen des Strumpfes ein onanistischer Akt, und er mußte den Strumpf fortgesetzt an- und ausziehen, zum Teil, um das Bild der Onanie zu vervollkommnen, zum Teil, um sie ungeschehen zu machen.

Fragen wir uns, was der schizophrenen Ersatzbildung und dem Symptom den befremdlichen Charakter verleiht, so erfassen wir endlich, daß es das Überwiegen der Wortbeziehung über die Sachbeziehung ist. Zwischen dem Ausdrücken eines Mitessers und einer Ejakulation aus dem Penis besteht eine recht geringe Sachähnlichkeit, eine noch geringere zwischen den unzähligen seichten Hautporen und der Vagina; aber im ersten Falle spritzt beide Male etwas heraus, und für den zweiten gilt wörtlich der zynische Satz: Loch ist Loch. Die Gleichheit des sprachlichen Ausdruckes, nicht die Ähnlichkeit der bezeichneten Dinge, hat den Ersatz vorgeschrieben. Wo die beiden — Wort und Ding — sich nicht decken, weicht die schizophrene Ersatzbildung von der bei den Übertragungsneurosen ab.

Setzen wir diese Einsicht mit der Annahme zusammen, daß bei der Schizophrenie die Objektbesetzungen aufgegeben werden. Wir müssen dann modifizieren: die Besetzung der Wortvorstellungen der Objekte wird festgehalten. Was wir die bewußte Objektvorstellung heißen durften, zerlegt sich uns jetzt in die Wortvorstellung und in die Sachvorstellung, die in der Besetzung, wenn nicht der direkten Sacherinnerungsbilder, doch entfernterer und von ihnen abgeleiteter Erinnerungsspuren besteht. Mit einem Male glauben wir nun zu wissen, wodurch sich eine bewußte Vorstellung von einer unbewußten unterscheidet. Die beiden sind nicht, wie wir gemeint haben, verschiedene Niederschriften desselben Inhaltes an verschiedenen psychischen Orten, auch nicht verschiedene funktionelle Besetzungszustände an demselben Orte, sondern die bewußte Vorstellung umfaßt die Sachvorstellung plus der zugehörigen Wortvorstellung, die unbewußte ist die Sachvorstellung allein. Das System *Ubw* enthält die Sachbesetzungen der Objekte, die ersten und eigentlichen Objektbesetzungen; das System *Vbw* entsteht, indem diese Sachvorstellung durch die Verknüpfung mit den ihr entsprechenden Wortvorstellungen überbesetzt wird. Solche Überbesetzungen, können wir vermuten, sind es, welche eine höhere psychische Organisation herbeiführen und die Ablösung des Primärvorganges durch den im *Vbw* herrschenden Sekundärvorgang ermöglichen. Wir können jetzt auch präzise ausdrücken, was die Verdrängung bei den Übertragungsneurosen der zurückgewiesenen Vorstellung verweigert: Die Übersetzung in Worte, welche mit dem Objekt verknüpft bleiben sollen. Die nicht in Worte gefaßte Vorstellung oder der nicht überbesetzte psychische Akt bleibt dann im *Ubw* als verdrängt zurück.

Ich darf darauf aufmerksam machen, wie frühzeitig wir bereits die Einsicht besessen haben, die uns heute einen der auffälligsten

Charaktere der Schizophrenie verständlich macht. Auf den letzten Seiten der 1900 veröffentlichten „Traumdeutung" ist ausgeführt, daß die Denkvorgänge, d. i. die von den Wahrnehmungen entfernteren Besetzungsakte an sich qualitätslos und unbewußt sind und ihre Fähigkeit, bewußt zu werden, nur durch die Verknüpfung mit den Resten der Wortwahrnehmungen erlangen. Die Wortvorstellungen entstammen ihrerseits der Sinneswahrnehmung in gleicher Weise wie die Sachvorstellungen, so daß man die Frage aufwerfen könnte, warum die Objektvorstellungen nicht mittels ihrer eigenen Wahrnehmungsreste bewußt werden können. Aber wahrscheinlich geht das Denken in Systemen vor sich, die von den ursprünglichen Wahrnehmungsresten so weit entfernt sind, daß sie von deren Qualitäten nichts mehr erhalten haben und zum Bewußtwerden einer Verstärkung durch neue Qualitäten bedürfen. Außerdem können durch die Verknüpfung mit Worten auch solche Besetzungen mit Qualität versehen werden, die aus den Wahrnehmungen selbst keine Qualität mitbringen konnten, weil sie bloß Relationen zwischen den Objektvorstellungen entsprechen. Solche erst durch Worte faßbar gewordene Relationen sind ein Hauptbestandteil unserer Denkvorgänge. Wir verstehen, daß die Verknüpfung mit Wortvorstellungen noch nicht mit dem Bewußtwerden zusammenfällt, sondern bloß die Möglichkeit dazu gibt, daß sie also kein anderes System als das des *Vbw* charakterisiert. Nun merken wir aber, daß wir mit diesen Erörterungen unser eigentliches Thema verlassen und mitten in die Probleme des Vorbewußten und Bewußten geraten, die wir zweckmäßiger Weise einer gesonderten Behandlung vorbehalten.

Bei der Schizophrenie, die wir ja hier auch nur so weit berühren, als uns zur allgemeinen Erkennung des *Ubw* unerläßlich scheint, muß uns der Zweifel auftauchen, ob der hier Verdrängung genannte Vorgang überhaupt noch etwas mit der Verdrängung bei den Übertragungsneurosen gemein hat. Die Formel, die Verdrängung sei ein Vorgang zwischen dem System *Ubw* und dem *Vbw* (oder *Bw*) mit dem Erfolg der Fernhaltung vom Bewußtsein, bedarf jedenfalls einer Abänderung, um den Fall der Dementia praecox und anderer narzißtischer Affektionen miteinschließen zu können. Aber der Fluchtversuch des Ichs, der sich in der Abziehung der bewußten Besetzung äußert, bleibt immerhin als das Gemeinsame bestehen. Um wie vieles gründlicher und tiefgreifender dieser Fluchtversuch, diese Flucht des Ichs bei den narzißtischen Neurosen ins Werk gesetzt wird, lehrt die oberflächlichste Überlegung.

Wenn diese Flucht bei der Schizophrenie in der Einziehung der Triebbesetzung von den Stellen besteht, welche die unbewußte Objektvorstellung repräsentieren, so mag es befremdlich erscheinen, daß der dem System *Vbw* angehörige Teil derselben Objektvorstellung — die ihr entsprechenden Wortvorstellungen — vielmehr eine intensivere Besetzung erfahren sollen. Man könnte eher erwarten, daß die Wortvorstellung als der vorbewußte Anteil den ersten Stoß der Verdrängung auszuhalten hat, und daß sie ganz und gar unbesetzbar wird, nachdem sich die Verdrängung bis zu den unbewußten Sachvorstellungen fortgesetzt hat. Dies ist allerdings eine Schwierigkeit des Verständnisses. Es ergibt sich die Auskunft, daß die Besetzung der Wortvorstellung nicht zum Verdrängungsakt gehört, sondern den ersten der Herstellungs- oder Heilungsversuche darstellt, welche das klinische Bild der Schizophrenie so auffällig beherrschen. Diese Bemühungen wollen die verlorenen Objekte wieder gewinnen, und es mag wohl sein, daß sie in dieser Absicht den Weg zum Objekt über den Wortanteil desselben einschlagen, wobei sie sich aber dann mit den Worten an Stelle der Dinge begnügen müssen. Unsere seelische Tätigkeit bewegt sich ja ganz allgemein in zwei entgegengesetzten Verlaufsrichtungen, entweder von den Trieben her durch das System *Ubw* zur bewußten Denkarbeit, oder auf Anregung von außen durch das System des *Bw* und *Vbw* bis zu den *ubw* Besetzungen des Ichs und der Objekte. Dieser zweite Weg muß trotz der vorgefallenen Verdrängung passierbar bleiben und steht den Bemühungen der Neurose, ihre Objekte wieder zu gewinnen, ein Stück weit offen. Wenn wir abstrakt denken, sind wir in Gefahr, die Beziehungen der Worte zu den unbewußten Sachvorstellungen zu vernachlässigen, und es ist nicht zu leugnen, daß unser Philosophieren dann eine unerwünschte Ähnlichkeit in Ausdruck und Inhalt mit der Arbeitsweise der Schizophrenen gewinnt. Anderseits kann man von der Denkweise der Schizophrenen die Charakteristik versuchen, sie behandeln konkrete Dinge, als ob sie abstrakte wären.

Wenn wir wirklich das *Ubw* agnosziert und den Unterschied einer unbewußten Vorstellung von einer vorbewußten richtig bestimmt haben, so werden unsere Untersuchungen von vielen anderen Stellen her zu dieser Einsicht zurückführen müssen.

BEMERKUNGEN ÜBER DIE ÜBERTRAGUNGSLIEBE

BEMERKUNGEN ÜBER DIE
ÜBERTRAGUNGSLIEBE

Jeder Anfänger in der Psychoanalyse bangt wohl zuerst vor den Schwierigkeiten, welche ihm die Deutung der Einfälle des Patienten und die Aufgabe der Reproduktion des Verdrängten bereiten werden. Es steht ihm aber bevor, diese Schwierigkeiten bald gering einzuschätzen und dafür die Überzeugung einzutauschen, daß die einzigen wirklich ernsthaften Schwierigkeiten bei der Handhabung der Übertragung anzutreffen sind.

Von den Situationen, die sich hier ergeben, will ich eine einzige, scharf umschriebene, herausgreifen, sowohl wegen ihrer Häufigkeit und realen Bedeutsamkeit als auch wegen ihres theoretischen Interesses. Ich meine den Fall, daß eine weibliche Patientin durch unzweideutige Andeutungen erraten läßt oder es direkt ausspricht, daß sie sich wie ein anderes sterbliches Weib in den sie analysierenden Arzt verliebt hat. Diese Situation hat ihre peinlichen und komischen Seiten wie ihre ernsthaften; sie ist auch so verwickelt und vielseitig bedingt, so unvermeidlich und so schwer lösbar, daß ihre Diskussion längst ein vitales Bedürfnis der analytischen Technik erfüllt hätte. Aber da wir selbst nicht immer frei sind, die wir über die Fehler der anderen spotten, haben wir uns zur Erfüllung dieser Aufgabe bisher nicht eben gedrängt. Immer wieder stoßen wir hier mit der Pflicht der ärztlichen Diskretion zusammen, die im Leben nicht zu entbehren, in unserer Wissenschaft aber nicht zu brauchen ist. Insoferne die Literatur der Psychoanalytik auch dem realen Leben angehört, ergibt sich hier ein unlösbarer Widerspruch. Ich habe mich kürzlich an einer Stelle über die Diskretion hinausgesetzt und angedeutet, daß die nämliche Übertragungssituation die Entwicklung der psychoanalytischen Therapie um ihr erstes Jahrzehnt verzögert hat.[1]

Für den wohlerzogenen Laien — ein solcher ist wohl der ideale Kulturmensch der Psychoanalyse gegenüber — sind Liebesbegebenheiten mit allem anderen inkommensurabel; sie stehen gleichsam auf einem besonderen Blatte, das keine andere Beschreibung verträgt. Wenn sich also die Patientin in den Arzt verliebt hat, wird er meinen, dann kann es nur zwei Ausgänge haben, den selteneren, daß alle Umstände die dauernde legitime Vereinigung der Beiden gestatten, und den häufigeren, daß Arzt und Patientin auseinandergehen und die begonnene Arbeit, welche der Herstellung dienen sollte, als durch ein Elementarereignis gestört aufgeben. Gewiß ist auch ein dritter Ausgang denkbar, der sich sogar mit der Fortsetzung der Kur zu vertragen scheint, die Anknüpfung illegitimer und nicht für die Ewigkeit bestimmter Liebesbeziehungen; aber dieser ist wohl durch die bürgerliche Moral wie durch die ärztliche Würde unmöglich gemacht. Immerhin würde der Laie bitten, durch eine möglichst deutliche Versicherung des Analytikers über den Ausschluß dieses dritten Falles beruhigt zu werden.

---

1) Zur Geschichte der psychoanalytischen Bewegung (1914). [Enthalten in diesem Band].

Es ist evident, daß der Standpunkt des Psychoanalytikers ein anderer sein muß.

Setzen wir den Fall des zweiten Ausganges der Situation, die wir besprechen, Arzt und Patientin gehen auseinander, nachdem sich die Patientin in den Arzt verliebt hat; die Kur wird aufgegeben. Aber der Zustand der Patientin macht bald einen zweiten analytischen Versuch bei einem anderen Arzte notwendig; da stellt es sich denn ein, daß sich die Patientin auch in diesen zweiten Arzt verliebt fühlt, und ebenso, wenn sie wieder abbricht und von neuem anfängt, in den dritten usw. Diese mit Sicherheit eintreffende Tatsache, bekanntlich eine der Grundlagen der psychoanalytischen Theorie, gestattet zwei Verwertungen, eine für den analysierenden Arzt, die andere für die der Analyse bedürftige Patientin.

Für den Arzt bedeutet sie eine kostbare Aufklärung und eine gute Warnung vor einer etwa bei ihm bereitliegenden Gegenübertragung. Er muß erkennen, daß das Verlieben der Patientin durch die analytische Situation erzwungen wird und nicht etwa den Vorzügen seiner Person zugeschrieben werden kann, daß er also gar keinen Grund hat, auf eine solche „Eroberung", wie man sie außerhalb der Analyse heißen würde, stolz zu sein. Und es ist immer gut, daran gemahnt zu werden. Für die Patientin ergibt sich aber eine Alternative: entweder sie muß auf eine psychoanalytische Behandlung verzichten oder sie muß sich die Verliebtheit in den Arzt als unausweichliches Schicksal gefallen lassen.[1]

Ich zweifle nicht daran, daß sich die Angehörigen der Patientin mit ebensolcher Entschiedenheit für die erste der beiden Möglichkeiten erklären werden wie der analysierende Arzt für die zweite. Aber ich meine, es ist dies ein Fall, in welchem der zärtlichen — oder vielmehr egoistisch eifersüchtigen — Sorge

---

1) Daß die Übertragung sich in anderen und minder zärtlichen Gefühlen äußern kann, ist bekannt und soll in diesem Aufsatze nicht behandelt werden.

der Angehörigen die Entscheidung nicht überlassen werden kann. Nur das Interesse der Kranken sollte den Ausschlag geben. Die Liebe der Angehörigen kann aber keine Neurose heilen. Der Psychoanalytiker braucht sich nicht aufzudrängen, er darf sich aber als unentbehrlich für gewisse Leistungen hinstellen. Wer als Angehöriger die Stellung Tolstois zu diesem Probleme zu der seinigen macht, mag im ungestörten Besitze seiner Frau oder Tochter bleiben und muß es zu ertragen suchen, daß diese auch ihre Neurose und die mit ihr verknüpfte Störung ihrer Liebesfähigkeit beibehält. Es ist schließlich ein ähnlicher Fall wie der der gynäkologischen Behandlung. Der eifersüchtige Vater oder Gatte irrt übrigens groß, wenn er meint, die Patientin werde der Verliebtheit in den Arzt entgehen, wenn er sie zur Bekämpfung ihrer Neurose eine andere als die analytische Behandlung einschlagen läßt. Der Unterschied wird vielmehr nur sein, daß eine solche Verliebtheit, die dazu bestimmt ist, unausgesprochen und unanalysiert zu bleiben, niemals jenen Beitrag zur Herstellung der Kranken leisten wird, den ihr die Analyse abzwingen würde.

Es ist mir bekannt geworden, daß einzelne Ärzte, welche die Analyse ausüben, die Patienten häufig auf das Erscheinen der Liebesübertragung vorbereiten oder sie sogar auffordern, sich „nur in den Arzt zu verlieben, damit die Analyse vorwärtsgehe". Ich kann mir nicht leicht eine unsinnigere Technik vorstellen. Man raubt damit dem Phänomen den überzeugenden Charakter der Spontaneität und bereitet sich selbst schwer zu beseitigende Hindernisse.

Zunächst hat es allerdings nicht den Anschein, als ob aus der Verliebtheit in der Übertragung etwas für die Kur Förderliches entstehen könnte. Die Patientin, auch die bisher fügsamste, hat plötzlich Verständnis und Interesse für die Behandlung verloren, will von nichts anderem sprechen und hören als von ihrer Liebe, für die sie Entgegnung fordert; sie hat ihre Symptome aufgegeben oder vernachlässigt sie, ja, sie erklärt sich für gesund. Es gibt einen völligen Wechsel der Szene, wie wenn ein Spiel durch eine plötzlich hereinbrechende Wirklichkeit abgelöst würde, etwa wie wenn sich während einer Theatervorstellung Feuerlärm erhebt. Wer dies als Arzt zum erstenmal erlebt, hat es nicht leicht, die analytische Situation festzuhalten und sich der Täuschung zu entziehen, daß die Behandlung wirklich zu Ende sei.

Mit etwas Besinnung findet man sich dann zurecht. Vor allem gedenkt man des Verdachtes, daß alles, was die Fortsetzung der Kur stört, eine Widerstandsäußerung sein mag. An dem Auftreten der stürmischen Liebesforderung hat der Widerstand unzweifelhaft einen großen Anteil. Man hatte ja die Anzeichen einer zärtlichen Übertragung bei der Patientin längst bemerkt und durfte ihre Gefügigkeit, ihr Eingehen auf die Erklärungen der Analyse, ihr ausgezeichnetes Verständnis und die hohe Intelligenz, die sie dabei erwies, gewiß auf Rechnung einer solchen Einstellung gegen den Arzt schreiben. Nun ist das alles wie weggefegt, die Kranke ist ganz einsichtslos geworden, sie scheint in ihrer Verliebtheit aufzugehen, und diese Wandlung ist ganz regelmäßig in einem Zeitpunkte aufgetreten, da man ihr gerade zumuten mußte, ein besonders peinliches und schwer verdrängtes Stück ihrer Lebensgeschichte zuzugestehen oder zu erinnern. Die Verliebtheit ist also längst dagewesen, aber jetzt beginnt der Widerstand sich ihrer zu bedienen, um die Fortsetzung der Kur zu hemmen, um alles Interesse von der Arbeit abzulenken und um den analysierenden Arzt in eine peinliche Verlegenheit zu bringen.

Sieht man näher zu, so kann man in der Situation auch den Einfluß komplizierender Motive erkennen, zum Teile solcher, die sich der Verliebtheit anschließen, zum anderen Teile aber besonderer Äußerungen des Widerstandes. Von der ersteren Art ist das Bestreben der Patientin, sich ihrer Unwiderstehlichkeit zu versichern, die Autorität des Arztes durch seine Herabsetzung zum Geliebten zu brechen und was sonst als Nebengewinn bei der Liebesbefriedigung winkt. Vom Widerstande darf man vermuten, daß er gelegentlich die Liebeserklärung als Mittel benützt, um den gestrengen Analytiker auf die Probe zu stellen, worauf er im Falle seiner Willfährigkeit eine Zurechtweisung zu erwarten hätte. Vor allem aber hat man den Eindruck, daß der Widerstand als *agent provocateur* die Verliebtheit steigert und die Bereitwilligkeit zur sexuellen Hingabe übertreibt, um dann desto nachdrücklicher unter Berufung auf die Gefahren einer solchen Zuchtlosigkeit das Wirken der Verdrängung zu rechtfertigen. All dieses Beiwerk, das in reineren Fällen auch wegbleiben kann, ist von Alf. Adler bekanntlich als das Wesentliche des ganzen Vorganges angesehen worden.

Wie muß sich aber der Analytiker benehmen, um nicht an dieser Situation zu scheitern, wenn es für ihn feststeht, daß die Kur trotz dieser Liebesübertragung und durch dieselbe hindurch fortzusetzen ist?

Ich hätte es nun leicht, unter nachdrücklicher Betonung der allgemein gültigen Moral zu postulieren, daß der Analytiker nie und nimmer die ihm angebotene Zärtlichkeit annehmen oder erwidern dürfe. Er müsse vielmehr den Moment für gekommen erachten, um die sittliche Forderung und die Notwendigkeit des Verzichtes vor dem verliebten Weibe zu vertreten und es bei ihr zu erreichen, daß sie von ihrem Verlangen ablasse und mit Überwindung des animalischen Anteils an ihrem Ich die analytische Arbeit fortsetze.

Ich werde aber diese Erwartungen nicht erfüllen, weder den ersten noch den zweiten Teil derselben. Den ersten nicht, weil ich nicht für die Klientel schreibe, sondern für Ärzte, die mit ernsthaften Schwierigkeiten zu ringen haben, und weil ich überdies hier die Moralvorschrift auf ihren Ursprung, das heißt auf Zweckmäßigkeit zurückführen kann. Ich bin diesmal in der glücklichen Lage, das moralische Oktroi ohne Veränderung des Ergebnisses durch Rücksichten der analytischen Technik zu ersetzen. Noch entschiedener werde ich aber dem zweiten Teile der angedeuteten Erwartung absagen. Zur Triebunterdrückung, zum Verzicht und zur Sublimierung auffordern, sobald die Patientin ihre Liebesübertragung eingestanden hat, hieße nicht analytisch, sondern sinnlos handeln. Es wäre nicht anders, als wollte man mit kunstvollen Beschwörungen einen Geist aus der Unterwelt zum Aufsteigen zwingen, um ihn dann ungefragt wieder hinunter zu schicken. Man hätte ja dann das Verdrängte nur zum Bewußtsein gerufen, um es erschreckt von neuem zu verdrängen. Auch über den Erfolg eines solchen Vorgehens braucht man sich nicht zu täuschen. Gegen Leidenschaften richtet man mit sublimen Redensarten bekanntlich wenig aus. Die Patientin wird nur die Verschmähung empfinden und nicht versäumen, sich für sie zu rächen.

Ebensowenig kann ich zu einem Mittelwege raten, der sich manchen als besonders klug empfehlen würde, welcher darin besteht, daß man die zärtlichen Gefühle der Patientin zu erwidern behauptet und dabei allen körperlichen Betätigungen dieser Zärtlichkeit ausweicht, bis man das Verhältnis in ruhigere Bahnen lenken und auf eine höhere Stufe heben kann. Ich habe gegen dieses Auskunftsmittel einzuwenden, daß die psychoanalytische Behandlung auf Wahrhaftigkeit aufgebaut ist. Darin liegt ein gutes Stück ihrer erziehlichen Wirkung und ihres ethischen Wertes. Es ist gefährlich, dieses Fundament zu verlassen. Wer sich in die analytische Technik eingelebt hat, trifft das dem Arzte sonst unentbehrliche Lügen und Vorspiegeln überhaupt nicht mehr und pflegt sich zu verraten, wenn er es in bester Absicht einmal versucht. Da man vom Patienten strengste Wahrhaftigkeit fordert, setzt man seine ganze Autorität aufs Spiel, wenn man sich selbst von ihm bei einer Abweichung von der Wahrheit ertappen läßt. Außerdem ist der Versuch, sich in zärtliche

Gefühle gegen die Patientin gleiten zu lassen, nicht ganz ungefährlich. Man beherrscht sich nicht so gut, daß man nicht plötzlich einmal weiter gekommen wäre, als man beabsichtigt hatte. Ich meine also, man darf die Indifferenz, die man sich durch die Niederhaltung der Gegenübertragung erworben hat, nicht verleugnen.

Ich habe auch bereits erraten lassen, daß die analytische Technik es dem Arzte zum Gebote macht, der liebesbedürftigen Patientin die verlangte Befriedigung zu versagen. Die Kur muß in der Abstinenz durchgeführt werden; ich meine dabei nicht allein die körperliche Entbehrung, auch nicht die Entbehrung von allem, was man begehrt, denn dies würde vielleicht kein Kranker vertragen. Sondern ich will den Grundsatz aufstellen, daß man Bedürfnis und Sehnsucht als zur Arbeit und Veränderung treibende Kräfte bei der Kranken bestehen lassen und sich hüten muß, dieselben durch Surrogate zu beschwichtigen. Anderes als Surrogate könnte man ja nicht bieten, da die Kranke infolge ihres Zustandes, solange ihre Verdrängungen nicht behoben sind, einer wirklichen Befriedigung nicht fähig ist.

Gestehen wir zu, daß der Grundsatz, die analytische Kur solle in der Entbehrung durchgeführt werden, weit über den hier betrachteten Einzelfall hinausreicht und einer eingehenden Diskussion bedarf, durch welche die Grenzen seiner Durchführbarkeit abgesteckt werden sollen. Wir wollen es aber vermeiden, dies hier zu tun, und uns möglichst enge an die Situation halten, von der wir ausgegangen sind. Was würde geschehen, wenn der Arzt anders vorginge und die etwa beiderseits gegebene Freiheit ausnützen würde, um die Liebe der Patientin zu erwidern und ihr Bedürfnis nach Zärtlichkeit zu stillen?

Wenn ihn dabei die Berechnung leiten sollte, durch solches Entgegenkommen würde er sich die Herrschaft über die Patientin sichern und sie so bewegen, die Aufgaben der Kur zu lösen, also ihre dauernde Befreiung von der Neurose zu erwerben, so müßte ihm die Erfahrung zeigen, daß er sich verrechnet hat. Die Patientin würde ihr Ziel erreichen, er niemals das seinige. Es hätte sich zwischen Arzt und Patientin nur wieder abgespielt, was eine lustige Geschichte vom Pastor und vom Versicherungsagenten erzählt. Zu dem ungläubigen und schwerkranken Versicherungsagenten wird auf Betreiben der Angehörigen ein frommer Mann gebracht, der ihn vor seinem Tode bekehren soll. Die Unterhaltung dauert so lange, daß die Wartenden Hoffnung schöpfen. Endlich öffnet sich die Tür des Krankenzimmers. Der Ungläubige ist nicht bekehrt worden, aber der Pastor geht versichert weg.

Es wäre ein großer Triumph für die Patientin, wenn ihre Liebeswerbung Erwiderung fände, und eine volle Niederlage für die Kur. Die Kranke hätte erreicht, wonach alle Kranken in der Analyse streben, etwas zu agieren, im Leben zu wiederholen, was sie nur erinnern, als psychisches Material reproduzieren und auf psychischem Gebiete erhalten soll.[1] Sie würde im weiteren Verlaufe des Liebesverhältnisses alle Hemmungen und pathologischen Reaktionen ihres Liebeslebens zum Vorscheine bringen, ohne daß eine Korrektur derselben möglich wäre, und das peinliche Erlebnis mit Reue und großer Verstärkung ihrer Verdrängungsneigung abschließen. Das Liebesverhältnis macht eben der Beeinflußbarkeit durch die analytische Behandlung ein Ende; eine Vereinigung von beiden ist ein Unding.

Die Gewährung des Liebesverlangens der Patientin ist also ebenso verhängnisvoll für die Analyse wie die Unterdrückung desselben. Der Weg des Analytikers ist ein anderer, ein solcher, für den das reale Leben kein Vorbild liefert. Man hütet sich, von der Liebesübertragung abzulenken, sie zu verscheuchen oder der Patientin zu verleiden; man enthält sich ebenso standhaft jeder Erwiderung derselben. Man hält die Liebesübertragung fest, behandelt sie aber als etwas Unreales, als eine Situation, die in

---

[1] Siehe die vorhergehende Abhandlung über „Erinnern..." usw. Seite 123 ff.

der Kur durchgemacht, auf ihre unbewußten Ursprünge zurückgeleitet werden soll und dazu verhelfen muß, das Verborgenste des Liebeslebens der Kranken dem Bewußtsein und damit der Beherrschung zuzuführen. Je mehr man den Eindruck macht, selbst gegen jede Versuchung gefeit zu sein, desto eher wird man der Situation ihren analytischen Gehalt entziehen können. Die Patientin, deren Sexualverdrängung doch nicht aufgehoben, bloß in den Hintergrund geschoben ist, wird sich dann sicher genug fühlen, um alle Liebesbedingungen, alle Phantasien ihrer Sexualsehnsucht, alle Einzelcharaktere ihrer Verliebtheit zum Vorscheine zu bringen, und von diesen aus dann selbst den Weg zu den infantilen Begründungen ihrer Liebe eröffnen.

Bei einer Klasse von Frauen wird dieser Versuch, die Liebesübertragung für die analytische Arbeit zu erhalten, ohne sie zu befriedigen, allerdings nicht gelingen. Es sind das Frauen von elementarer Leidenschaftlichkeit, welche keine Surrogate verträgt, Naturkinder, die das Psychische nicht für das Materielle nehmen wollen, die nach des Dichters Worten nur zugänglich sind „für Suppenlogik mit Knödelargumenten." Bei diesen Personen steht man vor der Wahl: entweder Gegenliebe zeigen oder die volle Feindschaft des verschmähten Weibes auf sich laden. In keinem von beiden Fällen kann man die Interessen der Kur wahrnehmen. Man muß sich erfolglos zurückziehen und kann sich etwa das Problem vorhalten, wie sich die Fähigkeit zur Neurose mit so unbeugsamer Liebesbedürftigkeit vereinigt.

Die Art, wie man andere, minder gewalttätige Verliebte allmählich zur analytischen Auffassung nötigt, dürfte sich vielen Analytikern in gleicher Weise ergeben haben. Man betont vor allem den unverkennbaren Anteil des Widerstandes an dieser „Liebe". Eine wirkliche Verliebtheit würde die Patientin gefügig machen und ihre Bereitwilligkeit steigern, um die Probleme ihres Falles zu lösen, bloß darum, weil der geliebte Mann es fordert. Eine solche würde gern den Weg über die Vollendung der Kur wählen, um sich dem Arzte wertvoll zu machen und die Realität vorzubereiten, in welcher die Liebesneigung ihren Platz finden könnte. Anstatt dessen zeige sich die Patientin eigensinnig und ungehorsam, habe alles Interesse für die Behandlung von sich geworfen und offenbar auch keine Achtung vor den tief begründeten Überzeugungen des Arztes. Sie produziere also einen Widerstand in der Erscheinungsform der Verliebtheit und trage überdies kein Bedenken, ihn in die Situation der sogenannten „Zwickmühle" zu bringen. Denn wenn er ablehne, wozu seine Pflicht und sein Verständnis ihn nötigen, werde sie die Verschmähte spielen können und sich dann aus Rachsucht und Erbitterung der Heilung durch ihn entziehen, wie jetzt infolge der angeblichen Verliebtheit.

Als zweites Argument gegen die Echtheit dieser Liebe führt man die Behauptung ein, daß dieselbe nicht einen einzigen neuen, aus der gegenwärtigen Situation entspringenden Zug an sich trage, sondern sich durchwegs aus Wiederholungen und Abklatschen früherer, auch infantiler, Reaktionen zusammensetze. Man macht sich anheischig, dies durch die detaillierte Analyse des Liebesverhaltens der Patientin zu erweisen.

Wenn man zu diesen Argumenten noch das erforderliche Maß von Geduld hinzufügt, gelingt es zumeist, die schwierige Situation zu überwinden und entweder mit einer ermäßigten oder mit der „umgeworfenen" Verliebtheit die Arbeit fortzusetzen, deren Ziel dann die Aufdeckung der infantilen Objektwahl und der sie umspinnenden Phantasien ist. Ich möchte aber die erwähnten Argumente kritisch beleuchten und die Frage aufwerfen, ob wir mit ihnen der Patientin die Wahrheit sagen oder in unserer Notlage zu Verhehlungen und Entstellungen Zuflucht genommen haben. Mit anderen Worten: ist die in der analytischen Kur manifest werdende Verliebtheit wirklich keine reale zu nennen?

Ich meine, wir haben der Patientin die Wahrheit gesagt, aber doch nicht die ganze, um das Ergebnis unbekümmerte. Von unseren beiden Argumenten ist das erste das stärkere. Der Anteil des Widerstandes an der Übertragungsliebe ist unbestreitbar und sehr beträchtlich. Aber der Widerstand hat diese Liebe doch nicht geschaffen, er findet sie vor, bedient sich ihrer und übertreibt ihre Äußerungen. Die Echtheit des Phänomens wird auch durch den Widerstand nicht entkräftet. Unser zweites Argument ist weit schwächer; es ist wahr, daß diese Verliebtheit aus Neuauflagen alter Züge besteht und infantile Reaktionen wiederholt. Aber dies ist der wesentliche Charakter jeder Verliebtheit. Es gibt keine, die nicht infantile Vorbilder wiederholt. Gerade das, was ihren zwanghaften, ans Pathologische mahnenden Charakter ausmacht, rührt von ihrer infantilen Bedingtheit her. Die Übertragungsliebe hat vielleicht einen Grad von Freiheit weniger als die im Leben vorkommende, normal genannte, läßt die Abhängigkeit von der infantilen Vorlage deutlicher erkennen, zeigt sich weniger schmiegsam und modifikationsfähig, aber das ist auch alles und nicht das Wesentliche.

Woran soll man die Echtheit einer Liebe sonst erkennen? An ihrer Leistungsfähigkeit, ihrer Brauchbarkeit zur Durchsetzung des Liebeszieles? In diesem Punkte scheint die Übertragungsliebe hinter keiner anderen zurückzustehen; man hat den Eindruck, daß man alles von ihr erreichen könnte.

Resümieren wir also: Man hat kein Anrecht, der in der analytischen Behandlung zutage tretenden Verliebtheit den Charakter einer „echten" Liebe abzustreiten. Wenn sie so wenig normal erscheint, so erklärt sich dies hinreichend aus dem Umstande, daß auch die sonstige Verliebtheit außerhalb der analytischen Kur eher an die abnormen als an die normalen seelischen Phänomene erinnert. Immerhin ist sie durch einige Züge ausgezeichnet, welche ihr eine besondere Stellung sichern. Sie ist 1. durch die analytische Situation provoziert, 2. durch den diese

Situation beherrschenden Widerstand in die Höhe getrieben, und 3., sie entbehrt in hohem Grade der Rücksicht auf die Realität, sie ist unkluger, unbekümmerter um ihre Konsequenzen, verblendeter in der Schätzung der geliebten Person, als wir einer normalen Verliebtheit gerne zugestehen wollen. Wir dürfen aber nicht vergessen, daß gerade diese von der Norm abweichenden Züge das Wesentliche einer Verliebtheit ausmachen.

Für das Handeln des Arztes ist die erste der drei erwähnten Eigenheiten der Übertragungsliebe das Maßgebende. Er hat diese Verliebtheit durch die Einleitung der analytischen Behandlung zur Heilung der Neurose hervorgelockt; sie ist für ihn das unvermeidliche Ergebnis einer ärztlichen Situation, ähnlich wie die körperliche Entblößung eines Kranken oder wie die Mitteilung eines lebenswichtigen Geheimnisses. Damit steht es für ihn fest, daß er keinen persönlichen Vorteil aus ihr ziehen darf. Die Bereitwilligkeit der Patientin ändert nichts daran, wälzt nur die ganze Verantwortlichkeit auf seine eigene Person. Die Kranke war ja, wie er wissen muß, auf keinen anderen Mechanismus der Heilung vorbereitet. Nach glücklicher Überwindung aller Schwierigkeiten gesteht sie oft die Erwartungsphantasie ein, mit der sie in die Kur eingetreten war: Wenn sie sich brav benehme, werde sie am Ende durch die Zärtlichkeit des Arztes belohnt werden.

Für den Arzt vereinigen sich nun ethische Motive mit den technischen, um ihn von der Liebesgewährung an die Kranke zurückzuhalten. Er muß das Ziel im Auge behalten, daß das in seiner Liebesfähigkeit durch infantile Fixierungen behinderte Weib zur freien Verfügung über diese für sie unschätzbar wichtige Funktion gelange, aber sie nicht in der Kur verausgabe, sondern sie fürs reale Leben bereithalte, wenn dessen Forderungen nach der Behandlung an sie herantreten. Er darf nicht die Szene des Hundewettrennens mit ihr aufführen, bei dem ein Kranz von Würsten als Preis ausgesetzt ist, und das ein Spaßvogel verdirbt, indem er eine einzelne Wurst in die Rennbahn wirft. Über die fallen die Hunde her und vergessen ans Wettrennen und an den in der Ferne winkenden Kranz für den Sieger. Ich will nicht behaupten, daß es dem Arzte immer leicht wird, sich innerhalb der ihm von Ethik und Technik vorgeschriebenen Schranken zu halten. Besonders der jüngere und noch nicht fest gebundene Mann mag die Aufgabe als eine harte empfinden. Unzweifelhaft ist die geschlechtliche Liebe einer der Hauptinhalte des Lebens und die Vereinigung seelischer und köperlicher Befriedigung im Liebesgenusse geradezu einer der Höhepunkte desselben. Alle Menschen bis auf wenige verschrobene Fanatiker wissen das und richten ihr Leben danach ein; nur in der Wissenschaft ziert man sich, es zuzugestehen. Anderseits ist es eine peinliche Rolle für den Mann, den Abweisenden und Versagenden zu spielen, wenn das Weib um Liebe wirbt, und von einer edlen Frau, die sich zu ihrer Leidenschaft bekennt, geht trotz Neurose und Widerstand ein unvergleichbarer Zauber aus. Nicht das grobsinnliche Verlangen der Patientin stellt die Versuchung her. Dies wirkt ja eher abstoßend und ruft alle Toleranz auf, um es als natürliches Phänomen gelten zu lassen. Die feineren und zielgehemmten Wunschregungen des Weibes sind es vielleicht, die die Gefahr mit sich bringen, Technik und ärztliche Aufgabe über ein schönes Erlebnis zu vergessen.

Und doch bleibt für den Analytiker das Nachgeben ausgeschlossen. So hoch er die Liebe schätzen mag, er muß es höher stellen, daß er die Gelegenheit hat, seine Patientin über eine entscheidende Stufe ihres Lebens zu heben. Sie hat von ihm die Überwindung des Lustprinzips zu lernen, den Verzicht auf eine naheliegende, aber sozial nicht eingeordnete Befriedigung zugunsten einer entfernteren, vielleicht überhaupt unsicheren, aber psychologisch wie sozial untadeligen. Zum Zwecke dieser Überwindung soll sie durch die Urzeiten ihrer seelischen Entwicklung durchgeführt werden und auf diesem Wege jenes Mehr von seelischer Freiheit erwerben, durch welches sich die bewußte Seelentätigkeit — im systematischen Sinne — von der unbewußten unterscheidet.

Der analytische Psychotherapeut hat so einen dreifachen Kampf zu führen, in seinem Inneren gegen die Mächte, welche ihn von dem analytischen Niveau herabziehen möchten, außerhalb der Analyse gegen die Gegner, die ihm die Bedeutung der sexuellen Triebkräfte bestreiten und es ihm verwehren, sich ihrer in seiner wissenschaftlichen Technik zu bedienen, und in der Analyse gegen seine Patienten, die sich anfangs wie die Gegner gebärden, dann aber die sie beherrschende Überschätzung des Sexuallebens kundgeben und den Arzt mit ihrer sozial ungebändigten Leidenschaftlichkeit gefangen nehmen wollen.

Die Laien, von deren Einstellung zur Psychoanalyse ich eingangs sprach, werden gewiß auch diese Erörterungen über die Übertragungsliebe zum Anlasse nehmen, um die Aufmerksamkeit der Welt auf die Gefährlichkeit dieser therapeutischen Methode zu lenken. Der Psychoanalytiker weiß, daß er mit den explosivsten Kräften arbeitet und derselben Vorsicht und Gewissenhaftigkeit bedarf wie der Chemiker. Aber wann ist dem Chemiker je die Beschäftigung mit den ob ihrer Wirkung unentbehrlichen Explosivstoffen wegen deren Gefährlichkeit untersagt worden? Es ist merkwürdig, daß sich die Psychoanalyse alle Lizenzen erst neu erobern muß, die anderen ärztlichen Tätigkeiten längst zugestanden sind. Ich bin gewiß nicht dafür, daß die harmlosen Behandlungsmethoden aufgegeben werden sollen. Sie reichen für manche Fälle aus, und schließlich kann die menschliche Gesellschaft den *furor sanandi* ebensowenig brauchen wie irgend einen anderen Fanatismus. Aber es heißt die Psychoneurosen nach ihrer Herkunft und ihrer praktischen Bedeutung arg unterschätzen, wenn man glaubt, diese Affektionen müßten durch Operationen mit harmlosen Mittelchen zu besiegen sein. Nein, im ärztlichen Handeln wird neben der *medicina* immer ein Raum bleiben für das *ferrum* und für das *ignis*, und so wird auch die kunstgerechte, unabgeschwächte Psychoanalyse nicht zu entbehren sein, die sich nicht scheut, die gefährlichsten seelischen Regungen zu handhaben und zum Wohle des Kranken zu meistern.

ZEITGEMÄSSES
ÜBER KRIEG UND TOD

ZEITGEMÄSSES ÜBER KRIEG UND TOD

I

DIE ENTTÄUSCHUNG DES KRIEGES

Von dem Wirbel dieser Kriegszeit gepackt, einseitig unterrichtet, ohne Distanz von den großen Veränderungen, die sich bereits vollzogen haben oder zu vollziehen beginnen, und ohne Witterung der sich gestaltenden Zukunft, werden wir selbst irre an der Bedeutung der Eindrücke, die sich uns aufdrängen, und an dem Werte der Urteile, die wir bilden. Es will uns scheinen, als hätte noch niemals ein Ereignis so viel kostbares Gemeingut der Menschheit zerstört, so viele der klarsten Intelligenzen verwirrt, so gründlich das Hohe erniedrigt. Selbst die Wissenschaft hat ihre leidenschaftslose Unparteilichkeit verloren; ihre aufs tiefste erbitterten Diener suchen ihr Waffen zu entnehmen, um einen Beitrag zur Bekämpfung des Feindes zu leisten. Der Anthropologe muß den Gegner für minderwertig und degeneriert erklären, der Psychiater die Diagnose seiner Geistes- oder Seelenstörung verkünden. Aber wahrscheinlich empfinden wir das Böse dieser Zeit unmäßig stark und haben kein Recht, es mit dem Bösen anderer Zeiten zu vergleichen, die wir nicht erlebt haben.

Der Einzelne, der nicht selbst ein Kämpfer und somit ein Partikelchen der riesigen Kriegsmaschinerie geworden ist, fühlt sich in seiner Orientierung verwirrt und in seiner Leistungsfähigkeit gehemmt. Ich meine, ihm wird jeder kleine Wink willkommen sein, der es ihm erleichtert, sich wenigstens in seinem eigenen Innern zurechtzufinden. Unter den Momenten, welche das seelische Elend der Daheimgebliebenen verschuldet haben, und deren Bewältigung ihnen so schwierige Aufgaben stellt, möchte ich zwei hervorheben und an dieser Stelle behandeln: Die Enttäuschung, die dieser Krieg hervorgerufen hat, und die veränderte Einstellung zum Tode, zu der er uns — wie alle anderen Kriege — nötigt.

Wenn ich von Enttäuschung rede, weiß jedermann sofort, was damit gemeint ist. Man braucht kein Mitleidsschwärmer zu sein, man kann die biologische und psychologische Notwendigkeit des Leidens für die Ökonomie des Menschenlebens einsehen und darf doch den Krieg in seinen Mitteln und Zielen verurteilen und das Aufhören der Kriege herbeisehnen. Man sagte sich zwar, die Kriege könnten nicht aufhören, solange die Völker unter so verschiedenartigen Existenzbedingungen leben, solange die Wertungen des Einzellebens bei ihnen weit auseinandergehen, und solange die Gehässigkeiten, welche sie trennen, so starke seelische Triebkräfte repräsentieren. Man war also darauf vorbereitet, daß Kriege zwischen den primitiven und den zivilisierten Völkern, zwischen den Menschenrassen, die durch die Hautfarbe voneinander geschieden werden, ja Kriege mit und unter den wenig entwickelten oder verwilderten Völkerindividuen Europas die Menschheit noch durch geraume Zeit in Anspruch nehmen werden. Aber man getraute sich etwas anderes zu hoffen. Von den großen weltbeherrschenden Nationen weißer Rasse, denen die Führung des Menschengeschlechtes zugefallen ist, die man mit der Pflege weltumspannender Interessen beschäftigt wußte, deren Schöpfungen die technischen Fortschritte in der Beherrschung der Natur wie die künstlerischen und wissenschaftlichen Kulturwerte sind, von diesen Völkern hatte man erwartet, daß sie es verstehen würden, Mißhelligkeiten und Interessenkonflikte auf anderem Wege zum Austrage zu bringen. Innerhalb jeder dieser Nationen waren hohe sittliche Normen für den einzelnen aufgestellt worden, nach denen er seine Lebensführung einzurichten hatte, wenn er an der Kulturgemeinschaft teilnehmen wollte. Diese oft überstrengen Vorschriften forderten viel von ihm, eine ausgiebige Selbstbeschränkung, einen weitgehenden Verzicht auf Triebbefriedigung. Es war ihm vor allem versagt, sich der außerordentlichen Vorteile zu bedienen, die der Gebrauch von Lüge und Betrug im Wettkampfe mit den Nebenmenschen schafft. Der Kulturstaat hielt diese sittlichen Normen für die Grundlage seines Bestandes, er schritt ernsthaft ein, wenn man sie anzutasten wagte, erklärte es oft für untunlich, sie auch nur einer Prüfung durch den kritischen Verstand zu unterziehen. Es war also anzunehmen, daß er sie selbst respektieren wolle und nichts gegen sie zu unternehmen gedenke, wodurch er der Begründung seiner eigenen Existenz widersprochen hätte. Endlich konnte man zwar die Wahrnehmung machen, daß es innerhalb dieser Kulturnationen gewisse eingesprengte Völkerreste gäbe, die ganz allgemein unliebsam wären und darum nur widerwillig, auch nicht im vollen Umfange, zur Teilnahme an der gemeinsamen Kulturarbeit zugelassen würden, für die sie sich als genug geeignet erwiesen hatten. Aber die großen Völker selbst, konnte man meinen, hätten so viel Verständnis für ihre Gemeinsamkeiten und so viel Toleranz für ihre Verschiedenheiten erworben, daß „fremd" und „feindlich" nicht mehr wie noch im klassischen Altertume für sie zu einem Begriffe verschmelzen durften.

Vertrauend auf diese Einigung der Kulturvölker haben ungezählte Menschen ihren Wohnort in der Heimat gegen den Aufenthalt in der Fremde eingetauscht und ihre Existenz an die Verkehrsbeziehungen zwischen den befreundeten Völkern geknüpft. Wen aber die Not des Lebens nicht ständig an die nämliche Stelle bannte, der konnte sich aus allen Vorzügen und Reizen der Kulturländer ein neues größeres Vaterland zusammensetzen, in dem er sich ungehemmt und unverdächtigt erging. Er genoß so das blaue und das graue Meer, die Schönheit der Schneeberge und die der grünen Wiesenflächen, den Zauber des nordischen Waldes und die Pracht der südlichen Vegetation, die Stimmung der Landschaften, auf denen große historische Erinnerungen ruhen, und die Stille der unberührten Natur. Dies neue Vaterland war für ihn auch ein Museum, erfüllt mit allen Schätzen, welche die Künstler der Kulturmenschheit seit vielen Jahrhunderten geschaffen und hinterlassen hatten. Während er von einem Saale dieses Museums in einen andern wanderte, konnte er in parteiloser Anerkennung feststellen, was für verschiedene Typen von Vollkommenheit Blutmischung, Geschichte und die Eigenart der Mutter Erde an seinen weiteren Kompatrioten ausgebildet hatten. Hier war die kühle unbeugsame Energie aufs höchste entwickelt, dort die graziöse Kunst, das Leben zu verschönern, anderswo der Sinn für Ordnung und Gesetz oder andere der Eigenschaften, die den Menschen zum Herrn der Erde gemacht haben.

Vergessen wir auch nicht, daß jeder Kulturweltbürger sich einen besonderen „Parnaß" und eine „Schule von Athen" geschaffen hatte. Unter den großen Denkern, Dichtern, Künstlern aller Nationen, hatte er die ausgewählt, denen er das Beste zu schulden vermeinte, was ihm an Lebensgenuß und Lebensverständnis zugänglich geworden war, und sie den unsterblichen Alten in seiner Verehrung zugesellt wie den vertrauten Meistern seiner eigenen Zunge. Keiner von diesen Großen war ihm darum fremd erschienen, weil er in anderer Sprache geredet hatte, weder der unvergleichliche Ergründer der menschlichen Leidenschaften, noch der schönheitstrunkene Schwärmer oder der gewaltig drohende

Prophet, der feinsinnige Spötter, und niemals warf er sich dabei vor, abtrünnig geworden zu sein der eigenen Nation und der geliebten Muttersprache.

Der Genuß der Kulturgemeinschaft wurde gelegentlich durch Stimmen gestört, welche warnten, daß infolge altüberkommener Differenzen Kriege auch unter den Mitgliedern derselben unvermeidlich wären. Man wollte nicht daran glauben, aber wie stellte man sich einen solchen Krieg vor, wenn es dazu kommen sollte? Als eine Gelegenheit die Fortschritte im Gemeingefühle der Menschen aufzuzeigen seit jener Zeit, da die griechischen Amphiktyonien verboten hatten, eine dem Bündnisse angehörige Stadt zu zerstören, ihre Ölbäume umzuhauen und ihr das Wasser abzuschneiden. Als einen ritterlichen Waffengang, der sich darauf beschränken wollte, die Überlegenheit des einen Teiles festzustellen, unter möglichster Vermeidung schwerer Leiden, die zu dieser Entscheidung nichts beitragen könnten, mit voller Schonung für den Verwundeten, der aus dem Kampfe ausscheiden muß, und für den Arzt und Pfleger, der sich seiner Herstellung widmet. Natürlich mit allen Rücksichten für den nicht kriegführenden Teil der Bevölkerung, für die Frauen, die dem Kriegshandwerk ferne bleiben, und für die Kinder, die, herangewachsen, einander von beiden Seiten Freunde und Mithelfer werden sollen. Auch mit Erhaltung all der internationalen Unternehmungen und Institutionen, in denen sich die Kulturgemeinschaft der Friedenszeit verkörpert hatte.

Ein solcher Krieg hätte immer noch genug des Schrecklichen und schwer zu Ertragenden enthalten, aber er hätte die Entwicklung ethischer Beziehungen zwischen den Großindividuen der Menschheit, den Völkern und Staaten, nicht unterbrochen.

Der Krieg, an den wir nicht glauben wollten, brach nun aus und er brachte die — Enttäuschung. Er ist nicht nur blutiger und verlustreicher als einer der Kriege vorher, infolge der mächtig **vervollkommneten** Waffen des Angriffes und der Verteidigung, sondern mindestens ebenso grausam, erbittert, schonungslos wie irgend ein früherer. Er setzt sich über alle Einschränkungen hinaus, zu denen man sich in friedlichen Zeiten verpflichtet, die man das Völkerrecht genannt hatte, anerkennt nicht die Vorrechte des Verwundeten und des Arztes, die Unterscheidung des friedlichen und des kämpfenden Teiles der Bevölkerung, die Ansprüche des Privateigentums. Er wirft nieder, was ihm im Wege steht, in blinder Wut, als sollte es keine Zukunft und keinen Frieden unter den Menschen nach ihm geben. Er zerreißt alle Bande der Gemeinschaft unter den miteinander ringenden Völkern und droht eine Erbitterung zu hinterlassen, welche eine Wiederanknüpfung derselben für lange Zeit unmöglich machen wird.

Er brachte auch das kaum begreifliche Phänomen zum Vorscheine, daß die Kulturvölker einander so wenig kennen und verstehen, daß sich das eine mit Haß und Abscheu gegen das andere wenden kann. Ja, daß eine der großen Kulturnationen so allgemein mißliebig ist, daß der Versuch gewagt werden kann, sie als „barbarisch" von der Kulturgemeinschaft auszuschließen, obwohl sie ihre Eignung durch die großartigsten Beitragsleistungen längst erwiesen hat. Wir leben der Hoffnung, eine unparteiische Geschichtsschreibung werde den Nachweis erbringen, daß gerade diese Nation, die, in deren Sprache wir schreiben, für deren Sieg unsere Lieben kämpfen, sich am wenigsten gegen die Gesetze der menschlichen Gesittung vergangen habe, aber wer darf in solcher Zeit als Richter auftreten in eigener Sache?

Völker werden ungefähr durch die Staaten, die sie bilden, repräsentiert; diese Staaten durch die Regierungen, die sie leiten. Der einzelne Volksangehörige kann in diesem Kriege mit Schrecken feststellen, was sich ihm gelegentlich schon in Friedenszeiten aufdrängen wollte, daß der Staat dem Einzelnen den Gebrauch des Unrechts untersagt hat, nicht weil er es abschaffen, sondern weil er es monopolisieren will wie Salz und Tabak. Der kriegführende Staat gibt sich jedes Unrecht, jede Gewalttätigkeit frei, die den

Einzelnen entehren würde. Er bedient sich nicht nur der erlaubten List, sondern auch der bewußten Lüge und des absichtlichen Betruges gegen den Feind, und dies zwar in einem Maße, welches das in früheren Kriegen Gebräuchliche zu übersteigen scheint. Der Staat fordert das Äußerste an Gehorsam und Aufopferung von seinen Bürgern, entmündigt sie aber dabei durch ein Übermaß von Verheimlichung und eine Zensur der Mitteilung und Meinungsäußerung, welche die Stimmung der so intellektuell Unterdrückten wehrlos macht gegen jede ungünstige Situation und jedes wüste Gerücht. Er löst sich los von Zusicherungen und Verträgen, durch die er sich gegen andere Staaten gebunden hatte, bekennt sich ungescheut zu seiner Habgier und seinem Machtstreben, die dann der Einzelne aus Patriotismus gutheißen soll.

Man wende nicht ein, daß der Staat auf den Gebrauch des Unrechts nicht verzichten kann, weil er sich dadurch in Nachteil setzte. Auch für den Einzelnen ist die Befolgung der sittlichen Normen, der Verzicht auf brutale Machtbetätigung in der Regel sehr unvorteilhaft, und der Staat zeigt sich nur selten dazu fähig, den Einzelnen für das Opfer zu entschädigen, das er von ihm gefordert hat. Man darf sich auch nicht darüber verwundern, daß die Lockerung aller sittlichen Beziehungen zwischen den Großindividuen der Menschheit eine Rückwirkung auf die Sittlichkeit der Einzelnen geäußert hat, denn unser Gewissen ist nicht der unbeugsame Richter, für den die Ethiker es ausgeben, es ist in seinem Ursprunge „soziale Angst" und nichts anderes. Wo die Gemeinschaft den Vorwurf aufhebt, hört auch die Unterdrückung der bösen Gelüste auf, und die Menschen begehen Taten von Grausamkeit, Tücke, Verrat und Roheit, deren Möglichkeit man mit ihrem kulturellen Niveau für unvereinbar gehalten hätte.

So mag der Kulturweltbürger, den ich vorhin eingeführt habe, ratlos dastehen in der ihm fremd gewordenen Welt, sein großes Vaterland zerfallen, die gemeinsamen Besitztümer verwüstet, die Mitbürger entzweit und erniedrigt!

Zur Kritik seiner Enttäuschung wäre einiges zu bemerken. Sie ist, strenge genommen, nicht berechtigt, denn sie besteht in der Zerstörung einer Illusion. Illusionen empfehlen sich uns dadurch, daß sie Unlustgefühle ersparen und uns an ihrer Statt Befriedigungen genießen lassen. Wir müssen es dann ohne Klage hinnehmen, daß sie irgend einmal mit einem Stücke der Wirklichkeit zusammenstoßen, an dem sie zerschellen.

Zweierlei in diesem Kriege hat unsere Enttäuschung rege gemacht: die geringe Sittlichkeit der Staaten nach außen, die sich nach innen als die Wächter der sittlichen Normen gebärden, und die Brutalität im Benehmen der Einzelnen, denen man als Teilnehmer an der höchsten menschlichen Kultur ähnliches nicht zugetraut hat.

Beginnen wir mit dem zweiten Punkte und versuchen wir es, die Anschauung, die wir kritisieren wollen, in einen einzigen knappen Satz zu fassen. Wie stellt man sich denn eigentlich den Vorgang vor, durch welchen ein einzelner Mensch zu einer höheren Stufe von Sittlichkeit gelangt? Die erste Antwort wird wohl lauten: Er ist eben von Geburt und von Anfang an gut und edel. Sie soll hier weiter nicht berücksichtigt werden. Eine zweite Antwort wird auf die Anregung eingehen, daß hier ein Entwicklungsvorgang vorliegen müsse, und wird wohl annehmen, diese Entwicklung bestehe darin, daß die bösen Neigungen des Menschen in ihm ausgerottet und unter dem Einflusse von Erziehung und Kulturumgebung durch Neigungen zum Guten ersetzt werden. Dann darf man sich allerdings verwundern, daß bei dem so Erzogenen das Böse wieder so tatkräftig zum Vorschein kommt.

Aber diese Antwort enthält auch den Satz, dem wir widersprechen wollen. In Wirklichkeit gibt es keine „Ausrottung" des Bösen. Die psychologische — im strengeren Sinne die psychoanalytische — Untersuchung zeigt vielmehr, daß das tiefste Wesen des Menschen in Triebregungen besteht, die elementarer Natur, bei allen Menschen gleichartig sind und auf die Befriedigung gewisser ursprünglicher Bedürfnisse zielen. Diese Triebregungen sind an sich weder gut noch böse. Wir klassifizieren sie und ihre Äußerungen in solcher Weise, je nach ihrer Beziehung zu den Bedürfnissen und Anforderungen der menschlichen Gemeinschaft. Zuzugeben ist, daß alle die Regungen, welche von der Gesellschaft als böse verpönt werden — nehmen wir als Vertretung derselben die eigensüchtigen und die grausamen — sich unter diesen primitiven befinden.

Diese primitiven Regungen legen einen langen Entwicklungsweg zurück, bis sie zur Betätigung beim Erwachsenen zugelassen werden. Sie werden gehemmt, auf andere Ziele und Gebiete gelenkt, gehen Verschmelzungen miteinander ein, wechseln ihre Objekte, wenden sich zum Teil gegen die eigene Person. Reaktionsbildungen gegen gewisse Triebe täuschen die inhaltliche Verwandlung derselben vor, als ob aus Egoismus — Altruismus, aus Grausamkeit — Mitleid geworden wäre. Diesen Reaktionsbildungen kommt zugute, daß manche Triebregungen fast von Anfang an in Gegensatzpaaren auftreten, ein sehr merkwürdiges und der populären Kenntnis fremdes Verhältnis, das man die „Gefühlsambivalenz" benannt hat. Am leichtesten zu beobachten und vom Verständnis zu bewältigen ist die Tatsache, daß starkes Lieben und starkes Hassen so häufig miteinander bei derselben Person vereint vorkommen. Die Psychoanalyse fügt dem zu, daß die beiden entgegengesetzten Gefühlsregungen nicht selten auch die nämliche Person zum Objekte nehmen.

Erst nach Überwindung all solcher „Triebschicksale" stellt sich das heraus, was man den Charakter eines Menschen nennt, und was mit „gut" oder „böse" bekanntlich nur sehr unzureichend klassifiziert werden kann. Der Mensch ist selten im ganzen gut oder böse, meist „gut" in dieser Relation, „böse" in einer anderen oder „gut" unter solchen äußeren Bedingungen, unter anderen entschieden „böse". Interessant ist die Erfahrung, daß die kindliche Präexistenz starker „böser" Regungen oft geradezu die Bedingung wird für eine besonders deutliche Wendung des Erwachsenen zum „Guten". Die stärksten kindlichen Egoisten können die hilfreichsten und aufopferungsfähigsten Bürger werden; die meisten Mitleidsschwärmer, Menschenfreunde, Tierschützer haben sich aus kleinen Sadisten und Tierquälern entwickelt.

Die Umbildung der „bösen" Triebe ist das Werk zweier im gleichen Sinne wirkenden Faktoren, eines inneren und eines äußeren. Der innere Faktor besteht in der Beeinflussung der bösen — sagen wir: eigensüchtigen — Triebe durch die Erotik, das Liebesbedürfnis des Menschen im weitesten Sinne genommen. Durch die Zumischung der erotischen Komponenten werden die eigensüchtigen Triebe in soziale umgewandelt. Man lernt das Geliebtwerden als einen Vorteil schätzen, wegen dessen man auf andere Vorteile verzichten darf. Der äußere Faktor ist der Zwang der Erziehung, welche die Ansprüche der kulturellen Umgebung vertritt, und die dann durch die direkte Einwirkung des Kulturmilieus fortgesetzt wird. Kultur ist durch Verzicht auf Triebbefriedigung gewonnen worden und fordert von jedem neu Ankommenden, daß er denselben Triebverzicht leiste. Während des individuellen Lebens findet eine beständige Umsetzung von äußerem Zwange in inneren Zwang statt. Die Kultureinflüsse leiten dazu an, daß immer mehr von den eigensüchtigen Strebungen durch erotische Zusätze in altruistische, soziale verwandelt werden. Man darf endlich annehmen, daß aller innere Zwang, der sich in der Entwicklung des Menschen geltend macht, ursprünglich, d. h. in der Menschheitsgeschichte nur äußerer Zwang war. Die Menschen, die heute geboren werden, bringen ein Stück Neigung (Disposition) zur Umwandlung der egoistischen in soziale Triebe als ererbte Organisation mit, die auf leichte Anstöße hin diese Umwandlung durchführt. Ein anderes Stück dieser Triebumwandlung muß im Leben selbst geleistet werden. In solcher Art steht der einzelne Mensch nicht nur unter der Einwirkung seines gegenwärtigen Kulturmilieus, sondern unterliegt auch dem Einflusse der Kulturgeschichte seiner Vorfahren.

Heißen wir die einem Menschen zukommende Fähigkeit zur Umbildung der egoistischen Triebe unter dem Einflusse der Erotik seine Kultureignung, so können wir aussagen, daß dieselbe aus zwei Anteilen besteht, einem angeborenen und einem im Leben erworbenen, und daß das Verhältnis der beiden zueinander und zu dem unverwandelt gebliebenen Anteile des Trieblebens ein sehr variables ist.

Im allgemeinen sind wir geneigt, den angeborenen Anteil zu hoch zu veranschlagen, und überdies laufen wir Gefahr, die gesamte Kultureignung in ihrem Verhältnisse zum primitiv gebliebenen Triebleben zu überschätzen, d. h. wir werden dazu verleitet, die Menschen „besser" zu beurteilen, als sie in Wirklichkeit sind. Es besteht nämlich noch ein anderes Moment, welches unser Urteil trübt und das Ergebnis im günstigen Sinne verfälscht.

Die Triebregungen eines anderen Menschen sind unserer Wahrnehmung natürlich entrückt. Wir schließen auf sie aus seinen Handlungen und seinem Benehmen, welche wir auf Motive aus seinem Triebleben zurückführen. Ein solcher Schluß geht notwendigerweise in einer Anzahl von Fällen irre. Die nämlichen, kulturell „guten" Handlungen können das einemal von „edlen" Motiven herstammen, das anderemal nicht. Die theoretischen Ethiker heißen nur solche Handlungen „gut", welche der Ausdruck guter Triebregungen sind, den anderen versagen sie ihre Anerkennung. Die von praktischen Absichten geleitete Gesellschaft kümmert sich aber im ganzen um diese Unterscheidung nicht; sie begnügt sich damit, daß ein Mensch sein Benehmen und seine Handlungen nach den kulturellen Vorschriften richte, und fragt wenig nach seinen Motiven.

Wir haben gehört, daß der äußere Zwang, den Erziehung und Umgebung auf den Menschen üben, eine weitere Umbildung seines Trieblebens zum Guten, eine Wendung vom Egoismus zum Altruismus herbeiführt. Aber dies ist nicht die notwendige oder regelmäßige Wirkung des äußeren Zwanges. Erziehung und Umgebung haben nicht nur Liebesprämien anzubieten, sondern arbeiten auch mit Vorteilsprämien anderer Art, mit Lohn und Strafen. Sie können also die Wirkung äußern, daß der ihrem Einflusse Unterliegende sich zum guten Handeln im kulturellen Sinne entschließt, ohne daß sich eine Triebveredlung, eine Umsetzung egoistischer in soziale Neigungen, in ihm vollzogen hat. Der Erfolg wird im groben derselbe sein; erst unter besonderen Verhältnissen wird es sich zeigen, daß der eine immer gut handelt, weil ihn seine Triebneigungen dazu nötigen, der andere nur gut ist, weil, insolange und insoweit dies kulturelle Verhalten seinen eigensüchtigen Absichten Vorteile bringt. Wir aber werden bei oberflächlicher Bekanntschaft mit den Einzelnen kein Mittel haben, die beiden Fälle zu unterscheiden, und gewiß durch unseren Optimismus verführt werden, die Anzahl der kulturell veränderten Menschen arg zu überschätzen.

Die Kulturgesellschaft, die die gute Handlung fordert und sich um die Triebbegründung derselben nicht kümmert, hat also eine große Zahl von Menschen zum Kulturgehorsam gewonnen, die dabei nicht ihrer Natur folgen. Durch diesen Erfolg ermutigt, hat sie sich verleiten lassen, die sittlichen Anforderungen möglichst hoch zu spannen und so ihre Teilnehmer zu noch weiterer Entfernung von ihrer Triebveranlagung gezwungen. Diesen ist nun eine fortgesetzte Triebunterdrückung auferlegt, deren Spannung sich in den merkwürdigsten Reaktions- und Kompensationserscheinungen kundgibt. Auf dem Gebiete der Sexualität, wo solche Unterdrückung am wenigsten durchzuführen ist, kommt es so zu den Reaktionserscheinungen der neurotischen Erkrankungen. Der sonstige Druck der Kultur zeitigt zwar keine pathologische Folgen, äußert sich aber in Charakterverbildungen und in der steten Bereitschaft der gehemmten Triebe, bei passender Gelegenheit zur Befriedigung durchzubrechen. Wer so genötigt wird, dauernd im Sinne von Vorschriften zu reagieren, die nicht der Ausdruck seiner Triebneigungen sind, der lebt, psychologisch verstanden, über seine Mittel und darf objektiv als Heuchler bezeichnet werden, gleichgültig ob ihm diese Differenz klar bewußt worden ist oder nicht. Es ist unleugbar, daß unsere gegenwärtige Kultur die Ausbildung dieser Art von Heuchelei in außerordentlichem Umfange begünstigt. Man könnte die Behauptung wagen, sie sei auf solcher Heuchelei aufgebaut und müßte sich tiefgreifende Abänderungen gefallen lassen, wenn es die Menschen unternehmen würden, der psychologischen Wahrheit nachzuleben. Es gibt also ungleich mehr Kulturheuchler als wirklich kulturelle Menschen, ja man kann den Standpunkt diskutieren, ob ein gewisses Maß von Kulturheuchelei nicht zur Aufrechterhaltung der Kultur unerläßlich sei, weil die bereits organisierte Kultureignung der heute lebenden Menschen vielleicht für diese Leistung nicht zureichen würde. Anderseits bietet die Aufrechterhaltung der Kultur auch auf so bedenklicher Grundlage die Aussicht, bei jeder neuen Generation eine weitergehende Triebumbildung als Trägerin einer besseren Kultur anzubahnen.

Den bisherigen Erörterungen entnehmen wir bereits den einen Trost, daß unsere Kränkung und schmerzliche Enttäuschung wegen des unkulturellen Benehmens unserer Weltmitbürger in diesem Kriege unberechtigt waren. Sie beruhten auf einer Illusion, der wir uns gefangen gaben. In Wirklichkeit sind sie nicht so tief gesunken, wie wir fürchten, weil sie gar nicht so hoch gestiegen waren, wie wirs von ihnen glaubten. Daß die menschlichen Großindividuen, die Völker und Staaten, die sittlichen Beschränkungen gegeneinander fallen ließen, wurde ihnen zur begreiflichen Anregung, sich für eine Weile dem bestehenden Drucke der Kultur zu entziehen und ihren zurückgehaltenen Trieben vorübergehend Befriedigung zu gönnen. Dabei geschah ihrer relativen Sittlichkeit innerhalb ihres Volkstumes wahrscheinlich kein Abbruch.

Wir können uns aber das Verständnis der Veränderung, die der Krieg an unseren früheren Kompatrioten zeigt, noch vertiefen und empfangen dabei eine Warnung, kein Unrecht an ihnen zu begehen. Seelische Entwicklungen besitzen nämlich eine Eigentümlichkeit, welche sich bei keinem anderen Entwicklungsvorgang mehr vorfindet. Wenn ein Dorf zur Stadt, ein Kind zum Manne heranwächst, so gehen dabei Dorf und Kind in Stadt und Mann unter. Nur die Erinnerung kann die alten Züge in das neue Bild einzeichnen; in Wirklichkeit sind die alten Materialien oder Formen beseitigt und durch neue ersetzt worden. Anders geht es bei einer seelischen Entwicklung zu. Man kann den nicht zu vergleichenden Sachverhalt nicht anders beschreiben als durch die Behauptung, daß jede frühere Entwicklungsstufe neben der späteren, die aus ihr geworden ist, erhalten bleibt; die Sukzession bedingt eine Koexistenz mit, obwohl es doch dieselben Materialien sind, an denen die ganze Reihenfolge von Veränderungen abgelaufen ist. Der frühere seelische Zustand mag sich jahrelang nicht geäußert haben, er bleibt doch soweit bestehen, daß er eines Tages wiederum die Äußerungsform der seelischen Kräfte werden kann, und zwar die einzige, als ob alle späteren Entwicklungen annulliert, rückgängig gemacht worden wären. Diese außerordentliche Plastizität der seelischen Entwicklungen ist in ihrer Richtung nicht unbeschränkt; man kann sie als eine besondere Fähigkeit zur Rückbildung — Regression — bezeichnen, denn es kommt wohl vor, daß eine spätere und höhere Entwicklungsstufe, die verlassen wurde, nicht wieder erreicht werden kann. Aber die primitiven Zustände können immer wieder hergestellt werden; das primitive Seelische ist im vollsten Sinne unvergänglich.

Die sogenannten Geisteskrankheiten müssen beim Laien den Eindruck hervorrufen, daß das Geistes- und Seelenleben der Zerstörung anheimgefallen sei. In Wirklichkeit betrifft die Zerstörung nur spätere Erwerbungen und Entwicklungen. Das Wesen der Geisteskrankheit besteht in der Rückkehr zu früheren Zuständen des Affektlebens und der Funktion. Ein ausgezeichnetes Beispiel für die Plastizität des Seelenlebens gibt der Schlafzustand, den wir allnächtlich anstreben. Seitdem wir auch tolle und verworrene Träume zu übersetzen verstehen, wissen wir, daß wir mit jedem Einschlafen unsere mühsam erworbene Sittlichkeit wie ein Gewand von uns werfen — um es am Morgen wieder anzutun. Diese Entblößung ist natürlich ungefährlich, weil wir durch den Schlafzustand gelähmt, zur Inaktivität verurteilt sind. Nur der Traum kann von der Regression unseres Gefühllebens auf eine der frühesten Entwicklungsstufen Kunde geben. So ist es z. B. bemerkenswert, daß alle unsere Träume von. rein egoistischen Motiven beherrscht werden. Einer meiner englischen Freunde vertrat diesen Satz vor einer wissenschaftlichen Versammlung in Amerika, worauf ihm eine anwesende Dame die Bemerkung machte, das möge vielleicht für Österreich richtig sein, aber sie dürfe von sich und ihren Freunden behaupten, daß sie auch noch im Traume altruistisch fühlen. Mein Freund, obwohl selbst ein Angehöriger der englischen Rasse, mußte auf Grund seiner eigenen Erfahrungen in der Traumanalyse der Dame energisch widersprechen: Im Traume sei auch die edle Amerikanerin ebenso egoistisch wie der Österreicher.

Es kann also auch die Triebumbildung, auf welcher unsere Kultureignung beruht, durch Einwirkungen des Lebens — dauernd oder zeitweilig — rückgängig gemacht werden. Ohne Zweifel gehören die Einflüsse des Krieges zu den Mächten, welche solche Rückbildung erzeugen können, und darum brauchen wir nicht allen jenen, die sich gegenwärtig unkulturell benehmen, die Kultureignung abzusprechen, und dürfen erwarten, daß sich ihre Triebveredlung in ruhigeren Zeiten wieder herstellen wird.

Vielleicht hat uns aber ein anderes Symptom bei unseren Weltmitbürgern nicht weniger überrascht und geschreckt als das so schmerzlich empfundene Herabsinken von ihrer ethischen Höhe. Ich meine die Einsichtslosigkeit, die sich bei den besten Köpfen zeigt, ihre Verstocktheit, Unzugänglichkeit gegen die eindringlichsten Argumente, ihre kritiklose Leichtgläubigkeit für die anfechtbarsten Behauptungen. Dies ergibt freilich ein trauriges Bild, und ich will ausdrücklich betonen, daß ich keineswegs als verblendeter Parteigänger alle intellektuellen Verfehlungen nur auf einer der beiden Seiten finde. Allein diese Erscheinung ist noch leichter zu erklären und weit weniger bedenklich als die vorhin gewürdigte. Menschenkenner und Philosophen haben uns längst belehrt, daß wir Unrecht daran tun, unsere Intelligenz als selbständige Macht zu schätzen und ihre Abhängigkeit vom Gefühlsleben zu übersehen. Unser Intellekt könne nur verläßlich arbeiten, wenn er den Einwirkungen starker Gefühlsregungen entrückt sei; im gegenteiligen Falle benehme er sich einfach wie ein Instrument zu Handen eines Willens und liefere das Resultat, das ihm von diesem aufgetragen sei. Logische Argumente seien also ohnmächtig gegen affektive Interessen, und darum sei das Streiten mit Gründen, die nach Falstaffs Wort so gemein sind wie Brombeeren, in der Welt der Interessen so unfruchtbar. Die psychoanalytische Erfahrung hat diese Behauptung womöglich noch unterstrichen. Sie kann alle Tage zeigen, daß sich die scharfsinnigsten Menschen plötzlich einsichtslos wie Schwachsinnige benehmen, sobald die verlangte Einsicht einem Gefühlswiderstand bei ihnen begegnet, aber auch alles Verständnis wieder erlangen, wenn dieser Widerstand überwunden ist. Die logische Verblendung, die dieser Krieg oft gerade bei den besten unserer Mitbürger hervorgezaubert hat, ist also ein sekundäres Phänomen, eine Folge der Gefühlserregung, und hoffentlich dazu bestimmt, mit ihr zu verschwinden.

Wenn wir solcher Art unsere uns entfremdeten Mitbürger wieder verstehen, werden wir die Enttäuschung, die uns die Großindividuen der Menschheit, die Völker, bereitet haben, um vieles leichter ertragen, denn an diese dürfen wir nur weit bescheidenere Ansprüche stellen. Dieselben wiederholen vielleicht die Entwicklung der Individuen und treten uns heute noch auf sehr primitiven Stufen der Organisation, der Bildung höherer Einheiten, entgegen. Dementsprechend ist das erziehliche Moment des äußeren Zwanges zur Sittlichkeit, welches wir beim Einzelnen so wirksam fanden, bei ihnen noch kaum nachweisbar. Wir hatten zwar gehofft, daß die großartige, durch Verkehr und Produktion hergestellte Interessengemeinschaft den Anfang eines solchen Zwanges ergeben werde, allein es scheint, die Völker gehorchen ihren Leidenschaften derzeit weit mehr als ihren Interessen. Sie bedienen sich höchstens der Interessen, um die Leidenschaften zu rationalisieren; sie schieben ihre Interessen vor, um die Befriedigung ihrer Leidenschaften begründen zu können. Warum die Völkerindividuen einander eigentlich geringschätzen, hassen, verabscheuen, und zwar auch in Friedenszeiten, und jede Nation die andere, das ist freilich rätselhaft. Ich weiß es nicht zu sagen. Es ist in diesem Falle gerade so, als ob sich alle sittlichen Erwerbungen der Einzelnen auslöschten, wenn man eine Mehrheit oder gar Millionen Menschen zusammennimmt, und nur die primitivsten, ältesten und rohesten, seelischen Einstellungen übrig blieben. An diesen bedauerlichen Verhältnissen werden vielleicht erst späte Entwicklungen etwas ändern können. Aber etwas mehr Wahrhaftigkeit und Aufrichtigkeit allerseits, in den Beziehungen der Menschen zueinander und zwischen ihnen und den sie Regierenden, dürfte auch für diese Umwandlung die Wege ebnen.

II

UNSER VERHÄLTNIS ZUM TODE

Das zweite Moment, von dem ich es ableite, daß wir uns so befremdet fühlen in dieser einst so schönen und trauten Welt, ist die Störung des bisher von uns festgehaltenen Verhältnisses zum Tode. Dies Verhältnis war kein aufrichtiges. Wenn man uns anhörte, so waren wir natürlich bereit zu vertreten, daß der Tod der notwendige Ausgang alles Lebens sei, daß jeder von uns der Natur einen Tod schulde und vorbereitet sein müsse, die Schuld zu bezahlen, kurz, daß der Tod natürlich sei, unableugbar und unvermeidlich. In Wirklichkeit pflegten wir uns aber zu benehmen, als ob es anders wäre. Wir haben die unverkennbare Tendenz gezeigt, den Tod beiseite zu schieben, ihn aus dem Leben zu eliminieren. Wir haben versucht, ihn totzuschweigen; wir besitzen ja auch das Sprichwort: man denke an etwas wie an den Tod. Wie an den eigenen natürlich. Der eigene Tod ist ja auch unvorstellbar, und so oft wir den Versuch dazu machen, können wir bemerken, daß wir eigentlich als Zuschauer weiter dabei bleiben. So konnte in der psychoanalytischen Schule der Ausspruch gewagt werden: Im Grunde glaube niemand an seinen eigenen Tod oder, was dasselbe ist: Im Unbewußten sei jeder von uns von seiner Unsterblichkeit überzeugt.

Was den Tod eines anderen betrifft, so wird der Kulturmensch es sorgfältig vermeiden, von dieser Möglichkeit zu sprechen, wenn der zum Tode Bestimmte es hören kann. Nur Kinder setzen sich über diese Beschränkung hinweg; sie drohen einander ungescheut mit den Chancen des Sterbens und bringen es auch zustande, einer geliebten Person dergleichen ins Gesicht zu sagen, wie z. B.: Liebe Mama, wenn du leider gestorben sein wirst, werde ich dies oder jenes. Der erwachsene Kultivierte wird den Tod eines anderen auch nicht gern in seine Gedanken einsetzen, ohne sich hart oder böse zu erscheinen; es sei denn, daß er berufsmäßig als Arzt, Advokat u. dgl. mit dem Tode zu tun habe. Am wenigsten wird er sich gestatten, an den Tod des anderen zu denken, wenn mit diesem Ereignis ein Gewinn an Freiheit, Besitz, Stellung verbunden ist. Natürlich lassen sich Todesfälle durch dies unser Zartgefühl nicht zurückhalten; wenn sie sich ereignet haben, sind wir jedesmal tief ergriffen und wie in unseren Erwartungen erschüttert. Wir betonen regelmäßig die zufällige Veranlassung des Todes, den Unfall, die Erkrankung, die Infektion, das hohe Alter, und verraten so unser Bestreben, den Tod von einer Notwendigkeit zu einer Zufälligkeit herabzudrücken. Eine Häufung von Todesfällen erscheint uns als etwas überaus Schreckliches. Dem Verstorbenen selbst bringen wir ein besonderes Verhalten entgegen, fast wie eine Bewunderung für einen, der etwas sehr Schwieriges zustande gebracht hat. Wir stellen die Kritik gegen ihn ein, sehen ihm sein etwaiges Unrecht nach, geben den Befehl aus: *de mortuis nil nisi bene,* und finden es gerechtfertigt, daß man ihm in der Leichenrede und auf dem Grabsteine das Vorteilhafteste nachrühmt. Die Rücksicht auf den Toten, deren er doch nicht mehr bedarf, steht uns über der Wahrheit, den meisten von uns gewiß auch über der Rücksicht für den Lebenden.

Diese kulturell-konventionelle Einstellung gegen den Tod ergänzt sich nun durch unseren völligen Zusammenbruch, wenn das Sterben eine der uns nahestehenden Personen, einen Eltern- oder Gattenteil, ein Geschwister, Kind oder teuren Freund getroffen hat. Wir begraben mit ihm unsere Hoffnungen, Ansprüche, Genüsse, lassen uns nicht trösten und weigern uns, den Verlorenen zu ersetzen. Wir benehmen uns dann wie eine Art von Asra, welche mitsterben, wenn die sterben, die sie lieben.

Dies unser Verhältnis zum Tode hat aber eine starke Wirkung auf unser Leben. Das Leben verarmt, es verliert an Interesse, wenn der höchste Einsatz in den Lebensspielen, eben das Leben selbst, nicht gewagt werden darf. Es wird so schal, gehaltlos wie etwa ein amerikanischer Flirt, bei dem es von vornherein feststeht, daß nichts vorfallen darf, zum Unterschied von einer kontinentalen Liebesbeziehung, bei welcher beide Partner stets der ernsten Konsequenzen eingedenk bleiben müssen. Unsere Gefühlsbindungen, die unerträgliche Intensität unserer Trauer, machen uns abgeneigt, für uns und die unserigen Gefahren aufzusuchen. Wir getrauen uns nicht, eine Anzahl von Unternehmungen in Betracht zu ziehen, die gefährlich, aber eigentlich unerläßlich sind wie Flugversuche, Expeditionen in ferne Länder, Experimente mit explodierbaren Substanzen. Uns lähmt dabei das Bedenken, wer der Mutter den Sohn, der Gattin den Mann, den Kindern den Vater ersetzen soll, wenn ein Unglück geschieht. Die Neigung, den Tod aus der Lebensrechnung auszuschließen, hat so viele andere Verzichte und Ausschließungen im Gefolge. Und doch hat der Wahlspruch der Hansa gelautet: *Navigare necesse est, vivere non necesse!* Seefahren muß man, leben muß man nicht.

Es kann dann nicht anders kommen, als daß wir in der Welt der Fiktion, in der Literatur, im Theater Ersatz suchen für die Einbuße des Lebens. Dort finden wir noch Menschen, die zu sterben verstehen, ja, die es auch zustande bringen, einen anderen zu töten. Dort allein erfüllt sich uns auch die Bedingung, unter welcher wir uns mit dem Tode versöhnen könnten, wenn wir nämlich hinter allen Wechselfällen des Lebens noch ein unantastbares Leben übrig behielten. Es ist doch zu traurig, daß es im Leben zugehen kann wie im Schachspiel, wo ein falscher Zug uns zwingen kann, die Partie verloren zu geben, mit dem Unterschiede aber, daß wir keine zweite, keine Revanchepartie beginnen können. Auf dem Gebiete der Fiktion finden wir iene Mehrheit von Leben, deren wir bedürfen. Wir sterben in der Identifizierung mit dem einen Helden, überleben ihn aber doch und sind bereit, ebenso ungeschädigt ein zweites Mal mit einem anderen Helden zu sterben.

Es ist evident, daß der Krieg diese konventionelle Behandlung des Todes hinwegfegen muß. Der Tod läßt sich jetzt nicht mehr verleugnen; man muß an ihn glauben. Die Menschen sterben wirklich, auch nicht mehr einzeln, sondern viele, oft Zehntausende an einem Tage. Es ist auch kein Zufall mehr. Es scheint freilich noch zufällig, ob diese Kugel den einen trifft oder den anderen; aber diesen anderen mag leicht eine zweite Kugel treffen, die Häufung macht dem Eindruck des Zufälligen ein Ende. Das Leben ist freilich wieder interessant geworden, es hat seinen vollen Inhalt wieder bekommen.

Man müßte hier eine Scheidung in zwei Gruppen vornehmen, diejenigen, die selbst im Kampfe ihr Leben preisgeben, trennen von den anderen, die zu Hause geblieben sind und nur zu erwarten haben, einen ihrer Lieben an den Tod durch Verletzung Krankheit oder Infektion zu verlieren. Es wäre gewiß sehr interessant, die Veränderungen in der Psychologie der Kämpfer zu studieren, aber ich weiß zu wenig darüber. Wir müssen uns an die zweite Gruppe halten, zu der wir selbst gehören. Ich sagte schon, daß ich meine, die Verwirrung und die Lähmung unserer Leistungsfähigkeit, unter denen wir leiden, seien wesentlich mitbestimmt durch den Umstand, daß wir unser bisheriges Verhältnis zum Tode nicht aufrecht halten können und ein neues noch nicht gefunden haben. Vielleicht hilft es uns dazu, wenn wir unsere psychologische Untersuchung auf zwei andere

Beziehungen zum Tode richten, auf jene, die wir dem Urmenschen, dem Menschen der Vorzeit, zuschreiben dürfen, und jene andere, die in jedem von uns noch erhalten ist, aber sich unsichtbar für unser Bewußtsein in tieferen Schichten unseres Seelenlebens verbirgt.

Wie sich der Mensch der Vorzeit gegen den Tod verhalten, wissen wir natürlich nur durch Rückschlüsse und Konstruktionen, aber ich meine, daß diese Mittel uns ziemlich vertrauenswürdige Auskünfte ergeben haben.

Der Urmensch hat sich in sehr merkwürdiger Weise zum Tode eingestellt. Gar nicht einheitlich, vielmehr recht widerspruchsvoll. Er hat einerseits den Tod ernst genommen, ihn als Aufhebung des Lebens anerkannt und sich seiner in diesem Sinne bedient, anderseits aber auch den Tod geleugnet, ihn zu nichts herabgedrückt. Dieser Widerspruch wurde durch den Umstand ermöglicht, daß er zum Tode des anderen, des Fremden, des Feindes, eine radikal andere Stellung einnahm als zu seinem eigenen. Der Tod des anderen war ihm recht, galt ihm als Vernichtung des Verhaßten, und der Urmensch kannte kein Bedenken, ihn herbeizuführen. Er war gewiß ein sehr leidenschaftliches Wesen, grausamer und bösartiger als andere Tiere. Er mordete gerne und wie selbstverständlich. Den Instinkt, der andere Tiere davon abhalten soll, Wesen der gleichen Art zu töten und zu verzehren, brauchen wir ihm nicht zuzuschreiben.

Die Urgeschichte der Menschheit ist denn auch vom Morde erfüllt. Noch heute ist das, was unsere Kinder in der Schule als Weltgeschichte lernen, im wesentlichen eine Reihenfolge von Völkermorden. Das dunkle Schuldgefühl, unter dem die Menschheit seit Urzeiten steht, das sich in manchen Religionen zur Annahme einer **Urschuld**, einer Erbsünde, verdichtet hat, ist wahrscheinlich der Ausdruck einer Blutschuld, mit welcher sich die urzeitliche Menschheit beladen hat. Ich habe in meinem Buche „**Totem und Tabu**" (1913), den Winken von W. Robertson

Smith, Atkinson und Ch. Darwin folgend, die Natur dieser alten Schuld erraten wollen, und meine, daß noch die heutige christliche Lehre uns den Rückschluß auf sie ermöglicht. Wenn Gottes Sohn sein Leben opfern mußte, um die Menschheit von der Erbsünde zu erlösen, so muß nach der Regel der Talion, der Vergeltung durch Gleiches, diese Sünde eine Tötung, ein Mord gewesen sein. Nur dies konnte zu seiner Sühne das Opfer eines Lebens erfordern. Und wenn die Erbsünde ein Verschulden gegen Gott-Vater war, so muß das älteste Verbrechen der Menschheit ein Vatermord gewesen sein, die Tötung des Urvaters der primitiven Menschenhorde, dessen Erinnerungsbild später zur Gottheit verklärt wurde.[1]

Der eigene Tod war dem Urmenschen gewiß ebenso unvorstellbar und unwirklich, wie heute noch jedem von uns. Es ergab sich aber für ihn ein Fall, in dem die beiden gegensätzlichen Einstellungen zum Tode zusammenstießen und in Konflikt miteinander gerieten, und dieser Fall wurde sehr bedeutsam und reich an fernwirkenden Folgen. Er ereignete sich, wenn der Urmensch einen seiner Angehörigen sterben sah, sein Weib, sein Kind, seinen Freund, die er sicherlich ähnlich liebte wie wir die unseren, denn die Liebe kann nicht um vieles jünger sein als die Mordlust. Da mußte er in seinem Schmerz die Erfahrung machen, daß man auch selbst sterben könne, und sein ganzes Wesen empörte sich gegen dieses Zugeständnis; jeder dieser Lieben war ja doch ein Stück seines eigenen geliebten Ichs. Anderseits war ihm ein solcher Tod doch auch recht, denn in jeder der geliebten Personen stak auch ein Stück Fremdheit. Das Gesetz der Gefühlsambivalenz, das heute noch unsere Gefühlsbeziehungen zu den von uns geliebtesten Personen beherrscht, galt in Urzeiten gewiß noch uneingeschränkter. Somit waren diese geliebten Verstorbenen doch auch Fremde und Feinde ge-

---

[1] Vgl. „Die infantile Wiederkehr des Totemismus" (die letzte Abhandlung in „Totem und Tabu").

wesen, die einen Anteil von feindseligen Gefühlen bei ihm hervorgerufen hatten.[1]

Die Philosophen haben behauptet, das intellektuelle Rätsel, welches das Bild des Todes dem Urmenschen aufgab, habe sein Nachdenken erzwungen und sei der Ausgang jeder Spekulation geworden. Ich glaube, die Philosophen denken da zu — philosophisch, nehmen zu wenig Rücksicht auf die primär wirksamen Motive. Ich möchte darum die obige Behauptung einschränken und korrigieren: an der Leiche des erschlagenen Feindes wird der Urmensch triumphiert haben, ohne einen Anlaß zu finden, sich den Kopf über die Rätsel des Lebens und Todes zu zerbrechen. Nicht das intellektuelle Rätsel und nicht jeder Todesfall, sondern der Gefühlskonflikt beim Tode geliebter und dabei doch auch fremder und gehaßter Personen hat die Forschung der Menschen entbunden. Aus diesem Gefühlskonflikt wurde zunächst die Psychologie geboren. Der Mensch konnte den Tod nicht mehr von sich ferne halten, da er ihn in dem Schmerz um den Verstorbenen verkostet hatte, aber er wollte ihn doch nicht zugestehen, da er sich selbst nicht tot vorstellen konnte. So ließ er sich auf Kompromisse ein, gab den Tod auch für sich zu, bestritt ihm aber die Bedeutung der Lebensvernichtung, wofür ihm beim Tode des Feindes jedes Motiv gefehlt hatte. An der Leiche der geliebten Person ersann er die Geister, und sein Schuldbewußtsein ob der Befriedigung, die der Trauer beigemengt war, bewirkte, daß diese erstgeschaffenen Geister böse Dämonen wurden, vor denen man sich ängstigen mußte. Die Veränderungen des Todes legten ihm die Zerlegung des Individuums in einen Leib und in eine — ursprünglich mehrere — Seelen nahe; in solcher Weise ging sein Gedankengang dem Zersetzungsprozeß, den der Tod einleitet, parallel. Die fortdauernde Erinnerung an den Verstorbenen wurde die Grundlage der Annahme anderer Existenz-

---

[1] Siehe „Tabu und Ambivalenz" (die zweite Abhandlung in „Totem und Tabu").

formen, gab ihm die Idee eines Fortlebens nach dem anscheinenden Tode. Diese späteren Existenzen waren anfänglich nur Anhängsel an die durch den Tod abgeschlossene, schattenhaft, inhaltsleer und bis in späte Zeiten hinauf geringgeschätzt; sie trugen noch den Charakter kümmerlicher Auskünfte. Wir erinnern, was die Seele des Achilleus dem Odysseus erwidert:

> Denn dich Lebenden einst verehrten wir, gleich den Göttern,
> Argos Söhn'; und jetzo gebietest du mächtig den Geistern,
> Wohnend allhier. Drum laß dich den Tod nicht reuen, Achilleus.
> Also ich selbst; und sogleich antwortet' er, solches erwidernd:
> Nicht mir rede vom Tod ein Trostwort, edler Odysseus!
> Lieber ja wollt' ich das Feld als Tagelöhner bestellen
> Einem dürftigen Mann, ohn' Erb' und eigenen Wohlstand,
> Als die sämtliche Schar der geschwundenen Toten beherrschen.
> (Odyssee XI v. 484—491.)

Oder in der kraftvollen, bitter-parodistischen Fassung von H. Heine

> Der kleinste lebendige Philister
> Zu Stuckert am Neckar
> Viel glücklicher ist er
> Als ich, der Pelide, der tote Held,
> Der Schattenfürst in der Unterwelt.

Erst später brachten es die Religionen zustande, diese Nachexistenz für die wertvollere, vollgültige auszugeben und das durch den Tod abgeschlossene Leben zu einer bloßen Vorbereitung herabzudrücken. Es war dann nur konsequent, wenn man auch das Leben in die Vergangenheit verlängerte, die früheren Existenzen, die Seelenwanderung und Wiedergeburt ersann, alles in der Absicht, dem Tode seine Bedeutung als Aufhebung des Lebens zu rauben. So frühzeitig hat die Verleugnung des Todes, die wir als konventionell-kulturell bezeichnet haben, ihren Anfang genommen.

An der Leiche der geliebten Person entstanden nicht nur die Seelenlehre, der Unsterblichkeitsglaube und eine mächtige Wurzel des menschlichen Schuldbewußtseins, sondern auch die ersten ethischen Gebote. Das erste und bedeutsamste Verbot des erwachenden Gewissens lautete: Du sollst nicht töten. Es war als Reaktion gegen die hinter der Trauer versteckte Haßbefriedigung am geliebten Toten gewonnen worden und wurde allmählich auf den ungeliebten Fremden und endlich auch auf den Feind ausgedehnt.

An letzterer Stelle wird es vom Kulturmenschen nicht mehr verspürt. Wenn das wilde Ringen dieses Krieges seine Entscheidung gefunden hat, wird jeder der siegreichen Kämpfer froh in sein Heim zurückkehren, zu seinem Weibe und Kindern, unverweilt und ungestört durch Gedanken an die Feinde, die er im Nahkampfe oder durch die fernwirkende Waffe getötet hat. Es ist bemerkenswert, daß sich die primitiven Völker, die noch auf der Erde leben und dem Urmenschen gewiß näher stehen als wir, in diesem Punkte anders verhalten — oder verhalten haben, solange sie noch nicht den Einfluß unserer Kultur erfahren hatten. Der Wilde — Australier, Buschmann, Feuerländer — ist keineswegs ein reueloser Mörder; wenn er als Sieger vom Kriegspfade heimkehrt, darf er sein Dorf nicht betreten und sein Weib nicht berühren, ehe er seine kriegerischen Mordtaten durch oft langwierige und mühselige Bußen gesühnt hat. Natürlich liegt die Erklärung aus seinem Aberglauben nahe; der Wilde fürchtet noch die Geisterrache der Erschlagenen. Aber die Geister der erschlagenen Feinde sind nichts anderes als der Ausdruck seines bösen Gewissens ob seiner Blutschuld; hinter diesem Aberglauben verbirgt sich ein Stück ethischer Feinfühligkeit, welches uns Kulturmenschen verloren gegangen ist.[1]

Fromme Seelen, welche unser Wesen gerne von der Berührung mit Bösem und Gemeinem ferne wissen möchten, werden gewiß nicht versäumen, aus der Frühzeitigkeit und Eindringlichkeit des

---

1) Siehe „Totem und Tabu".

Mordverbotes befriedigende Schlüsse zu ziehen auf die Stärke ethischer Regungen, welche uns eingepflanzt sein müssen. Leider beweist dieses Argument noch mehr für das Gegenteil. Ein so starkes Verbot kann sich nur gegen einen ebenso starken Impuls richten. Was keines Menschen Seele begehrt, braucht man nicht zu verbieten,[1] es schließt sich von selbst aus. Gerade die Betonung des Gebotes: Du sollst nicht töten, macht uns sicher, daß wir von einer unendlich langen Generationsreihe von Mördern abstammen, denen die Mordlust, wie vielleicht noch uns selbst, im Blute lag. Die ethischen Strebungen der Menschheit, an deren Stärke und Bedeutsamkeit man nicht zu nörgeln braucht, sind ein Erwerb der Menschengeschichte; in leider sehr wechselndem Ausmaße sind sie dann zum ererbten Besitze der heute lebenden Menschheit geworden.

Verlassen wir nun den Urmenschen und wenden wir uns dem Unbewußten im eigenen Seelenleben zu. Wir fußen hier ganz auf der Untersuchungsmethode der Psychoanalyse, der einzigen, die in solche Tiefen reicht. Wir fragen: wie verhält sich unser Unbewußtes zum Problem des Todes? Die Antwort muß lauten: fast genau so wie der Urmensch. In dieser wie in vielen anderen Hinsichten lebt der Mensch der Vorzeit ungeändert in unserem Unbewußten fort. Also unser Unbewußtes glaubt nicht an den eigenen Tod, es gebärdet sich wie unsterblich. Was wir unser „Unbewußtes" heißen, die tiefsten, aus Triebregungen bestehenden Schichten unserer Seele, kennt überhaupt nichts Negatives, keine Verneinung — Gegensätze fallen in ihm zusammen — und kennt darum auch nicht den eigenen Tod, dem wir nur einen negativen Inhalt geben können. Dem Todesglauben kommt also nichts Triebhaftes in uns entgegen. Vielleicht ist dies sogar das Geheimnis des Heldentums. Die rationelle Begründung des Heldentums ruht auf dem Urteile, daß das eigene Leben nicht so wertvoll sein

---

1) Vgl. die glänzende Argumentation von Frazer (Freud „Totem und Tabu").

kann wie gewisse abstrakte und allgemeine Güter. Aber ich meine, häufiger dürfte das instinktive und impulsive Heldentum sein, welches von solcher Motivierung absieht und einfach nach der Zusicherung des Anzengruberschen Steinklopferhanns: Es kann dir nix g'scheh'n, den Gefahren trotzt. Oder jene Motivierung dient nur dazu, die Bedenken wegzuräumen, welche die dem Unbewußten entsprechende heldenhafte Reaktion hintanhalten können. Die Todesangst, unter deren Herrschaft wir häufiger stehen, als wir selbst wissen, ist dagegen etwas Sekundäres, und meist aus Schuldbewußtsein hervorgegangen.

Anderseits anerkennen wir den Tod für Fremde und Feinde und verhängen ihn über sie ebenso bereitwillig und unbedenklich wie der Urmensch. Hier zeigt sich freilich ein Unterschied, den man in der Wirklichkeit für entscheidend erklären wird. Unser Unbewußtes führt die Tötung nicht aus, es denkt und wünscht sie bloß. Aber es wäre unrecht, diese psychische Realität im Vergleiche zur faktischen so ganz zu unterschätzen. Sie ist bedeutsam und folgenschwer genug. Wir beseitigen in unseren unbewußten Regungen täglich und stündlich alle, die uns im Wege stehen, die uns beleidigt und geschädigt haben. Das „Hol' ihn der Teufel", das sich so häufig in scherzendem Unmute über unsere Lippen drängt, und das eigentlich sagen will: „Hol' ihn der Tod", in unserem Unbewußten ist es ernsthafter, kraftvoller Todeswunsch. Ja, unser Unbewußtes mordet selbst für Kleinigkeiten; wie die alte athenische Gesetzgebung des Drakon kennt es für Verbrechen keine andere Strafe als den Tod, und dies mit einer gewissen Konsequenz, denn jede Schädigung unseres allmächtigen und selbstherrlichen Ichs ist im Grunde ein *crimen laesae majestatis*.

So sind wir auch selbst, wenn man uns nach unseren unbewußten Wunschregungen beurteilt, wie die Urmenschen eine Rotte von Mördern. Es ist ein Glück, daß alle diese Wünsche nicht die Kraft besitzen, die ihnen die Menschen in Urzeiten noch zutrauten;[1] in dem Kreuzfeuer der gegenseitigen Verwünschungen wäre die Menschheit längst zugrunde gegangen, die besten und weisesten der Männer darunter wie die schönsten und holdesten der Frauen.

Mit Aufstellungen wie diesen findet die Psychoanalyse bei den Laien meist keinen Glauben. Man weist sie als Verleumdungen zurück, welche gegen die Versicherungen des Bewußtseins nicht in Betracht kommen, und übersieht geschickt die geringen Anzeichen, durch welche sich auch das Unbewußte dem Bewußtsein zu verraten pflegt. Es ist darum am Platze darauf hinzuweisen, daß viele Denker, die nicht von der Psychoanalyse beeinflußt sein konnten, die Bereitschaft unserer stillen Gedanken, mit Hinwegsetzung über das Mordverbot zu beseitigen, was uns im Wege steht, deutlich genug angeklagt haben. Ich wähle hiefür ein einziges berühmt gewordenes Beispiel an Stelle vieler anderer:

Im „Père Goriot" spielt Balzac auf eine Stelle in den Werken J. J. Rousseaus an, in welcher dieser Autor den Leser fragt, was er wohl tun würde, wenn er — ohne Paris zu verlassen und natürlich ohne entdeckt zu werden — einen alten Mandarin in Peking durch einen bloßen Willensakt töten könnte, dessen Ableben ihm einen großen Vorteil einbringen müßte. Er läßt erraten, daß er das Leben dieses Würdenträgers für nicht sehr gesichert hält. „Tuer son mandarin" ist dann sprichwörtlich geworden für diese geheime Bereitschaft auch der heutigen Menschen.

Es gibt auch eine ganze Anzahl von zynischen Witzen und Anekdoten, welche nach derselben Richtung Zeugnis ablegen, wie z. B. die dem Ehemanne zugeschriebene Äußerung: Wenn einer von uns beiden stirbt, übersiedle ich nach Paris. Solche zynische Witze wären nicht möglich, wenn sie nicht eine verleugnete Wahrheit mitzuteilen hätten, zu der man sich nicht bekennen

---

1) Vgl. über „Allmacht der Gedanken" in „Totem und Tabu".

darf, wenn sie ernsthaft und unverhüllt ausgesprochen wird. Im Scherz darf man bekanntlich sogar die Wahrheit sagen.

Wie für den Urmenschen, so ergibt sich auch für unser Unbewußtes ein Fall, in dem die beiden entgegengesetzten Einstellungen gegen den Tod, die eine, welche ihn als Lebensvernichtung anerkennt, und die andere, die ihn als unwirklich verleugnet, zusammenstoßen und in Konflikt geraten. Und dieser Fall ist der nämliche wie in der Urzeit, der Tod oder die Todesgefahr eines unserer Lieben, eines Eltern- oder Gattenteils, eines Geschwisters, Kindes oder lieben Freundes. Diese Lieben sind uns einerseits ein innerer Besitz, Bestandteile unseres eigenen Ichs, anderseits aber auch teilweise Fremde, ja Feinde. Den zärtlichsten und innigsten unserer Liebesbeziehungen hängt mit Ausnahme ganz weniger Situationen ein Stückchen Feindseligkeit an, welches den unbewußten Todeswunsch anregen kann. Aus diesem Ambivalenzkonflikt geht aber nicht wie dereinst die Seelenlehre und die Ethik hervor, sondern die Neurose, die uns tiefe Einblicke auch in das normale Seelenleben gestattet. Wie häufig haben die psychoanalytisch behandelnden Ärzte mit dem Symptom der überzärtlichen Sorge um das Wohl der Angehörigen oder mit völlig unbegründeten Selbstvorwürfen nach dem Tode einer geliebten Person zu tun gehabt. Das Studium dieser Vorfälle hat ihnen über die Verbreitung und Bedeutung der unbewußten Todeswünsche keinen Zweifel gelassen.

Der Laie empfindet ein außerordentliches Grauen vor dieser Gefühlsmöglichkeit und nimmt diese Abneigung als legitimen Grund zum Unglauben gegen die Behauptungen der Psychoanalyse. Ich meine mit Unrecht. Es wird keine Herabsetzung unseres Liebeslebens beabsichtigt, und es liegt auch keine solche vor. Unserem Verständnis wie unserer Empfindung liegt es freilich ferne, Liebe und Haß in solcher Weise miteinander zu verkoppeln, aber indem die Natur mit diesem Gegensatzpaar arbeitet, bringt sie es zustande, die Liebe immer wach und frisch zu erhalten, um sie gegen den hinter ihr lauernden Haß zu versichern. Man darf sagen, die schönsten Entfaltungen unseres Liebeslebens danken wir der Reaktion gegen den feindseligen Impuls, den wir in unserer Brust verspüren.

Resümieren wir nun: unser Unbewußtes ist gegen die Vorstellung des eigenen Todes ebenso unzugänglich, gegen den Fremden ebenso mordlustig, gegen die geliebte Person ebenso zwiespältig (ambivalent) wie der Mensch der Urzeit. Wie weit haben wir uns aber in der konventionell-kulturellen Einstellung gegen den Tod von diesem Urzustande entfernt!

Es ist leicht zu sagen, wie der Krieg in diese Entzweiung eingreift. Er streift uns die späteren Kulturauflagerungen ab und läßt den Urmenschen in uns wieder zum Vorschein kommen. Er zwingt uns wieder, Helden zu sein, die an den eigenen Tod nicht glauben können; er bezeichnet uns die Fremden als Feinde, deren Tod man herbeiführen oder herbeiwünschen soll; er rät uns, uns über den Tod geliebter Personen hinwegzusetzen. Der Krieg ist aber nicht abzuschaffen; solange die Existenzbedingungen der Völker so verschieden und die Abstoßungen unter ihnen so heftig sind, wird es Kriege geben müssen. Da erhebt sich denn die Frage: Sollen wir nicht diejenigen sein, die nachgeben und sich ihm anpassen? Sollen wir nicht zugestehen, daß wir mit unserer kulturellen Einstellung zum Tode psychologisch wieder einmal über unseren Stand gelebt haben, und vielmehr umkehren und die Wahrheit fatieren? Wäre es nicht besser, dem Tode den Platz in der Wirklichkeit und in unseren Gedanken einzuräumen, der ihm gebührt, und unsere unbewußte Einstellung zum Tode, die wir bisher so sorgfältig unterdrückt haben, ein wenig mehr hervorzukehren? Es scheint das keine Höherleistung zu sein, eher ein Rückschritt in manchen Stücken, eine Regression, aber es hat den Vorteil, der Wahrhaftigkeit mehr Rechnung zu tragen und uns das Leben wieder erträglicher zu machen. Das Leben zu ertragen, bleibt ja doch die erste Pflicht aller Lebenden. Die Illusion wird wertlos, wenn sie uns darin stört.

Wir erinnern uns des alten Spruches: *Si vis pacem, para bellum*. Wenn du den Frieden erhalten willst, so rüste zum Kriege.

Es wäre zeitgemäß, ihn abzuändern: *Si vis vitam, para mortem*. Wenn du das Leben aushalten willst, richte dich auf den Tod ein.

VERGÄNGLICHKEIT

VERGÄNGLICHKEIT

Vor einiger Zeit machte ich in Gesellschaft eines schweigsamen Freundes und eines jungen, bereits rühmlich bekannten Dichters einen Spaziergang durch eine blühende Sommerlandschaft. Der Dichter bewunderte die Schönheit der Natur um uns, aber ohne sich ihrer zu erfreuen. Ihn störte der Gedanke, daß all diese Schönheit dem Vergehen geweiht war, daß sie im Winter dahingeschwunden sein werde, aber ebenso jede menschliche Schönheit und alles Schöne und Edle, was Menschen geschaffen haben und schaffen könnten. Alles, was er sonst geliebt und bewundert hätte, schien ihm entwertet durch das Schicksal der Vergänglichkeit, zu dem es bestimmt war.

Wir wissen, daß von solcher Versenkung in die Hinfälligkeit alles Schönen und Vollkommenen zwei verschiedene seelische Regungen ausgehen können. Die eine führt zu dem schmerzlichen Weltüberdruß des jungen Dichters, die andere zur Auflehnung gegen die behauptete Tatsächlichkeit. Nein, es ist unmöglich, daß all diese Herrlichkeiten der Natur und der Kunst, unserer Empfindungswelt und der Welt draußen, wirklich in Nichts zergehen sollten. Es wäre zu unsinnig und zu frevelhaft, daran zu glauben. Sie müssen in irgendeiner Weise fortbestehen können, allen zerstörenden Einflüssen entrückt.

Allein diese Ewigkeitsforderung ist zu deutlich ein Erfolg unseres Wunschlebens, als daß sie auf einen Realitätswert Anspruch erheben könnte. Auch das Schmerzliche kann wahr sein. Ich konnte mich weder entschließen, die allgemeine Vergänglichkeit zu bestreiten, noch für das Schöne und Vollkommene eine Ausnahme zu erzwingen. Aber ich bestritt dem pessimistischen Dichter, daß die Vergänglichkeit des Schönen eine Entwertung desselben mit sich bringe.

Im Gegenteil, eine Wertsteigerung! Der Vergänglichkeitswert ist ein Seltenheitswert in der Zeit. Die Beschränkung in der Möglichkeit des Genusses erhöht dessen Kostbarkeit. Ich erklärte es für unverständlich, wie der Gedanke an die Vergänglichkeit des Schönen uns die Freude an demselben trüben sollte. Was die Schönheit der Natur betrifft, so kommt sie nach jeder Zerstörung durch den Winter im nächsten Jahre wieder, und diese Wiederkehr darf im Verhältnis zu unserer Lebensdauer als eine ewige bezeichnet werden. Die Schönheit des menschlichen Körpers und Angesichts sehen wir innerhalb unseres eigenen Lebens für immer schwinden, aber diese Kurzlebigkeit fügt zu ihren Reizen einen neuen hinzu. Wenn es eine Blume gibt, welche nur eine einzige Nacht blüht, so erscheint uns ihre Blüte darum nicht minder prächtig. Wie die Schönheit und Vollkommenheit des Kunstwerks und der intellektuellen Leistung durch deren zeitliche Beschränkung entwertet werden sollte, vermochte ich ebensowenig einzusehen. Mag eine Zeit kommen, wenn die Bilder und Statuen, die wir heute bewundern, zerfallen sind, oder ein Menschengeschlecht nach uns, welches die Werke unserer Dichter und Denker nicht mehr versteht, oder selbst eine geologische Epoche, in der alles Lebende auf der Erde verstummt ist, der Wert all dieses Schönen und Vollkommenen wird nur durch seine Bedeutung für unser Empfindungsleben bestimmt, braucht dieses selbst nicht zu überdauern und ist darum von der absoluten Zeitdauer unabhängig.

Ich hielt diese Erwägungen für unanfechtbar, bemerkte aber, daß ich dem Dichter und dem Freunde keinen Eindruck gemacht hatte. Ich schloß aus diesem Mißerfolg auf die Einmengung eines starken affektiven Moments, welches ihr Urteil trübte, und glaubte dies auch später gefunden zu haben. Es muß die seelische Auflehnung gegen die Trauer gewesen sein, welche ihnen den Genuß des Schönen entwertete. Die Vorstellung, daß dieses Schöne vergänglich sei, gab den beiden Empfindsamen einen Vorgeschmack der Trauer um seinen Untergang, und da die Seele von allem Schmerzlichen instinktiv zurückweicht, fühlten sie ihren Genuß am Schönen durch den Gedanken an dessen Vergänglichkeit beeinträchtigt.

Die Trauer über den Verlust von etwas, das wir geliebt oder bewundert haben, erscheint dem Laien so natürlich, daß er sie für selbstverständlich erklärt. Dem Psychologen aber ist die Trauer ein großes Rätsel, eines jener Phänomene, die man selbst nicht klärt, auf die man aber anderes Dunkle zurückführt. Wir stellen uns vor, daß wir ein gewisses Maß von Liebesfähigkeit, genannt Libido, besitzen, welches sich in den Anfängen der Entwicklung dem eigenen Ich zugewendet hatte. Später, aber eigentlich von sehr frühe an, wendet es sich vom Ich ab und den Objekten zu, die wir solcher Art gewissermaßen in unser Ich hineinnehmen. Werden die Objekte zerstört oder gehen sie uns verloren, so wird unsere Liebesfähigkeit (Libido) wieder frei. Sie kann sich andere Objekte zum Ersatz nehmen oder zeitweise zum Ich zurückkehren. Warum aber diese Ablösung der Libido von ihren Objekten ein so schmerzhafter Vorgang sein sollte, das verstehen wir nicht und können es derzeit aus keiner Annahme ableiten. Wir sehen nur, daß sich die Libido an ihre Objekte klammert und die verlorenen auch dann nicht aufgeben will, wenn der Ersatz bereit liegt. Das also ist die Trauer.

Die Unterhaltung mit dem Dichter fand im Sommer vor dem Kriege statt. Ein Jahr später brach der Krieg herein und raubte der Welt ihre Schönheiten. Er zerstörte nicht nur die Schönheit der Landschaften, die er durchzog, und die Kunstwerke, an die er auf seinem Wege streifte, er brach auch unseren Stolz auf die Errungenschaften unserer Kultur, unseren Respekt vor so vielen Denkern und Künstlern, unsere Hoffnungen auf eine endliche Überwindung der Verschiedenheiten unter Völkern und Rassen. Er beschmutzte die erhabene Unparteilichkeit unserer Wissenschaft, stellte unser Triebleben in seiner Nacktheit bloß, entfesselte die bösen Geister in uns, die wir durch die Jahrhunderte währende Erziehung von seiten unserer Edelsten dauernd gebändigt glaubten. Er machte unser Vaterland wieder klein und die andere Erde wieder fern und weit. Er raubte uns so vieles, was wir geliebt hatten, und zeigte uns die Hinfälligkeit von manchem, was wir für beständig gehalten hatten.

Es ist nicht zu verwundern, daß unsere an Objekten so verarmte Libido mit um so größerer Intensität besetzt hat, was uns verblieben ist, daß die Liebe zum Vaterland, die Zärtlichkeit für unsere Nächsten und der Stolz auf unsere Gemeinsamkeiten jäh verstärkt worden sind. Aber jene anderen, jetzt verlorenen Güter, sind sie uns wirklich entwertet worden, weil sie sich als so hinfällig und widerstandsunfähig erwiesen haben? Vielen unter uns scheint es so, aber ich meine wiederum, mit Unrecht. Ich glaube, die so denken und zu einem dauernden Verzicht bereit scheinen, weil das Kostbare sich nicht als haltbar bewährt hat, befinden sich nur in der Trauer über den Verlust. Wir wissen, die Trauer, so schmerzhaft sie sein mag, läuft spontan ab. Wenn sie auf alles Verlorene verzichtet hat, hat sie sich auch selbst aufgezehrt, und dann wird unsere Libido wiederum frei, um sich, insofern wir noch jung und lebenskräftig sind, die verlorenen Objekte durch möglichst gleich kostbare oder kostbarere neue zu ersetzen. Es steht zu hoffen, daß es mit den Verlusten dieses Krieges nicht anders gehen wird. Wenn erst die Trauer überwunden ist, wird es sich zeigen, daß unsere Hochschätzung der Kulturgüter unter der Erfahrung von ihrer Gebrechlichkeit nicht gelitten hat. Wir werden alles wieder aufbauen, was der Krieg zerstört hat, vielleicht auf festerem Grund und dauerhafter als vorher.

EINIGE CHARAKTERTYPEN
AUS DER
PSYCHOANALYTISCHEN ARBEIT

EINIGE CHARAKTERTYPEN
AUS DER PSYCHOANALYTISCHEN ARBEIT

Wenn der Arzt die psychoanalytische Behandlung eines Nervösen durchführt, so ist sein Interesse keineswegs in erster Linie auf dessen Charakter gerichtet. Er möchte viel eher wissen, was seine Symptome bedeuten, welche Triebregungen sich hinter ihnen verbergen und durch sie befriedigen, und über welche Stationen der geheimnisvolle Weg von jenen Triebwünschen zu diesen Symptomen geführt hat. Aber die Technik, der er folgen muß, nötigt den Arzt bald, seine Wißbegierde vorerst auf andere Objekte zu richten. Er bemerkt, daß seine Forschung durch Widerstände bedroht wird, die ihm der Kranke entgegensetzt, und darf diese Widerstände dem Charakter des Kranken zurechnen. Nun hat dieser Charakter den ersten Anspruch an sein Interesse.

Was sich der Bemühung des Arztes widersetzt, sind nicht immer die Charakterzüge, zu denen sich der Kranke bekennt, und die ihm von seiner Umgebung zugesprochen werden. Oft zeigen sich Eigenschaften des Kranken bis zu ungeahnten Intensitäten gesteigert, von denen er nur ein bescheidenes Maß zu besitzen schien, oder es kommen Einstellungen bei ihm zum Vorschein, die sich in anderen Beziehungen des Lebens nicht verraten hatten. Mit der Beschreibung und Zurückführung einiger von diesen überraschenden Charakterzügen werden sich die nachstehenden Zeilen beschäftigen.

I

Die Ausnahmen

Die psychoanalytische Arbeit sieht sich immer wieder vor die Aufgabe gestellt, den Kranken zum Verzicht auf einen naheliegenden und unmittelbaren Lustgewinn zu bewegen. Er soll nicht auf Lust überhaupt verzichten; das kann man vielleicht keinem Menschen zumuten, und selbst die Religion muß ihre Forderung, irdische Lust fahren zu lassen, mit dem Versprechen begründen, dafür ein ungleich höheres Maß von wertvollerer Lust in einem Jenseits zu gewähren. Nein, der Kranke soll bloß auf solche Befriedigungen verzichten, denen eine Schädigung unfehlbar nachfolgt, er soll bloß zeitweilig entbehren, nur den unmittelbaren Lustgewinn gegen einen besser gesicherten, wenn auch aufgeschobenen, eintauschen lernen. Oder mit anderen Worten, er soll unter der ärztlichen Leitung jenen Fortschritt vom Lustprinzip zum Realitätsprinzip machen, durch welchen sich der reife Mann vom Kinde scheidet. Bei diesem Erziehungswerk spielt die bessere Einsicht des Arztes kaum eine entscheidende Rolle; er weiß ja in der Regel dem Kranken nichts anderes zu sagen, als was diesem sein eigener Verstand sagen kann. Aber es ist nicht dasselbe, etwas bei sich zu wissen und dasselbe von anderer Seite zu hören; der Arzt übernimmt die Rolle dieses wirksamen anderen; er bedient sich des Einflusses, den ein Mensch auf den anderen ausübt. Oder: erinnern wir uns daran, daß es in der Psychoanalyse üblich ist, das Ursprüngliche und Wurzelhafte an Stelle des Abgeleiteten und Gemilderten einzusetzen, und sagen wir, der Arzt bedient sich bei seinem Erziehungswerk irgend einer Komponente der Liebe. Er wiederholt bei solcher Nacherziehung wahrscheinlich nur den Vorgang, der überhaupt die erste Erziehung ermöglicht hat. Neben der Lebensnot ist die Liebe die große Erzieherin, und der unfertige Mensch wird durch die Liebe der ihm Nächsten dazu bewogen, auf die Gebote der Not zu achten und sich die Strafen für deren Übertretung zu ersparen.

Fordert man so von den Kranken einen vorläufigen Verzicht auf irgend eine Lustbefriedigung, ein Opfer, eine Bereitwilligkeit, zeitweilig für ein besseres Ende Leiden auf sich zu nehmen, oder auch nur den Entschluß, sich einer für alle geltenden Notwendigkeit zu unterwerfen, so stößt man auf einzelne Personen, die sich mit einer besonderen Motivierung gegen solche Zumutung sträuben. Sie sagen, sie haben genug gelitten und entbehrt, sie haben Anspruch darauf, von weiteren Anforderungen verschont zu werden, sie unterwerfen sich keiner unliebsamen Notwendigkeit mehr, denn sie seien Ausnahmen und gedenken es auch zu bleiben. Bei einem Kranken solcher Art war dieser Anspruch zu der Überzeugung gesteigert, daß eine besondere Vorsehung über ihn wache, die ihn vor derartigen schmerzlichen Opfern bewahren werde. Gegen innere Sicherheiten, die sich mit solcher Stärke äußern, richten die Argumente des Arztes nichts aus, aber auch sein Einfluß versagt zunächst, und er wird darauf hingewiesen, den Quellen nachzuspüren, aus welchen das schädliche Vorurteil gespeist wird.

Nun ist es wohl unzweifelhaft, daß ein jeder sich für eine „Ausnahme" ausgeben und Vorrechte vor den anderen beanspruchen möchte. Aber gerade darum bedarf es einer besonderen und nicht überall vorfindlichen Begründung, wenn er sich wirklich als Ausnahme verkündet und benimmt. Es mag mehr als nur eine solche Begründung geben; in den von mir untersuchten Fällen gelang es, eine gemeinsame Eigentümlichkeit der Kranken in deren früheren Lebensschicksalen nachzuweisen: Ihre Neurose knüpfte an ein Erlebnis oder an ein Leiden an, das sie in den ersten Kinderzeiten betroffen hatte, an dem sie sich unschuldig wußten, und das sie als eine ungerechte Benachteiligung ihrer Person bewerten konnten. Die Vorrechte, die sie aus diesem Unrecht ableiteten, und die Unbotmäßigkeit, die sich daraus ergab, hatten nicht wenig dazu beigetragen, um die Konflikte, die später zum Ausbruch der Neurose führten, zu verschärfen. Bei einer dieser Patientinnen wurde die besprochene Einstellung zum Leben vollzogen, als sie erfuhr, daß ein schmerzhaftes organisches Leiden, welches sie an der Erreichung ihrer Lebensziele gehindert hatte, kongenitalen Ursprungs war. Solange sie dieses Leiden für eine zufällige spätere Erwerbung hielt, ertrug sie es geduldig; von ihrer Aufklärung an, es sei ein Stück mitgebrachter Erbschaft, wurde sie rebellisch. Der junge Mann, der sich von einer besonderen Vorsehung bewacht glaubte, war als Säugling das Opfer einer zufälligen Infektion durch seine Amme geworden und hatte sein ganzes späteres Leben von seinen Entschädigungsansprüchen wie von einer Unfallsrente gezehrt, ohne zu ahnen, worauf er seine Ansprüche gründete. In seinem Falle wurde die Analyse, welche dieses Ergebnis aus dunklen Erinnerungsresten und Symptomdeutungen konstruierte, durch Mitteilungen der Familie objektiv bestätigt.

Aus leicht verständlichen Gründen kann ich von diesen und anderen Krankengeschichten ein mehreres nicht mitteilen. Ich will auch auf die naheliegende Analogie mit der Charakterverbildung nach langer Kränklichkeit der Kinderjahre und im Benehmen ganzer Völker mit leidenschwerer Vergangenheit nicht eingehen. Dagegen werde ich es mir nicht versagen, auf jene von dem größten Dichter geschaffene Gestalt hinzuweisen, in deren Charakter der Ausnahmsanspruch mit dem Momente der kongenitalen Benachteiligung so innig verknüpft und durch dieses motiviert ist.

Im einleitenden Monolog zu Shakespeares Richard III. sagt Gloster, der spätere König:

> Doch ich, zu Possenspielen nicht gemacht,
> Noch um zu buhlen mit verliebten Spiegeln;
> Ich, roh geprägt, entblößt von Liebes-Majestät
> Vor leicht sich dreh'nden Nymphen sich zu brüsten;
> Ich, um dies schöne Ebenmaß verkürzt,
> Von der Natur um Bildung falsch betrogen,
> Entstellt, verwahrlost, vor der Zeit gesandt
> In diese Welt des Atmens, halb kaum fertig
> Gemacht, und zwar so lahm und ungeziemend,
> Daß Hunde bellen, hink' ich wo vorbei;
> ― ― ― ― ― ― ― ― ― ― ―
> Und darum, weil ich nicht als ein Verliebter
> Kann kürzen diese fein beredten Tage,
> Bin ich gewillt ein Bösewicht zu werden
> Und Feind den eitlen Freuden dieser Tage.

Unser erster Eindruck von dieser Programmrede wird vielleicht die Beziehung zu unserem Thema vermissen. Richard scheint nichts anderes zu sagen als: Ich langweile mich in dieser müßigen Zeit und ich will mich amüsieren. Weil ich aber wegen meiner Mißgestalt mich nicht als Liebender unterhalten kann, werde ich den Bösewicht spielen, intrigieren, morden, und was mir sonst gefällt. Eine so frivole Motivierung müßte jede Spur von Anteilnahme beim Zuschauer ersticken, wenn sich nichts Ernsteres hinter ihr verbärge. Dann wäre aber auch das Stück psychologisch unmöglich, denn der Dichter muß bei uns einen geheimen Hintergrund von Sympathie für seinen Helden zu schaffen verstehen, wenn wir die Bewunderung für seine Kühnheit und Geschicklichkeit ohne inneren Einspruch verspüren sollen, und solche Sympathie kann nur im Verständnis, im Gefühle einer möglichen inneren Gemeinschaft mit ihm, begründet sein.

Ich meine darum, der Monolog Richards sagt nicht alles; er deutet bloß an und überläßt es uns, das Angedeutete auszuführen. Wenn wir aber diese Vervollständigung vornehmen, dann schwindet der Anschein von Frivolität, dann kommt die Bitterkeit und Ausführlichkeit, mit der Richard seine Mißgestalt geschildert hat, zu ihrem Rechte, und uns wird die Gemeinsamkeit klar gemacht, die unsere Sympathie auch für den Bösewicht erzwingt. Es heißt dann: Die Natur hat ein schweres Unrecht an mir begangen, indem sie mir die Wohlgestalt versagt hat, welche die Liebe der Menschen gewinnt. Das Leben ist mir eine Entschädigung dafür schuldig, die ich mir holen werde. Ich habe den Anspruch darauf, eine Ausnahme zu sein, mich über die Bedenken hinwegzusetzen, durch die sich andere hindern lassen. Ich darf selbst Unrecht tun, denn an mir ist Unrecht geschehen, — und nun fühlen wir, daß wir selbst so werden könnten wie Richard, ja daß wir es im kleinen Maßstabe bereits sind. Richard ist eine gigantische Vergrößerung dieser einen Seite, die wir auch in uns finden. Wir glauben alle Grund zu haben, daß wir mit Natur und Schicksal wegen kongenitaler und infantiler Benachteiligung grollen; wir fordern alle Entschädigung für frühzeitige Kränkungen unseres Narzißmus, unserer Eigenliebe. Warum hat uns die Natur nicht die goldenen Locken Balders geschenkt oder die Stärke Siegfrieds oder die hohe Stirne des Genies, den edlen Gesichtsschnitt des Aristokraten? Warum sind wir in der Bürgerstube geboren anstatt im Königsschloß? Wir würden es ebenso gut treffen, schön und vornehm zu sein wie alle, die wir jetzt darum beneiden müssen.

Es ist aber eine feine ökonomische Kunst des Dichters, daß er seinen Helden nicht alle Geheimnisse seiner Motivierung laut und restlos aussprechen läßt. Dadurch nötigt er uns, sie zu ergänzen, beschäftigt unsere geistige Tätigkeit, lenkt sie vom kritischen Denken ab und hält uns in der Identifizierung mit dem Helden fest. Ein Stümper an seiner Stelle würde alles, was er uns mitteilen will, in bewußten Ausdruck fassen und fände sich dann unserer kühlen, frei beweglichen Intelligenz gegenüber, die eine Vertiefung der Illusion unmöglich macht.

Wir wollen aber die „Ausnahmen" nicht verlassen, ohne zu bedenken, daß der Anspruch der Frauen auf Vorrechte und Befreiung von soviel Nötigungen des Lebens auf demselben Grunde ruht. Wie wir aus der psychoanalytischen Arbeit erfahren, betrachten sich die Frauen als infantil geschädigt, ohne ihre Schuld um ein Stück verkürzt und zurückgesetzt, und die Erbitterung so mancher Tochter gegen ihre Mutter hat zur letzten Wurzel den Vorwurf, daß sie sie als Weib anstatt als Mann zur Welt gebracht hat.

II

Die am Erfolge scheitern

Die psychoanalytische Arbeit hat uns den Satz geschenkt: Die Menschen erkranken neurotisch infolge der Versagung. Die Versagung der Befriedigung für ihre libidinösen Wünsche ist gemeint, und ein längerer Umweg ist nötig, um den Satz zu verstehen. Denn zur Entstehung der Neurose bedarf es eines Konflikts zwischen den libidinösen Wünschen eines Menschen und jenem Anteil seines Wesens, den wir sein Ich heißen, der Ausdruck seiner Selbsterhaltungstriebe ist und seine Ideale von seinem eigenen Wesen einschließt. Ein solcher pathogener Konflikt kommt nur dann zustande, wenn sich die Libido auf Wege und Ziele werfen will, die vom Ich längst überwunden und geächtet sind, die es also auch für alle Zukunft verboten hat, und das tut die Libido erst dann, wenn ihr die Möglichkeit einer ichgerechten idealen Befriedigung benommen ist. Somit wird die Entbehrung, die Versagung einer realen Befriedigung, die erste Bedingung für die Entstehung der Neurose, wenn auch lange nicht die einzige.

Um so mehr muß es überraschend, ja verwirrend wirken, wenn man als Arzt die Erfahrung macht, daß Menschen gelegentlich gerade dann erkranken, wenn ihnen ein tief begründeter und lange gehegter Wunsch in Erfüllung gegangen ist. Es sieht dann so aus, als ob sie ihr Glück nicht vertragen würden, denn an dem ursächlichen Zusammenhange zwischen dem Erfolge und der

Erkrankung kann man nicht zweifeln. So hatte ich Gelegenheit, in das Schicksal einer Frau Einsicht zu nehmen, das ich als vorbildlich für solche tragische Wendungen beschreiben will.

Von guter Herkunft und wohlerzogen, konnte sie als ganz junges Mädchen ihre Lebenslust nicht zügeln, riß sich vom Elternhause los und trieb sich abenteuernd in der Welt herum, bis sie die Bekanntschaft eines Künstlers machte, der ihren weiblichen Reiz zu schätzen wußte, aber auch die feinere Anlage an der Herabgewürdigten zu ahnen verstand. Er nahm sie in sein Haus und gewann an ihr eine treue Lebensgefährtin, der zum vollen Glück nur die bürgerliche Rehabilitierung zu fehlen schien. Nach jahrelangem Zusammenleben setzte er es durch, daß seine Familie sich mit ihr befreundete und war nun bereit, sie zu seiner Frau vor dem Gesetze zu machen. In diesem Moment begann sie zu versagen. Sie vernachlässigte das Haus, dessen rechtmäßige Herrin sie nun werden sollte, hielt sich für verfolgt von den Verwandten, die sie in die Familie aufnehmen wollten, sperrte dem Manne durch sinnlose Eifersucht jeden Verkehr, hinderte ihn an seiner künstlerischen Arbeit und verfiel bald in unheilbare seelische Erkrankung.

Eine andere Beobachtung zeigte mir einen höchst respektablen Mann, der, selbst akademischer Lehrer, durch viele Jahre den begreiflichen Wunsch genährt hatte, der Nachfolger seines Meisters zu werden, der ihn selbst in die Wissenschaft eingeführt hatte. Als nach dem Rücktritte jenes Alten die Kollegen ihm mitteilten, daß kein anderer als er zu dessen Nachfolger ausersehen sei, begann er zaghaft zu werden, verkleinerte seine Verdienste, erklärte sich für unwürdig, die ihm zugedachte Stellung auszufüllen, und verfiel in eine Melancholie, die ihn für die nächsten Jahre von jeder Tätigkeit ausschaltete.

So verschieden diese beiden Fälle sonst sind, so treffen sie doch in dem einen zusammen, daß die Erkrankung auf die Wunscherfüllung hin auftritt und den Genuß derselben zunichte macht.

Der Widerspruch zwischen solchen Erfahrungen und dem Satze, der Mensch erkranke an Versagung, ist nicht unlösbar. Die Unterscheidung einer äußerlichen von einer inneren Versagung hebt ihn auf. Wenn in der Realität das Objekt weggefallen ist, an dem die Libido ihre Befriedigung finden kann, so ist dies eine äußerliche Versagung. Sie ist an sich wirkungslos, noch nicht pathogen, solange sich nicht eine innere Versagung zu ihr gesellt. Diese muß vom Ich ausgehen und der Libido andere Objekte streitig machen, deren sie sich nun bemächtigen will. Erst dann entsteht ein Konflikt und die Möglichkeit einer neurotischen Erkrankung, d. h. einer Ersatzbefriedigung auf dem Umwege über das verdrängte Unbewußte. Die innere Versagung kommt also in allen Fällen in Betracht, nur tritt sie nicht eher in Wirkung, als bis die äußerliche reale Versagung die Situation für sie vorbereitet hat. In den Ausnahmsfällen, wenn die Menschen am Erfolge erkranken, hat die innere Versagung für sich allein gewirkt, ja sie ist erst hervorgetreten, nachdem die äußerliche Versagung der Wunscherfüllung Platz gemacht hat. Daran bleibt etwas für den ersten Anschein Auffälliges, aber bei näherer Erwägung besinnen wir uns doch, es sei gar nicht ungewöhnlich, daß das Ich einen Wunsch als harmlos toleriert, solange er ein Dasein als Phantasie führt und ferne von der Erfüllung scheint, während es sich scharf gegen ihn zur Wehr setzt, sobald er sich der Erfüllung nähert und Realität zu werden droht. Der Unterschied gegen wohlbekannte Situationen der Neurosenbildung liegt nur darin, daß sonst innerliche Steigerungen der Libidobesetzung die bisher geringgeschätzte und geduldete Phantasie zum gefürchteten Gegner machen, während in unseren Fällen das Signal zum Ausbruch des Konflikts durch eine reale äußere Wandlung gegeben wird.

Die analytische Arbeit zeigt uns leicht, daß es Gewissensmächte sind, welche der Person verbieten, aus der glücklichen realen Veränderung den lange erhofften Gewinn zu ziehen. Eine schwierige Aufgabe aber ist es, Wesen und Herkunft dieser richtenden und strafenden Tendenzen zu erkunden, die uns durch ihre Existenz oft dort überraschen, wo wir sie zu finden nicht erwarteten. Was wir darüber wissen oder vermuten, will ich aus den bekannten Gründen nicht an Fällen der ärztlichen Beobachtung, sondern an Gestalten erörtern, die große Dichter aus der Fülle ihrer Seelenkenntnis erschaffen haben.

Eine Person, die nach erreichtem Erfolge zusammenbricht, nachdem sie mit unbeirrter Energie um ihn gerungen hat, ist Shakespeares Lady Macbeth. Es ist vorher kein Schwanken und kein Anzeichen eines inneren Kampfes in ihr, kein anderes Streben, als die Bedenken ihres ehrgeizigen und doch mildfühlenden Mannes zu besiegen. Dem Mordvorsatz will sie selbst ihre Weiblichkeit opfern, ohne zu erwägen, welche entscheidende Rolle dieser Weiblichkeit zufallen muß, wenn es dann gelten soll, das durch Verbrechen erreichte Ziel ihres Ehrgeizes zu behaupten.

(Akt I, Szene 5):

„Kommt, ihr Geister,
Die ihr auf Mordgedanken lauscht, entweibt mich.
— — — — — — — — An meine Brüste,
Ihr Mordhelfer! Saugt mir Milch zu Galle!"

(Akt I, Szene 7):

„Ich gab die Brust und weiß,
Wie zärtlich man das Kind liebt, das man tränkt.
Und doch, dieweil es mir ins Antlitz lächelt,
Wollt' reißen ich von meinem Mutterbusen
Sein zahnlos Mündlein, und sein Hirn ausschmettern,
Hätt' ich's geschworen, wie du jenes schwurst!"

Eine einzige leise Regung des Widerstrebens ergreift sie vor der Tat:

(Akt II, Szene 2):

„Hätt' er geglichen meinem Vater nicht
Als er so schlief, ich hätt's getan."

Nun, da sie Königin geworden durch den Mord an Duncan, meldet sich flüchtig etwas wie eine Enttäuschung, wie ein Überdruß. Wir wissen nicht, woher.

(Akt III, Szene 2):

„Nichts hat man, alles Lüge,
Gelingt der Wunsch, und fehlt doch die Genüge,
's ist sichrer das zu sein, was wir zerstören,
Als durch Zerstörung ew'ger Angst zu schwören."

Doch hält sie aus. In der nach diesen Worten folgenden Szene des Banketts bewahrt sie allein die Besinnung, deckt die Verwirrung ihres Mannes, findet einen Vorwand, um die Gäste zu entlassen. Und dann entschwindet sie uns. Wir sehen sie (in der ersten Szene des fünften Aktes) als Somnambule wieder, an die Eindrücke jener Mordnacht fixiert. Sie spricht ihrem Manne wieder Mut zu wie damals:

„Pfui, mein Gemahl, pfui, ein Soldat und furchtsam? — Was haben wir zu fürchten, wer es weiß? Niemand zieht unsere Macht zur Rechenschaft." — — —

Sie hört das Klopfen ans Tor, das ihren Mann nach der Tat erschreckte. Daneben aber bemüht sie sich, „die Tat ungeschehen zu machen, die nicht mehr ungeschehen werden" kann. Sie wäscht ihre Hände, die mit Blut befleckt sind und nach Blut riechen, und wird der Vergeblichkeit dieser Bemühung bewußt. Die Reue scheint sie niedergeworfen zu haben, die so reuelos schien. Als sie stirbt, findet Macbeth, der unterdes so unerbittlich geworden ist, wie sie sich anfänglich zeigte, nur die eine kurze Nachrede für sie:

(Akt V, Szene 5):

„Sie konnte später sterben.
Es war noch Zeit genug für solch ein Wort."

Und nun fragt man sich, was hat diesen Charakter zerbrochen, der aus dem härtesten Metall geschmiedet schien? Ist's nur die

Enttäuschung, das andere Gesicht, das die vollzogene Tat zeigt, sollen wir rückschließen, daß auch in der Lady Macbeth ein ursprünglich weiches und weiblich mildes Seelenleben sich zu einer Konzentration und Hochspannung emporgearbeitet hatte, der keine Andauer beschieden sein konnte, oder dürfen wir nach Anzeichen forschen, die uns diesen Zusammenbruch durch eine tiefere Motivierung menschlich näher bringen?

Ich halte es für unmöglich, hier eine Entscheidung zu treffen. Shakespeares Macbeth ist ein Gelegenheitsstück, zur Thronbesteigung des bisherigen Schottenkönigs James gedichtet. Der Stoff war gegeben und gleichzeitig von anderen Autoren behandelt worden, deren Arbeit Shakespeare wahrscheinlich in gewohnter Weise genützt hat. Er bot merkwürdige Anspielungen an die gegenwärtige Situation. Die „jungfräuliche" Elisabeth, von der ein Gerede wissen wollte, daß sie nie imstande gewesen wäre, ein Kind zu gebären, die sich einst bei der Nachricht von James' Geburt im schmerzlichen Aufschrei als „einen dürren Stamm" bezeichnet hatte,[1] war eben durch ihre Kinderlosigkeit genötigt worden, den Schottenkönig zu ihrem Nachfolger werden zu lassen. Der war aber der Sohn jener Maria, deren Hinrichtung sie, wenn auch widerwillig, angeordnet hatte, und die trotz aller Trübung der Beziehungen durch politische Rücksichten doch ihre Blutsverwandte und ihr Gast genannt werden konnte.

Die Thronbesteigung Jakobs I. war wie eine Demonstration des Fluches der Unfruchtbarkeit und der Segnungen der fortlaufenden Generation. Und auf diesen nämlichen Gegensatz ist die Entwicklung in Shakespeares Macbeth eingestellt. Die Schicksalsschwestern haben ihm verheißen, daß er selbst König werden,

---

[1] Vgl. Macbeth (Akt II, Szene 1):

„Auf mein Haupt setzten sie unfruchtbar Gold,
Ein dürres Zepter reichten sie der Faust,
Daß es entgleite dann in fremde Hand,
Da nicht mein Sohn mir nachfolgt." — — —

dem Banquo aber, daß seine Kinder die Krone überkommen sollen. Macbeth empört sich gegen diesen Schicksalsspruch, er begnügt sich nicht mit der Befriedigung des eigenen Ehrgeizes, er will Gründer einer Dynastie sein und nicht zum Vorteile Fremder gemordet haben. Man übersieht diesen Punkt, wenn man in Shakespeares Stück nur die Tragödie des Ehrgeizes erblicken will. Es ist klar, da Macbeth selbst nicht ewig leben kann, so gibt es für ihn nur einen Weg, den Teil der Prophezeiung, der ihm widerstrebt, zu entkräften, wenn er nämlich selbst Kinder hat, die ihm nachfolgen können. Er scheint sie auch von seinem starken Weibe zu erwarten:

(Akt I, Szene 7):

„Du, gebier nur Söhne,
Nur Männer sollte dein unschreckbar Mark
Zusammensetzen." — — — — — — —

Und ebenso klar ist, wenn er in dieser Erwartung getäuscht wird, dann muß er sich dem Schicksal unterwerfen, oder sein Handeln verliert Ziel und Zweck und verwandelt sich in das blinde Wüten eines zum Untergange Verurteilten, der vorher noch, was ihm erreichbar ist, vernichten will. Wir sehen, daß Macbeth diese Entwicklung durchmacht, und auf der Höhe der Tragödie finden wir jenen erschütternden, so oft schon als vieldeutig erkannten Ausruf, der den Schlüssel für seine Wandlung enthalten könnte, den Ausruf Macduffs:

(Akt IV, Szene 3):

„Er hat keine Kinder."

Das heißt gewiß: Nur weil er selbst kinderlos ist, konnte er meine Kinder morden, aber es kann auch mehr in sich fassen und vor allem könnte es das tiefste Motiv bloßlegen, welches sowohl Macbeth weit über seine Natur hinausdrängt, als auch den Charakter der harten Frau an seiner einzigen schwachen Stelle trifft. Hält man aber Umschau von dem Gipfelpunkt, den diese Worte

Macduffs bezeichnen, so sieht man das ganze Stück von Beziehungen auf das Vater-Kinderverhältnis durchsetzt. Der Mord des gütigen Duncan ist wenig anders als ein Vatermord; im Falle Banquos hat Macbeth den Vater getötet, während ihm der Sohn entgeht; bei Macduff tötet er die Kinder, weil ihm der Vater entflohen ist. Ein blutiges und gekröntes Kind lassen ihm die Schicksalsschwestern in der Beschwörungsszene erscheinen; das bewaffnete Haupt vorher ist wohl Macbeth selbst. Im Hintergrunde aber erhebt sich die düstere Gestalt des Rächers Macduff, der selbst eine Ausnahme von den Gesetzen der Generation ist, da er nicht von seiner Mutter geboren, sondern aus ihrem Leib geschnitten wurde.

Es wäre nun durchaus im Sinne der auf Talion aufgebauten poetischen Gerechtigkeit, wenn die Kinderlosigkeit Macbeths und die Unfruchtbarkeit seiner Lady die Strafe wären für ihre Verbrechen gegen die Heiligkeit der Generation, wenn Macbeth nicht Vater werden könnte, weil er den Kindern den Vater und dem Vater die Kinder geraubt, und wenn sich so an der Lady Macbeth die Entweibung vollzogen hätte, zu der sie die Geister des Mordes aufgerufen hat. Ich glaube, man verstünde ohneweiters die Erkrankung der Lady, die Verwandlung ihres Frevelmuts in Reue, als Reaktion auf ihre Kinderlosigkeit, durch die sie von ihrer Ohnmacht gegen die Satzungen der Natur überzeugt und gleichzeitig daran gemahnt wird, daß ihr Verbrechen durch ihr eigenes Verschulden um den besseren Teil seines Ertrags gebracht worden ist.

In der Chronik von Holinshed (1577), aus welcher Shakespeare den Stoff des Macbeth schöpfte, findet die Lady nur eine einzige Erwähnung als Ehrgeizige, die ihren Mann zum Morde aufstachelt, um selbst Königin zu werden. Von ihren weiteren Schicksalen und von einer Entwicklung ihres Charakters ist nicht die Rede. Dagegen scheint es, als ob dort die Wandlung im Charakter Macbeths zum blutigen Wüterich ähnlich motiviert werden sollte, wie wir es eben versucht haben. Denn bei

Holinshed liegen zwischen dem Morde an Duncan, durch den
Macbeth König wird, und seinen weiteren Missetaten zehn Jahre,
in denen er sich als strenger, aber gerechter Herrscher erweist.
Erst nach diesem Zeitraume tritt bei ihm die Änderung ein, unter
dem Einflusse der quälenden Befürchtung, daß die Banquo erteilte
Prophezeiung sich ebenso erfüllen könne wie die seines eigenen
Schicksals. Nun erst läßt er Banquo töten und wird wie bei
Shakespeare von einem Verbrechen zum andern fortgerissen. Es
wird auch bei Holinshed nicht ausdrücklich gesagt, daß es seine
Kinderlosigkeit ist, welche ihn auf diesen Weg treibt, aber es
bleibt Zeit und Raum für diese naheliegende Motivierung. Anders
bei Shakespeare. In atemraubender Hast jagen in der Tragödie
die Ereignisse an uns vorüber, so daß sich aus den Angaben der
Personen im Stücke etwa eine Woche als die Zeitdauer ihres
Ablaufes berechnen läßt.[1] Durch diese Beschleunigung wird all
unseren Konstruktionen über die Motivierung des Umschwungs
im Charakter Macbeths und seiner Lady der Boden entzogen. Es
fehlt die Zeit, innerhalb welcher die fortgesetzte Enttäuschung
der Kinderhoffnung das Weib zermürben und den Mann in trotzige
Raserei treiben könnte, und es bleibt der Widerspruch bestehen,
daß so viele feine Zusammenhänge innerhalb des Stückes und
zwischen ihm und seinem Anlaß ein Zusammentreffen im Motiv
der Kinderlosigkeit anstreben, während die zeitliche Ökonomie
der Tragödie eine Charakterentwicklung aus anderen als den innerlichsten Motiven ausdrücklich ablehnt.

Welches aber diese Motive sein können, die in so kurzer Zeit
aus dem zaghaften Ehrgeizigen einen hemmungslosen Wüterich
und aus der stahlharten Anstifterin eine von Reue zerknirschte
Kranke machen, das läßt sich meines Erachtens nicht erraten.
Ich meine, wir müssen darauf verzichten, das dreifach geschichtete Dunkel zu durchdringen, zu dem sich die schlechte Erhaltung des Textes, die unbekannte Intention des Dichters und der

---

[1] J. Darmstetter, Macbeth, Edition classique, p. LXXV, Paris 1887.

geheime Sinn der Sage hier verdichtet haben. Ich möchte es auch nicht gelten lassen, daß jemand einwende, solche Untersuchungen seien müßig angesichts der großartigen Wirkung, die die Tragödie auf den Zuschauer ausübt. Der Dichter kann uns zwar durch seine Kunst während der Darstellung überwältigen und unser Denken dabei lähmen, aber er kann uns nicht daran hindern, daß wir uns nachträglich bemühen, diese Wirkung aus ihrem psychologischen Mechanismus zu begreifen. Auch die Bemerkung, es stehe dem Dichter frei, die natürliche Zeitfolge der von ihm vorgeführten Begebenheiten in beliebiger Weise zu verkürzen, wenn er durch das Opfer der gemeinen Wahrscheinlichkeit eine Steigerung des dramatischen Effekts erzielen kann, scheint mir hier nicht an ihrem Platze. Denn ein solches Opfer ist doch nur zu rechtfertigen, wo es bloß die Wahrscheinlichkeit stört,[1] aber nicht, wo es die kausale Verknüpfung aufhebt, und der dramatischen Wirkung wäre kaum Abbruch geschehen, wenn der Zeitablauf unbestimmt gelassen wäre, anstatt durch ausdrückliche Äußerungen auf wenige Tage eingeengt zu werden.

Es fällt so schwer, ein Problem wie das des Macbeth als unlösbar zu verlassen, daß ich noch den Versuch wage, eine Bemerkung anzufügen, die nach einem neuen Ausweg weist. Ludwig Jekels hat kürzlich in einer Shakespeare-Studie ein Stück der Technik des Dichters zu erraten geglaubt, welches auch für Macbeth in Betracht kommen könnte. Er meint, daß Shakespeare häufig einen Charakter in zwei Personen zerlegt, von denen dann jede unvollkommen begreiflich erscheint, solange man sie nicht mit der anderen wiederum zur Einheit zusammensetzt. So könnte es auch mit Macbeth und der Lady sein, und dann würde es natürlich zu nichts führen, wollte man sie als selbständige Person fassen und nach der Motivierung ihrer Umwandlung forschen, ohne auf den sie ergänzenden Macbeth Rücksicht zu nehmen.

---

[1] Wie in der Werbung Richards III. um Anna, an der Bahre des von ihm ermordeten Königs.

Ich folge dieser Spur nicht weiter, aber ich will doch anführen, was in so auffälliger Weise diese Auffassung stützt, daß die Angstkeime, die in der Mordnacht bei Macbeth hervorbrechen, nicht bei ihm, sondern bei der Lady zur Entwicklung gelangen.[1] Er ist es, der vor der Tat die Halluzination des Dolches gehabt hat, aber sie, die später der geistigen Erkrankung verfällt; er hat nach dem Morde im Hause schreien gehört: Schlaft nicht mehr, Macbeth mordet den Schlaf und also soll Macbeth nicht mehr schlafen, aber wir vernehmen nichts davon, daß König Macbeth nicht mehr schläft, während wir sehen, daß die Königin aus ihrem Schlafe aufsteht und nachtwandelnd ihre Schuld verrät; er stand hilflos da mit blutigen Händen und klagte, daß all des Meergottes Flut nicht reinwasche seine Hand; sie tröstete damals: Ein wenig Wasser spült uns ab die Tat, aber dann ist sie es, die eine Viertelstunde lang ihre Hände wäscht und die Befleckung des Blutes nicht beseitigen kann. „Alle Wohlgerüche Arabiens machen nicht süßduftend diese kleine Hand." (Akt V, Szene 1.) So erfüllt sich an ihr, was er in seiner Gewissensangst gefürchtet; sie wird die Reue nach der Tat, er wird der Trotz, sie erschöpfen miteinander die Möglichkeiten der Reaktion auf das Verbrechen, wie zwei uneinige Anteile einer einzigen psychischen Individualität und vielleicht Nachbilder eines einzigen Vorbildes.

Haben wir an der Gestalt der Lady Macbeth die Frage nicht beantworten können, warum sie nach dem Erfolge als Kranke zusammenbricht, so winkt uns vielleicht eine bessere Aussicht bei der Schöpfung eines anderen großen Dramatikers, der die Aufgabe der psychologischen Rechenschaft mit unnachsichtiger Strenge zu verfolgen liebt.

Rebekka Gamvik, die Tochter einer Hebamme, ist von ihrem Adoptivvater Doktor West zur Freidenkerin und Verächterin jener Fesseln erzogen worden, welche eine auf religiösem Glauben gegründete Sittlichkeit den Lebenswünschen anlegen möchte. Nach

---

[1] Vgl. Darmstetter a. a. O.

dem Tode des Doktors verschafft sie sich Aufnahme in Rosmersholm, dem Stammsitze eines alten Geschlechtes, dessen Mitglieder das Lachen nicht kennen und die Freude einer starren Pflichterfüllung geopfert haben. Auf Rosmersholm hausen der Pastor Johannes Rosmer und seine kränkliche, kinderlose Gattin Beate. „Von wildem, unbezwinglichem Gelüst" nach der Liebe des adeligen Mannes ergriffen, beschließt Rebekka, die Frau, die ihr im Wege steht, wegzuräumen, und bedient sich dabei ihres „mutigen, freigeborenen", durch keine Rücksichten gehemmten Willens. Sie spielt ihr ein ärztliches Buch in die Hand, in dem die Kindererzeugung als der Zweck der Ehe hingestellt wird, so daß die Arme an der Berechtigung ihrer Ehe irre wird, sie läßt sie erraten, daß Rosmer, dessen Lektüre und Gedankengänge sie teilt, im Begriffe ist, sich vom alten Glauben loszumachen und die Partei der Aufklärung zu nehmen, und nachdem sie so das Vertrauen der Frau in die sittliche Verläßlichkeit ihres Mannes erschüttert hat, gibt sie ihr endlich zu verstehen, daß sie selbst, Rebekka, bald das Haus verlassen wird, um die Folgen eines unerlaubten Verkehrs mit Rosmer zu verheimlichen. Der verbrecherische Plan gelingt. Die arme Frau, die für schwermütig und unzurechnungsfähig gegolten hat, stürzt sich vom Mühlensteg herab ins Wasser, im Gefühle des eigenen Unwertes und um dem Glücke des geliebten Mannes nicht im Wege zu sein.

Seit Jahr und Tag leben nun Rebekka und Rosmer allein auf Rosmersholm in einem Verhältnis, welches er für eine rein geistige und ideelle Freundschaft halten will. Als aber von außen her die ersten Schatten der Nachrede auf dieses Verhältnis fallen, und gleichzeitig quälende Zweifel in Rosmer rege gemacht werden, aus welchen Motiven seine Frau in den Tod gegangen ist, bittet er Rebekka, seine zweite Frau zu werden, um der traurigen Vergangenheit eine neue lebendige Wirklichkeit entgegenstellen zu können. (Akt II.) Sie jubelt bei diesem Antrage einen Augenblick lang auf, aber schon im nächsten erklärt sie, es sei unmöglich, und wenn er weiter in sie dringe, werde sie „den Weg gehen, den Beate gegangen ist". Verständnislos nimmt Rosmer die Abweisung entgegen; noch unverständlicher aber ist sie für uns, die wir mehr von Rebekkas Tun und Absichten wissen. Wir dürfen bloß nicht daran zweifeln, daß ihr Nein ernst gemeint ist.

Wie konnte es kommen, daß die Abenteurerin mit dem mutigen, freigeborenen Willen, die sich ohne jede Rücksicht den Weg zur Verwirklichung ihrer Wünsche gebahnt, nun nicht zugreifen will, da ihr angeboten wird, die Frucht des Erfolges zu pflücken? Sie gibt uns selbst die Aufklärung im vierten Akt: „Das ist doch eben das Furchtbare, jetzt, da alles Glück der Welt mir mit vollen Händen geboten wird, — jetzt bin ich eine solche geworden, daß meine eigene Vergangenheit mir den Weg zum Glück versperrt." Sie ist also eine andere geworden unterdes, ihr Gewissen ist erwacht, sie hat ein Schuldbewußtsein bekommen, welches ihr den Genuß versagt.

Und wodurch wurde ihr Gewissen geweckt? Hören wir sie selbst und überlegen wir dann, ob wir ihr voll Glauben schenken dürfen: „Es ist die Lebensanschauung des Hauses Rosmer — oder wenigstens deine Lebensanschauung, — die meinen Willen angesteckt hat . . . Und ihn krank gemacht hat. Ihn geknechtet hat mit Gesetzen, die früher für mich nicht gegolten haben. Das Zusammenleben mit dir, — du, das hat meinen Sinn geadelt."

Dieser Einfluß, ist hinzuzunehmen, hat sich erst geltend gemacht, als sie mit Rosmer allein zusammenleben durfte: „— in Stille, — in Einsamkeit, — als du mir deine Gedanken alle ohne Vorbehalt gabst, — eine jegliche Stimmung, so weich und so fein wie du sie fühltest, — da trat die große Umwandlung ein."

Kurz vorher hatte sie die andere Seite dieser Wandlung beklagt: „Weil Rosmersholm mir die Kraft genommen hat, hier ist mein mutiger Wille gelähmt worden. Und verschandelt! Für mich ist die Zeit vorbei, da ich alles und jedes wagen durfte. Ich habe die Energie zum Handeln verloren, Rosmer."

Diese Erklärung gibt Rebekka, nachdem sie sich durch ein freiwilliges Geständnis vor Rosmer und dem Rektor Kroll, dem Bruder der von ihr beseitigten Frau, als Verbrecherin bloßgestellt hat. Ibsen hat durch kleine Züge von meisterhafter Feinheit festgelegt, daß diese Rebekka nicht lügt, aber auch nie ganz aufrichtig ist. Wie sie trotz aller Freiheit von Vorurteilen ihr Alter um ein Jahr herabgesetzt hat, so ist auch ihr Geständnis vor den beiden Männern unvollständig und wird durch das Drängen Krolls in einigen wesentlichen Punkten ergänzt. Auch uns bleibt die Freiheit anzunehmen, daß die Aufklärung ihres Verzichts das eine nur preisgibt, um ein anderes zu verschweigen.

Gewiß, wir haben keinen Grund, ihrer Aussage zu mißtrauen, daß die Luft auf Rosmersholm, ihr Umgang mit dem edlen Rosmer, veredelnd und — lähmend auf sie gewirkt hat. Sie sagt damit, was sie weiß und empfunden hat. Aber es brauchte nicht alles zu sein, was in ihr vorgegangen ist; auch ist es nicht notwendig, daß sie sich über alles Rechenschaft geben konnte. Der Einfluß Rosmers konnte auch nur ein Deckmantel sein, hinter dem sich eine andere Wirkung verbirgt, und nach dieser anderen Richtung weist ein bemerkenswerter Zug.

Noch nach ihrem Geständnis, in der letzten Unterredung, die das Stück beendet, bittet sie Rosmer nochmals, seine Frau zu werden. Er verzeiht ihr, was sie aus Liebe zu ihm verbrochen hat. Und nun antwortet sie nicht, was sie sollte, daß keine Verzeihung ihr das **Schuldgefühl** nehmen könne, das sie durch den tückischen Betrug an der armen Beate erworben, sondern sie belastet sich mit einem anderen Vorwurf, der uns bei der Freidenkerin fremdartig berühren muß, keinesfalls die Stelle verdient, an die er von Rebekka gesetzt wird: „Ach, mein Freund, — komm nie wieder darauf! Es ist ein Ding der Unmöglichkeit —! Denn du mußt wissen, Rosmer, ich habe eine Vergangenheit." Sie will natürlich andeuten, daß sie sexuelle Beziehungen zu einem anderen Manne gehabt hat, und wir wollen uns merken, daß ihr diese Beziehungen zu einer Zeit, da sie frei und niemandem verantwortlich war, ein stärkeres Hindernis der Vereinigung mit Rosmer dünken als ihr wirklich verbrecherisches Benehmen gegen seine Frau.

Rosmer lehnt es ab, von dieser Vergangenheit zu hören. Wir können sie erraten, obwohl alles, was dahin weist, im Stücke sozusagen unterirdisch bleibt und aus Andeutungen erschlossen werden muß. Aus Andeutungen freilich, die mit solcher Kunst eingefügt sind, daß ein Mißverständnis derselben unmöglich wird.

Zwischen Rebekkas erster Ablehnung und ihrem Geständnis geht etwas vor, was von entscheidender Bedeutung für ihr weiteres Schicksal ist. Der Rektor Kroll besucht sie, um sie durch die Mitteilung zu demütigen, er wisse, daß sie ein illegitimes Kind sei, die Tochter eben jenes Doktors West, der sie nach dem Tode ihrer Mutter adoptiert hat. Der Haß hat seinen Spürsinn geschärft, aber er meint nicht, ihr damit etwas Neues zu sagen. „In der Tat, ich meinte, Sie wüßten ganz genau Bescheid. Es wäre doch sonst recht merkwürdig gewesen, daß Sie sich von Dr. West adoptieren ließen —." „Und da nimmt er Sie zu sich — gleich nach dem Tode Ihrer Mutter. Er behandelt Sie hart. Und doch bleiben Sie bei ihm. Sie wissen, daß er Ihnen nicht einen Pfennig hinterlassen wird. Sie haben ja auch nur eine Kiste Bücher bekommen. Und doch halten Sie bei ihm aus. Ertragen seine Launen. Pflegen ihn bis zum letzten Augenblick." — „Was Sie für ihn getan haben, das leite ich aus dem natürlichen Instinkt der Tochter her. Ihr ganzes übriges Auftreten halte ich für ein natürliches Ergebnis Ihrer Herkunft."

Aber Kroll war im Irrtum. Rebekka hatte nichts davon gewußt, daß sie die Tochter des Dr. West sein sollte. Als Kroll mit dunklen Anspielungen auf ihre Vergangenheit begann, mußte sie annehmen, er meine etwas anderes. Nachdem sie begriffen hat, worauf er sich bezieht, kann sie noch eine Weile ihre Fassung bewahren, denn sie darf glauben, daß ihr Feind seiner Berechnung jenes Alter zugrunde gelegt hat, das sie ihm bei einem früheren Besuche fälschlich angegeben. Aber nachdem Kroll diese Einwendung siegreich zurückgewiesen: „Mag sein. Aber die Rechnung mag dennoch richtig sein, denn ein Jahr, ehe er angestellt wurde, ist West dort oben vorübergehend zu Besuch gewesen", nach dieser neuen Mitteilung verliert sie jeden Halt. „Das ist nicht wahr." — Sie geht umher und ringt die Hände: „Es ist unmöglich. Sie wollen mir das bloß einreden. Das kann ja nun und nimmermehr wahr sein. Kann nicht wahr sein! Nun und nimmermehr —!" Ihre Ergriffenheit ist so arg, daß Kroll sie nicht auf seine Mitteilung zurückzuführen vermag.

Kroll: „Aber, meine Liebe, — warum um Gottes' willen, werden Sie denn so heftig? Sie machen mir geradezu Angst? Was soll ich glauben und denken —!"

Rebekka: „Nichts. Sie sollen weder etwas glauben noch etwas denken."

Kroll: „Dann müßten Sie mir aber wirklich erklären, warum Sie sich diese Sache — diese Möglichkeit so zu Herzen nehmen."

Rebekka (faßt sich wieder): „Das ist doch sehr einfach, Herr Rektor. Ich habe doch keine Lust, für ein uneheliches Kind zu gelten."

Das Rätsel im Benehmen Rebekkas läßt nur eine Lösung zu. Die Mitteilung, daß Dr. West ihr Vater sein kann, ist der schwerste Schlag, der sie betreffen konnte, denn sie war nicht nur die Adoptivtochter, sondern auch die Geliebte dieses Mannes. Als Kroll seine Reden begann, meinte sie, er wolle auf diese Beziehungen anspielen, die sie wahrscheinlich unter Berufung auf ihre Freiheit einbekannt hätte. Aber das lag dem Rektor ferne; er wußte nichts von dem Liebesverhältnis mit Dr. West, wie sie nichts von dessen Vaterschaft. Nichts anderes als dieses Liebesverhältnis kann sie im Sinne haben, wenn sie bei der letzten Weigerung gegen Rosmer vorschützt, sie habe eine Vergangenheit, die sie unwürdig mache, seine Frau zu werden. Wahrscheinlich hätte sie Rosmer, wenn er gewollt hätte, auch nur die eine Hälfte ihres Geheimnisses mitgeteilt und den schwereren Anteil desselben verschwiegen.

Aber nun verstehen wir freilich, daß diese Vergangenheit ihr als das schwerere Hindernis der Eheschließung erscheint, als das schwerere — Verbrechen.

Nachdem sie erfahren hat, daß sie die Geliebte ihres eigenen Vaters gewesen ist, unterwirft sie sich ihrem jetzt übermächtig hervorbrechenden Schuldgefühl. Sie legt vor Rosmer und Kroll das Geständnis ab, durch das sie sich zur Mörderin stempelt, verzichtet endgültig auf das Glück, zu dem sie sich durch Verbrechen den Weg gebahnt hatte, und rüstet zur Abreise. Aber das eigentliche Motiv ihres Schuldbewußtseins, welches sie am Erfolge scheitern läßt, bleibt geheim. Wir haben gesehen, es ist noch etwas ganz anderes als die Atmosphäre von Rosmersholm und der sittigende Einfluß Rosmers.

Wer uns so weit gefolgt ist, wird jetzt nicht versäumen, einen Einwand vorzubringen, der dann manchen Zweifel rechtfertigen kann. Die erste Abweisung Rosmers durch Rebekka erfolgt ja vor dem zweiten Besuch Krolls, also vor seiner Aufdeckung ihrer unehelichen Geburt, und zu einer Zeit, da sie um ihren Inzest noch nicht weiß, — wenn wir den Dichter richtig verstanden haben. Doch ist diese Abweisung energisch und ernst gemeint. Das Schuldbewußtsein, das sie auf den Gewinn aus ihren Taten verzichten heißt, ist also schon vor ihrer Kenntnis um ihr Kapitalverbrechen wirksam, und wenn wir so viel zugeben, dann ist der Inzest als Quelle des Schuldbewußtseins vielleicht überhaupt zu streichen.

Wir haben bisher Rebekka West behandelt, als wäre sie eine lebende Person und nicht eine Schöpfung der von dem kritischesten Verstand geleiteten Phantasie des Dichters Ibsen. Wir dürfen versuchen, bei der Erledigung dieses Einwandes denselben Standpunkt festzuhalten. Der Einwand ist gut, ein Stück Gewissen war auch vor der Kenntnis des Inzests bei Rebekka erwacht. Es steht nichts im Wege, für diese Wandlung den Einfluß verantwortlich zu machen, den Rebekka selbst anerkennt und anklagt. Aber damit kommen wir von der Anerkennung des zweiten Motivs nicht frei. Das Benehmen Rebekkas bei der Mitteilung des Rektors, ihre unmittelbar darauffolgende Reaktion durch das Geständnis lassen keinen Zweifel daran, daß erst jetzt das stärkere und das entscheidende Motiv des Verzichts in Wirkung tritt. Es liegt eben ein Fall von mehrfacher Motivierung vor, bei dem hinter dem oberflächlicheren Motiv ein tieferes zum Vorschein kommt. Gebote der poetischen Ökonomie hießen den Fall so gestalten, denn dies tiefere Motiv sollte nicht laut erörtert werden, es mußte gedeckt bleiben, der bequemen Wahrnehmung des Zuhörers im Theater oder des Lesers entzogen, sonst hätten sich bei diesem schwere Widerstände erhoben, auf die peinlichsten Gefühle begründet, welche die Wirkung des Schauspiels in Frage stellen könnten.

Mit Recht dürfen wir aber verlangen, daß das vorgeschobene Motiv nicht ohne inneren Zusammenhang mit dem von ihm gedeckten sei, sondern sich als eine Milderung und Ableitung aus dem letzteren erweise. Und wenn wir dem Dichter zutrauen dürfen, daß seine bewußte poetische Kombination folgerichtig aus unbewußten Voraussetzungen hervorgegangen ist, so können wir auch den Versuch machen zu zeigen, daß er diese Forderung erfüllt hat. Rebekkas Schuldbewußtsein entspringt aus der Quelle des Inzestvorwurfs, noch ehe der Rektor ihr diesen mit analytischer Schärfe zum Bewußtsein gebracht hat. Wenn wir ausführend und ergänzend ihre vom Dichter angedeutete Vergangenheit rekonstruieren, so werden wir sagen, sie kann nicht ohne Ahnung der intimen Beziehung zwischen ihrer Mutter und dem Doktor West gewesen sein. Es muß ihr einen großen Eindruck gemacht haben, als sie die Nachfolgerin der Mutter bei diesem Manne wurde, und sie stand unter der Herrschaft des Ödipus-Komplexes, auch wenn sie nicht wußte, daß diese allgemeine Phantasie in ihrem Falle zur Wirklichkeit geworden war. Als sie nach Rosmersholm kam, trieb sie die innere Gewalt jenes ersten Erlebnisses dazu an, durch tatkräftiges Handeln dieselbe Situation herbeizuführen, die sich das erstemal ohne ihr Dazutun verwirklicht hatte, die Frau und Mutter zu beseitigen, um beim Manne und Vater ihre Stelle einzunehmen. Sie schildert mit überzeugender Eindringlichkeit, wie sie gegen ihren Willen genötigt wurde, Schritt um Schritt zur Beseitigung Beatens zu tun.

„Aber glaubt Ihr denn, ich ging und handelte mit kühler Überlegung! Damals war ich doch nicht, was ich heute bin, wo ich vor Euch stehe und erzähle. Und dann gibt es doch auch, sollte ich meinen, zwei Arten Willen in einem Menschen. Ich wollte Beate weg haben! Auf irgend eine Art. Aber ich glaubte doch nicht, es würde jemals dahin kommen. Bei jedem Schritt, den es mich reizte, vorwärts zu wagen, war es mir, als schrie etwas in mir: Nun nicht weiter! Keinen Schritt mehr! — Und doch konnte ich es nicht lassen. Ich mußte noch ein winziges Spürchen weiter. Und noch ein einziges Spürchen. Und dann noch eins — und immer noch eins —. Und so ist es geschehen. Auf diese Weise geht so etwas vor sich."

Das ist nicht Beschönigung, sondern wahrhafte Rechenschaft. Alles, was auf Rosmersholm mit ihr vorging, die Verliebtheit in Rosmer und die Feindseligkeit gegen seine Frau, war bereits Erfolg des Ödipus-Komplexes, erzwungene Nachbildung ihres Verhältnisses zu ihrer Mutter und zu Dr. West.

Und darum ist das Schuldgefühl, das sie zuerst die Werbung Rosmers abweisen läßt, im Grunde nicht verschieden von jenem größeren, das sie nach der Mitteilung Krolls zum Geständnis zwingt. Wie sie aber unter dem Einfluß des Dr. West zur Freidenkerin und Verächterin der religiösen Moral geworden war, so wandelte sie sich durch die neue Liebe zu Rosmer zum Gewissens- und Adelsmenschen. Soviel verstand sie selbst von ihren inneren Vorgängen, und darum durfte sie mit Recht den Einfluß Rosmers als das ihr zugänglich gewordene Motiv ihrer Änderung bezeichnen.

Der psychoanalytisch arbeitende Arzt weiß, wie häufig oder wie regelmäßig das Mädchen, welches als Dienerin, Gesellschafterin, Erzieherin in ein Haus eintritt, dort bewußt oder unbewußt am

Tagtraum spinnt, dessen Inhalt dem Ödipus-Komplex entnommen ist, daß die Frau des Hauses irgendwie wegfallen und der Herr an deren Stelle sie zur Frau nehmen wird. „Rosmersholm" ist das höchste Kunstwerk der Gattung, welche diese alltägliche Phantasie der Mädchen behandelt. Es wird eine tragische Dichtung durch den Zusatz, daß dem Tagtraum der Heldin die ganz entsprechende Wirklichkeit in ihrer Vorgeschichte vorausgegangen ist.[1]

Nach langem Aufenthalte bei der Dichtung kehren wir nun zur ärztlichen Erfahrung zurück. Aber nur, um mit wenigen Worten die volle Übereinstimmung beider festzustellen. Die psychoanalytische Arbeit lehrt, daß die Gewissenskräfte, welche am Erfolg erkranken lassen anstatt wie sonst an der Versagung, in intimer Weise mit dem Ödipus-Komplex zusammenhängen, mit dem Verhältnis zu Vater und Mutter, wie vielleicht unser Schuldbewußtsein überhaupt.

III
Die Verbrecher aus Schuldbewußtsein

In den Mitteilungen über ihre Jugend, besonders über die Jahre der Vorpubertät, haben mir oft später sehr anständige Personen von unerlaubten Handlungen berichtet, die sie sich damals hatten zu Schulden kommen lassen, von Diebstählen, Betrügereien und selbst Brandstiftungen. Ich pflegte über diese Angaben mit der Auskunft hinwegzugehen, daß die Schwäche der moralischen Hemmungen in dieser Lebenszeit bekannt sei, und versuchte nicht, sie in einen bedeutsameren Zusammenhang einzureihen. Aber endlich wurde ich durch grelle und günstigere Fälle, bei denen solche Vergehen begangen wurden, während die Kranken sich in meiner Behandlung befanden, und wo es sich um Personen jenseits jener jungen Jahre handelte, zum gründlicheren Studium

---

[1] Der Nachweis des Inzestthemas in „Rosmersholm" ist bereits mit denselben Mitteln wie hier, in dem überaus reichhaltigen Werke von O. Rank, Das Inzestmotiv in Dichtung und Sage, 1912, erbracht worden.

solcher Vorfälle aufgefordert. Die analytische Arbeit brachte dann das überraschende Ergebnis, daß solche Taten vor allem darum vollzogen wurden, weil sie verboten und weil mit ihrer Ausführung eine seelische Erleichterung für den Täter verbunden war. Er litt an einem drückenden Schuldbewußtsein unbekannter Herkunft, und nachdem er ein Vergehen begangen hatte, war der Druck gemildert. Das Schuldbewußtsein war wenigstens irgendwie untergebracht.

So paradox es klingen mag, ich muß behaupten, daß das Schuldbewußtsein früher da war als das Vergehen, daß es nicht aus diesem hervorging, sondern umgekehrt, das Vergehen aus dem Schuldbewußtsein. Diese Personen durfte man mit gutem Recht als Verbrecher aus Schuldbewußtsein bezeichnen. Die Präexistenz des Schuldgefühls hatte sich natürlich durch eine ganze Reihe von anderen Äußerungen und Wirkungen nachweisen lassen.

Die Feststellung eines Kuriosums setzt der wissenschaftlichen Arbeit aber kein Ziel. Es sind zwei weitere Fragen zu beantworten, woher das dunkle Schuldgefühl vor der Tat stammt, und ob es wahrscheinlich ist, daß eine solche Art der Verursachung an den Verbrechen der Menschen einen größeren Anteil hat.

Die Verfolgung der ersten Frage versprach eine Auskunft über die Quelle des menschlichen Schuldgefühls überhaupt. Das regelmäßige Ergebnis der analytischen Arbeit lautete, daß dieses dunkle Schuldgefühl aus dem Ödipus-Komplex stamme, eine Reaktion sei auf die beiden großen verbrecherischen Absichten, den Vater zu töten und mit der Mutter sexuell zu verkehren. Im Vergleich mit diesen beiden waren allerdings die zur Fixierung des Schuldgefühls begangenen Verbrechen Erleichterungen für den Gequälten. Man muß sich hier daran erinnern, daß Vatermord und Mutterinzest die beiden großen Verbrechen der Menschen sind, die einzigen, die in primitiven Gesellschaften als solche verfolgt und verabscheut werden. Auch daran, wie nahe wir durch andere Untersuchungen der Annahme gekommen sind, daß die Menschheit ihr Gewissen, das nun als vererbte Seelenmacht auftritt, am Ödipus-Komplex erworben hat.

Die Beantwortung der zweiten Frage geht über die psychoanalytische Arbeit hinaus. Bei Kindern kann man ohneweiters beobachten, daß sie „schlimm" werden, um Strafe zu provozieren, und nach der Bestrafung beruhigt und zufrieden sind. Eine spätere analytische Untersuchung führt oft auf die Spur des Schuldgefühls, welches sie die Strafe suchen hieß. Von den erwachsenen Verbrechern muß man wohl alle die abziehen, die ohne Schuldgefühl Verbrechen begehen, die entweder keine moralischen Hemmungen entwickelt haben oder sich im Kampf mit der Gesellschaft zu ihrem Tun berechtigt glauben. Aber bei der Mehrzahl der anderen Verbrecher, bei denen, für die die Strafsatzungen eigentlich gemacht sind, könnte eine solche Motivierung des Verbrechens sehr wohl in Betracht kommen, manche dunkle Punkte in der Psychologie des Verbrechers erhellen, und der Strafe eine neue psychologische Fundierung geben.

Ein Freund hat mich dann darauf aufmerksam gemacht, daß der „Verbrecher aus Schuldgefühl" auch Nietzsche bekannt war. Die Präexistenz des Schuldgefühls und die Verwendung der Tat zur Rationalisierung desselben schimmern uns aus den Reden Zarathustras „Über den bleichen Verbrecher" entgegen. Überlassen wir es zukünftiger Forschung zu entscheiden, wie viele von den Verbrechern zu diesen „bleichen" zu rechnen sind.

EINE BEZIEHUNG
ZWISCHEN EINEM SYMBOL
UND EINEM SYMPTOM

EINE BEZIEHUNG ZWISCHEN EINEM SYMBOL UND EINEM SYMPTOM

Der Hut als Symbol des Genitales, vorwiegend des männlichen, ist durch die Erfahrung der Traumanalysen hinreichend sichergestellt. Man kann aber nicht behaupten, daß dieses Symbol zu den begreiflichen gehört. In Phantasien wie in mannigfachen Symptomen erscheint auch der Kopf als Symbol des männlichen Genitales, oder wenn man will, als Vertretung desselben. Mancher Analytiker wird bemerkt haben, daß seine zwangsleidenden Patienten ein Maß von Abscheu und Entrüstung gegen die Strafe des Köpfens äußern wie weitaus gegen keine andere Todesart, und wird sich veranlaßt gesehen haben, ihnen zu erklären, daß sie das Geköpftwerden wie einen Ersatz des Kastriertwerdens behandeln. Wiederholt sind Träume jugendlicher Personen oder aus jungen Jahren analysiert und auch mitgeteilt worden, die das Thema der Kastration betrafen, und in denen von einer Kugel die Rede war, welche man als den Kopf des Vaters deuten mußte. Ich habe kürzlich ein Zeremoniell vor dem Einschlafen auflösen können, in dem es vorgeschrieben war, daß das kleine Kopfpolster rautenförmig auf den anderen Polstern liegen und der Kopf der Schlafenden genau im langen Durchmesser der Raute ruhen sollte. Die Raute hatte die bekannte, aus Mauerzeichnungen vertraute Bedeutung, der Kopf sollte ein männliches Glied darstellen.

Es könnte nun sein, daß die Symbolbedeutung des Hutes sich aus der des Kopfes ableitet, insofern der Hut als ein fortgesetzter, aber abnehmbarer Kopf betrachtet werden kann. In diesem Zusammenhange erinnerte ich mich eines Symptoms der Zwangsneurotiker, aus dem sich diese Kranken eine hartnäckige Quälerei zu bereiten wissen. Sie lauern auf der Straße unausgesetzt darauf, ob sie ein Bekannter zuerst durch Hutabnehmen gegrüßt hat, oder ob er auf ihren Gruß zu warten scheint, und verzichten auf eine Anzahl von Beziehungen, indem sie die Entdeckung machen, daß der Betreffende sie nicht mehr grüßt oder ihren Gruß nicht ordentlich erwidert. Sie finden solcher Grußschwierigkeiten, die sie nach Stimmung und Belieben aufgreifen, kein Ende. Es ändert an diesem Verhalten auch nichts, wenn man ihnen vorhält, was sie ohnedies alle wissen, daß der Gruß durch Hutabnehmen eine Erniedrigung vor dem Begrüßten bedeutet, daß z. B. ein Grande von Spanien das Vorrecht genoß, in Gegenwart des Königs bedeckten Hauptes zu bleiben, und daß ihre Grußempfindlichkeit also den Sinn hat, sich nicht geringer darzustellen, als der andere sich dünkt. Die Resistenz ihrer Empfindlichkeit gegen solche Aufklärung läßt die Vermutung zu, daß man die Wirkung eines dem Bewußtsein weniger gut bekannten Motivs vor sich hat, und die Quelle dieser Verstärkung könnte leicht in der Beziehung zum Kastrationskomplex gefunden werden.

MYTHOLOGISCHE PARALLELE ZU EINER PLASTISCHEN ZWANGSVORSTELLUNG

MYTHOLOGISCHE PARALLELE ZU EINER PLASTISCHEN ZWANGSVORSTELLUNG

Bei einem etwa 21jährigen Kranken werden die Produkte der unbewußten Geistesarbeit nicht nur als Zwangsgedanken, sondern auch als Zwangsbilder bewußt. Die beiden können einander begleiten oder unabhängig voneinander auftreten. Zu einer gewissen Zeit traten bei ihm innig verknüpft ein Zwangswort und ein Zwangsbild auf, wenn er seinen Vater ins Zimmer kommen sah. Das Wort lautete: „Vaterarsch", das begleitende Bild stellte den Vater als einen nackten, mit Armen und Beinen versehenen Unterkörper dar, dem Kopf und Oberkörper fehlten. Die Genitalien waren nicht angezeigt, die Gesichtszüge auf dem Bauch aufgemalt.

Zur Erläuterung dieser mehr als gewöhnlich tollen Symptombildung ist zu bemerken, daß der intellektuell vollentwickelte und ethisch hochstrebende Mann bis über sein zehntes Jahr eine sehr lebhafte Analerotik in den verschiedensten Formen betätigt hatte. Nachdem sie überwunden war, wurde sein Sexualleben durch den späteren Kampf gegen die Genitalerotik auf die anale Vorstufe zurückgedrängt. Seinen Vater liebte und respektierte er sehr, fürchtete ihn auch nicht wenig; vom Standpunkte seiner hohen

Ansprüche an Triebunterdrückung und Askese erschien ihm der Vater aber als der Vertreter der „Völlerei", der aufs Materielle gerichteten Genußsucht.

„Vaterarsch" erklärte sich bald als mutwillige Verdeutschung des Ehrentitels „Patriarch". Das Zwangsbild ist eine offenkundige Karikatur. Es erinnert an andere Darstellungen, die in herabsetzender Absicht die ganze Person durch ein einziges Organ, z. B. ihr Genitale ersetzen, an unbewußte Phantasien, welche zur Identifizierung des Genitales mit dem ganzen Menschen führen, und an scherzhafte Redensarten wie: „Ich bin ganz Ohr."

Die Anbringung der Gesichtszüge auf dem Bauche der Spottfigur erschien mir zunächst sehr sonderbar. Ich erinnerte mich aber bald, ähnliches an französischen Karikaturen gesehen zu haben.[1] Der Zufall hat mich dann mit einer antiken Darstellung bekannt gemacht, die volle Übereinstimmung mit dem Zwangsbild meines Patienten zeigt.

Nach der griechischen Sage war Demeter auf der Suche nach ihrer geraubten Tochter nach Eleusis gekommen, fand Aufnahme bei Dysaules und seiner Frau Baubo, verweigerte aber in ihrer tiefen Trauer, Speise und Trank zu berühren. Da brachte sie die Wirtin Baubo zum Lachen, indem sie plötzlich ihr Kleid aufhob und ihren Leib enthüllte. Die Diskussion dieser Anekdote, die wahrscheinlich ein nicht mehr verstandenes magisches Zeremoniell erklären soll, findet sich im vierten Bande des Werkes „Cultes, Mythes et Religions", 1912, von Salomon Reinach. Ebendort

wird auch erwähnt, daß sich bei den Ausgrabungen des kleinasiatischen Priene Terrakotten gefunden haben, welche diese

---

[1] Vgl.: Das unanständige Albion, Karikatur von Jean Veber aus dem Jahre 1901 auf England in Eduard Fuchs: Das erotische Element in der Karikatur, 1904.

Baubo darstellen. Sie zeigen einen Frauenleib ohne Kopf und Brust, auf dessen Bauch ein Gesicht gebildet ist; der aufgehobene Rock umrahmt dieses Gesicht wie eine Haarkrone. (S. Reinach, l. c. p. 117.)

ÜBER TRIEBUMSETZUNGEN,
INSBESONDERE
DER ANALEROTIK

ÜBER TRIEBUMSETZUNGEN, INSBESONDERE DER ANALEROTIK

Vor einer Reihe von Jahren habe ich aus der psychoanalytischen Beobachtung die Vermutung geschöpft, daß das konstante Zusammentreffen der drei Charaktereigenschaften: **ordentlich, sparsam und eigensinnig** auf eine Verstärkung der analerotischen Komponente in der Sexualkonstitution solcher Personen hindeute, bei denen es aber im Laufe der Entwicklung durch Aufzehrung ihrer Analerotik zur Ausbildung solcher bevorzugter Reaktionsweisen des Ichs gekommen ist.[1]

Es lag mir damals daran, eine als tatsächlich erkannte Beziehung bekanntzugeben; um ihre theoretische Würdigung bekümmerte ich mich wenig. Seither hat sich wohl allgemein die Auffassung durchgesetzt, daß jede einzelne der drei Eigenschaften: Geiz, Pedanterie und Eigensinn aus den Triebquellen der Analerotik hervorgeht oder — vorsichtiger und vollständiger ausgedrückt — mächtige Zuschüsse aus diesen Quellen bezieht. Die Fälle, denen die Vereinigung der erwähnten drei Charakterfehler ein besonderes Gepräge aufdrückte (Analcharakter), waren eben nur die Extreme, an denen sich der uns interessierende Zusammenhang auch einer stumpfen Beobachtung verraten mußte.

---

[1] Charakter und Analerotik, 1908 [Band VII der Ges. Werke].

Einige Jahre später habe ich aus einer Fülle von Eindrücken, geleitet durch eine besonders zwingende analytische Erfahrung, den Schluß gezogen, daß in der Entwicklung der menschlichen Libido vor der Phase des Genitalprimats eine „prägenitale Organisation" anzunehmen ist, in welcher der Sadismus und die Analerotik die leitenden Rollen spielen.[1]

Die Frage nach dem weiteren Verbleib der analerotischen Triebregungen war von da an unabweisbar. Welches wurde ihr Schicksal, nachdem sie durch die Herstellung der endgültigen Genitalorganisation ihre Bedeutung für das Sexualleben eingebüßt hatten? Blieben sie als solche, aber nun im Zustande der Verdrängung, fortbestehen, unterlagen sie der Sublimierung oder der Aufzehrung unter Umsetzung in Eigenschaften des Charakters, oder fanden sie Aufnahme in die neue, vom Primat der Genitalien bestimmte Gestaltung der Sexualität? Oder besser, da wahrscheinlich keines dieser Schicksale der Analerotik das ausschließliche sein dürfte, in welchem Ausmaß und in welcher Weise teilen sich diese verschiedenen Möglichkeiten in die Entscheidung über die Schicksale der Analerotik, deren organische Quellen ja durch das Auftreten der Genitalorganisation nicht verschüttet werden konnten?

Man sollte meinen, es könnte an Material für die Beantwortung dieser Fragen nicht fehlen, da die betreffenden Vorgänge von Entwicklung und Umsetzung sich bei allen Personen vollzogen haben müssen, die Gegenstand der psychoanalytischen Untersuchung werden. Allein dies Material ist so undurchsichtig, die Fülle von immer wiederkehrenden Eindrücken wirkt so verwirrend, daß ich auch heute keine vollständige Lösung des Problems, bloß Beiträge zur Lösung zu geben vermag. Ich brauche dabei der Gelegenheit nicht aus dem Wege zu gehen, wenn der Zusammenhang es gestattet, einige andere Triebumsetzungen zu erwähnen, welche nicht die Analerotik betreffen. Es bedarf endlich

---

1) Die Disposition zur Zwangsneurose. [Ges. Werke, Bd. VIII].

kaum der Hervorhebung, daß die beschriebenen Entwicklungsvorgänge — hier wie anderwärts in der Psychoanalyse — aus den Regressionen erschlossen worden sind, zu welchen sie durch die neurotischen Prozesse genötigt wurden.

Ausgangspunkt dieser Erörterungen kann der Anschein werden, daß in den Produktionen des Unbewußten — Einfällen, Phantasien und Symptomen — die Begriffe K o t (Geld, Geschenk), K i n d und P e n i s schlecht auseinandergehalten und leicht miteinander vertauscht werden. Wenn wir uns so ausdrücken, wissen wir natürlich, daß wir Bezeichnungen, die für andere Gebiete des Seelenlebens gebräuchlich sind, mit Unrecht auf das Unbewußte übertragen und uns durch den Vorteil, welchen ein Vergleich mit sich bringt, verleiten lassen. Wiederholen wir also in einwandfreierer Form, daß diese Elemente im Unbewußten häufig behandelt werden, als wären sie einander äquivalent und dürften einander unbedenklich ersetzen.

Für die Beziehungen von „Kind" und „Penis" ist dies am leichtesten zu sehen. Es kann nicht gleichgültig sein, daß beide in der Symbolsprache des Traumes wie in der des täglichen Lebens durch ein gemeinsames Symbol ersetzt werden können. Das Kind heißt wie der Penis das „K l e i n e". Es ist bekannt, daß die Symbolsprache sich oft über den Geschlechtsunterschied hinaussetzt. Das „Kleine", das ursprünglich das männliche Glied meinte, mag also sekundär zur Bezeichnung des weiblichen Genitales gelangt sein.

Forscht man tief genug in der Neurose einer Frau, so stößt man nicht selten auf den verdrängten Wunsch, einen Penis wie der Mann zu besitzen. Akzidentelles Mißgeschick im Frauenleben, oft genug selbst Folge einer stark männlichen Anlage, hat diesen Kinderwunsch, den wir als „Penisneid" dem Kastrationskomplex einordnen, wieder aktiviert und ihn durch die Rückströmung der Libido zum Hauptträger der neurotischen Symptome werden lassen. Bei anderen Frauen läßt sich von diesem Wunsch nach dem Penis nichts nachweisen; seine Stelle nimmt der Wunsch nach dem Kind ein, dessen Versagung im Leben dann die Neurose auslösen kann. Es ist so, als ob diese Frauen begriffen hätten — was als Motiv doch unmöglich gewesen sein kann, — daß die Natur dem Weibe das Kind zum Ersatz für das andere gegeben hat, was sie ihm versagen mußte. Bei noch anderen Frauen erfährt man, daß beide Wünsche in der Kindheit vorhanden waren und einander abgelöst haben. Zuerst wollten sie einen Penis haben wie der Mann, und in einer späteren, immer noch infantilen Epoche trat der Wunsch nach einem Kind an die Stelle. Man kann den Eindruck nicht abweisen, daß akzidentelle Momente des Kinderlebens, die Anwesenheit oder das Fehlen von Brüdern, das Erleben der Geburt eines neuen Kindes zu günstiger Lebenszeit, die Schuld an dieser Mannigfaltigkeit tragen, so daß der Wunsch nach dem Penis doch im Grunde identisch wäre mit dem nach dem Kinde.

Wir können angeben, welches Schicksal der infantile Wunsch nach dem Penis erfährt, wenn die Bedingungen der Neurose im späteren Leben ausbleiben. Er verwandelt sich dann in den Wunsch nach dem Mann, er läßt sich also den Mann als Anhängsel an den Penis gefallen. Durch diese Wandlung wird eine gegen die weibliche Sexualfunktion gerichtete Regung zu einer ihr günstigen. Diesen Frauen wird hiemit ein Liebesleben nach dem männlichen Typus der Objektliebe ermöglicht, welches sich neben dem eigentlich weiblichen, vom Narzißmus abgeleiteten, behaupten kann. Wir haben schon gehört, daß es in anderen Fällen erst das Kind ist, welches den Übergang von der narzißtischen Selbstliebe zur Objektliebe herbeiführt. Es kann also auch in diesem Punkte das Kind durch den Penis vertreten werden.

Ich hatte einigemal Gelegenheit, Träume von Frauen nach den ersten Kohabitationen zu erfahren. Diese deckten unverkennbar den Wunsch auf, den Penis, den sie verspürt hatten, bei sich zu behalten, entsprachen also, von der libidinösen Begründung abgesehen, einer flüchtigen Regression vom Manne auf den Penis als Wunschobjekt. Man wird gewiß geneigt sein, den Wunsch nach dem Manne in rein rationalistischer Weise auf den Wunsch nach dem Kinde zurückführen, da ja irgend einmal verstanden wird, daß man ohne Dazutun des Mannes ein Kind nicht bekommen kann. Es dürfte aber eher so zugehen, daß der Wunsch nach dem Manne unabhängig vom Kindwunsch entsteht und daß, wenn er aus begreiflichen Motiven, die durchaus der Ichpsychologie angehören, auftaucht, der alte Wunsch nach dem Penis sich ihm als unbewußte libidinöse Verstärkung beigesellt.

Die Bedeutung des beschriebenen Vorganges liegt darin, daß er ein Stück der narzißtischen Männlichkeit des jungen Weibes in Weiblichkeit überführt und somit für die weibliche Sexualfunktion unschädlich macht. Auf einem anderen Wege wird nun auch ein Anteil der Erotik der prägenitalen Phase für die Verwendung in der Phase des Genitalprimats tauglich. Das Kind wird doch als „Lumpf" betrachtet (siehe die Analyse des kleinen Hans), als etwas, was sich durch den Darm vom Körper löst; somit kann ein Betrag libidinöser Besetzung, welcher dem Darminhalt gegolten hat, auf das durch den Darm geborene Kind ausgedehnt werden. Ein sprachliches Zeugnis dieser Identität von Kind und Kot ist in der Redensart: ein Kind schenken erhalten. Der Kot ist nämlich das erste Geschenk, ein Teil seines Körpers, von dem sich der Säugling nur auf Zureden der geliebten Person trennt, mit dem er ihr auch unaufgefordert seine Zärtlichkeit bezeigt, da er fremde Personen in der Regel nicht beschmutzt. (Ähnliche, wenn auch nicht so intensive Reaktionen mit dem Urin.) Bei der Defäkation ergibt sich für das Kind eine erste Entscheidung zwischen narzißtischer und objektliebender Einstellung. Es gibt entweder den Kot gefügig ab, „opfert" ihn der Liebe, oder hält ihn zur autoerotischen

Befriedigung, später zur Behauptung seines eigenen Willens, zurück. Mit letzterer Entscheidung ist der T r o t z (Eigensinn) konstituiert, der also einem narzißtischen Beharren bei der Analerotik entspringt.

Es ist wahrscheinlich, daß nicht G o l d—G e l d, sondern G e s c h e n k die nächste Bedeutung ist, zu welcher das Kotinteresse fortschreitet. Das Kind kennt kein anderes Geld, als was ihm geschenkt wird, kein erworbenes und auch kein eigenes, ererbtes. Da Kot sein erstes Geschenk ist, überträgt es leicht sein Interesse von diesem Stoff auf jenen neuen, der ihm als wichtigstes Geschenk im Leben entgegentritt. Wer an dieser Herleitung des Geschenkes zweifelt, möge seine Erfahrung in der psychoanalytischen Behandlung zu Rate ziehen, die Geschenke studieren, die er als Arzt vom Kranken erhält, und die Übertragungsstürme beachten, welche er durch ein Geschenk an den Patienten hervorrufen kann.

Das Kotinteresse wird also zum Teil als Geldinteresse fortgesetzt, zum anderen Teil in den Wunsch nach dem Kinde übergeführt. In diesem Kindwunsch treffen nun eine analerotische und eine genitale Regung (Penisneid) zusammen. Der Penis hat aber auch eine vom Kindinteresse unabhängige analerotische Bedeutung. Das Verhältnis zwischen dem Penis und dem von ihm ausgefüllten und erregten Schleimhautrohr findet sich nämlich schon in der prägenitalen, sadistisch-analen, Phase vorgebildet. Der Kotballen — oder die „Kotstange" nach dem Ausdruck eines Patienten — ist sozusagen der erste Penis, die von ihm gereizte Schleimhaut die des Enddarmes. Es gibt Personen, deren Analerotik bis zur Zeit der Vorpubertät (zehn bis zwölf Jahre) stark und unverändert ⸗geblieben ist; von ihnen erfährt man, daß sie schon während dieser prägenitalen Phase in Phantasien und perversen Spielereien eine der genitalen analoge Organisation entwickelt hatten, in welcher Penis und Vagina durch die Kotstange und den Darm vertreten waren. Bei anderen — Zwangsneurotikern — kann man das Ergebnis einer regressiven Erniedrigung der Genitalorganisation kennen lernen. Es äußert sich darin, daß alle ursprünglich genital konzipierten Phantasien ins Anale versetzt, der Penis durch die Kotstange, die Vagina durch den Darm ersetzt werden.

Wenn das Kotinteresse in normaler Weise zurückgeht, so wirkt die hier dargelegte organische Analogie dahin, daß es sich auf den Penis überträgt. Erfährt man später in der Sexualforschung, daß das Kind aus dem Darm geboren wird, so wird dieses zum Haupterben der Analerotik, aber der Vorgänger des Kindes war der Penis gewesen, in diesem wie in einem anderen Sinne.

Ich bin überzeugt, daß die vielfältigen Beziehungen in der Reihe Kot—Penis—Kind nun völlig unübersichtlich geworden sind, und will darum versuchen, dem Mangel durch eine graphische Darstellung abzuhelfen, in deren Diskussion dasselbe Material nochmals, aber in anderer Folge, gewürdigt werden kann. Leider ist dieses technische Mittel nicht schmiegsam genug für unsere Absichten, oder wir haben noch nicht gelernt, es in geeigneter Weise zu gebrauchen. Ich bitte jedenfalls, an das beistehende Schema keine strengen Anforderungen zu stellen.

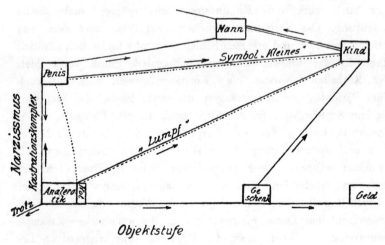

Aus der Analerotik geht in narzißtischer Verwendung der Trotz hervor als eine bedeutsame Reaktion des Ichs gegen Anforderungen der anderen; das dem Kot zugewendete Interesse übergeht in Interesse für das Geschenk und dann für das Geld. Mit dem Auftreten des Penis entsteht beim Mädchen der Penisneid, der sich später in den Wunsch nach dem Mann als Träger eines Penis umsetzt. Vorher noch hat sich der Wunsch nach dem Penis in den Wunsch nach dem Kind verwandelt, oder der Kindwunsch ist an die Stelle des Peniswunsches getreten. Eine organische Analogie zwischen Penis und Kind (punktierte Linie) drückt sich durch den Besitz eines beiden gemeinsamen Symbols aus („das Kleine"). Vom Kindwunsch führt dann ein rationeller Weg (doppelte Linie) zum Wunsch nach dem Mann. Die Bedeutung dieser Triebumsetzung haben wir bereits gewürdigt.

Ein anderes Stück des Zusammenhanges ist weit deutlicher beim Manne zu erkennen. Es stellt sich her, wenn die Sexualforschung des Kindes das Fehlen des Penis beim Weibe in Erfahrung gebracht hat. Der Penis wird somit als etwas vom Körper Ablösbares erkannt und tritt in Analogie zum Kot, welcher das erste Stück Leiblichkeit war, auf das man verzichten mußte. Der alte Analtrotz tritt so in die Konstitution des Kastrationskomplexes ein. Die organische Analogie, derzufolge der Darminhalt den Vorläufer des Penis während der prägenitalen Phase darstellte, kann als Motiv nicht in Betracht kommen; sie findet aber durch die Sexualforschung einen psychischen Ersatz. Wenn das Kind auftritt, wird es durch die Sexualforschung als „Lumpf" erkannt und mit mächtigem, analerotischem Interesse besetzt. Einen zweiten Zuzug aus gleicher Quelle erhält der Kindwunsch, wenn die soziale Erfahrung lehrt, daß das Kind als Liebesbeweis, als Geschenk, aufgefaßt werden kann. Alle drei, Kotsäule, Penis und Kind, sind feste Körper, welche ein Schleimhautrohr (den Enddarm und die ihm nach einem guten Worte von Lou Andreas-Salomé gleichsam abgemietete Vagina)[1] bei

---
1) „Anal" und „Sexual", Imago, IV, 5. 1916.

ihrem Eindringen oder Herausdringen erregen. Der infantilen Sexualforschung kann von diesem Sachverhalt nur bekannt werden, daß das Kind denselben Weg nimmt wie die Kotsäule; die Funktion des Penis wird von der kindlichen Forschung in der Regel nicht aufgedeckt. Doch ist es interessant zu sehen, daß eine organische Übereinstimmung nach so vielen Umwegen wieder im Psychischen als eine unbewußte Identität zum Vorschein kommt.

METAPSYCHOLOGISCHE
ERGÄNZUNG ZUR TRAUMLEHRE

METAPSYCHOLOGISCHE ERGÄNZUNG ZUR TRAUMLEHRE[1]

Wir werden bei verschiedenen Anlässen die Erfahrung machen können, wie vorteilhaft es für unsere Forschung ist, wenn wir gewisse Zustände und Phänomene zur Vergleichung heranziehen, die man als Normalvorbilder krankhafter Affektionen auffassen kann. Dahin gehören Affektzustände wie Trauer und Verliebtheit, aber auch der Zustand des Schlafes und das Phänomen des Träumens.

Wir sind nicht gewöhnt, viele Gedanken daran zu knüpfen, daß der Mensch allnächtlich die Hüllen ablegt, die er über seine Haut gezogen hat, und etwa noch die Ergänzungsstücke seiner Körperorgane, soweit es ihm gelungen ist, deren Mängel durch Ersatz zu decken, also die Brille, falschen Haare, Zähne usw. Man darf hinzufügen, daß er beim Schlafengehen eine ganz analoge Entkleidung seines Psychischen vornimmt, auf die meisten seiner psychischen Erwerbungen verzichtet und so von beiden Seiten her eine außerordentliche Annäherung an die Situation herstellt, welche der Ausgang seiner Lebensentwicklung war. Das Schlafen ist somatisch eine Reaktivierung des Aufenthalts im Mutterleibe mit der Erfüllung der Bedingungen von Ruhelage, Wärme und Reizabhaltung; ja viele Menschen nehmen im

---

[1] Die beiden nachstehenden Abhandlungen stammen aus einer Sammlung, die ich ursprünglich unter dem Titel „Zur Vorbereitung einer Metapsychologie" in Buchform veröffentlichen wollte. Sie schliessen an Arbeiten an, welche im III. Jahrgang der Intern. Zeitschrift für ärztl. Psychoanalyse abgedruckt worden sind. („Triebe und Triebschicksale" — „Die Verdrängung" — „Das Unbewusste" enthalten in diesem Bande). Absicht dieser Reihe ist die Klärung und Vertiefung der theoretischen Annahmen, die man einem psychoanalytischen System zu Grunde legen könnte.

Schlafe die fötale Körperhaltung wieder ein. Der psychische Zustand der Schlafenden charakterisiert sich durch nahezu völlige Zurückziehung aus der Welt der Umgebung und Einstellung alles Interesses für sie.

Wenn man die psychoneurotischen Zustände untersucht, wird man veranlaßt, in jedem derselben die sogenannten **zeitlichen Regressionen** hervorzuheben, den Betrag des ihm eigentümlichen Rückgreifens in der Entwicklung. Man unterscheidet zwei solcher Regressionen, die der Ich- und die der Libidoentwicklung. Die letztere reicht beim Schlafzustand bis zur Herstellung des **primitiven Narzißmus**, die erstere bis zur Stufe der **halluzinatorischen Wunschbefriedigung**.

Was man von den psychischen Charakteren des Schlafzustandes weiß, hat man natürlich durch das Studium des Traumes erfahren. Zwar zeigt uns der Traum den Menschen, insofern er nicht schläft, aber er kann doch nicht umhin, uns dabei auch Charaktere des Schlafes selbst zu verraten. Wir haben aus der Beobachtung einige Eigentümlichkeiten des Traumes kennen gelernt, die wir zunächst nicht verstehen konnten und nun mit leichter Mühe einreihen können. So wissen wir, der Traum sei absolut egoistisch, und die Person, die in seinen Szenen die Hauptrolle spiele, sei immer als die eigene zu agnoszieren. Das leitet sich nun leicht begreiflicherweise von dem Narzißmus des Schlafzustandes ab. Narzißmus und Egoismus fallen ja zusammen; das Wort „Narzißmus" will nur betonen, daß der Egoismus auch ein libidinöses Phänomen sei, oder, um es anders auszudrücken, der Narzißmus kann als die libidinöse Ergänzung des Egoismus bezeichnet werden. Ebenso verständlich wird auch die allgemein anerkannte und für rätselhaft gehaltene „diagnostische" Fähigkeit des Traumes, in welchem beginnende Körperleiden oft früher und deutlicher als im Wachen verspürt werden, und alle gerade aktuellen Körperempfindungen ins Riesenhafte vergrößert auftreten. Diese Vergrößerung ist hypochondrischer Natur, sie hat zur Voraussetzung, daß alle psychische Besetzung von der Außenwelt auf das eigene Ich zurückgezogen wurde, und sie ermöglicht nun die frühzeitige Erkennung von körperlichen Veränderungen, die im Wachleben noch eine Weile unbemerkt geblieben wären.

Ein Traum zeigt uns an, daß etwas vorging, was den Schlaf stören wollte, und gestattet uns Einsicht in die Art, wie diese Störung abgewehrt werden konnte. Am Ende hat der Schlafende geträumt und kann seinen Schlaf fortsetzen; an Stelle des inneren Anspruches, der ihn beschäftigen wollte, ist ein äußeres Erlebnis getreten, dessen Anspruch erledigt worden ist. Ein Traum ist also auch eine Projektion, eine Veräußerlichung eines inneren Vorganges. Wir erinnern uns, daß wir die Projektion bereits an anderer Stelle unter den Mitteln der Abwehr begegnet haben. Auch der Mechanismus der hysterischen Phobie gipfelte darin, daß das Individuum sich durch Fluchtversuche vor einer äußeren Gefahr schützen durfte, welche an die Stelle eines inneren Triebanspruches getreten war. Eine gründliche Erörterung der Projektion sparen wir uns aber auf, bis wir zur Zergliederung jener narzißtischen Affektion gekommen sind, bei welcher dieser Mechanismus die auffälligste Rolle spielt.

Auf welche Weise kann aber der Fall herbeigeführt werden, daß die Absicht zu schlafen eine Störung erfährt? Die Störung kann von innerer Erregung oder von äußerem Reiz ausgehen. Wir wollen den minder durchsichtigen und interessanteren Fall der Störung von innen zuerst in Betracht ziehen; die Erfahrung zeigt uns als Erreger des Traumes Tagesreste, Denkbesetzungen, welche sich der allgemeinen Abziehung der Besetzungen nicht gefügt und ihr zum Trotz ein gewisses Maß von libidinösem oder anderem Interesse behalten haben. Der Narzißmus des Schlafes hat also hier von vornherein eine Ausnahme zulassen müssen, und mit dieser hebt die Traumbildung an. Diese Tagesreste lernen wir in der Analyse als latente Traumgedanken kennen und müssen sie nach ihrer Natur wie zufolge der ganzen

Situation als vorbewußte Vorstellungen, als Angehörige des Systems *Vbw* gelten lassen.

Die weitere Aufklärung der Traumbildung gelingt nicht ohne Überwindung gewisser Schwierigkeiten. Der Narzißmus des Schlafzustandes bedeutet ja die Abziehung der Besetzung von allen Objektvorstellungen, sowohl der unbewußten wie der vorbewußten Anteile derselben. Wenn also gewisse „Tagesreste" besetzt geblieben sind, so hat es Bedenken anzunehmen, daß diese zur Nachtzeit soviel Energie erwerben, um sich die Beachtung des Bewußtseins zu erzwingen; man ist eher geneigt anzunehmen, daß die ihnen verbliebene Besetzung um vieles schwächer ist, als die ihnen tagsüber eigen war. Die Analyse überhebt uns hier weiterer Spekulationen, indem sie uns nachweist, daß diese Tagesreste eine Verstärkung aus den Quellen unbewußter Triebregungen bekommen müssen, wenn sie als Traumbildner auftreten sollen. Diese Annahme hat zunächst keine Schwierigkeiten, denn wir müssen glauben, daß die Zensur zwischen *Vbw* und *Ubw* im Schlafe sehr herabgesetzt, der Verkehr zwischen beiden Systemen also eher erleichtert ist.

Aber ein anderes Bedenken darf nicht verschwiegen werden. Wenn der narzißtische Schlafzustand die Einziehung aller Besetzungen der Systeme *Ubw* und *Vbw* zur Folge gehabt hat, so entfällt ja auch die Möglichkeit, daß die vorbewußten Tagesreste eine Verstärkung aus den unbewußten Triebregungen beziehen, die selbst ihre Besetzungen an das Ich abgegeben haben. Die Theorie der Traumbildung läuft hier in einen Widerspruch aus, oder sie muß durch eine Modifikation der Annahme über den Schlafnarzißmus gerettet werden.

Eine solche einschränkende Annahme wird, wie sich später ergeben soll, auch in der Theorie der Dementia praecox unabweisbar. Sie kann nur lauten, daß der verdrängte Anteil des Systems *Ubw* dem vom Ich ausgehenden Schlafwunsche nicht gehorcht, seine Besetzung ganz oder teilweise behält und sich überhaupt infolge der Verdrängung ein gewisses Maß von Unabhängigkeit vom Ich geschaffen hat. In weiterer Entsprechung müßte auch ein gewisser Betrag des Verdrängungsaufwandes (der Gegenbesetzung) die Nacht über aufrecht erhalten werden, um der Triebgefahr zu begegnen, obwohl die Unzugänglichkeit aller Wege zur Affektentbindung und zur Motilität die Höhe der notwendigen Gegenbesetzung erheblich herabsetzen mag. Wir würden uns also die zur Traumbildung führende Situation folgender Art ausmalen: Der Schlafwunsch versucht alle vom Ich ausgeschickten Besetzungen einzuziehen und einen absoluten Narzißmus herzustellen. Das kann nur teilweise gelingen, denn das Verdrängte des Systems *Ubw* folgt dem Schlafwunsche nicht. Es muß also auch ein Teil der Gegenbesetzungen aufrecht erhalten werden und die Zensur zwischen *Ubw* und *Vbw*, wenngleich nicht in voller Stärke, verbleiben. Soweit die Herrschaft des Ichs reicht, sind alle Systeme von Besetzungen entleert. Je stärker die *ubw* Triebbesetzungen sind, desto labiler ist der Schlaf. Wir kennen auch den extremen Fall, daß das Ich den Schlafwunsch aufgibt, weil es sich unfähig fühlt, die während des Schlafes frei gewordenen verdrängten Regungen zu hemmen, mit anderen Worten, daß es auf den Schlaf verzichtet, weil es sich vor seinen Träumen fürchtet.

Wir werden später die Annahme von der Widersetzlichkeit der verdrängten Regungen als eine folgenschwere schätzen lernen. Verfolgen wir nun die Situation der Traumbildung weiter.

Als zweiten Einbruch in den Narzißmus müssen wir die vorhin erwähnte Möglichkeit würdigen, daß auch einige der vorbewußten Tagesgedanken sich resistent erweisen und einen Teil ihrer Besetzung festhalten. Die beiden Fälle können im Grunde identisch sein; die Resistenz der Tagesreste mag sich auf die bereits im Wachleben bestehende Verknüpfung mit unbewußten Regungen zurückführen, oder es geht etwas weniger einfach zu, und die nicht ganz entleerten Tagesreste setzen sich erst im

Schlafzustand, dank der erleichterten Kommunikation zwischen *Vbw* und *Ubw*, mit dem Verdrängten in Beziehung. In beiden Fällen erfolgt nun der nämliche entscheidende Fortschritt der Traumbildung: Es wird der vorbewußte Traumwunsch geformt, welcher der unbewußten Regung Ausdruck gibt in dem Material der vorbewußten Tagesreste. Diesen Traumwunsch sollte man von den Tagesresten scharf unterscheiden; er muß im Wachleben nicht bestanden haben, er kann bereits den irrationellen Charakter zeigen, den alles Unbewußte an sich trägt, wenn man es ins Bewußte übersetzt. Der Traumwunsch darf auch nicht mit den Wunschregungen verwechselt werden, die sich möglicherweise, aber gewiß nicht notwendigerweise, unter den vorbewußten (latenten) Traumgedanken befunden haben. Hat es aber solche vorbewußte Wünsche gegeben, so gesellt sich ihnen der Traumwunsch als wirksamste Verstärkung hinzu.

Es handelt sich nun um die weiteren Schicksale dieser in ihrem Wesen einen unbewußten Triebanspruch vertretenden Wunschregung, die sich im *Vbw* als Traumwunsch (wunscherfüllende Phantasie) gebildet hat. Sie könnte ihre Erledigung auf drei verschiedenen Wegen finden, sagt uns die Überlegung. Entweder auf dem Wege, der im Wachleben der normale wäre, aus dem *Vbw* zum Bewußtsein drängen, oder sich mit Umgehung des *Bw* direkte motorische Abfuhr schaffen, oder den unvermuteten Weg nehmen, den uns die Beobachtung wirklich verfolgen läßt. Im ersteren Falle würde sie zu einer Wahnidee mit dem Inhalt der Wunscherfüllung, aber das geschieht im Schlafzustande nie. (Mit den metapsychologischen Bedingungen der seelischen Prozesse so wenig vertraut, können wir aus dieser Tatsache vielleicht den Wink entnehmen, daß die völlige Entleerung eines Systems es für Anregungen wenig ansprechbar macht.) Der zweite Fall, die direkte motorische Abfuhr, sollte durch das nämliche Prinzip ausgeschlossen sein, denn der Zugang zur Motilität liegt normalerweise noch ein Stück weiter weg von der Bewußtseinszensur, aber er kommt ausnahmsweise als Somnambulismus zur Beobachtung. Wir wissen nicht, welche Bedingungen dies ermöglichen, und warum er sich nicht häufiger ereignet. Was bei der Traumbildung wirklich geschieht, ist eine sehr merkwürdige und ganz unvorhergesehene Entscheidung. Der im *Vbw* angesponnene und durch das *Ubw* verstärkte Vorgang nimmt einen rückläufigen Weg durch das *Ubw* zu der dem Bewußtsein sich aufdrängenden Wahrnehmung. Diese Regression ist die dritte Phase der Traumbildung. Wir wiederholen hier zur Übersicht die früheren: Verstärkung der *vbw* Tagesreste durch das *Ubw* — Herstellung des Traumwunsches.

Wir heißen eine solche Regression eine topische zum Unterschied von der vorhin erwähnten zeitlichen oder entwicklungsgeschichtlichen. Die beiden müssen nicht immer zusammenfallen, tun es aber gerade in dem uns vorliegenden Beispiele. Die Rückwendung des Ablaufes der Erregung vom *Vbw* durch das *Ubw* zur Wahrnehmung ist gleichzeitig die Rückkehr zu der frühen Stufe der halluzinatorischen Wunscherfüllung.

Es ist aus der „Traumdeutung" bekannt, in welcher Weise die Regression der vorbewußten Tagesreste bei der Traumbildung vor sich geht. Gedanken werden dabei in — vorwiegend visuelle — Bilder umgesetzt, also Wortvorstellungen auf die ihnen entsprechenden Sachvorstellungen zurückgeführt, im ganzen so, als ob eine Rücksicht auf Darstellbarkeit den Prozeß beherrschen würde. Nach vollzogener Regression erübrigt eine Reihe von Besetzungen im System *Ubw*, Besetzungen von Sacherinnerungen, auf welche der psychische Primärvorgang einwirkt, bis er durch deren Verdichtung und Verschiebung der Besetzungen zwischen ihnen den manifesten Trauminhalt gestaltet hat. Nur wo die Wortvorstellungen in den Tagesresten frische, aktuelle Reste von Wahrnehmungen sind, nicht Gedankenausdruck, werden sie wie Sachvorstellungen behandelt und unterliegen an sich den Einflüssen der Verdichtung und Verschiebung. Daher die in der Traumdeutung gegebene, seither zur Evidenz bestätigte Regel, daß Worte und Reden im Trauminhalt nicht neugebildet, sondern Reden des Traumtages (oder sonstigen frischen Eindrücken, auch aus Gelesenem) nachgebildet werden. Es ist sehr bemerkenswert, wie wenig die Traumarbeit an den Wortvorstellungen festhält; sie ist jederzeit bereit, die Worte miteinander zu vertauschen, bis sie jenen Ausdruck findet, welcher der plastischen Darstellung die günstigste Handhabe bietet.[1]

In diesem Punkte zeigt sich nun der entscheidende Unterschied zwischen der Traumarbeit und der Schizophrenie. Bei letzterer werden die Worte selbst, in denen der vorbewußte Gedanke ausgedrückt war, Gegenstand der Bearbeitung durch den Primärvorgang; im Traume sind es nicht die Worte, sondern die Sachvorstellungen, auf welche die Worte zurückgeführt wurden. Der Traum kennt eine topische Regression, die Schizophrenie nicht; beim Traume ist der Verkehr zwischen *(vbw)* Wortbesetzungen und *(ubw)* Sachbesetzungen frei; für die Schizophrenie bleibt charakteristisch, daß er abgesperrt ist. Der Eindruck dieser Verschiedenheit wird gerade durch die Traumdeutungen, die wir in der psychoanalytischen Praxis vornehmen, abgeschwächt. Indem die Traumdeutung den Verlauf der Traumarbeit aufspürt, die

---

1) Der Rücksicht auf Darstellbarkeit schreibe ich auch die von Silberer betonte und vielleicht von ihm überschätzte Tatsache zu, daß manche Träume zwei gleichzeitig zutreffende und doch wesensverschiedene Deutungen gestatten, von denen Silberer die eine die analytische, die andere die anagogische heißt. Es handelt sich dann immer um Gedanken von sehr abstrakter Natur, die der Darstellung im Traume große Schwierigkeiten bereiten mußten. Man halte sich zum Vergleiche etwa die Aufgabe vor, den Leitartikel einer politischen Zeitung durch Illustrationen zu ersetzen! In solchen Fällen muß die Traumarbeit den abstrakten Gedankentext erst durch einen konkreteren ersetzen, welcher mit ihm irgendwie durch Vergleich, Symbolik, allegorische Anspielung, am besten aber genetisch verknüpft ist, und der nun an seiner Stelle Material der Traumarbeit wird. Die abstrakten Gedanken ergeben die sogenannte anagogische Deutung, die wir bei der Deutungsarbeit leichter erraten als die eigentlich analytische. Nach einer richtigen Bemerkung von O. Rank sind gewisse Kurträume von analytisch behandelten Patienten die besten Vorbilder für die Auffassung solcher Träume mit mehrfacher Deutung.

Wege verfolgt, die von den latenten Gedanken zu den Traumelementen führen, die Ausbeutung der Wortzweideutigkeiten aufdeckt und die Wortbrücken zwischen verschiedenen Materialkreisen nachweist, macht sie einen bald witzigen, bald schizophrenen Eindruck und läßt uns daran vergessen, daß alle Operationen an Worten für den Traum nur Vorbereitung zur Sachregression sind.

Die Vollendung des Traumvorganges liegt darin, daß der regressiv verwandelte, zu einer Wunschphantasie umgearbeitete Gedankeninhalt als sinnliche Wahrnehmung bewußt wird, wobei er die sekundäre Bearbeitung erfährt, welcher jeder Wahrnehmungsinhalt unterliegt. Wir sagen, der Traumwunsch wird halluziniert und findet als Halluzination den Glauben an die Realität seiner Erfüllung. Gerade an dieses abschließende Stück der Traumbildung knüpfen sich die stärksten Unsicherheiten, zu deren Klärung wir den Traum in Vergleich mit ihm verwandten pathologischen Zuständen bringen wollen.

Die Bildung der Wunschphantasie und deren Regression zur Halluzination sind die wesentlichsten Stücke der Traumarbeit, doch kommen sie ihm nicht ausschließend zu. Vielmehr finden sie sich ebenso bei zwei krankhaften Zuständen, bei der akuten halluzinatorischen Verworrenheit, der Amentia (Meynerts), und in der halluzinatorischen Phase der Schizophrenie. Das halluzinatorische Delir der Amentia ist eine deutlich kennbare Wunschphantasie, oft völlig geordnet wie ein schöner Tagtraum. Man könnte ganz allgemein von einer halluzinatorischen Wunschpsychose sprechen und sie dem Traume wie der Amentia in gleicher Weise zuerkennen. Es kommen auch Träume vor, welche aus nichts anderem als aus sehr reichhaltigen, unentstellten Wunschphantasien bestehen. Die halluzinatorische Phase der Schizophrenie ist minder gut studiert; sie scheint in der Regel zusammengesetzter Natur zu sein, dürfte aber im wesentlichen einem neuen Restitutionsversuch entsprechen, der die libidinöse Besetzung zu den Objektvorstellungen zurückbringen will.¹ Die anderen halluzinatorischen Zustände bei mannigfaltigen pathologischen Affektionen kann ich nicht zum Vergleich heranziehen, weil ich hier weder über eigene Erfahrung verfüge, noch die Anderer verwerten kann.

Machen wir uns klar, daß die halluzinatorische Wunschpsychose — im Traume oder anderwärts — zwei keineswegs ineinander fallende Leistungen vollzieht. Sie bringt nicht nur verborgene oder verdrängte Wünsche zum Bewußtsein, sondern stellt sie auch unter vollem Glauben als erfüllt dar. Es gilt dieses Zusammentreffen zu verstehen. Man kann keineswegs behaupten, die unbewußten Wünsche müßten für Realitäten gehalten werden, nachdem sie einmal bewußt geworden sind, denn unser Urteil ist bekanntermaßen sehr wohl imstande, Wirklichkeiten von noch so intensiven Vorstellungen und Wünschen zu unterscheiden. Dagegen scheint es gerechtfertigt anzunehmen, daß der Realitätsglaube an die Wahrnehmung durch die Sinne geknüpft ist. Wenn einmal ein Gedanke den Weg zur Regression bis zu den unbewußten Objekterinnerungsspuren und von da bis zur Wahrnehmung gefunden hat, so anerkennen wir seine Wahrnehmung als real. Die Halluzination bringt also den Realitätsglauben mit sich. Es fragt sich nun, welches die Bedingung für das Zustandekommen einer Halluzination ist. Die erste Antwort würde lauten: Die Regression, und somit die Frage nach der Entstehung der Halluzination durch die nach dem Mechanismus der Regression ersetzen. Die Antwort darauf brauchten wir für den Traum nicht lange schuldig zu bleiben. Die Regression der *vbw* Traumgedanken zu den Sacherinnerungsbildern ist offenbar die Folge der Anziehung, welche diese *ubw* Triebrepräsentanzen — z. B. verdrängte Erlebniserinnerungen — auf die in Worte gefaßten Gedanken ausüben. Allein wir merken bald, daß wir auf falsche

---

1) Als ersten solchen Versuch haben wir in der Abhandlung über das »Unbewußte« die Überbesetzung der Wortvorstellungen kennen gelernt.

Fährte geraten sind. Wäre das Geheimnis der Halluzination kein anderes als das der Regression, so müßte jede genug intensive Regression eine Halluzination mit Realitätsglauben ergeben. Wir kennen aber sehr wohl die Fälle, in denen ein regressives Nachdenken sehr deutliche visuelle Erinnerungsbilder zum Bewußtsein bringt, die wir darum keinen Augenblick für reale Wahrnehmung halten. Wir könnten uns auch sehr wohl vorstellen, daß die Traumarbeit bis zu solchen Erinnerungsbildern vordringt, un die bisher unbewußten bewußt macht und uns eine Wunschphantasie vorspiegelt, die wir sehnsüchtig empfinden, aber nicht als die reale Erfüllung des Wunsches anerkennen würden. Die Halluzination muß also mehr sein als die regressive Belebung der an sich *ubw* Erinnerungsbilder.

Halten wir uns noch vor, daß es von großer praktischer Bedeutung ist, Wahrnehmungen von noch so intensiv erinnerten Vorstellungen zu unterscheiden. Unser ganzes Verhältnis zur Außenwelt, zur Realität, hängt von dieser Fähigkeit ab. Wir haben die Fiktion aufgestellt, daß wir diese Fähigkeit nicht immer besaßen, und daß wir zu Anfang unseres Seelenlebens wirklich das befriedigende Objekt halluzinierten, wenn wir das Bedürfnis nach ihm verspürten. Aber die Befriedigung blieb in solchem Falle aus, und der Mißerfolg muß uns sehr bald bewogen haben, eine Einrichtung zu schaffen, mit deren Hilfe eine solche Wunschwahrnehmung von einer realen Erfüllung unterschieden und im weiteren vermieden werden konnte. Wir haben mit anderen Worten sehr frühzeitig die halluzinatorische Wunschbefriedigung aufgegeben und eine Art der Realitätsprüfung eingerichtet. Die Frage erhebt sich nun, worin bestand diese Realitätsprüfung, und wie bringt es die halluzinatorische Wunschpsychose des Traumes und der Amentia u. dgl. zu stande, sie aufzuheben und den alten Modus der Befriedigung wieder herzustellen.

Die Antwort läßt sich geben, wenn wir nun daran gehen, das dritte unserer psychischen Systeme, das System *Bw*, welches wir bisher vom *Vbw* nicht scharf gesondert haben, näher zu bestimmen. Wir haben uns schon in der Traumdeutung entschließen müssen, die bewußte Wahrnehmung als die Leistung eines besonderen Systems in Anspruch zu nehmen, dem wir gewisse merkwürdige Eigenschaften zugeschrieben haben und mit guten Gründen noch weitere Charaktere beilegen werden. Dieses dort *W* genannte System bringen wir zur Deckung mit dem System *Bw*, an dessen Arbeit in der Regel das Bewußtwerden hängt. Noch immer aber deckt sich die Tatsache des Bewußtwerdens nicht völlig mit der Systemzugehörigkeit, denn wir haben ja erfahren, daß sinnliche Erinnerungsbilder bemerkt werden können, denen wir unmöglich einen psychischen Ort im System *Bw* oder *W* zugestehen können.

Allein die Behandlung dieser Schwierigkeit darf wiederum aufgeschoben werden, bis wir das System *Bw* selbst als Mittelpunkt unseres Interesses einstellen können. Für unseren gegenwärtigen Zusammenhang darf uns die Annahme gestattet werden, daß die Halluzination in einer Besetzung des Systems *Bw (W)* besteht, die aber nicht wie normal von außen, sondern von innen her erfolgt, und daß sie zur Bedingung hat, die Regression müsse so weit gehen, daß sie dies System selbst erreicht und sich dabei über die Realitätsprüfung hinaussetzen kann.[1]

Wir haben in einem früheren Zusammenhang („Triebe und Triebschicksale") für den noch hilflosen Organismus die Fähigkeit in Anspruch genommen, mittels seiner Wahrnehmungen eine erste Orientierung in der Welt zu schaffen, indem er „außen" und „innen" nach der Beziehung zu einer Muskelaktion unterscheidet. Eine Wahrnehmung, die durch eine Aktion zum Verschwinden gebracht wird, ist als eine äußere, als Realität erkannt; wo solche Aktion nichts ändert, kommt die Wahrnehmung aus dem eigenen Körperinnern, sie ist nicht real. Es ist dem

---

[1] Ich füge ergänzend hinzu, daß ein Erklärungsversuch der Halluzination nicht an der positiven, sondern vielmehr an der negativen Halluzination angreifen müßte.

Individuum wertvoll, daß es ein solches Kennzeichen der Realität besitzt, welches gleichzeitig eine Abhilfe gegen sie bedeutet, und es wollte gern mit ähnlicher Macht gegen seine oft unerbittlichen Triebansprüche ausgestattet sein. Darum wendet es solche Mühe daran, was ihm von innen her beschwerlich wird, nach außen zu versetzen, zu projizieren.

Diese Leistung der Orientierung in der Welt durch Unterscheidung von innen und außen müssen wir nun nach einer eingehenden Zergliederung des seelischen Apparates dem System *Bw (W)* allein zuschreiben. *Bw* muß über eine motorische Innervation verfügen, durch welche festgestellt wird, ob die Wahrnehmung zum Verschwinden zu bringen ist oder sich resistent verhält. Nichts anderes als diese Einrichtung braucht die **Realitätsprüfung** zu sein.[1] Näheres darüber können wir nicht aussagen, da Natur und Arbeitsweise des Systems *Bw* noch zu wenig bekannt sind. Die Realitätsprüfung werden wir als eine der großen **Institutionen des Ichs** neben die uns bekannt gewordenen **Zensuren** zwischen den psychischen Systemen hinstellen und erwarten, daß uns die Analyse der narzißtischen Affektionen andere solcher Institutionen aufzudecken verhilft.

Hingegen können wir schon jetzt aus der Pathologie erfahren, auf welche Weise die Realitätsprüfung aufgehoben oder außer Tätigkeit gesetzt werden kann, und zwar werden wir es in der Wunschpsychose, der Amentia, unzweideutiger erkennen als am Traum: Die Amentia ist die Reaktion auf einen Verlust, den die Realität behauptet, der aber vom Ich als unerträglich verleugnet werden soll. Darauf bricht das Ich die Beziehung zur Realität ab, es entzieht dem System der Wahrnehmungen *Bw* die Besetzung oder vielleicht besser eine Besetzung, deren besondere Natur noch Gegenstand einer Untersuchung werden kann. Mit dieser Abwendung von der Realität ist die Realitätsprüfung

---

[1] Über die Unterscheidung einer Aktualitäts- von einer Realitätsprüfung siehe an späterer Stelle.

beseitigt, die — unverdrängten, durchaus bewußten — Wunschphantasien können ins System vordringen und werden von dort aus als bessere Realität anerkannt. Eine solche Entziehung darf den Verdrängungsvorgängen beigeordnet werden; die Amentia bietet uns das interessante Schauspiel einer Entzweiung des Ichs mit einem seiner Organe, welches ihm vielleicht am getreuesten diente und am innigsten verbunden war.[1]

Was bei der Amentia die „Verdrängung" leistet, das macht beim Traum der freiwillige Verzicht. Der Schlafzustand will nichts von der Außenwelt wissen, interessiert sich nicht für die Realität oder nur insoweit, als das Verlassen des Schlafzustandes, das Erwachen, in Betracht kommt. Er zieht also auch die Besetzung vom System *Bw* ab, wie von den anderen Systemen, dem *Vbw* und dem *Ubw*, soweit die in ihnen vorhandenen Positionen dem Schlafwunsch gehorchen. Mit dieser Unbesetztheit des Systems *Bw* ist die Möglichkeit einer Realitätsprüfung aufgegeben, und die Erregungen, welche vom Schlafzustand unabhängig den Weg der Regression eingeschlagen haben, werden ihn frei finden bis zum System *Bw*, in welchem sie als unbestrittene Realität gelten werden.[2] Für die halluzinatorische Psychose der Dementia praecox werden wir aus unseren Erwägungen ableiten, daß sie nicht zu den Eingangssymptomen der Affektion gehören kann. Sie wird erst ermöglicht, wenn das Ich des Kranken soweit zerfallen ist, daß die Realitätsprüfung nicht mehr die Halluzination verhindert.

---

1) Man kann von hier aus die Vermutung wagen, daß auch die toxischen Halluzinosen, z. B. das Alkoholdelirium, in analoger Weise zu verstehen sind. Der unerträgliche Verlust, der von der Realität auferlegt wird, wäre eben der des Alkohols, Zuführung desselben hebt die Halluzinationen auf.

2) Das Prinzip der Unerregbarkeit unbesetzter Systeme erscheint hier für das *Bw* (*W*) außer Kraft gesetzt. Aber es kann sich um nur teilweise Aufhebung der Besetzung handeln, und gerade für das Wahrnehmungssystem werden wir eine Anzahl von Erregungsbedingungen annehmen müssen, die von denen anderer Systeme weit abweichen. — Der unsicher tastende Charakter dieser metapsychologischen Erörterungen soll natürlich in keiner Weise verschleiert oder beschönigt werden. Erst weitere Vertiefung kann zu einem gewissen Grade von Wahrscheinlichkeit führen.

Zur Psychologie der Traumvorgänge erhalten wir das Resultat, daß alle wesentlichen Charaktere des Traumes durch die Bedingung des Schlafzustandes determiniert werden. Der alte Aristoteles behält mit seiner unscheinbaren Aussage, der Traum sei die seelische Tätigkeit des Schlafenden, in allen Stücken recht. Wir konnten ausführen: Ein Rest von seelischer Tätigkeit, dadurch ermöglicht, daß sich der narzißtische Schlafzustand nicht ausnahmslos durchsetzen ließ. Das lautet ja nicht viel anders, als was Psychologen und Philosophen von jeher gesagt haben, ruht aber auf ganz abweichenden Ansichten über den Bau und die Leistung des seelischen Apparates, die den Vorzug vor den früheren haben, daß sie auch alle Einzelheiten des Traumes unserem Verständnis nahe bringen konnten.

Werfen wir am Ende noch einen Blick auf die Bedeutung, welche eine Topik des Verdrängungsvorganges für unsere Einsicht in den Mechanismus der seelischen Störungen gewinnt. Beim Traum betrifft die Entziehung der Besetzung (Libido, Interesse) alle Systeme gleichmäßig, bei den Übertragungsneurosen wird die *Vbw* Besetzung zurückgezogen, bei der Schizophrenie die des *Ubw*, bei der Amentia die des *Bw*.

TRAUER UND MELANCHOLIE

TRAUER UND MELANCHOLIE

Nachdem uns der Traum als Normalvorbild der narzißtischen Seelenstörungen gedient hat, wollen wir den Versuch machen, das Wesen der Melancholie durch ihre Vergleichung mit dem Normalaffekt der Trauer zu erhellen. Wir müssen aber diesmal ein Bekenntnis vorausschicken, welches vor Überschätzung des Ergebnisses warnen soll. Die Melancholie, deren Begriffsbestimmung auch in der deskriptiven Psychiatrie schwankend ist, tritt in verschiedenartigen klinischen Formen auf, deren Zusammenfassung zur Einheit nicht gesichert scheint, von denen einige eher an somatische als an psychogene Affektionen mahnen. Unser Material beschränkt sich, abgesehen von den Eindrücken, die jedem Beobachter zu Gebote stehen, auf eine kleine Anzahl von Fällen, deren psychogene Natur keinem Zweifel unterlag. So werden wir den Anspruch auf allgemeine Gültigkeit unserer Ergebnisse von vornherein fallen lassen und uns mit der Erwägung trösten, daß wir mit unseren gegenwärtigen Forschungsmitteln kaum etwas finden können, was nicht typisch wäre, wenn nicht für eine ganze Klasse von Affektionen, so doch für eine kleinere Gruppe.

Die Zusammenstellung von Melancholie und Trauer erscheint durch das Gesamtbild der beiden Zustände gerechtfertigt.[1] Auch die Anlässe zu beiden aus den Lebenseinwirkungen fallen dort, wo sie überhaupt durchsichtig sind, zusammen. Trauer ist regel-

---

1) Auch Abraham, dem wir die bedeutsamste unter den wenigen analytischen Studien über den Gegenstand verdanken, ist von dieser Vergleichung ausgegangen. (Zentralblatt für Psychoanalyse, II, 6, 1912.)

mäßig die Reaktion auf den Verlust einer geliebten Person oder einer an ihre Stelle gerückten Abstraktion wie Vaterland, Freiheit, ein Ideal usw. Unter den nämlichen Einwirkungen zeigt sich bei manchen Personen, die wir darum unter den Verdacht einer krankhaften Disposition setzen, an Stelle der Trauer eine Melancholie. Es ist auch sehr bemerkenswert, daß es uns niemals einfällt, die Trauer als einen krankhaften Zustand zu betrachten und dem Arzt zur Behandlung zu übergeben, obwohl sie schwere Abweichungen vom normalen Lebensverhalten mit sich bringt. Wir vertrauen darauf, daß sie nach einem gewissen Zeitraum überwunden sein wird, und halten eine Störung derselben für unzweckmäßig, selbst für schädlich.

Die Melancholie ist seelisch ausgezeichnet durch eine tief schmerzliche Verstimmung, eine Aufhebung des Interesses für die Außenwelt, durch den Verlust der Liebesfähigkeit, durch die Hemmung jeder Leistung und die Herabsetzung des Selbstgefühls, die sich in Selbstvorwürfen und Selbstbeschimpfungen äußert und bis zur wahnhaften Erwartung von Strafe steigert. Dies Bild wird unserem Verständnis näher gerückt, wenn wir erwägen, daß die Trauer dieselben Züge aufweist, bis auf einen einzigen; die Störung des Selbstgefühls fällt bei ihr weg. Sonst aber ist es dasselbe. Die schwere Trauer, die Reaktion auf den Verlust einer geliebten Person, enthält die nämliche schmerzliche Stimmung, den Verlust des Interesses für die Außenwelt — soweit sie nicht an den Verstorbenen mahnt, — den Verlust der Fähigkeit, irgend ein neues Liebesobjekt zu wählen — was den Betrauerten ersetzen hieße, — die Abwendung von jeder Leistung, die nicht mit dem Andenken des Verstorbenen in Beziehung steht. Wir fassen es leicht, daß diese Hemmung und Einschränkung des Ichs der Ausdruck der ausschließlichen Hingabe an die Trauer ist, wobei für andere Absichten und Interessen nichts übrig bleibt. Eigentlich erscheint uns dieses Verhalten nur darum nicht pathologisch, weil wir es so gut zu erklären wissen.

Wir werden auch den Vergleich gutheißen, der die Stimmung der Trauer eine „schmerzliche" nennt. Seine Berechtigung wird uns wahrscheinlich einleuchten, wenn wir im stande sind, den Schmerz ökonomisch zu charakterisieren.

Worin besteht nun die Arbeit, welche die Trauer leistet? Ich glaube, daß es nichts Gezwungenes enthalten wird, sie in folgender Art darzustellen: Die Realitätsprüfung hat gezeigt, daß das geliebte Objekt nicht mehr besteht, und erläßt nun die Aufforderung, alle Libido aus ihren Verknüpfungen mit diesem Objekt abzuziehen. Dagegen erhebt sich ein begreifliches Sträuben, — es ist allgemein zu beobachten, daß der Mensch eine Libidoposition nicht gern verläßt, selbst dann nicht, wenn ihm Ersatz bereits winkt. Dies Sträuben kann so intensiv sein, daß eine Abwendung von der Realität und ein Festhalten des Objekts durch eine halluzinatorische Wunschpsychose (siehe die vorige Abhandlung) zu stande kommt. Das Normale ist, daß der Respekt vor der Realität den Sieg behält. Doch kann ihr Auftrag nicht sofort erfüllt werden. Er wird nun im einzelnen unter großem Aufwand von Zeit und Besetzungsenergie durchgeführt und unterdes die Existenz des verlorenen Objekts psychisch fortgesetzt. Jede einzelne der Erinnerungen und Erwartungen, in denen die Libido an das Objekt geknüpft war, wird eingestellt, überbesetzt und an ihr die Lösung der Libido vollzogen. Warum diese Kompromißleistung der Einzeldurchführung des Realitätsgebotes so außerordentlich schmerzhaft ist, läßt sich in ökonomischer Begründung gar nicht leicht angeben. Es ist merkwürdig, daß uns diese Schmerzunlust selbstverständlich erscheint. Tatsächlich wird aber das Ich nach der Vollendung der Trauerarbeit wieder frei und ungehemmt.

Wenden wir nun auf die Melancholie an, was wir von der Trauer erfahren haben. In einer Reihe von Fällen ist es offenbar, daß auch sie Reaktion auf den Verlust eines geliebten Objekts sein kann; bei anderen Veranlassungen kann man erkennen, daß der Verlust von mehr ideeller Natur ist. Das Objekt ist nicht etwa real gestorben, aber es ist als Liebesobjekt verlorengegangen (z. B. der Fall einer verlassenen Braut). In noch anderen Fällen glaubt man an der Annahme eines solchen Verlustes festhalten zu sollen, aber man kann nicht deutlich erkennen, was verloren wurde, und darf um so eher annehmen, daß auch der Kranke nicht bewußt erfassen kann, was er verloren hat. Ja, dieser Fall könnte auch dann noch vorliegen, wenn der die Melancholie veranlassende Verlust dem Kranken bekannt ist, indem er zwar weiß wen, aber nicht, was er an ihm verloren hat. So würde uns nahe gelegt, die Melancholie irgendwie auf einen dem Bewußtsein entzogenen Objektverlust zu beziehen, zum Unterschied von der Trauer, bei welcher nichts an dem Verluste unbewußt ist.

Bei der Trauer fanden wir Hemmung und Interesselosigkeit durch die das Ich absorbierende Trauerarbeit restlos aufgeklärt. Eine ähnliche innere Arbeit wird auch der unbekannte Verlust bei der Melancholie zur Folge haben und darum für die Hemmung der Melancholie verantwortlich werden. Nur daß uns die melancholische Hemmung einen rätselhaften Eindruck macht, weil wir nicht sehen können, was die Kranken so vollständig absorbiert. Der Melancholiker zeigt uns noch eines, was bei der Trauer entfällt, eine außerordentliche Herabsetzung seines Ichgefühls, eine großartige Ichverarmung. Bei der Trauer ist die Welt arm und leer geworden, bei der Melancholie ist es das Ich selbst. Der Kranke schildert uns sein Ich als nichtswürdig, leistungsunfähig und moralisch verwerflich, er macht sich Vorwürfe, beschimpft sich und erwartet Ausstoßung und Strafe. Er erniedrigt sich vor jedem anderen, bedauert jeden der Seinigen, daß er an seine so unwürdige Person gebunden sei. Er hat nicht das Urteil einer Veränderung, die an ihm vorgefallen ist, sondern streckt seine Selbstkritik über die Vergangenheit aus; er behauptet, niemals besser gewesen zu sein. Das Bild dieses — vorwiegend moralischen — Kleinheitswahnes vervollständigt sich durch Schlaflosigkeit, Ablehnung der Nahrung und eine psychologisch höchst merkwürdige Überwindung des Triebes, der alles Lebende am Leben festzuhalten zwingt. Es wäre wissenschaftlich wie therapeutisch gleich unfruchtbar, dem Kranken zu widersprechen, der solche Anklagen gegen sein Ich vorbringt. Er muß wohl irgendwie recht haben und etwas schildern, was sich so verhält, wie es ihm erscheint. Einige seiner Angaben müssen wir ja ohne Einschränkung sofort bestätigen. Er ist wirklich so interesselos, so unfähig zur Liebe und zur Leistung, wie er sagt. Aber das ist, wie wir wissen, sekundär, ist die Folge der inneren, uns unbekannten, der Trauer vergleichbaren Arbeit, welche sein Ich aufzehrt. In einigen anderen Selbstanklagen scheint er uns gleichfalls recht zu haben und die Wahrheit nur schärfer zu erfassen als andere, die nicht melancholisch sind. Wenn er sich in gesteigerter Selbstkritik als kleinlichen, egoistischen, unaufrichtigen, unselbständigen Menschen schildert, der nur immer bestrebt war, die Schwächen seines Wesens zu verbergen, so mag er sich unseres Wissens der Selbsterkenntnis ziemlich angenähert haben, und wir fragen uns nur, warum man erst krank werden muß, um solcher Wahrheit zugänglich zu sein. Denn es leidet keinen Zweifel, wer eine solche Selbsteinschätzung gefunden hat und sie vor anderen äußert — eine Schätzung, wie sie Prinz Hamlet für sich und alle anderen bereit hat,[1] — der ist krank, ob er nun die Wahrheit sagt oder sich mehr oder weniger Unrecht tut. Es ist auch nicht schwer zu bemerken, daß zwischen dem Ausmaß der Selbsterniedrigung und ihrer realen Berechtigung nach unserem Urteil keine Entsprechung besteht. Die früher brave, tüchtige und pflichttreue Frau wird in der Melancholie nicht besser von sich sprechen als die in Wahrheit nichtsnutzige, ja vielleicht hat die erstere mehr Aussicht, an Melancholie zu erkranken, als die andere, von der auch wir nichts Gutes zu sagen wüßten. Endlich muß uns auf-

---

1) *Use every man after his desert, and who should scape whipping?* Hamlet, II, 2.

fallen, daß der Melancholiker sich doch nicht ganz so benimmt wie ein normalerweise von Reue und Selbstvorwurf Zerknirschter. Es fehlt das Schämen vor anderen, welches diesen letzteren Zustand vor allem charakterisieren würde, oder es tritt wenigstens nicht auffällig hervor. Man könnte am Melancholiker beinahe den gegenteiligen Zug einer aufdringlichen Mitteilsamkeit hervorheben, die an der eigenen Bloßstellung eine Befriedigung findet.

Es ist also nicht wesentlich, ob der Melancholiker mit seiner peinlichen Selbstherabsetzung insofern recht hat, als diese Kritik mit dem Urteil der anderen zusammentrifft. Es muß sich vielmehr darum handeln, daß er seine psychologische Situation richtig beschreibt. Er hat seine Selbstachtung verloren und muß guten Grund dazu haben. Wir stehen dann allerdings vor einem Widerspruch, der uns ein schwer lösbares Rätsel aufgibt. Nach der Analogie mit der Trauer mußten wir schließen, daß er einen Verlust am Objekte erlitten hat; aus seinen Aussagen geht ein Verlust an seinem Ich hervor.

Ehe wir uns mit diesem Widerspruch beschäftigen, verweilen wir einen Moment lang bei dem Einblick, den uns die Affektion des Melancholikers in die Konstitution des menschlichen Ichs gewährt. Wir sehen bei ihm, wie sich ein Teil des Ichs dem anderen gegenüberstellt, es kritisch wertet, es gleichsam zum Objekt nimmt. Unser Verdacht, daß die hier vom Ich abgespaltene kritische Instanz auch unter anderen Verhältnissen ihre Selbständigkeit erweisen könne, wird durch alle weiteren Beobachtungen bestätigt werden. Wir werden wirklich Grund finden, diese Instanz vom übrigen Ich zu sondern. Was wir hier kennen lernen, ist die gewöhnlich Gewissen genannte Instanz; wir werden sie mit der Bewußtseinszensur und der Realitätsprüfung zu den großen Ichinstitutionen rechnen und irgendwo auch die Beweise dafür finden, daß sie für sich allein erkranken kann. Das Krankheitsbild der Melancholie läßt das moralische Mißfallen am eigenen Ich vor anderen Ausstellungen hervortreten: körperliche Gebrechen, Häßlichkeit, Schwäche, soziale Minderwertigkeit sind weit seltener Gegenstand der Selbsteinschätzung; nur die Verarmung nimmt unter den Befürchtungen oder Behauptungen des Kranken eine bevorzugte Stelle ein.

Zur Aufklärung des vorhin aufgestellten Widerspruches führt dann eine Beobachtung, die nicht einmal schwer anzustellen ist. Hört man die mannigfachen Selbstanklagen des Melancholikers geduldig an, so kann man sich endlich des Eindruckes nicht erwehren, daß die stärksten unter ihnen zur eigenen Person oft sehr wenig passen, aber mit geringfügigen Modifikationen einer anderen Person anzupassen sind, die der Kranke liebt, geliebt hat oder lieben sollte. So oft man den Sachverhalt untersucht, bestätigt er diese Vermutung. So hat man denn den Schlüssel des Krankheitsbildes in der Hand, indem man die Selbstvorwürfe als Vorwürfe gegen ein Liebesobjekt erkennt, die von diesem weg auf das eigene Ich gewälzt sind.

Die Frau, die laut ihren Mann bedauert, daß er an eine so untüchtige Frau gebunden ist, will eigentlich die Untüchtigkeit des Mannes anklagen, in welchem Sinne diese auch gemeint sein mag. Man braucht sich nicht zu sehr zu verwundern, daß einige echte Selbstvorwürfe unter die rückgewendeten eingestreut sind; sie dürfen sich vordrängen, weil sie dazu verhelfen, die anderen zu verdecken und die Erkenntnis des Sachverhaltes unmöglich zu machen, sie stammen ja auch aus dem Für und Wider des Liebesstreites, der zum Liebesverlust geführt hat. Auch das Benehmen der Kranken wird jetzt um vieles verständlicher. Ihre Klagen sind Anklagen, gemäß dem alten Sinne des Wortes; sie schämen und verbergen sich nicht, weil alles Herabsetzende, was sie von sich aussagen, im Grunde von einem anderen gesagt wird; und sie sind weit davon entfernt, gegen ihre Umgebung die Demut und Unterwürfigkeit zu bezeugen, die allein so unwürdigen Personen geziemen würde, sie sind vielmehr im höchsten Grade quälerisch, immer wie gekränkt und als ob ihnen ein großes Unrecht widerfahren wäre. Dies ist alles nur möglich, weil die Reaktionen ihres Benehmens noch von der seelischen Konstellation der Auflehnung ausgehen, welche dann durch einen gewissen Vorgang in die melancholische Zerknirschung übergeführt worden ist.

Es hat dann keine Schwierigkeit, diesen Vorgang zu rekonstruieren. Es hatte eine Objektwahl, eine Bindung der Libido an eine bestimmte Person bestanden; durch den Einfluß einer realen Kränkung oder Enttäuschung von seiten der geliebten Person trat eine Erschütterung dieser Objektbeziehung ein. Der Erfolg war nicht der normale einer Abziehung der Libido von diesem Objekt und Verschiebung derselben auf ein neues, sondern ein anderer, der mehrere Bedingungen für sein Zustandekommen zu erfordern scheint. Die Objektbesetzung erwies sich als wenig resistent, sie wurde aufgehoben, aber die freie Libido nicht auf ein anderes Objekt verschoben, sondern ins Ich zurückgezogen. Dort fand sie aber nicht eine beliebige Verwendung, sondern diente dazu, eine Identifizierung des Ichs mit dem aufgegebenen Objekt herzustellen. Der Schatten des Objekts fiel so auf das Ich, welches nun von einer besonderen Instanz wie ein Objekt, wie das verlassene Objekt, beurteilt werden konnte. Auf diese Weise hatte sich der Objektverlust in einen Ichverlust verwandelt, der Konflikt zwischen dem Ich und der geliebten Person in einen Zwiespalt zwischen der Ichkritik und dem durch Identifizierung veränderten Ich.

Von den Voraussetzungen und Ergebnissen eines solchen Vorganges läßt sich einiges unmittelbar erraten. Es muß einerseits eine starke Fixierung an das Liebesobjekt vorhanden sein, anderseits aber im Widerspruch dazu eine geringe Resistenz der Objektbesetzung. Dieser Widerspruch scheint nach einer treffenden Bemerkung von O. Rank zu fordern, daß die Objektwahl auf narzißtischer Grundlage erfolgt sei, so daß die Objektbesetzung, wenn sich Schwierigkeiten gegen sie erheben, auf den Narzißmus regredieren kann. Die narzißtische Identifizierung mit dem Objekt wird dann zum Ersatz der Liebesbesetzung, was den Erfolg hat, daß die Liebesbeziehung trotz des Konflikts mit der geliebten Person nicht aufgegeben werden muß. Ein solcher Ersatz der Objektliebe durch Identifizierung ist ein für die narzißtischen Affektionen bedeutsamer Mechanismus; K. Landauer hat ihn kürzlich in dem Heilungsvorgang einer Schizophrenie aufdecken können.[1] Er entspricht natürlich der Regression von einem Typus der Objektwahl auf den ursprünglichen Narzißmus. Wir haben an anderer Stelle ausgeführt, daß die Identifizierung die Vorstufe der Ojektwahl ist und die erste, in ihrem Ausdruck ambivalente, Art, wie das Ich ein Objekt auszeichnet. Es möchte sich dieses Objekt einverleiben, und zwar der oralen oder kannibalischen Phase der Libidoentwicklung entsprechend auf dem Wege des Fressens. Auf diesen Zusammenhang führt Abraham wohl mit Recht die Ablehnung der Nahrungsaufnahme zurück, welche sich bei schwerer Ausbildung des melancholischen Zustandes kundgibt.

Der von der Theorie geforderte Schluß, welcher die Disposition zur melancholischen Erkrankung oder eines Stückes von ihr in die Vorherrschaft des narzißtischen Typus der Objektwahl verlegt, entbehrt leider noch der Bestätigung durch die Untersuchung. Ich habe in den einleitenden Sätzen dieser Abhandlung bekannt, daß das empirische Material, auf welches diese Studie gebaut ist, für unsere Ansprüche nicht zureicht. Dürfen wir eine Übereinstimmung der Beobachtung mit unseren Ableitungen annehmen, so würden wir nicht zögern, die Regression von der Objektbesetzung auf die noch dem Narzißmus angehörige orale Libidophase in die Charakteristik der Melancholie aufzunehmen. Identifizierungen mit dem Objekt sind auch bei den Übertragungsneurosen keineswegs selten, vielmehr ein bekannter Mechanismus

---

1) Intern. Zeitschr. für ärztl. Psychoanalyse, II, 1914.

der Symptombildung, zumal bei der Hysterie. Wir dürfen aber den Unterschied der narzißtischen Identifizierung von der hysterischen darin erblicken, daß bei ersterer die Objektbesetzung aufgelassen wird, während sie bei letzterer bestehen bleibt und eine Wirkung äußert, die sich gewöhnlich auf gewisse einzelne Aktionen und Innervationen beschränkt. Immerhin ist die Identifizierung auch bei den Übertragungsneurosen der Ausdruck einer Gemeinschaft, welche Liebe bedeuten kann. Die narzißtische Identifizierung ist die ursprünglichere und eröffnet uns den Zugang zum Verständnis der weniger gut studierten hysterischen.

Die Melancholie entlehnt also einen Teil ihrer Charaktere der Trauer, den anderen Teil dem Vorgang der Regression von der narzißtischen Objektwahl zum Narzißmus. Sie ist einerseits wie die Trauer Reaktion auf den realen Verlust des Liebesobjekts, aber sie ist überdies mit einer Bedingung behaftet, welche der normalen Trauer abgeht oder dieselbe, wo sie hinzutritt, in eine pathologische verwandelt. Der Verlust des Liebesobjekts ist ein ausgezeichneter Anlaß, um die Ambivalenz der Liebesbeziehungen zur Geltung und zum Vorschein zu bringen. Wo die Disposition zur Zwangsneurose vorhanden ist, verleiht darum der Ambivalenzkonflikt der Trauer eine pathologische Gestaltung und zwingt sie, sich in der Form von Selbstvorwürfen, daß man den Verlust des Liebesobjekts selbst verschuldet, d. h. gewollt habe, zu äußern. In solchen zwangsneurotischen Depressionen nach dem Tode geliebter Personen wird uns vorgeführt, was der Ambivalenzkonflikt für sich allein leistet, wenn die regressive Einziehung der Libido nicht mit dabei ist. Die Anlässe der Melancholie gehen meist über den klaren Fall des Verlustes durch den Tod hinaus und umfassen alle die Situationen von Kränkung, Zurücksetzung und Enttäuschung, durch welche ein Gegensatz von Lieben und Hassen in die Beziehung eingetragen oder eine vorhandene Ambivalenz verstärkt werden kann. Dieser Ambivalenzkonflikt, bald mehr realer, bald mehr konstitutiver Herkunft, ist unter den Voraussetzungen der Melancholie nicht zu vernachlässigen. Hat sich die Liebe zum Objekt, die nicht aufgegeben werden kann, während das Objekt selbst aufgegeben wird, in die narzißtische Identifizierung geflüchtet, so betätigt sich an diesem Ersatzobjekt der Haß, indem er es beschimpft, erniedrigt, leiden macht und an diesem Leiden eine sadistische Befriedigung gewinnt. Die unzweifelhaft genußreiche Selbstquälerei der Melancholie bedeutet ganz wie das entsprechende Phänomen der Zwangsneurose die Befriedigung von sadistischen und Haßtendenzen,[1] die einem Objekt gelten und auf diesem Wege eine Wendung gegen die eigene Person erfahren haben. Bei beiden Affektionen pflegt es den Kranken noch zu gelingen, auf dem Umwege über die Selbstbestrafung Rache an den ursprünglichen Objekten zu nehmen und ihre Lieben durch Vermittlung des Krankseins zu quälen, nachdem sie sich in die Krankheit begeben haben, um ihnen ihre Feindseligkeit nicht direkt zeigen zu müssen. Die Person, welche die Gefühlsstörung des Kranken hervorgerufen, nach welcher sein Kranksein orientiert ist, ist doch gewöhnlich in der nächsten Umgebung des Kranken zu finden. So hat die Liebesbesetzung des Melancholischen für sein Objekt ein zweifaches Schicksal erfahren; sie ist zum Teil auf die Identifizierung regrediert, zum anderen Teil aber unter dem Einfluß des Ambivalenzkonflikts auf die ihm nähere Stufe des Sadismus zurückversetzt worden.

Erst dieser Sadismus löst uns das Rätsel der Selbstmordneigung, durch welche die Melancholie so interessant und so — gefährlich wird. Wir haben als den Urzustand, von dem das Triebleben ausgeht, eine so großartige Selbstliebe des Ichs erkannt, wir sehen in der Angst, die bei Lebensbedrohung auftritt, einen so riesigen Betrag der narzißtischen Libido frei werden, daß wir es nicht erfassen, wie dies Ich seiner Selbstzerstörung zustimmen könne. Wir wußten zwar längst, daß kein Neurotiker Selbst-

---

[1] Über deren Unterscheidung siehe den Aufsatz über „Triebe und Triebschicksale."

mordabsichten verspürt, der solche nicht von einem Mordimpuls gegen andere auf sich zurückwendet, aber es blieb unverständlich, durch welches Kräftespiel eine solche Absicht sich zur Tat durchsetzen kann. Nun lehrt uns die Analyse der Melancholie, daß das Ich sich nur dann töten kann, wenn es durch die Rückkehr der Objektbesetzung sich selbst wie ein Objekt behandeln kann, wenn es die Feindseligkeit gegen sich richten darf, die einem Objekt gilt, und die die ursprüngliche Reaktion des Ichs gegen Objekte der Außenwelt vertritt. (Siehe „Triebe und Triebschicksale".) So ist bei der Regression von der narzißtischen Objektwahl das Objekt zwar aufgehoben worden, aber es hat sich doch mächtiger erwiesen als das Ich selbst. In den zwei entgegengesetzten Situationen der äußersten Verliebtheit und des Selbstmordes wird das Ich, wenn auch auf gänzlich verschiedenen Wegen, vom Objekt überwältigt.

Es liegt dann noch nahe, für den einen auffälligen Charakter der Melancholie, das Hervortreten der Verarmungsangst, die Ableitung der aus ihren Verbindungen gerissenen und regressiv verwandelten Analerotik zuzulassen.

Die Melancholie stellt uns noch vor andere Fragen, deren Beantwortung uns zum Teil entgeht. Daß sie nach einem gewissen Zeitraum abgelaufen ist, ohne nachweisbare grobe Veränderungen zu hinterlassen, diesen Charakter teilt sie mit der Trauer. Dort fanden wir die Auskunft, die Zeit werde für die Detaildurchführung des Gebotes der Realitätsprüfung benötigt, nach welcher Arbeit das Ich seine Libido vom verlorenen Objekt frei bekommen habe. Mit einer analogen Arbeit können wir das Ich während der Melancholie beschäftigt denken; das ökonomische Verständnis des Herganges bleibt hier wie dort aus. Die Schlaflosigkeit der Melancholie bezeugt wohl die Starrheit des Zustandes, die Unmöglichkeit, die für den Schlaf erforderliche allgemeine Einziehung der Besetzungen durchzuführen. Der melancholische Komplex verhält sich wie eine offene Wunde, zieht von allen

Seiten Besetzungsenergien an sich (die wir bei den Übertragungsneurosen „Gegenbesetzungen" geheißen haben) und entleert das Ich bis zur völligen Verarmung; er kann sich leicht resistent gegen den Schlafwunsch des Ichs erweisen. — Ein wahrscheinlich somatisches, psychogen nicht aufzuklärendes Moment kommt in der regelmäßigen Linderung des Zustandes zur Abendzeit zum Vorschein. An diese Erörterungen schließt die Frage an, ob nicht Ichverlust ohne Rücksicht auf das Objekt (rein narzißtische Ichkränkung) hinreicht, das Bild der Melancholie zu erzeugen, und ob nicht direkt toxische Verarmung an Ichlibido gewisse Formen der Affektion ergeben kann.

Die merkwürdigste und aufklärungsbedürftigste Eigentümlichkeit der Melancholie ist durch ihre Neigung gegeben, in den symptomatisch gegensätzlichen Zustand der Manie umzuschlagen. Bekanntlich hat nicht jede Melancholie dieses Schicksal. Manche Fälle verlaufen in periodischen Rezidiven, deren Intervalle entweder keine oder eine nur sehr geringfügige Tönung von Manie erkennen lassen. Andere zeigen jene regelmäßige Abwechslung von melancholischen und manischen Phasen, die in der Aufstellung des zyklischen Irreseins Ausdruck gefunden hat. Man wäre versucht, diese Fälle von der psychogenen Auffassung auszuschließen, wenn nicht die psychoanalytische Arbeit gerade für mehrere dieser Erkrankungen Auflösung wie therapeutische Beeinflussung zu stande gebracht hätte. Es ist also nicht nur gestattet, sondern sogar geboten, eine analytische Aufklärung der Melancholie auch auf die Manie auszudehnen.

Ich kann nicht versprechen, daß dieser Versuch voll befriedigend ausfallen wird. Er reicht vielmehr nicht weit über die Möglichkeit einer ersten Orientierung hinaus. Es stehen uns hier zwei Anhaltspunkte zu Gebote, der erste ein psychoanalytischer Eindruck, der andere eine, man darf wohl sagen, allgemeine ökonomische Erfahrung. Der Eindruck, dem bereits mehrere psychoanalytische Forscher Worte geliehen haben, geht dahin,

daß die Manie keinen anderen Inhalt hat als die Melancholie, daß
beide Affektionen mit demselben „Komplex" ringen, dem das
Ich wahrscheinlich in der Melancholie erlegen ist, während es
ihn in der Manie bewältigt oder beiseite geschoben hat. Den
anderen Anhalt gibt die Erfahrung, daß alle Zustände von Freude,
Jubel, Triumph, die uns das Normalvorbild der Manie zeigen,
die nämliche ökonomische Bedingtheit erkennen lassen. Es handelt
sich bei ihnen um eine Einwirkung, durch welche ein großer,
lange unterhaltener, oder gewohnheitsmäßig hergestellter psychischer
Aufwand endlich überflüssig wird, so daß er für mannigfache
Verwendungen und Abfuhrmöglichkeiten bereit steht. Also zum
Beispiel: Wenn ein armer Teufel durch einen großen Geldgewinn plötzlich der chronischen Sorge um das tägliche Brot enthoben wird, wenn ein langes und mühseliges Ringen sich am
Ende durch den Erfolg gekrönt sieht, wenn man in die Lage
kommt, einen drückenden Zwang, eine lange fortgesetzte Verstellung mit einem Schlage aufzugeben u. dgl. Alle solche
Situationen zeichnen sich durch die gehobene Stimmung, die
Abfuhrzeichen des freudigen Affekts, und durch die gesteigerte
Bereitwilligkeit zu allerlei Aktionen aus, ganz wie die Manie und
im vollen Gegensatz zur Depression und Hemmung der Melancholie. Man kann wagen es auszusprechen, daß die Manie nichts
anderes ist als ein solcher Triumph, nur daß es wiederum dem
Ich verdeckt bleibt, was es überwunden hat und worüber es
triumphiert. Den in dieselbe Reihe von Zuständen gehörigen
Alhoholrausch wird man — insofern er ein heiterer ist —
ebenso zurechtlegen dürfen; es handelt sich bei ihm wahrscheinlich um die toxisch erzielte Aufhebung von Verdrängungsaufwänden. Die Laienmeinung nimmt gern an, daß man in solcher
maniakalischer Verfassung darum so bewegungs- und unternehmungslustig ist, weil man so „gut aufgelegt" ist. Diese falsche
Verknüpfung wird man natürlich auflösen müssen. Es ist jene
erwähnte ökonomische Bedingung im Seelenleben erfüllt worden,

und darum ist man einerseits in so heiterer Stimmung und anderseits so ungehemmt im Tun.

Setzen wir die beiden Andeutungen zusammen, so ergibt sich: In der Manie muß das Ich den Verlust des Objekts (oder die Trauer über den Verlust oder vielleicht das Objekt selbst) überwunden haben, und nun ist der ganze Betrag von Gegenbesetzung, den das schmerzhafte Leiden der Melancholie aus dem Ich an sich gezogen und gebunden hatte, verfügbar geworden. Der Manische demonstriert uns auch unverkennbar seine Befreiung von dem Objekt, an dem er gelitten hatte, indem er wie ein Heißhungriger auf neue Objektbesetzungen ausgeht.

Diese Aufklärung klingt ja plausibel, aber sie ist erstens noch zu wenig bestimmt und läßt zweitens mehr neue Fragen und Zweifel auftauchen, als wir beantworten können. Wir wollen uns der Diskussion derselben nicht entziehen, wenn wir auch nicht erwarten können, durch sie hindurch den Weg zur Klarheit zu finden.

Zunächst: Die normale Trauer überwindet ja auch den Verlust des Objekts und absorbiert gleichfalls während ihres Bestandes alle Energien des Ichs. Warum stellt sich bei ihr die ökonomische Bedingung für eine Phase des Triumphes nach ihrem Ablaufe auch nicht andeutungsweise her? Ich finde es unmöglich, auf diesen Einwand kurzerhand zu antworten. Er macht uns auch darauf aufmerksam, daß wir nicht einmal sagen können, durch welche ökonomischen Mittel die Trauer ihre Aufgabe löst; aber vielleicht kann hier eine Vermutung aushelfen. An jede einzelne der Erinnerungen und Erwartungssituationen, welche die Libido an das verlorene Objekt geknüpft zeigen, bringt die Realität ihr Verdikt heran, daß das Objekt nicht mehr existiere, und das Ich, gleichsam vor die Frage gestellt, ob es dieses Schicksal teilen will, läßt sich durch die Summe der narzißtischen Befriedigungen, am Leben zu sein, bestimmen, seine Bindung an das vernichtete Objekt zu lösen.

Man kann sich etwa vorstellen, diese Lösung gehe so langsam und schrittweise vor sich, daß mit der Beendigung der Arbeit auch der für sie erforderliche Aufwand zerstreut ist.[1] Es ist verlockend, von der Mutmaßung über die Arbeit der Trauer den Weg zu einer Darstellung der melancholischen Arbeit zu suchen. Da kommt uns zuerst eine Unsicherheit in den Weg. Wir haben bisher den topischen Gesichtspunkt bei der Melancholie noch kaum berücksichtigt und die Frage nicht aufgeworfen, in und zwischen welchen psychischen Systemen die Arbeit der Melancholie vor sich geht. Was von den psychischen Vorgängen der Affektion spielt sich noch an den aufgelassenen unbewußten Objektbesetzungen, was an deren Identifizierungsersatz im Ich ab?

Es spricht sich nun rasch aus und schreibt sich leicht nieder, daß die „unbewußte (Ding-) Vorstellung des Objekts von der Libido verlassen wird". Aber in Wirklichkeit ist diese Vorstellung durch ungezählte Einzeleindrücke (unbewußte Spuren derselben) vertreten, und die Durchführung dieser Libidoabziehung kann nicht ein momentaner Vorgang sein, sondern gewiß wie bei der Trauer ein langwieriger, allmählich fortschreitender Prozeß. Ob er an vielen Stellen gleichzeitig beginnt oder eine irgendwie bestimmte Reihenfolge enthält, läßt sich ja nicht leicht unterscheiden; in den Analysen kann man oft feststellen, daß bald diese, bald jene Erinnerung aktiviert ist, und daß die gleichlautenden, durch ihre Monotonie ermüdenden Klagen doch jedesmal von einer anderen unbewußten Begründung herrühren. Wenn das Objekt keine so große, durch tausendfältige Verknüpfung verstärkte Bedeutung für das Ich hat, so ist sein Verlust auch nicht geeignet, eine Trauer oder eine Melancholie zu

---

[1] Der ökonomische Gesichtspunkt ist bisher in psychoanalytischen Arbeiten wenig berücksichtigt worden. Als Ausnahme sei der Aufsatz von V. Tausk, Entwertung des Verdrängungsmotives durch Rekompense (Intern. Zeitschr. für ärztl. Psychoanalyse, I, 1913) hervorgehoben.

verursachen. Der Charakter der Einzeldurchführung der Libidoablösung ist also der Melancholie wie der Trauer in gleicher Weise zuzuschreiben, stützt sich wahrscheinlich auf die gleichen ökonomischen Verhältnisse und dient denselben Tendenzen.

Die Melancholie hat aber, wie wir gehört haben, etwas mehr zum Inhalt als die normale Trauer. Das Verhältnis zum Objekt ist bei ihr kein einfaches, es wird durch den Ambivalenzkonflikt kompliziert. Die Ambivalenz ist entweder konstitutionell, d. h. sie hängt jeder Liebesbeziehung dieses Ichs an, oder sie geht gerade aus den Erlebnissen hervor, welche die Drohung des Objektverlustes mit sich bringen. Die Melancholie kann darum in ihren Veranlassungen weit über die Trauer hinausgehen, welche in der Regel nur durch den Realverlust, den Tod des Objekts, ausgelöst wird. Es spinnt sich also bei der Melancholie eine Unzahl von Einzelkämpfen um das Objekt an, in denen Haß und Liebe miteinander ringen, die eine, um die Libido vom Objekt zu lösen, die andere, um diese Libidoposition gegen den Ansturm zu behaupten. Diese Einzelkämpfe können wir in kein anderes System verlegen, als in das *Ubw*, in das Reich der sachlichen Erinnerungsspuren (im Gegensatz zu den Wortbesetzungen). Ebendort spielen sich auch die Lösungsversuche bei der Trauer ab, aber bei dieser letzteren besteht kein Hindernis dagegen, daß sich diese Vorgänge auf dem normalen Wege durch das *Vbw* zum Bewußtsein fortsetzen. Dieser Weg ist für die melancholische Arbeit gesperrt, vielleicht infolge einer Mehrzahl von Ursachen oder des Zusammenwirkens derselben. Die konstitutive Ambivalenz gehört an und für sich dem Verdrängten an, die traumatischen Erlebnisse mit dem Objekt mögen anderes Verdrängte aktiviert haben. So bleibt alles an diesen Ambivalenzkämpfen dem Bewußtsein entzogen, bis nicht der für die Melancholie charakteristische Ausgang eingetreten ist. Er besteht, wie wir wissen, darin, daß die bedrohte Libidobesetzung endlich das Objekt verläßt, aber nur, um sich auf die Stelle des Ichs, von der sie ausgegangen war, zurückzuziehen. Die Liebe hat sich so durch ihre Flucht ins Ich der Aufhebung entzogen. Nach dieser Regression der Libido kann der Vorgang bewußt werden und repräsentiert sich dem Bewußtsein als ein Konflikt zwischen einem Teil des Ichs und der kritischen Instanz.

Was das Bewußtsein von der melancholischen Arbeit erfährt, ist also nicht das wesentliche Stück derselben, auch nicht jenes, dem wir einen Einfluß auf die Lösung des Leidens zutrauen können. Wir sehen, daß das Ich sich herabwürdigt und gegen sich wütet, und verstehen so wenig wie der Kranke, wozu das führen und wie sich das ändern kann. Dem unbewußten Stück der Arbeit können wir eine solche Leistung eher zuschreiben, weil es nicht schwer fällt, eine wesentliche Analogie zwischen der Arbeit der Melancholie und jener der Trauer herauszufinden. Wie die Trauer das Ich dazu bewegt, auf das Objekt zu verzichten, indem es das Objekt für tot erklärt und dem Ich die Prämie des am Leben Bleibens bietet, so lockert auch jeder einzelne Ambivalenzkampf die Fixierung der Libido an das Objekt, indem er dieses entwertet, herabsetzt, gleichsam auch erschlägt. Es ist die Möglichkeit gegeben, daß der Prozeß im *Ubw* zu Ende komme, sei es nachdem die Wut sich ausgetobt hat, sei es nachdem das Objekt als wertlos aufgegeben wurde. Es fehlt uns der Einblick, welche dieser beiden Möglichkeiten regelmäßig oder vorwiegend häufig der Melancholie ein Ende bereitet, und wie diese Beendigung den weiteren Verlauf des Falles beeinflußt. Das Ich mag dabei die Befriedigung genießen, daß es sich als das Bessere, als dem Objekt überlegen anerkennen darf.

Mögen wir diese Auffassung der melancholischen Arbeit auch annehmen, sie kann uns doch das eine nicht leisten, auf dessen Erklärung wir ausgegangen sind. Unsere Erwartung, die ökonomische Bedingung für das Zustandekommen der Manie nach abgelaufener Melancholie aus der Ambivalenz abzuleiten, welche diese Affektion beherrscht, könnte sich auf Analogien aus verschiedenen anderen Gebieten stützen; aber es gibt eine Tatsache, vor welcher sie sich beugen muß. Von den drei Voraussetzungen der Melancholie: Verlust des Objekts, Ambivalenz und Regression der Libido ins Ich, finden wir die beiden ersten bei den Zwangsvorwürfen nach Todesfällen wieder. Dort ist es die Ambivalenz, die unzweifelhaft die Triebfeder des Konflikts darstellt, und die Beobachtung zeigt, daß nach Ablauf desselben nichts von einem Triumph einer manischen Verfassung erübrigt. Wir werden so auf das dritte Moment als das einzig wirksame hingewiesen. Jene Anhäufung von zunächst gebundener Besetzung, welche nach Beendigung der melancholischen Arbeit frei wird und die Manie ermöglicht, muß mit der Regression der Libido auf den Narzißmus zusammenhängen. Der Konflikt im Ich, den die Melancholie für den Kampf um das Objekt eintauscht, muß ähnlich wie eine schmerzhafte Wunde wirken, die eine außerordentlich hohe Gegenbesetzung in Anspruch nimmt. Aber hier wird es wiederum zweckmäßig sein, Halt zu machen und die weitere Aufklärung der Manie zu verschieben, bis wir Einsicht in die ökonomische Natur zunächst des körperlichen und dann des ihm analogen seelischen Schmerzes gewonnen haben. Wir wissen es ja schon, daß der Zusammenhang der verwickelten seelischen Probleme uns nötigt, jede Untersuchung unvollendet abzubrechen, bis ihr die Ergebnisse einer anderen zu Hilfe kommen können.[1]

---

[1] Siehe die weitere Fortsetzung des Problems der Manie in „Massenpsychologie und Ich-Analyse" [Ges. Werke, Bd. XIII]

VORREDEN

GELEITWORT

zu *DIE PSYCHANALYTISCHE METHODE, eine erfahrungswissenschaftlich-systematische Darstellung von Dr. OSKAR PFISTER, Pfarrer und Seminarlehrer in Zürich (Pädagogium, herausgegeben von Prof. Dr. Oskar Messmer, Band I). Julius Klinkhardt Verlag, Leipzig 1913. (Unveränderter Neudruck 1921, dritte, umgearbeitete Auflage 1924.)*

Die Psychoanalyse ist auf medizinischem Boden entstanden als ein Heilverfahren zur Behandlung gewisser nervöser Erkrankungen, die man „funktionelle" geheißen hat, und in denen man mit stetig wachsender Sicherheit Erfolge von Störungen des Affektlebens erkannte. Sie erreicht ihre Absicht, die Äußerungen solcher Störungen, die Symptome, aufzuheben, indem sie voraussetzt, dieselben seien nicht die einzig möglichen und endgültigen Ausgänge gewisser psychischer Prozesse, darum die Entwicklungsgeschichte dieser Symptome in der Erinnerung aufdeckt, die ihnen zugrunde liegenden Prozesse auffrischt und sie nun unter ärztlicher Leitung einem günstigeren Ausgang zuführt. Die Psychoanalyse hat sich dieselben therapeutischen Ziele gesetzt wie die hypnotische Behandlung, die sich, von Liébault und Bernheim eingeführt, nach langen und schweren Kämpfen einen Platz in der nervenärztlichen Technik erworben hatte. Aber sie geht weit tiefer auf die Struktur des seelischen Mechanismus ein und sucht dauernde Beeinflussungen und haltbare Veränderungen ihrer Objekte zu erreichen.

Die hypnotische Suggestionsbehandlung hat seinerzeit sehr bald das ärztliche Anwendungsgebiet überschritten und sich in den Dienst der Erziehung jugendlicher Personen gestellt. Wenn wir den Berichten Glauben schenken dürfen, hat sie sich als wirksames Mittel erwiesen zur Beseitigung von Kinderfehlern, störenden körperlichen Gewöhnungen und sonst unreduzierbaren Charakterzügen. Niemand nahm damals Anstoß daran oder verwunderte sich über diese Erweiterung ihrer Brauchbarkeit, die uns allerdings erst durch die psychoanalytische Forschung voll verständlich geworden ist. Denn heute wissen wir, daß die krankhaften Symptome oft nichts anderes sind als die Ersatzbildungen für schlechte, d. i. unbrauchbare Neigungen, und daß die Bedingungen dieser Symptome in den Kindheits- und Jugendjahren konstituiert werden, — zu denselben Zeiten, in welchen der Mensch Objekt der Erziehung ist, — mögen nun die Krankheiten selbst noch in der Jugend hervortreten oder erst in einer späteren Lebenszeit.

Erziehung und Therapie treten nun in ein angebbares Verhältnis zueinander. Die Erziehung will dafür sorgen, daß aus gewissen Anlagen und Neigungen des Kindes nichts dem einzelnen wie der Gesellschaft Schädliches hervorgehe. Die Therapie tritt in Wirksamkeit, wenn dieselben Anlagen bereits das unerwünschte Ergebnis der Krankheitssymptome geliefert haben. Der andere Ausgang, nämlich, daß die unbrauchbaren Dispositionen des Kindes nicht zu den Ersatzbildungen der Symptome, sondern zu direkten Charakterperversionen geführt haben, ist für die Therapie fast unzugänglich und der Beeinflussung durch den Erzieher meist entzogen. Die Erziehung ist eine Prophylaxe, welche beiden Ausgängen, dem in Neurose wie dem in Perversion, vorbeugen soll; die Psychotherapie will den labileren der beiden Ausgänge rückgängig machen und eine Art von Nacherziehung einsetzen.

Angesichts dieser Sachlage drängt sich von selbst die Frage auf, ob man nicht die Psychoanalyse für die Zwecke der Erziehung verwerten solle wie seinerzeit die hypnotische Suggestion. Die Vorteile davon wären augenfällig. Der Erzieher ist einerseits durch seine Kenntnis der allgemein menschlichen Dispositionen der Kindheit vorbereitet, zu erraten, welche der kindlichen Anlagen mit einem unerwünschten Ausgang drohen, und wenn die Psychoanalyse auf solche Entwicklungsrichtungen Einfluß hat, kann er sie in Anwendung bringen, ehe sich die Zeichen einer ungünstigen Entwicklung einstellen. Er kann also am noch gesunden Kinde prophylaktisch mit Hilfe der Analyse wirken. Anderseits kann er die ersten Anzeichen einer Entwicklung zur Neurose oder zur Perversion bemerken und das Kind vor der weiteren Entwicklung zu einer Zeit behüten, wo es aus einer Reihe von Gründen dem Arzt niemals zugeführt würde. Man sollte meinen, eine solche psychoanalytische Tätigkeit des Erziehers — und des ihm gleichstehenden Seelsorgers in protestantischen Ländern — müßte Unschätzbares leisten und oft die Tätigkeit des Arztes überflüssig machen können.

Es fragt sich nur, ob nicht die Ausübung der Psychoanalyse eine ärztliche Schulung voraussetzt, welche dem Erzieher und Seelsorger vorenthalten bleiben muß, oder ob nicht andere Verhältnisse sich der Absicht widersetzen, die psychoanalytische Technik in andere als ärztliche Hände zu legen. Ich bekenne, daß ich keine solchen Abhaltungen sehe. Die Ausübung der Psychoanalyse fordert viel weniger ärztliche Schulung als psychologische Vorbildung und freien menschlichen Blick; die Mehrzahl der Ärzte aber ist für die Übung der Psychoanalyse nicht ausgerüstet und hat in der Würdigung dieses Heilverfahrens völlig versagt. Der Erzieher und der Seelsorger sind durch die Anforderungen ihres Berufes zu denselben Rücksichten, Schonungen und Enthaltungen verpflichtet, die der Arzt einzuhalten gewohnt ist, und ihre sonstige Beschäftigung mit der Jugend macht sie zur Einfühlung in deren Seelenleben vielleicht geeigneter. Die Garantie für eine schadlose Anwendung des analytischen Verfahrens kann aber in beiden Fällen nur von der Persönlichkeit des Analysierenden beigebracht werden.

Die Annäherung an das Gebiet des Seelisch-Abnormen wird den analysierenden Erzieher nötigen, sich mit den dringendsten psychiatrischen Kenntnissen vertraut zu machen und überdies den Arzt zu Rate zu ziehen, wo Beurteilung und Ausgang der Störung zweifelhaft erscheinen können. In einer Reihe von Fällen wird erst das Zusammenwirken des Erziehers mit dem Arzte zum Erfolge führen können.

In einem einzigen Punkte wird die Verantwortlichkeit des Erziehers die des Arztes vielleicht noch übersteigen. Der Arzt hat es in der Regel mit bereits erstarrten psychischen Formationen zu tun und wird in der fertig gewordenen Individualität des Kranken eine Grenze für seine eigene Leistung, aber auch eine Gewähr für dessen Selbständigkeit finden. Der Erzieher aber arbeitet an plastischem, jedem Eindruck zugänglichem Material und wird sich die Verpflichtung vorzuhalten haben, das junge Seelenleben nicht nach seinen persönlichen Idealen, sondern vielmehr nach den am Objekt haftenden Dispositionen und Möglichkeiten zu formen.

Möge die Verwendung der Psychoanalyse im Dienste der Erziehung bald die Hoffnungen erfüllen, die Erzieher und Ärzte an sie knüpfen dürfen! Ein Buch wie das Pfisters, welches die Analyse den Erziehern bekannt machen will, wird dann auf den Dank später Generationen rechnen können.

VORWORT

zu *DIE PSYCHISCHEN STÖRUNGEN DER MÄNNLICHEN POTENZ* von *Dr. MAXIM. STEINER*, Verlag Franz Deuticke, Leipzig und Wien 1913.

Der Autor dieser kleinen Monographie, welche die Pathologie und Therapie der psychischen Impotenz des Mannes behandelt, gehört zu jener kleinen Schar von Ärzten, welche frühzeitig die Bedeutung der Psychoanalyse für ihr Spezialfach erkannt und seitdem nicht aufgehört haben, sich in deren Theorie und Technik zu vervollkommnen. Wir wissen ja, daß nur ein kleiner Anteil der neurotischen Leiden — welche wir jetzt als Folgen von Störung der Sexualfunktion erkannt haben — in der Neuropathologie selbst abgehandelt wird. Der größere Teil derselben fällt unter die Erkrankungen des betreffenden Organs, welches von der neurotischen Störung heimgesucht wird. Es ist nur zweckmäßig und billig, wenn auch die Behandlung dieser Symptome oder Syndrome die Sache des Spezialarztes wird, welcher allein die Differentialdiagnose gegen eine organische Affektion stellen, bei Mischformen den Anteil des organischen Elements von dem des neurotischen abgrenzen und im allgemeinen Aufschluß über die gegenseitige Förderung von beiderlei Krankheitsfaktoren geben kann. Sollen aber die „nervösen" Organkrankheiten nicht als ein Anhang zu den materiellen Erkrankungen derselben Organe einer Vernachlässigung anheimfallen, welche sie bei ihrer Häufigkeit und praktischen Bedeutsamkeit keineswegs verdienen, so muß der Spezialist, sei er Magen-, Herz- oder Urogenitalarzt, außer seinen allgemeinen ärztlichen und seinen Spezialkenntnissen auch die Gesichtspunkte, Einsichten und Techniken des Nervenarztes für sein Gebiet verwerten können.

Es wird einen großen therapeutischen Fortschritt bedeuten, wenn der Spezialarzt den mit einem nervösen Organleiden Behafteten nicht mehr mit dem Bescheid entlassen wird: „Ihnen fehlt nichts; es ist bloß nervös." Oder mit der nicht viel besseren Fortsetzung: „Gehen Sie zum Nervenarzt, er wird Ihnen eine leichte Kaltwasserkur verordnen." Man wird gewiß auch eher vom Organspezialisten verlangen dürfen, daß er die nervösen Störungen seines Gebietes verstehe und behandeln könne, als vom Nervenarzt, daß er sich zum Universalspezialisten für alle Organe ausbilde, an denen die Neurosen Symptome machen. Demnach ist vorauszusehen, daß nur die Neurosen mit wesentlich psychischen Symptomen die Domäne des Nervenarztes bleiben werden.

Die Zeit ist dann hoffentlich nicht ferne, in welcher die Einsicht allgemein wird, daß man keinerlei nervöse Störung verstehen und behandeln kann, wenn man nicht die Gesichtspunkte, oft auch die Technik der Psychoanalyse zu Hilfe nimmt. Diese Behauptung mag heute wie eine anmaßende Übertreibung klingen; ich getraue mich vorherzusagen, daß sie dazu bestimmt ist, ein Gemeinplatz zu werden. Es wird aber ein bleibendes Verdienst des Autors dieser Schrift sein, daß er diese Zeit nicht abgewartet hat, um die Psychoanalyse in die Therapie der nervösen Leiden seines Spezialgebietes einzulassen.

GELEITWORT

*zu DER UNRAT IN SITTE, BRAUCH, GLAUBEN UND GE-
WOHNHEITSRECHT DER VÖLKER von JOHN GREGORY
BOURKE, verdeutscht und neubearbeitet von Friedrich S. Krauß und H. Ihm
(Beiwerke zum Studium der Anthropophyteia, VI. Band). Ethnologischer Verlag,
Leipzig 1913.*

Als ich im Jahre 1885 als Schüler Charcots in Paris weilte, zogen mich neben den Vorlesungen des Meisters die Demonstrationen und Reden Brouardels am stärksten an, der uns an dem Leichenmaterial der Morgue zu zeigen pflegte, wieviel es Wissenswertes für den Arzt gäbe, wovon doch die Wissenschaft keine Notiz zu nehmen beliebte. Als er einmal die Kennzeichen erörterte, aus denen man Stand, Charakter und Herkunft des namenlosen Leichnams erraten könne, hörte ich ihn sagen: „*Les genous sales sont le signe d'une fille honnête.*" Er ließ die schmutzigen Kniee Zeugnis ablegen für die Tugend des Mädchens!

Die Mitteilung, daß körperliche Reinlichkeit sich weit eher mit der Sünde als mit der Tugend vergesellschafte, beschäftigte mich oftmals später, als ich durch psychoanalytische Arbeit Einsicht in die Art gewann, wie sich die Kulturmenschen heute mit dem Problem ihrer Leiblichkeit auseinandersetzen. Sie werden offenbar durch alles geniert, was allzu deutlich an die tierische Natur des Menschen mahnt. Sie wollen es den „vollendeteren Engeln" gleichtun, die in der letzten Szene des Faust klagen:

> „Uns bleibt ein Erdenrest
> zu tragen peinlich,
> und wär' er von Asbest,
> er ist nicht reinlich."

Da sie aber von solcher Vollendung weit entfernt bleiben müssen, haben sie den Ausweg gewählt, diesen unbequemen Erdenrest möglichst zu verleugnen, ihn vor einander zu verbergen, obwohl ihn jeder vom anderen kennt, und ihm die Aufmerksamkeit und Pflege zu entziehen, auf welche er als integrierender Bestandteil ihres Wesens ein Anrecht hätte. Es wäre gewiß vorteilhafter gewesen, sich zu ihm zu bekennen und ihm so viel Veredlung angedeihen zu lassen, als seine Natur gestattet.

Es ist gar nicht einfach zu übersehen oder darzustellen, welche Folgen für die Kultur diese Behandlung des „peinlichen Erdenrestes" mit sich gebracht hat, als dessen Kern man die sexuellen und die exkrementellen Funktionen bezeichnen darf. Heben wir nur die eine Folge hervor, die uns hier am nächsten angeht, daß es der Wissenschaft versagt worden ist, sich mit diesen verpönten Seiten des Menschenlebens zu beschäftigen, so daß derjenige, welcher diese Dinge studiert, als kaum weniger „unanständig" gilt, wie wer das Unanständige wirklich tut.

Immerhin, Psychoanalyse und Folkloristik haben sich nicht abhalten lassen, auch diese Verbote zu übertreten, und haben uns dann allerlei lehren können, was für die Kenntnis des Menschen unentbehrlich ist. Beschränken wir uns hier auf die Ermittlungen über das Exkrementelle, so können wir als Hauptergebnis der psychoanalytischen Untersuchungen mitteilen, daß das Menschenkind genötigt ist, während seiner ersten Entwicklung jene Wandlungen im Verhältnis des Menschen zum Exkrementellen zu wiederholen, welche wahrscheinlich mit der Abhebung des Homo sapiens von der Mutter Erde ihren Anfang genommen haben. In frühesten Kindheitjahren ist von einem Schämen wegen der exkrementellen Funktionen, von einem Ekel vor den Exkrementen noch keine Spur. Das kleine Kind bringt diesen wie anderen Sekretionen seines Körpers ein großes Interesse entgegen, beschäftigt sich gerne mit ihnen und weiß aus diesen Beschäftigungen mannigfaltige Lust zu ziehen. Als Teile seines Körpers und als Leistungen seines Organismus haben die Exkremente Anteil an der — von uns narzißtisch genannten — Hochschätzung, mit der das Kind alles zu seiner Person gehörige bedenkt. Das Kind ist etwa stolz auf seine Ausscheidungen, verwendet sie im Dienste seiner Selbstbehauptung gegen die Erwachsenen. Unter dem Einfluß der Erziehung verfallen die koprophilen Triebe und Neigungen des Kindes allmählich der Verdrängung; das Kind lernt sie geheimhalten, sich ihrer schämen und vor den Objekten derselben Ekel empfinden. Der Ekel geht aber, streng genommen, nie so weit, daß er die eigenen Ausscheidungen träfe, er begnügt sich mit der Verwerfung dieser Produkte, wenn sie von anderen stammen. Das Interesse, das bisher den Exkrementen galt, wird auf andere Objekte übergeleitet, z. B. vom Kot aufs Geld, welches dem Kind ja erst spät bedeutungsvoll wird. Aus der Verdrängung der koprophilen Neigungen entwickeln sich — oder verstärken sich — wichtige Beiträge zur Charakterbildung.

Die Psychoanalyse fügt noch hinzu, daß das exkrementelle Interesse beim Kinde anfänglich von den sexuellen Interessen nicht getrennt ist; die Scheidung zwischen den beiden tritt erst später auf, aber sie bleibt nur unvollkommen; die ursprüngliche, durch die Anatomie des menschlichen Körpers festgelegte Gemeinschaft schlägt noch beim normalen Erwachsenen in vielen Stücken durch. Endlich darf nicht vergessen werden, daß diese Entwicklungen ebensowenig wie irgendwelche andere ein tadelloses Ergebnis liefern können; ein Stück der alten Vorliebe bleibt erhalten, ein Anteil der koprophilen Neigungen zeigt sich auch im späteren Leben wirksam und äußert sich in den Neurosen, Perversionen, Unarten, Gewohnheiten der Erwachsenen.

Die Folkloristik hat ganz andere Wege der Forschung eingeschlagen und doch dieselben Resultate wie die psychoanalytische Arbeit erreicht. Sie zeigt uns, wie unvollkommen die Verdrängung der koprophilen Neigungen bei verschiedenen Völkern und zu verschiedenen Zeiten ausgefallen ist, wie sehr sich die Behandlung der exkrementellen Stoffe auf anderen Kulturstufen der infantilen Weise annähert. Sie beweist uns aber auch die Fortdauer der primitiven, wahrhaft unausrottbaren, koprophilen Interessen, indem sie zu unserem Erstaunen vor uns ausbreitet, in welcher Fülle von Verwendungen in Zauberbrauch, Volkssitte, Kulthandlung und Heilkunst die einstige Hochschätzung der menschlichen Ausscheidungen sich neuen Ausdruck geschaffen hat. Auch die Beziehung dieses Gebietes zum Sexualleben scheint durchweg erhalten zu sein. Mit dieser Förderung unserer Einsichten ist eine Gefährdung unserer Sittlichkeit offenbar nicht verbunden.

Das meiste und beste, was wir über die Rolle der Ausscheidungen im Leben der Menschen wissen, ist in dem Buche von J. G. Bourke „Scatologic Rites of all Nations" zusammengetragen. Es ist daher nicht nur ein mutiges, sondern auch ein verdienstvolles Unternehmen, dieses Werk den deutschen Lesern zugänglich zu machen.

BRIEF

vom 27. April 1915 an Frau Dr. HERMINE VON HUG-HELLMUTH, abgedruckt in ihrem Geleitwort zu dem von ihr herausgegebenen TAGE-BUCH EINES HALBWÜCHSIGEN MÄDCHENS (Quellenschriften zur seelischen Entwicklung, Nr. I). Internationaler Psychoanalytischer Verlag, Leipzig - Wien - Zürich 1919 (2. Aufl. 1921, 3. Aufl. 1922).

Das Tagebuch ist ein kleines Juwel. Wirklich, ich glaube, noch niemals hat man in solcher Klarheit und Wahrhaftigkeit in die Seelenregungen hineinblicken können, welche die Entwicklung des Mädchens unserer Gesellschafts- und Kulturstufe in den Jahren der Vorpubertät kennzeichnen. Wie die Gefühle aus dem kindlich Egoistischen hervorwachsen, bis sie die soziale Reife erreichen, wie die Beziehungen zu Eltern und Geschwistern zuerst aussehen, und dann allmählich an Ernst und Innigkeit gewinnen, wie Freundschaften angesponnen und verlassen werden, die Zärtlichkeit nach ihren ersten Objekten tastet, und vor allem, wie das Geheimnis des Geschlechtslebens erst verschwommen auftaucht, um dann von der kindlichen Seele ganz Besitz zu nehmen, wie dieses Kind unter dem Bewußtsein seines geheimen Wissens Schaden leidet und ihn allmählich überwindet, das ist so reizend, natürlich und so ernsthaft in diesen kunstlosen Aufzeichnungen zum Ausdruck gekommen, daß es Erziehern und Psychologen das höchste Interesse einflößen muß.

... Ich meine, Sie sind verpflichtet, das Tagebuch der Öffentlichkeit zu übergeben. Meine Leser werden Ihnen dafür dankbar sein ...

BIBLIOGRAPHISCHE ANMERKUNG

MÄRCHENSTOFFE IN TRÄUMEN

In deutscher Sprache:
1913 In „Internationale Zeitschrift für ärztliche Psychoanalyse", Band I.
1918 In „Sammlung kleiner Schriften zur Neurosenlehre", IV. Folge, Verlag Hugo Heller, Leipzig, Wien.
1922 Zweite Auflage, Int. Psychoanalytischer Verlag, Leipzig, Wien, Zürich.
1925 In „Gesammelte Schriften", Band III, im gleichen Verlag.
1931 In „Schriften zur Sexualtheorie und Traumlehre", Kleinoktavausgabe, im gleichen Verlag.

In englischer Sprache:
1925 Übersetzt von James Strachey, in „Collected Papers", Vol. IV, The International Psycho-Analytical Library, No. 10, The Hogarth Press, London.

In japanischer Sprache:
1931 Übersetzt von Kenyi, Shunyodo Ausgabe, Tokio.
1937 Zweite Auflage.
1932 Übersetzt von Jsmika Shioji, in der Ars-Ausgabe, Tokio.

EIN TRAUM ALS BEWEISMITTEL

In deutscher Sprache:
1913 In „Internationale Zeitschrift für ärztliche Psychoanalyse", Band I.
1918 In „Sammlung kleiner Schriften zur Neurosenlehre", IV. Folge, Verlag Hugo Heller, Leipzig, Wien.
1922 Zweite Auflage, Internationaler Psychoanalytischer Verlag, Leipzig, Wien, Zürich.
1925 In „Gesammelte Schriften", Band III, im gleichen Verlag.
1931 In „Kleine Schriften zur Sexualtheorie und Traumlehre", Kleinoktavausgabe, im gleichen Verlag.

In englischer Sprache:
1924 Übersetzt von Edward Glover, in „Collected Papers", Vol. II, The International Psycho-Analytical Library, No. 8, The Hogarth Press, London.

DAS MOTIV DER KÄSTCHENWAHL

In deutscher Sprache:
1913 In „Imago", Band II.
1918 In „Sammlung kleiner Schriften zur Neurosenlehre", IV. Folge, Verlag Hugo Heller, Leipzig, Wien.
1922 Zweite Auflage, Internationaler Psychoanalytischer Verlag, Leipzig, Wien, Zürich.
1924 In „Gesammelte Schriften", Band X, im gleichen Verlag.

In englischer Sprache:

1925 Übersetzt von C. J. M. Hubback, in „Collected Papers", Vol. IV, The International Psycho-Analytical Library, No. 10, The Hogarth Press, London.

In französischer Sprache:

1927 In „Revue française de Psychanalyse", Band I, Paris.

In japanischer Sprache:

1931 Übersetzt von K. Ohtski, Shunyoto Ausgabe, Tokio.
1937 Zweite Auflage.
1933 Übersetzt von Sinodo Hideo und Hamano Osaci, in der Ars Ausgabe, Tokio.

ERFAHRUNGEN UND BEISPIELE AUS DER PYSCHOANALYTISCHEN PRAXIS

In deutscher Sprache:

1913 In „Internationale Zeitschrift für ärztliche Psychoanalyse", Band I.
1928 In „Gesammelte Schriften", Band XI, Internationaler Psychoanalytischer Verlag, Leipzig, Wien, Zürich.
1931 In „Schriften zur Neurosenlehre", Kleinoktavausgabe, im gleichen Verlag.

ZUR GESCHICHTE DER PYSCHOANALYTISCHEN BEWEGUNG

In deutscher Sprache:

1914 In „Jahrbuch für psychoanalytische und psychopathologische Forschungen", Band VI, Verlag Franz Deuticke, Leipzig und Wien.
1918 In „Kleine Schriften zur Neurosenlehre", IV. Folge, Verlag Hugo Heller & Co., Leipzig und Wien.
1922 Zweite Auflage, Internationaler Psychoanalytischer Verlag, Leipzig, Wien, Zürich.
1924 In „Gesammelte Schriften", Band IV, im gleichen Verlag.

In englischer Sprache:

1916 Übersetzt von A. A. Brill, Mental and Nervous Disease Monograph Series, No. 25, New York.
1924 Übersetzt von Joan Riviere in „Collected Papers", Vol. I, The International Psycho-Analytical Library, No. 7, The Hogarth Press, London.
1938 Übersetzt von A. A. Brill in „The Basic Writings of Freud", Modern Library, New York.

In japanischer Sprache:

1931 Übersetzt von K. Ohtski, Band X, Shunyodo Ausgabe, Tokio.

In spanischer Sprache:

1928 Übersetzt von Luis Lopez Ballesteros y de Torres, in „Obras Completas", Band XII, Biblioteca Nueva, Madrid.

In ungarischer Sprache:
1936   Übersetzt von G. Dukes, Verlag Pantheon, Budapest.

ÜBER FAUSSE RECONNAISSANCE (DÉJÀ RACONTE) WÄHREND DER PYSCHOANALYTISCHEN ARBEIT

In deutscher Sprache:
1914   In „Zeitschrift für Psychoanalyse", Band II.
1918   In „Sammlung kleiner Schriften zur Neurosenlehre", IV. Folge, Verlag Hugo Heller, Leipzig und Wien.
1922   Zweite Auflage, im Internationalen Psychoanalytischen Verlag, Leipzig, Wien, Zürich.
1925   In „Gesammelte Schriften", Band VI, im gleichen Verlag.
1931   In „Schriften zur Neurosenlehre", Kleinoktavausgabe, im gleichen Verlag.

In englischer Sprache:
1924   Übersetzt von James Strachey, in „Collected Papers", Vol. II, The International Psycho-Analytical Library, No. 8, The Hogarth Press, London.

In japanischer Sprache:
1932   Übersetzt von K. Ohtski, Shunyodo Ausgabe, Tokio.
1936   Zweite Auflage, im gleichen Verlag.

In russischer Sprache:
—   Übersetzt von M. Wulff, im Sammelband Methodik, Staatsverlag, Moskau.

In spanischer Sprache:
1930   Übersetzt von Luis Lopez Ballesteros y de Torres, in „Obras Completas", Band XIV, Biblioteca Nueva, Madrid.

ERINNERN, WIEDERHOLEN UND DURCHARBEITEN

In deutscher Sprache:
1914   In „Zeitschrift für Psychoanalyse", Band II.
1918   In „Sammlung kleiner Schriften zur Neurosenlehre", IV. Folge, Verlag Hugo Heller, Leipzig und Wien.
1922   Zweite Auflage im Internationalen Psychoanalytischen Verlag, Leipzig, Wien, Zürich.
1925   In „Gesammelte Schriften", Band VI, im gleichen Verlag.
1931   In „Schriften zur Neurosenlehre", Kleinoktavausgabe, im gleichen Verlag.

In englischer Sprache:
1924   Übersetzt von Joan Riviere, in „Collected Papers", Vol. II, The International Psycho-Analytical Library, No. 8, The Hogarth Press, London.

In japanischer Sprache:
1932   Übersetzt von K. Ohtski, Shunyoto Ausgabe, Tokio.
1936   Zweite Ausflage, im gleichen Verlag.

In russischer Sprache:

— Übersetzt von M. Wulff, im Sammelband „Methodik", Staatsverlag, Moskau.

In spanischer Sprache:

1930 Übersetzt von Luis Lopez Ballesteros y de Torres, „Obras Completas", Band XIV, Biblioteca Nueva, Madrid.

ZUR EINFÜHRUNG DES NARZISSMUS

In deutscher Sprache:

1914 Im „Jahrbuch für psychoanalytische und psychopathologische Forschungen", Band VI, Verlag Franz Deuticke, Leipzig, Wien.
1918 In „Sammlung kleiner Schriften zur Neurosenlehre", IV. Folge, Verlag Hugo Heller, Leipzig und Wien.
1922 Zweite Auflage, Internationaler Psychoanalytischer Verlag, Leipzig, Wien, Zürich.
1925 In „Gesammelte Schriften", Band VI, im gleichen Verlag.
1931 In „Theoretische Schriften", Kleinoktavausgabe, im gleichen Verlag.

In englischer Sprache:

1925 Übersetzt von Cecil Baines, „Collected Papers", Vol. IV, The International Psycho-Analytical Library, No. 10, The Hogarth Press, London.

In japanischer Sprache:

1932 Übersetzt von K. Ohtski, Shunyoto Ausgabe, Tokio.
1938 Vierte Auflage, im gleichen Verlag.

In russischer Sprache:

— Übersetzt von M. Wulff, im Sammelband „Psychologie der Sexualität", Staatsverlag, Moskau.

In spanischer Sprache:

1927 Übersetzt von Luis Lopez Ballesteros y de Torres, in Obras Completas, Band XIV, Biblioteca Nueva, Madrid.

DER MOSES DES MICHELANGELO

In deutscher Sprache:

1914 In „Imago", Band III.
1924 In „Gesammelte Schriften", Band X, Internationaler Psychoanalytischer, Verlag, Leipzig, Wien, Zürich.

In englischer Sprache:

1925 Übersetzt von Alex Strachey, in „Collected Papers", Vol. IV, The International Psycho-Analytical Library, No. 10, The Hogarth Press, London.

In französischer Sprache:

1927 In „Revue française de Psychanalyse", Band I, Paris.

In japanischer Sprache:
1931 Übersetzt von K. Ohtski, Shunyoto Ausgabe, Tokio.
1937 Zweite Auflage, im gleichen Verlag.
1933 Übersetzt von Sinoda Hideo und Hamano Osamn, Ars-Ausgabe, Tokio.

ZUR PYSCHOLOGIE DES GYMNASIASTEN

1914 Erschien im Oktober 1914, in der Festschrift, die das „K.k. Erzherzog-Rainer-Realgymnasium" in Wien (ehemals „Leopoldstädter Kommunalreal-und Obergymnasium") anlässlich der Vollendung des 50. Jahres seines Bestehens veröffentlichte. (Der Verfasser war Schüler der genannten Ansalt gewesen.)
1928 In „Gesammelte Schriften", Band XI, Internationaler Psychoanalytischer Verlag, Leipzig, Wien, Zürich.

TRIEBE UND TRIEBSCHICKSALE

In deutscher Sprache:
1915 In „Zeitschrift für Psychoanalyse", Band II.
1918 In „Kleine Schriften zur Neurosenlehre", IV. Folge, Verlag Hugo Heller & Co., Leipzig, Wien.
1922 Zweite Auflage, Internationaler Psychoanalytischer Verlag, Leipzig, Wien, Zürich.
1924 In „Gesammelte Schriften", Band V, im gleichen Verlag.
1931 In „Theoretische Schriften", Kleinoktavausgabe, im gleichen Verlag.

In englischer Sprache:
1925 Übersetzt von C. M. Baines, in „Collected Papers", Vol. IV, The International Psycho-Analytical Library, No. 10, The Hogarth Press, London.

In französischer Sprache:
1936 In „Revue française de Psychanalyse", Band IX, Paris.

In japanischer Sprache:
1932 Übersetzt von Hagasi Takassi, Ars-Ausgabe, Tokio.

In russischer Sprache:
— Übersetzt von M. Wulff, im Sammelband „Psychologische Theorien", Staatsverlag, Moskau.

In spanischer Sprache:
1924 Übersetzt von Luis Lopez Ballesteros y de Torres, in Obras Completas Band IX, Biblioteca Nueva, Madrid.

MITTEILUNGEN EINES DER PYSCHOANALYTISCHEN THEORIE WIDERSPRECHENDEN FALLES VON PARANOIA

In deutscher Sprache:
1915 In „Zeitschrift für Psychoanalyse", Band III.
1918 In „Sammlung kleiner Schriften zur Neurosenlehre", IV. Folge, Verlag Hugo Heller & Co., Leipzig, Wien.

1922 Zweite Auflage, im Internationalen Psychoanalytischen Verlag, Leipzig, Wien, Zürich.
1925 In „Gesammelte Schriften", Band V, im gleichen Verlag.
1931 In „Schriften zur Neurosenlehre", Kleinoktavausgabe, im gleichen Verlag.

In englischer Sprache:
1924 Übersetzt von Edward Glover, in „Collected Papers", Vol. II, The International Psycho-Analytical Library, No. 8, The Hogarth Press, London.

In französischer Sprache:
1935 In „Revue française de Psychanalyse", Vol. VIII, Paris.

In japanischer Sprache:
1933 Übersetzt von Konuma Tosuko, Ars-Ausgabe, Tokio.

In spanischer Sprache:
1929 Übersetzt von Luis Lopez Ballesteros y de Torres, in Obras Completas, Band XIII, Biblioteca Nueva, Madrid.

DIE VERDRÄNGUNG

In deutscher Sprache:
1915 In „Zeitschrift für Psychoanalyse", Band III.
1918 In „Sammlung kleiner Schriften zur Neurosenlehre", IV. Folge, Verlag Hugo Heller & Co., Leipzig, Wien.
1922 Zweite Auflage, im Internationalen Psychoanalytischen Verlag, Leipzig, Wien, Zürich.
1924 In „Gesammelte Schriften", Band V, im gleichen Verlag.
1931 In „Theoretische Schriften", Kleinoktavausgabe, im gleichen Verlag.

In englischer Sprache:
1925 Übersetzt von Cecil M. Baines, in „Collected Papers", Vol. IV, The International Psycho-Analytical Library, No. 10, The Hogarth Press, London.

In französischer Sprache:
1936 In „Revue française de Psychanalyse", Band IX, Paris.

In japanischer Sprache:
1932 Übersetzt von Hajasi Takasi, Ars-Ausgabe, Tokio.

In russischer Sprache:
— Übersetzt von M. Wulff, im Sammelband „Psychologische Theorien", Staatsverlag, Moskau.

In spanischer Sprache:
1924 Übersetzt von Luis Lopez Ballesteros y de Torres, in Obras Completas, Band IX, Biblioteca Nueva, Madrid.

Das Unbewusste

In deutscher Sprache:
1915 In „Zeitschrift für Psychoanalyse", Band III.
1918 In „Sammlung kleiner Schriften zur Neurosenlehre", IV. Folge, Verlag Hugo Heller & Co., Leipzig, Wien.
1922 Zweite Auflage, im Internationalen Psychoanalytischen Verlag, Leipzig, Wien, Zürich.
1924 In „Gesammelte Schriften", Band V, im gleichen Verlag.
1931 In „Theoretische Schriften", Kleinoktavausgabe, im gleichen Verlag.

In englischer Sprache:
1925 Übersetzt von Cecil M. Baines, in „Collected Papers", Vol. IV, The International Psycho-Analytical Library, No. 10, The Hogarth Press, London.

In dänischer Sprache:
1934 Übersetzt von Otto Gelsted.

Bemerkungen über die Übertragungsliebe

In deutscher Sprache:
1915 Unter dem Obertitel „Weitere Ratschläge zur Technik der Psychoanalyse", Zeitschrift für Psychoanalyse, Band III.
1918 In „Sammlung kleiner Schriften zur Neurosenlehre", IV. Folge, Verlag Hugo Heller & Co., Wien.
1922 Zweite Auflage, im Internationalen Psychoanalytischen Verlag, Leipzig, Wien, Zürich.
1925 In „Gesammelte Schriften", Band VI, im gleichen Verlag.
1931 In „Schriften zur Neurosenlehre", Kleinoktavausgabe, im gleichen Verlag.

In englischer Sprache:
1924 Übersetzt von Joan Riviere, in „Collected Papers", Vol. II, The International Psycho-Analytical Library, No. 8, The Hogarth Press, London.

In japanischer Sprache:
1932 Übersetzt von Kenji Ohtsuki, Shunyodo Ausgabe, Tokio.
1926 Zweite Auflage, im gleichen Verlag.

In russischer Sprache:
— Übersetzt von M. Wulff, im Sammelband „Methodik", Staatsverlag, Moskau.

In spanischer Sprache:
1930 Übersetzt von Luis Lopez Ballesteros y de Torres, in Obras Completas, Band XIV, Biblioteca, Nueva, Madrid.

ZEITGEMÄSSES ÜBER KRIEG UND TOD

In deutscher Sprache:
1915 In „Imago", Band IV.
1918 In „Sammlung kleiner Schriften zur Neurosenlehre", IV. Folge, Verlag Hugo Heller & Co., Leipzig, Wien.
1922 Zweite Auflage, Internationaler Psychoanalytischer Verlag, Leipzig, Wien, Zürich.
1924 In „Gesammelte Schriften", Band X, im gleichen Verlag.

In englischer Sprache:
1918 Übersetzt von A. A. Brill und Kuttner, Moffard, Yard & Co., New York.
1925 Übersetzt von E. Colburn Mayne, in „Collected Papers", Vol. IV, The International Psycho-Analytical Library, No. 10, The Hogarth Press, London.

In holländischer Sprache:
1917 Übersetzt von Jan van Emden, Leyden.

In japanischer Sprache:
1932 Übersetzt von Jsinaka Shioji, Ars-Ausgabe, Tokio.

VERGÄNGLICHKEIT

In deutscher Sprache:
1915 Diese Skizze wurde im November 1915 geschrieben auf Aufforderung des Berliner Goethebundes für das von ihm herausgegebene Gedenkbuch „Das Land Goethes", das 1916 bei der Deutschen Verlagsanstalt in Stuttgart erschien.
1928 In „Gesammelte Schriften", Band XI, Internationaler Psychoanalytischer Verlag, Leipzig, Wien, Zürich.

EINIGE CHARAKTERTYPEN AUS DER PYSCHOANALYTISCHEN ARBEIT

In deutscher Sprache:
1915 In „Imago", Band IV.
1918 In „Sammlung kleiner Schriften zur Neurosenlehre", IV. Folge, Verlag Hugo Heller & Co., Leipzig und Wien.
1922 Zweite Auflage im Internationalen Psychoanalytischen Verlag, Leipzig, Wien, Zürich.
1924 In „Gesammelte Schriften", Band X, im gleichen Verlag.

In englischer Sprache:
1925 Übersetzt von E. Colburn Mayne, in „Collected Papers", Vol. VI, The International Psycho-Analytical Library, No. 10, The Hogarth Press, London.

In russischer Sprache:
1925 Übersetzt von Bjelousov, in Sammelband „Psychoanalytische Charakterlehre", Staatsverlag, Moskau.

In japanischer Sprache:
1933 Übersetzt von Sinoda Hideo und Hamano Osana, Ars-Ausgabe, Tokio.

EINE BEZIEHUNG ZWISCHEN EINEM SYMBOL UND EINEM SYMPTOM
In deutscher Sprache:
1916 In „Zeitschrift für Psychoanalyse", Band IV.
1918 In „Sammlung kleiner Schriften zur Neurosenlehre", IV. Folge, Verlag Hugo Heller & Co., Leipzig und Wien.
1922 Zweite Auflage, im Internationalen Psychoanalytischen Verlag, Leipzig, Wien, Zürich.
1924 In „Gesammelte Schriften", Band V, im gleichen Verlag.
1931 In „Schriften zur Neurosenlehre", Kleinoktavausgabe, im gleichen Verlag.

In englischer Sprache:
1924 Übersetzt von Douglas Bryan, in „Collected Papers", Vol. II, The International Psycho-Analytical Library, No. 8, The Hogarth Press, London.

In französischer Sprache:
1935 Übersetzt von Paul Jury, in „Revue française de Psychanalyse", Band VIII, Paris.

In spanischer Sprache:
1929 Übersetzt von Luis Lopez Ballesteros y de Torres, in Obras Completas, Band XIII, Biblioteca Nueva, Madrid.

MYTHOLOGISCHE PARALLELE ZU EINER PLASTISCHEN ZWANGSVORSTELLUNG
In deutscher Sprache:
1916 In „Zeitschrift für Psychoanalyse", Band IV.
1918 In „Sammlung kleiner Schriften zur Neurosenlehre", IV. Folge, Verlag Hugo Heller & Co., Leipzig und Wien.
1922 Zweite Auflage, im Internationalen Psychoanalytischen Verlag, Leipzig, Wien, Zürich.
1924 In „Gesammelte Schriften", Band X, im gleichen Verlag.

ÜBER TRIEBUMSETZUNG INSBESONDERE DER ANALEROTIK
In deutscher Sprache:
1916 In „Zeitschrift für Psychoanalyse", Band IV.
1918 In „Sammlung kleiner Schriften zur Neurosenlehre", IV. Folge, Verlag Hugo Heller & Co., Leipzig und Wien.
1922 Zweite Auflage, im Internationalen Psychoanalytischen Verlag, Leipzig, Wien, Zürich.
1924 In „Gesammelte Schriften", Band V, im gleichen Verlag.
1931 In „Kleine Schriften zur Sexualtheorie und Traumlehre", Kleinoktavausgabe, im gleichen Verlag.

In englischer Sprache:

1924 Übersetzt von Edward Glover, in „Collected Papers", Vol. II, The International Psycho-Analytical Library, No. 8, The Hogarth Press, London.

In französischer Sprache:

1928 Übersetzt von Ed. Pichon und H. Hoesli, in Revue française de Psychanalyse, Paris.

In japanischer Sprache:

1933 Übersetzt von Konuma Tosuo, Ars-Ausgabe, Tokio.

In russischer Sprache:

— Im Sammelband „Psychologische Theorien", Staatsverlag, Moskau.

In spanischer Sprache:

1922 Übersetzt von Luis Lopez Ballesteros y de Torres, in Obras Completas, Band IX, Biblioteca Nueva, Madrid.

METAPSYCHOLOGISCHE ERGÄNGZUNG ZUR TRAUMLEHRE

In deutscher Sprache:

1916 In „Zeitschrift für Psychoanalyse", Band IV.
1918 In „Sammlung kleiner Schriften zur Neurosenlehre", IV. Folge, Verlag Hugo Heller & Co., Leipzig und Wien.
1922 Zweite Auflage, im Internationalen Psychoanalytischen Verlag, Leipzig, Wien, Zürich.
1924 In „Gesammelte Schriften", Band V, im gleichen Verlag.
1931 In „Theoretische Schriften", Kleinoktavausgabe, im gleichen Verlag.

In englischer Sprache:

1925 Übersetzt von Cecil M. Baines, in „Collected Papers", Vol. IV, The International Psycho-Analytical Library, No. 10, The Hogarth Press, London.

In französischer Sprache:

1936 Übersetzt von Marie Bonaparte und Anna Bernau, in Revue française de Psychanalyse, Band IX, Paris.

In japanischer Sprache:

1932 Übersetzt von Hayasi Takasi, Ars-Ausgabe, Tokio.

In russischer Sprache:

— Im Sammelband „Psychologische Theorien", Staatsverlag, Moskau.

In spanischer Sprache:

1922 Übersetzt von Luis Lopez Ballesteros y de Torres, in Obras Completas, Band IX, Biblioteca Nueva, Madrid.

TRAUER UND MELANCHOLIE

In deutscher Sprache:
1916 In „Zeitschrift für Psychoanalyse", Band IV.
1918 In „Sammlung kleiner Schriften zur Neurosenlehre", IV. Folge, Verlag Hugo Heller & Co., Leipzig und Wien.
1922 Zweite Auflage im Internationalen Psychoanalytischen Verlag, Leipzig, Wien, Zürich.
1924 In „Gesammelte Schriften", Band V, im gleichen Verlag.
1931 In „Theoretische Schriften", Kleinoktavausgabe, im gleichen Verlag.

In englischer Sprache:
1925 Übersetzt von Joan Riviere, in „Collected Papers", Vol. IV, The International Psycho-Analytical Library, No. 10, The Hogarth Press, London.

In französischer Sprache:
1936 Übersetzt von Marie Bonaparte und Anna Bernau, in Revue française de Psychanalyse, Band IX, Paris.

In japanischer Sprache:
1932 Übersetzt von Hayasi Takasi, Ars-Ausgabe, Tokio.

In russischer Sprache:
— Im Sammelband „Psychologische Theorien", Staatsverlag, Moskau.

In spanischer Sprache:
1922 Übersetzt von Luis Lopez Ballesteros y de Torres, in Obras Completas, Band IX, Biblioteca Nueva, Madrid.

GELEITWORT ZU DIE PSYCHANALYTISCHE METHODE, VON DR. OSKAR PFISTER

In deutscher Sprache:
1913 Als Band I der Reihe „Pädagogium", herausgegeben von Prof. Dr. Oskar Messmer, Verlag Julius Klinkhardt, Leipzig.
1921 Zweite, unveränderte Auflage, im gleichen Verlag.
1924 Dritte, veränderte Auflage, im gleichen Verlag.
1928 In „Gesammelte Schriften", Band XI, Internationaler Psychoanalytischer Verlag, Leipzig, Wien, Zürich.
1931 In „Schriften zur Neurosenlehre" Kleinoktavausgabe, im gleichen Verlag.

In englischer Sprache:
1917 Im Verlag Moffat, Yard and Co., New York, und Kegan Paul, London.

VORWORT ZU DIE PSYCHISCHEN STÖRUNGEN DER MÄNNLICHEN POTENZ
VON DR. MAXIM STEINER

In deutscher Sprache:

1913 Verlag Franz Deuticke, Leipzig und Wien.
1917 Zweite Auflage, im gleichen Verlag.
1926 Dritte Auflage, im gleichen Verlag.
1928 In „Gesammelte Schriften", Band XI, Internationaler Psychoanalytischer Verlag, Leipzig, Wien, Zürich.

GELEITWORT ZU „DER UNRAT IN SITTE, BRAUCH, GLAUBEN, UND GEWOHNHEITSRECHT DER VÖLKER"
VON JOHN GREGORY BOURKE

In deutscher Sprache:

1913 In der Serie „Beiwerke zum Studium der Anthropophyteia",VI. Band, Ethnologischer Verlag, Leipzig.
1928 In „Gesammelte Schriften", Band XI, Internationaler Psychoanalytischer Verlag, Leipzig, Wien, Zürich.

BRIEF VOM 27 APRIL, 1915, AN FRAU DR. HERMINE VON HUG-HELMUTH

In deutscher Sprache:

1919 Abgedruckt im Geleitwort zu dem von der Empfängerin herausgegebenen Tagebuch eines Halbwüchsigen Mädchens (Quellenschriften zur seelischen Entwicklung, Nr. 1), Internationaler Psychoanalytischer Verlag, Leipzig, Wien, Zürich.
1928 In „Gesammelte Schriften", Band XI, im gleichen Verlag.

In englischer Sprache:

1921 Übersetzt von Eden & Cedar Paul, Allen & Unwin, London.
1936 Zweite Auflage, im gleichen Verlag.

INDEX

Abfuhr u. Gegenbesetzung 285
Abraham 56, 74, 76, 77, 139, 294, 428, 436
Absperrung u. Vergessen 127
Abstinenz w.d. Kur 313
Abwehr g. Triebe 219
Abwehrlehre-Hypnoidlehre 48
Abwehrmechanismus, Verdrängung als 249
-mechanismen,zeitl. Reihenfolge 250
-versuche auf höherer Stufe 224
Adler Alfred 79, 86, 91ff, 159, 166, 215, 311
Affektbetrag, Definition 255
Affekte-Abfuhrvorgänge 277
Affektentwicklung u. Ubw 286
Affektivität, Aeusserungen d.- 278
Aggression, s. auch Hass
    Quelle d. -i.d. Selbsterhaltung 230
Aggressionstrieb s. auch Bemächtigungsdrang
Agieren, Beispiele v. 129
statt erinnern 129
Aktivität gebunden an Triebe 227
Aktualneurose 150
Alkoholdelirium 425
Allmacht d. Gedanken b. Kinde 140
-sgefühl u. Selbstgefühl 165
Ambivalenz (aktiv-passiv) 224
    d. Einverleibens 231
    Einfluss d. -auf Abwehrform 260
    g. Lehrer 206

Amentia 420, 424
Analerotik, Triebumsetzung d.- 402
Analyse s.a. Selbstanalyse
Analytiker, 3facher Kampf d.- 320
Andreas-Salomé, Lou 409
Angstentwicklung 282
Angst, Hypochondrie u.- 152
--hysterie, Ausfall d. Abfuhr 285
    drei Phasen i.d.- 281ff-283
-i.d.-hysterie 281
-hysterie, Verdrängung i.d. 257
Lebensbedrohung u.- 438
-neurose u. Hypochondrie 150
-signal 282
soziale 330
Traum u.- 277
Triebumsetzung u.- 256
„unbewusste" 276
Ursprung d. sozialen- 169
Anlehnungstypus 154
Anziehung d. Objekts 229
Apparat zur Bewältigung v. Erregungen 152
Aristoteles 426
Aschenputtel 27
Atkinson 346
„Auffressen" als Zärtlichkeit 9
Augenverdreher (Krankenbericht) 296
Ausnahmen, Die 365
Aussenwelt u. Ichentwicklung 228
    im narzisstischen Zustand 227
    u. primitives Ich 227

469

HH

Autoerotismus u. Narzissmus 227
    Objekt verschwindet g. Organ 225
    Verhältnis zum Narzissmus 141
Autoerotische Vorstufe d. Schautriebes 223

Balsac 352
Bauchaufschneiden 8f
Befriedigung u. Bedürfnis 212
Behandlung, fausse reconnaissance a. Ende d.- 123
Belauschungsphantasie s. Phantasie
Bemächtigungsdrang d. anal- sadist. Stufe 231
Benachteiligung, Kongenitale u. infantile 369
Beobachtung, Fundament d. Wissenchaft 142
    -swahn, s. Wahn
Berkeley-Hill 69
Bernheim 47, 448
Besetzung, Entziehung d.- 279
    -senergie, zwei Formen (Breuer) 287 u. Libido 281
Bewusstheit ungeeignet f. Systemunterscheidung 291
Bewusstsein d. Tiere 268
    Fortschritt d. psych. Organisation i. 292
    u. Selbst- 165
    -sspaltung 269
    -swahrnehmung 270
    -werden u. Überbesetzung 292
Binswanger 74
Biologische Grundlage d. Libidolehre 143f
Biologie, Trieblehre u.- 217ff
Bjerre P. 73
Bleuler 65, 67, 81, 85, 224, 297

Bourke, John Gregory 453
Breuer, Josef 44ff, 50, 272, 287
Brill, A. 70f
Brouardel 51, 453
Busch, Wilhelm 148

Charakter, analer 402
    -bildung d. lange Krankheit 367
    -typen, Beispiele v - 364
Charcot 46, 50, 60, 258, 453
Chemische Stoffe u. Sexualität 144
Chrobak 50, 52

Dämonenglaube, Ursprung d. -ns 347
Darm, Ersatz d. Vagina 408
Darwin 85, 346
Deckerinnerungen u. Kindheitsamnesie 128
    Märchen u.- 2
deja vu 118f
Delgado, H. 73
Dementia praecox 294
    Theorie d.- 415
    Traumsymbole in 19
Demeter 399
Demut u. Verliebtheit 166
Denkvorgänge, Dynamik der- 301
Depression, zwangsneurotische 437
Destruktionstrieb s. Trieb
Diskretion d. Analytikers 307
Dora 48
Drakon 351
Dubois 110
Dynamische Auffassung, Begründung d. 272

Egoismus d. Träume 149
    schützt vor Erkrankung 151
Egoisten, kindliche 333
Ehrlich, Paul 218

Einverleibung als Vorstufe d. Liebens
     231
Eitingon 65
Ekel 455
Elektrotherapie 46
Emden, von 72
Empirie u. Theorie 142
Energie 287
  -besetzung, Zunahme u. Annäherung
    a.d. Ubw. 254
Energie, 2 Arten d. psychischen- 141
Erb, W. 46
Erbsünde s. Urschuld
Ererbte psychische Bildungen 294
Erinnern als Ziel d. Technik 133
  v. Gefühlsregungen 128
  v. ubw. Phantasien 128
Erinnerung, latente 266
  -sgefühl, Ausbleiben d.- 129
Erkrankung aus Liebesversagung 151
Eros, s. Liebe
Erogenität, Definition 150
Erregung, Ableitung d.- 152
Ersatzbildung Folge d. Verdrängung
    256
  Trieb u. Affekt 256
Exhibition, Passivität i.d.- 219
  Ableitung d.- 222
Erzieher als Analytiker 450
Erziehung, Nach- 366
  u. Hypnose 448
  u. Therapie 449
  Zwang d.- 333

Falstaff 339
Federn Paul 225
Ferenczi 70, 73, 84, 86, 140, 145, 148,
    228
Fetisch, Rolle d. Verdrängung u.

Fetisch . . .
  Idealisierung i.- 253
Fixierung, frühzeitige 246
  u. psychische Trägheit 246
  d. Triebes 215
  u. Verdrängung 250
Flucht u. Verdrängung 248
Forschungsdrang 347
Fortschritt, Triebe Motoren des -s 213
Frauen als „Ausnahmen" 369
Frazer 350
Freiheit, seelische 320
Fremdenhass 349
Fressen s. Einverleiben
Funktionelles Phänomen 164
Füsse, verschämte 41

Gedächtnis, Entstehung d. subjektiven
    -es 164
  u. Vbw. 288
Gefühle s. a. Affekt
  unbewusste 275ff
Gegenbesetzung 280
  Nachteil g. Abfuhr 285
  i.d. Neurosen 284
  u. Reaktionsbildung 285
  i. Schlaf 416
Geheimnisse des Alkovens 51
Genussteigerung d. Beschränkung 359
Geschenk, Kind als- 406
Genitale, Vergleich d. eregten-s m.
  Organerkrankung 150
Geschichte, Welt-u. Völkermord 354
Gesellschaft u. Erziehung 449
Geständnis im Traum 17
Gewissen u. Misserfolg 389
  u. innere Versagung 372
  Ursprung d-s 162f
Gewissenhaftigkeit, Steigerung i.d.
  Zwangsneurose 259

Gleichnis v. Hundewettrennen 318
v.d. psychischen Urbevölkerung 294
v.d. Rassenmischlingen 289
Grasset 118
Grausamkeit d. Urmenschen 345
Greve G. 69
Grimm 29
Grössenwahn als Heilungsvorgang 152
 u. Objektlibido 140
 Versagung d. 152
Grundregel, Schweigen als Widerstand
 g.d.- 130

Havelock Ellis 69
Hall Stanley 45, 70
Hass s. Aggression
 älter als Liebe 231
 -befriedigung im Töten 349
 Genese d.- 231
 ursprünglicher Sinn d. -ens 228
Halluzination als Korrektur v. Wahrnehmungen 121
 Bedingung d.- 423
 negative 423
 u. Realitätsglauben 421
 u. Traum 420
 v. Stimmen, Ursprung 163
 vom abgeschnittenen Finger 120
Halluzinatorische Wunschbefriedigung 413
Hebbel 60
Heilung durch Liebe 169
 -sversuch i.d. Schizophrenie 302
Heine H. 152, 348
Heldentum, Geheimnis d. -s 350
Heller, Hugo 90
Hemmung d. Abfuhrneigung i. Vbw. 287
 u. Verbrecher 391

Hesnard 72
Heuchler, psychologische Definition d. -s 336
Hilflosigkeit, Folgen d. kindlichen- 227
Hitschmann Eduard 78
Hoche 66, 88
Homosexualität, Schicksal d. -i. Paranoia 163
Homosexuel, Narzissmus d. -en 138
 -le Libido u. Schuldbewusstsein 169
Hug-Hellmuth 78, 456
Humorist, Narzissmus d. -en 155
Hunger u. Verdrängung 249
Hypnoidlehre v. Abwehrlehre 48
Hypnotische Technik, Bedeutung f.d. Psa. 127, 130
Hypochondrie u. Aktualneurose 151
 Angst u.- 152f
 Libido i.d. 149
 u. Organsprache 297
 i. Schlaf 413
Hysterie s.a. Angst- u. Konversionshysterie
 Beginn d. Angst- 281
 Schizophrenie u. 153
 -ische u. schizophrene Darstellung 297
 Unterschied z. Konversions- u. Angst- 259
 Verdrängung i.d. Konversions- 258

Ibsen 380ff
Ich, -Aggression gegen Unlustquellen 230
 -aktivität verstärkt v. Ubw. 293
 als Einheit 142
 i.d. Amentia 424
 anfängliches Real- 228
 -besetzung, Grenze d.- 151

Ich...
-entleerung i.d. Melancholie 440
-entwicklung 142, 167
   Stufen der Abwehr 224
-erhaltung u. Hass 231
Fluchtversuch d. - i.d. Schizophrenie 302
-gefühl, Herabsetzung d. -s 431
Ichgerechte Verwendung d. Libido 167
   -s Ubw. 293
Ichgrösse u. Selbstgefühl 165
-ideal als Traumzensor 165
   Institutionen d.- 424
   Libidobesetzung d.- 141
   -u. Erogenität 150
-libido-Objektlibido, Gegensatz 141
Ich, narzisstisches u. Hass 231
-psychologie, Wunsch nach d. Mann u.- 406
   purifiziertes Lust -, 228
   Selbstliebe d. 161
   u. Trauerarbeit 430
   Triebbesetzung d. primitiven- 227
-triebenergie 141
   Überbesetzung i.d. Schizophrenie 295
-verarmung u. Libidobesetzungen 166
-veränderung u. Libidoverteilung 149
-verlust u. Ichkränkung 440
-i.d. Zwangneurose 259
Idealbildung, Ursprung d. 161
Idealisierung i. Fetischismus 253
   -u. Sublimierung 161
Identifizierung, Beispiel v.-i.d. Schizophrenie 297
   narzisstische u. hysterische 437
   u. Objektwaht 436
   u. Selbstkritik 41
Illusion, Ursprung d. 331

II*

Impotenz, Einfluss d. -auf d. Selbstgefühl 166
   psychische- 451
Individualpsychologie A. Adlers 91ff
Instinkte, Kern d. Ubw 294
Intelligenz, Abhängigkeit d.- 339
Introjektion d. Objekte 228
   u. Regression 151
Introversion d. Libido 139, 295
   u. Libidostauung 152

Janet 72, 80
Jekels L. 73, 225, 379
Jelgersma 72
Jelliffe S. E. 91
Jonasmythe 14
Jones, Ernest 70f, 76
Jung C. G. 57, 65, 66, 67, 70, 76, 85, 91ff, 103, 139, 145, 245

Kannibalistische Phase 436
Kant 270
Karikatur 399
Kastrationsangst i.d. Halluzination e. Knaben 120ff
-komplex als Störung d. Narzissmus 159
   dargestellt a.d. Haut 298
   Fehlen seiner pathogenen Rolle 160
Katharsis 45
Kepler 85
Kielholz 89
Kind u. Märchen 2
   u. Narzissmus d. Eltern 157f
   u. Strafe 391
Kindeswunsch u. Penisneid 404
Klagen sind Anklagen 434
Klitoriserregung, Projektion d.- 243f

Kohabitation, Träume nach d.- 405
Komplexe, Lehre v.d. -n 68
Konflikt u. Symptombildung 245
  u. Verdrängung 254
Kongenitale Benachteiligung 367
Kongresse, Psychoanalytische 87f
Konversionshysterie u. Gegenbesetzung 284
  Vorteil d. Abfuhr 285
Kooperation, Erfolg d. Ubw. i.d. - d. Systeme 293
  d. Ubw. m.d.Vbw. 289
Koprophile Triebe 454
Körperinnervation u. Ubw. 286
  -leiden, Wahrnehmung i. Schlaf 413
  -organe i.d. Sprache d. Schizophrenen 296
Kotinteresse, Entwicklung d. -s 407
Krafft-Ebbing 59
Krankheit, Dauer d. - u. Charakterverbildung 367
Krankheitseinsicht, Notwendigkeit voller- 132
Krieg, Die Enttäuschung d. -s 324f
  Wirkung d. -s 360
Kultureignung d. Menschen 334
Kunstwerk, Wirkung d. -s 359
Kur, keine lebenswichtigen Entscheidungen w.d.- 133
  -träume s. Träume

Lachen 286
Lachesis 32f
Laienanalyse u. Erziehung 450
Landauer Karl 436
Lehrer, psycholog. Bedeutung d. -s 204ff
Leib u. Seele 347
Leiden, biologische Notwendigkeit d. -s 325

Leidenschaftlichkeit, elementare -d. Frauen 315
Leistung, Bedingung d. Vollkommenheit 293
Levi-Bianchini M. 73
Liébault 47, 448
Libido u. Besetzung 281
  in Neurose u. Hypochondrie 151
  in Paraphrenie 152
  Rückzug d. -in Schizophrenie 139
  -besetzung d. Ich 141
  sekundäre- als Heilungsversuch 139
  -position, Wiedergewinnung d. verlorenen- 245
  -stauung infolge Introversion 152
  -verteilung u. Ichveränderung 149
Liebe s.a. Verliebtheit
  Genese d.- 230f
  u. Hass 231, 354
  -n, d. 3 Gegensätze d. -s 226
  um nicht krank zu werden 151
  Realität d. Übertragungsliebe 317
  -sprämie 335
Lohn u. Strafe 335
Lopez-Ballesteros 73
Lügen u. psa. Technik 312
„Lumpf" u. Kind 406
Lustprinzip, Fortschritt v.- 365
  u. Reizbewältigung 214

Macbeth 373f
Maeder A. 72, 102
Märchen, bestimmte
  Wolf u. 7 Geisslein 7
  Rotkäppchen 6
  Die Gänsehirtin am Brunnen 35
  Rumpelstilzchen 2

Märchen, bestimmte . . .
　Die 12 Brüder 2
　Die 6 Schwäne 2
Magie b. Kinde 140
Manie u. Melancholie 440
Mann als Anhängsel d. Penis 405
Marcinowski 74
Masochismus als Triebschicksal 220f
　Negierung e. ursprünglichen- 221
Massenpsychologie u. Ichideal 169
Mechanismus der Paraphrenie 152
-en d. Weltuntergangsphantasie 141
Melancholie 427
　i.d. Psychiatrie 428
　somatisches Moment i.d. 440
Menschheitsgeschichte, Zwang i.d.- 333
Metapsychologie, Begründung e.- 281
　d. Traumes 411
Meynert 420
Minderwertigkeitsgefühl s.a. Selbstkritik 41
　Quelle d.- 166
Mitleid als Reaktionsbildung 222
-sschwärmer 333
Moebius 46
Moralvorschrift, Zweckmässigkeit als Ursprung d.- 311
Mordlust 350
Morichau- Beauchant 72
Morton Prince 91
Motilität u. Affektivität 278
Muskelaktion u. Reflex 287
Mutterleib u. Schlaf 412
Mythus u. Zwang 397

Nachdrängen 279
Nacherziehung 366
Näcke P. 138
Narzissmus u. Autoerotismus 141, 227

Narzissmus . . .
　d. Perversen, Psychotiker u. Kinder 138ff
primärer 154
　u. Ichentwicklung 167
　u. Objekt 228
　u. sekundärer 140
　ein primitiver objektloser Zustand 295
-i. Schlaf 413
Rolle i.d. Triebabwehr 224
　u. Trotz 409
　d. Weibes 155
Narzisstischer Urzustand 227
Naturmythus- Menschenmythus 32
Negation, Fehlen i. Ubw. 285
Neurastheniker, Phantasien d.- 245
Neurose. Entwicklung nach Symptombildung 245
　u. Liebesbedürftigkeit 315
-nform u. Verdrängung 257
-n u. Schizophrenie 296
　Ursache nicht d. Kastrationskomplex 160
Nietzsche 53, 391
Nordamerika, Psa in- 70
Normalvorbilder 412
Objekt identisch mit Gehasst 229
　Schädigung d. -s 231
　Weg z.- ü. Wortanteil 302
-beziehung u. Selbstmord 439
-besetzung, Fortbestehen i. Ubw. 295
-e, Bedeutung d. frühen- 206
　Ersetzung realer- d. imaginäre 139
　irreale u. Libidostauung 152
-libido u. Befriedigungserlebnis 153
　u. Grössenwahn 140
　u. Sublimierung 161
　Ursprung d. 151
-wahl, Typen der 154f

Odysseus 348
Ökonomischer Gesichtspunkt 280
Ophuisen, von 72
Organerkrankung, Vergleich d. -
  m. erregtem Genitale 150
-funktion u. Triebziel 225
-ische Affektion, Differentialdiagnose 451
-krankheit, Libidoverteilung u.-148
Organisation, Fortschritt i.d. psychischen 292
Organminderwertigkeit 166
-sprache d. Schizophrenie 297

Paranoia s.a. Paraphrenie
  Verschiebung i.d. Erinnerung 243
  Verursachung 170
Paranoiker, Weltuntergangsphantasie d.- 141
Paraphrenie, 3 Gruppen von Erscheinungen 153
Parisurteil 27f
Penis-Kind-Kot 404
Penis, versteckt z.d. Oberschenkeln 122
Penisneid, Schicksal d. -s 409
  -wunsch d. Frau 405
Perversion u. Ichideal 168
Pfister 77, 106, 448
Pflegebedürfnis, Folgen d. kindlichen -es 227
Phantasie, Belauschungs--242
  -n d. Neurastheniker 245
  Ur- 242
  u. Verdrängung 251
Philosophische Introspektion u. Innenforschung 164
Phobie s.a. Angsthysterie
  , drei Phasen i.d. 281–3

Entwicklung d.- 258
u. Konversionshysterie 258
u. Projektion 414
Plastizität, Ausmass d. seelischen- 337
u. Erziehung 450
Polarität, biologische,- reale,- ökonomische- 232
-en d. seelischen Lebens 226
Popper-Lynkeus 58
Prahlerei u. Selbstkritik 41
Primärvorgang 286
  Ablösung d. -s 300
  u. Neurosenform 258f
  i.d. Schizophrenie 297
Primitiv Seelisches, Unvergänglichkeit d. -n. 337
Projektion d. Klitoriserregung 243f
  u. Phobie 414
  i. Traum 414
  v. Triebansprüchen 424
  d. Triebgefahr i.d. Phobie 283
  v. Unlustanlässen 228
Prophylaxe u. Erziehung 449
Protoplasmatier, Gleichnis 141
Prozesse, Verlaufsrichtung seelischer- 302
Pseudopodien, Gleichnis 141
Psychiater i. Krieg 324
Psychische Trägheit 246
Psychologie u. Biologie 144
Psychophysischer Parallelismus 266
Psychose als Regression 337
Pubertät, Analität u. Vor- 407
  Scheidung d. Systeme i.d.- 294
  Vor- d. Mädchens 456
  weibliche 155
Putnam J. 70f, 87
Pythagoras 118

Quälsucht u. Selbstquälerei 221
Rank O. 9, 25, 27, 53, 63, 75, 76, 138
 242, 389, 419, 435
Rationalisierung i.d. Angsthysterie 28,
 d. Leidenschaften 340
Raute als Symbol 394
Reaktionsbildung Folge d. Verdrängung
 260
Real-Ich s. Ich
Realfunktion, Verlust der 145
Realität, Ersetzung d.- d. psychische-
 286
 psychische u. faktische 351
 u. Ubw. 286
 i.d. Versagung 372
 -sglaube u. Sinneswahrnehmung 421
 -sprinzip 288
 -sprüfung statt Halluzination 422
Régis 72
Reflexe u. Ubw. 287
Regressive Darstellung im Beobachtungswahn 163
Regression u. Disposition z. Paranoia 243
 Entdeckung d.- 47
 u. Introversion 151
 i.d. Konversionshysterie 259
 u. Plastizität 337
 topische - im Traum 418
 i.d. Systemen 286
 u. Wahrheit 354
 -en zeitliche 413
Reik Theodor 77
Reinach Salomon 399
Reinlichkeit u. Sünde 453
Reizfernhaltung, Ideal d.- 213
 -kontrolle, primitive 212
 physischer u. psychischer 211
 -schutztheorie 152

Reitler R. 299
Resistenz g. Widerspruche zw. d.
 Systemen 293
Restitutionsversuch 420
 in Paraphrenien 153
Reue, Mangel i. Kulturmenschen 349
Riklin 86
Robertson Smith, W. 345
Rotkäppchen 6
Rousseau, J. J. 352
Rumpelstilzchen 2

Sachbeziehung i.d. Schizophrenie 299
Sachs, Hanns 35, 75
Sadger 77, 138
Sadismus u. Hass 438
 d. Kindes, Triebziel 221
 narzisstische Vorstufe d.- 224
Schamgefühl, Agieren d. -s 130
Schaulust, Aktivität i.d.- 219
 -trieb, s. Trieb
Scherner 58
Schimpfen, zärtliches 7
Schizophrenie s.a. Paraphrenie
 Abwendung v.d. Aussenwelt 139
 halluzinatorische Phase 420
 u. Neurosen 296
 Objektbesetzung i.d. 295
 Realitätsprüfung 425
 sekundäre Libidobesetzung als
  Heilungsversuch 139
 therapeutische Unzugänglichkeit
  295
 u. Traumarbeit 419
 Verursachung d. 68
Schlaf, „Am- der Welt gerührt haben"
 60
 Charaktere d. -s 413
 Libido im- 149

Schlaf...
-losigkeit i.d. Melancholie 439
  Ursache d. 416
Mobilität d. Verdrängung i.- 254
u. Mutterleib 412
als Regression 338
u. Wahnidee 417
Schmerz, seelischer 446
u. Spannungsvermehrung 249
um d. Verstorbenen 347
-unlust i.d. Trauer 430
Schönheit, Die 358f
Schopenhauer 53
Schreber, d. Fall- 145
Schuldbewusstsein aus homosexueller Libido 169
Ursprung d.- 169
u. Todesangst 351
„unbewusstes" 276
Wurzel d.-s 349
Schweigen als Wiederholung d. Homosexualität 130
Seelenlehre, Ursprung d. 348
-wanderung 348
Sekundärvorgang 286
Selbstanalyse an Träumen 59
-beobachtung u. Traumbildung 164
-bestrafung ist nicht Masochismus 221
-bewusstsein u. Bewusstsein 165
-gefühl Ausdruck d. Ichgrösse 165
-kritik d. Neurotiker 41
-mordimpuls 439
-zerstörung d. Ich 438
Sexualforschung, Agieren d. infant. 129
Sexualität als Wirkung chemischer Prozesse 144
Sexualobjekte, ursprüngliche 154
-triebe angelehnt an Ichtriebe 153
-überschätzung u. Narzissmus 154
Shakespeare 24, 174, 367, 373

Signalangst s. Angst
Silberer H. 164, 419
Sinneswahrnehmung u. Realitätsglaube 421
u. Wort- 301
Somnambulismus 418
Sozialer Anteil d. Ichideals 169
Soziale Triebe, Ursprung d.- 333
Spiele, perverse 407
Sprache i.d. Schizophrenie 295
Stärke 72
Steiner, Maxim 451
Stekel W, 29, 58
Storfer 76
Strümpfe, Symbolik d.- 299
Stucken Ed. 25
Stummheit ist Tod 29f
Sublimierung u. Idealbildung 161
Südamerika, Psa. in- 69
Symbol u. Symptom 393
in Dementia praecox 19
in Zwangsneurose 19
-e bestimmte
  Holz als 3
  Hut 394
  Kopf 394
  Raute 394
  Strümpfe 299
  Tisch u. Bett 3
Symptom u. Symbol 394
u. Konflikt 245
u. verdichtete Triebbesetzung 284
-bildung u. Ersatzbildung 256f
Systeme, Entleerung d.- 417
Kommunikation d.- 292
Scheidung i.d. Pubertät 294
-unterscheidung, Bewusstheit ungeeignet f.- 291
Verkehr der psychischen- 288
Zensur zw. d-n 290

Tagesreste, Funktion der 17f
u. Traumwunsch 417
Tausk V. 296, 299, 443
Technik psa.- u. Lügen 312
Resume d. Entwicklung d. psa.-
126f
Telepathie 293
Theater 343
Theorie u. Empirie 142
Tier u. Mensch 345
-e, Narzissmus d. 155
-phobien 8
-schützer 333
Tod
dargestellt als Stummheit 29f
Verhältnis z. -e 341
Tolstoi 309
Topik d. Verdrängungsvorganges 426
Trägheit, psychische 246
Trauer 427
-arbeit 430
Auflehnung gegen d.- 359
Traum, Angst u. Affekt i.- 277
Krankheit i.- 42
als Projektion 414
telepathischer 29
u. Wahnidee 417
Darstellung d.d. Vorzug geben 41
d.i. Gegensatz
zum Vater bringen 42
d. Krankheitsverursachung 42
-arbeit, Halluzination i.d.- 420
Regression i.d.- 420
-inhalt u. Deckerrinnerung 128
u. Schizophrenie 297f, 419
-zensor u. Ichideal 165
Träume, bestimmte
vom Baum, der blutet 120
Kur- 419

Rumpelstilzchen 2
vom tanzendenMännchen 2
vom verlorenen Kind 12
v.d. Wölfen 5
nach d. l. Kohabitation 405
Trieb u. Angst 256
Begriff d. -s 211
-besetzung u. Symptom 284
Destruktions- 216
u. frühzeitige Fixierung 246
-gefahr, Projektion d.-i.d. Phobie 283
eine konstante Kraft 212
-mischung 333
Pseudo- d. Verinnerlichung 248f
-regung, Ubw. u. Vorstellung 275f
-en, Kompromisse d.- 285
, Koordination d.- 285
-repräsentanz, Definition 254
, Fortbestehen trotz Verdrängung 251
Schau- autoerotische Vorstufe d. -s 222f
-Schicksale d. -s 222
-stärke u. Verdrängung 251
Voraussetzung d. -s 144
Triebumsetzung u. Analerotik 401
-verschränkung 215
-ziel u. Organfunktion 225
-e, Gegensatz zw. Ich -n u. Sexual -n 231
-e Niederschläge äusserer Reizwirkungen 214
zielgehemmte 215
Trotz, Ursprung d. -s 407

Überbesetzung i. Bewusstwerden 292
Überkompensation 166

Übertragung kontrolliert Wiederholungszwang 134
milde, unausgesprochene 131
-sliebe 306f
-sneurose, Bedeutung d. 135
-n u. Paraphrenien 153
als Wiederholung 130
Unbewusste, das 264ff
Abfuhr aus d. System 286
Agnoszierung d.- 294
Anziehung d.- 291
bedeutsames Vorrecht d.- 286
Beeinflussung d. Vbw. 289
Beeinflussbarkeit 293
Eigenschaften d.- 285
Instinkte als Kern d.- 294
Kern d.- 285
u. Lustprinzip 286
u. psychische Urbevölkerung 294
u. Realität 286
Vieldeutigkeit d. -en 270ff
Zeitlosigkeit 286
zweierlei Ubw. 291
Unlust, Ausdruck höherer Spannung 151
Unsterblichkeit d. Ich 158
u. Ubw. 341
Urmensch u. Tod 345
-phantasien s. Phantasie
-schuld 345
-verdrängung s. Verdrängung
-zustand, narzisstischer 227

Vagina, ersetzt d. Darm 408
Verbrecher, Narzissmus d. -s 155
u. Schuldbewusstsein 389
Verdichtung 285, 287
i.d. Konversionshysterie 259

Verdrängt, Wiederkehr d. -en 257
-es, Versöhnung m.d. -n 132
Verdrängung, die 248ff
Abfuhr i.d. Neurosen 285
Aufhebung d. im Witz 253
Dynamik d.- 279
dynamische Aufhebung 293
eigentliche 250
erste- i.d. Zwangsneurose 285
individuell u. mobil 253
u. Neurosenform 257ff
i.d. Phobie 257
Rolle d. -i. Fetischismus 253
-saufwand i.d. Konversionshysterie 284
i.d. Schizophrenie 302
u. Selbstachtung d. Ich 160
u. Sublimierung 162
-svorgang, Topik d. -es 426
Topik d. 279
Ur- 250
Vergänglichkeit 357
„Vergessen" heisst „Abgesperrt" 127f
Verkehrung ins Gegenteil 219
Verlaufsrichtung seelischer Prozesse 302
Verliebtheit, infantiler Charakter d.- 317
Libido i.d.- 141
Verneinung s. Negation
Versagung, Wurzel d. Neurose 370
Verschiebung 285, 287
i.d. Phobie 258
-sersatz i.d. Angsthysterie 281
i.d. Zwangsneurose 260
Verschlimmerung w.d. Kur 132
Verurteilung u. Verdrängung 248
Verwandlung ins Gegenteil u. Verdrängung 250

Vogt R. 73
Völker, Leidenschaften u. Interessen d.- 340
-hass 340
Vorbewusst 272
-es, Zensur zw. -u. Bw. 290
Vorstellung u. Erinnerungsspur 277
-sinhalte u. Vbw. 287
-srepräsentanz u. Verdrängung 250
Vorzug, Darstellung d.d. -geben 41

Wahn, Beobachtungs- 162
-idee u. Schlaf 417
Wahrhaftigkeit i.d. psa. Behandlung 312
Wahrheit, psychologische 336
  u. Regression 354
Wahrnehmung korrigiert durch Halluzination 121
Wallenstein, Zitat aus 81
Weibliche Schönheit u. Selbstgenügsamkeit 155
Weiblichkeit u. „Ausnahme" 370
  u. narzisstische Männlichkeit 406
Weiss Edoardo 73
Weltuntergangsphantasie, Mechanismen 141
Wendung gegen d. eigene Person 250
White W. A. 91
Widerspruch zw. d. Systemen 293
-slosigkeit i. Ubw. 286
Widerstand, Charakter- 364
  Durcharbeiten d. -s 135
  i.d. Hypnose b. Seite geschoben 130
-säusserung, Liebe als- 310
Widerstände, Geschichte d. 79
Wiedergeburt 348
Wiederholenlassen, Gefahren d. 131
  -ungszwang kontrolliert d.d. Übertragung 134

Wiederkehr d. Verdrängten s. Verdrängt
Wien u.d. Psa 80
Wigan 118
Winterstein v. 78
Wissenschaftliche Grundbegriffe 210
Witz, Aufhebung d. Verdrängung i.- 253
Wolfsmann 5
Wortvorstellung, Besetzung d.- 300
  i. Traum 419
W- System 423
Wulff M. 73
Wunscherfüllung'u. Erkrankung 371

Zeitlosigkeit d. Ubw. 286
  -moment i. Ubw. 164
Zensur, Entwicklung 292
  -en u. Institutionen d. Ich 424
Negation u. Zweifel d.- 285
  zw. Bw. u. Ubw. 271
  zw. Vbw. u. Bw. 290
Zeremoniell, Schlaf- 394
Zwang, Umsetzung v. äusseren -in inneren 333
  -sbilder 398
  -sneurose, Ausfall d. Abfuhr 285
  u. Gegenbesetzung 285
  u. Genitalorganisation 407
  Traumsymbole in 19
  Verdrängung i.d. 259
  verglichen mit Paranoia 153
  -ssymptome, Vergleich m.d. Resistenz d.- 293
  -svorstellung u. Mythus 397
Zweifel, Fehlen i. Ubw. 285
Zyklisches Irresein 440

INHALT DES ZEHNTEN BANDES

Werke aus den Jahren 1913—1917

	Seite
Märchenstoffe in Träumen	1
Ein Traum als Beweismittel	11
Das Motiv der Kästchenwahl	23
Erfahrungen und Beispiele aus der analytischen Praxis	39
Zur Geschichte der psychoanalytischen Bewegung	43
Über Fausse Reconnaissance (»Déjà raconté«) während der psychoanalytischen Arbeit	115
Erinnern, Wiederholen und Durcharbeiten	125
Zur Einführung des Narzißmus	137
Der Moses des Michelangelo	171
Zur Psychologie des Gymnasiasten	203
Triebe und Triebschicksale	209
Mitteilung eines der psychoanalytischen Theorie widersprechenden Falles von Paranoia	233
Die Verdrängung	247
Das Unbewußte	263
Bemerkungen über die Übertragungsliebe	305
Zeitgemäßes über Krieg und Tod	323
Vergänglichkeit	357
Einige Charaktertypen aus der psychoanalytischen Arbeit	363
Eine Beziehung zwischen einem Symbol und einem Symptom	393
Mythologische Parallele zu einer plastischen Zwangsvorstellung	397
Über Triebumsetzungen, insbesondere der Analerotik	401
Metapsychologische Ergänzung zur Traumlehre	411
Trauer und Melancholie	427

Vorreden

Geleitwort zu »Die psychanalytische Methode« von Dr. Oskar Pfister	448
Vorwort zu »Die psychischen Störungen der männlichen Potenz« von Dr. Maxim. Steiner	451
Geleitwort zu »Der Unrat in Sitte, Brauch, Glauben und Gewohnheitsrecht der Völker« von John Gregory Bourke	453
Brief an Frau Dr. Hermine von Hug-Hellmuth	456
Bibliographische Anmerkung	457
Index	469
Kunstdruckbeilage: Moses des Michelangelo	186/187

INHALTSVERZEICHNIS

DER GESAMMELTEN WERKE VON SIGM. FREUD

1. BAND, (1892–1899) *mit einer Kunstbeilagen*

Inhalt: Vorwort der Herausgeber.
Ein Fall von hypnotischer Heilung, nebst Bemerkungen über die Entstehung hysterischer Symptome durch den „Gegenwillen"..
Charcot.
Quelques Considérations pour une Etude Comparative des Paralysies Motrices Organiques et Hystériques.
Die Abwehr-Neuropsychosen. Versuch einer psychologischen Theorie der akquirierten Hysterie, vieler Phobien und Zwangsvorstellungen und gewisser halluzinatorischer Psychosen.
Studien über Hysterie:
Über den psychischen Mechanismus hysterischer Phänomene.
Krankengeschichten.
    Frau Emmy v. N. . . . . , vierzig Jahre, aus Livland.
    Miss Lucy R., dreißig Jahre.
    Katharina.
    Fräulein Elisabeth v. R. . . .
Zur Psychotherapie der Hysterie.
Über die Berechtigung, von der Neurasthenie einen bestimmten Symptomenkomplex als „Angstneurose" abzutrennen.
Klinische Symptomatologie der Angstneurose.
Vorkommen und Ätiologie der Angstneurose.
Ansätze zu einer Theorie der Angstneurose.
Beziehungen zu anderen Neurosen.
Obsessions et Phobies. Leur Mechanisme Psychique et leur Etiologie.
Zur Kritik der „Angstneurose".
Weitere Bemerkungen über die Abwehr-Neuropsychosen.
Die „spezifische" Ätiologie der Hysterie
Wesen und Mechanismus der Zwangsneurose.
Analyse eines Falles von chronischer Paranoia.
L'Hérédité et L'Etiologie des Névroses.
Zur Ätiologie der Hysterie.
Inhaltsangaben der wissenschaftlichen Arbeiten des Privatdocenten Dr. Sigm. Freud. (1877–1897).
(a) Vor Erlangung der Docentur.
(b) Seit Erlangung der Docentur.
Die Sexualität in der Ätiologie der Neurosen.
Über Sexualität in der Ätiologie der Neurosen.
Zum psychischen Mechanismus der Vergeßlichkeit.
Über Deckerinnerungen.
ZUSATZ ZUM VII. BANDE: Vorwort zur ersten Auflage der „Sammlung kleiner Schriften zur Neurosenlehre aus den Jahren 1893–1906".
ZUSATZ ZUM XIV. BANDE: Einige Nachträge zum Ganzen der Traumdeutung.
(a) Die Grenzen der Deutbarkeit.
(b) Die sittliche Verantwortung für den Inhalt der Träume.
(c) Die okkulte Bedeutung des Traumes.

2. u. 3. Band, (1900–1901)

Inhalt: Die Traumdeutung. (Mit den Zusätzen bis 1935.)
Über den Traum.

4. Band, (1904)

Inhalt: Zur Psychopathologie des Alltagslebens.

5. Band, (1904–1905)

Inhalt: Die Freudsche psychoanalytische Methode.
Über Psychotherapie.
Drei Abhandlungen zur Sexualtheorie.
Meine Ansichten über die Rolle der Sexualität in der Ätiologie der Neurosen.
Bruchstück einer Hysterie-Analyse.
Psychische Behandlung (Seelenbehandlung).

6. Band, (1905)

Inhalt: Der Witz und seine Beziehung zum Unbewußten.

7. Band, (1906–1909)

Inhalt: Tatbestandsdiagnostik und Psychoanalyse.
Zur sexuellen Aufklärung der Kinder.
Der Wahn und die Träume in W. Jensens „Gradiva".
Zwangshandlungen und Religionsübungen.
Die „kulturelle" Sexualmoral und die moderne Nervosität.
Über infantile Sexualtheorien.
Hysterische Phantasien und ihre Beziehung zur Bisexualität.
Charakter und Analerotik.
Der Dichter und das Phantasieren.
Der Familienroman der Neurotiker.
Allgemeines über den hysterischen Anfall.
Analyse der Phobie eines fünfjährigen Knaben.
Bemerkungen über einen Fall von Zwangsneurose.
Vorwort zu „Nervöse Angstzustände und ihre Behandlung" von Dr. Wilhelm Stekel.
Vorwort zu „Lélekelemzés, értekezések a pszichoanalizis köreböl, irta Dr. Ferenczi Sandor".
Enthalten im 1. Bande: Vorwort zur ersten Auflage der „Sammlung kleiner Schriften zur Neurosenlehre aus den Jahren 1893–1906".

8. Band, (1909–1913) *mit einer Kunstbeilage*

Inhalt: Über Psychoanalyse.
Zur Einleitung der Selbstmord-Diskussion. Schlußwort.
Beiträge zur Psychologie des Liebeslebens:
    I. Über einen besonderen Typus der Objektwahl beim Manne.
    II. Über die allgemeinste Erniedrigung des Liebeslebens.
Die psychogene Sehstörung in psychoanalytischer Auffassung.
Die zukünftigen Chancen der psychoanalytischen Therapie.
Über „wilde" Psychoanalyse.
Eine Kindheitserinnerung des Leonardo da Vinci.
Über den Gegensinn der Urworte.

Brief an Dr. Friedrich S. Krauss über die „Anthropophyteia".
Beispiele des Verrats pathogener Phantasien bei Neurotikern.
Formulierungen über die zwei Prinzipien des psychischen Geschehens.
Psychoanalytische Bemerkungen über einen autobiographisch beschriebenen Fall von Paranoia (Dementia paranoides).
Über neurotische Erkrankungstypen.
Zur Einleitung der Onanie-Diskussion. Schlußwort.
Die Bedeutung der Vokalfolge.
Die Handhabung der Traumdeutung in der Psychoanalyse.
„Gross ist die Diana der Epheser."
Zur Dynamik der Übertragung.
Ratschläge für den Arzt bei der psychoanalytischen Behandlung.
Das Interesse an der Psychoanalyse.
Zwei Kinderlügen.
Einige Bemerkungen über den Begriff des Unbewußten in der Psychoanalyse.
Die Disposition zur Zwangsneurose.
Zur Einleitung der Behandlung.

9. Band, (1912)

Inhalt: Totem und Tabu.

10. Band, (1913–1917) *mit einer Kunstbeilage*

Inhalt: Märchenstoffe in Träumen.
Ein Traum als Beweismittel.
Das Motiv der Kästchenwahl.
Erfahrungen und Beispiele aus der analytischen Praxis.
Zur Geschichte der psychoanalytischen Bewegung.
Über Fausse Reconnaissance („Déjà raconté") während der psychoanalytischen Arbeit.
Erinnern, Wiederholen und Durcharbeiten.
Zur Einführung des Narzißmus.
Der Moses des Michelangelo.
Zur Psychologie des Gymnasiasten.
Triebe und Triebschicksale.
Mitteilung eines der psychoanalytischen Theorie widersprechenden Falles von Paranoia.
Die Verdrängung.
Das Unbewußte.
Bemerkungen über die Übertragungsliebe.
Zeitgemäßes über Krieg und Tod.
Vergänglichkeit.
Einige Charaktertypen aus der psychoanalytischen Arbeit.
Eine Beziehung zwischen einem Symbol und einem Symptom.
Mythologische Parallele zu einer plastischen Zwangsvorstellung.
Über Triebumsetzungen, insbesondere der Analerotik.
Metapsychologische Ergänzung zur Traumlehre.
Trauer und Melancholie
Geleitwort zu „Die psychanalytische Methode" von Dr. Oskar Pfister Zürich.
Vorwort zu „Die psychischen Störungen der männlichen Potenz" von Dr. Maxim. Steiner.

Geleitwort zu „Der Unrat in Sitte, Brauch, Glauben und Gewohnheitsrecht der Völker" von John Gregory Bourke.
Brief an Frau Dr. Hermine von Hug-Hellmuth.

11. BAND, (1916–1917) mit zwei Kunstbeilagen

Inhalt: Vorlesungen zur Einführung in die Psychoanalyse
I. Die Fehlleistungen.
II. Der Traum.
III. Allgemeine Neurosenlehre.

12. BAND, (1917–1920)

Inhalt: Eine Schwierigkeit der Psychoanalyse.
Eine Kindheitserinnerung aus „Dichtung und Wahrheit".
Aus der Geschichte einer infantilen Neurose.
Beiträge zur Psychologie des Liebeslebens
III. Das Tabu der Virginität.
Wege der psychoanalytischen Therapie.
„Ein Kind wird geschlagen".
Das Unheimliche.
Über die Psychogenese eines Falles von weiblicher Homosexualität.
Gedankenassoziation eines vierjährigen Kindes.
Zur Vorgeschichte der analytischen Technik.
James J. Putnam†.
Victor Tausk†.
Einleitung zu „Zur Psychoanalyse der Kriegsneurosen".
Vorrede zu „Probleme der Religionspsychologie" von Dr. Theodor Reik.
Psychoanalytischer Verlag u. Preiszuteilungen für psychoanalytische Arbeiten.

13. BAND, (1920–1924)

Inhalt: Jenseits des Lustprinzips.
Massenpsychologie und Ich-Analyse.
Traum und Telepathie.
Über einige neurotische Mechanismen bei Eifersucht, Paranoia und Homosexualität.
„Psychoanalyse" und „Libidotheorie".
Das Ich und das Es.
Die infantile Genitalorganisation.
Bemerkungen zur Theorie und Praxis der Traumdeutung.
Eine Teufelsneurose im siebzehnten Jahrhundert.
Josef Popper-Lynkeus und die Theorie des Traumes.
Der Realitätsverlust bei Neurose und Psychose.
Das ökonomische Problem des Masochismus.
Neurose und Psychose.
Der Untergang des Ödipuskomplexes.
Kurzer Abriß der Psychoanalyse.
Nachschrift zur Analyse des kleinen Hans.
Dr. Anton v. Freund.
Preface to Addresses on Psycho-Analysis by J. J. Putnam.

Geleitwort zu J. Varendonck. Über das vorbewußte phantasierende Denken.
Vorwort zu Max Eitingon, Bericht über die Berliner psychoanalytische
   Poliklinik.
Brief an Luis Lopez-Ballesteros y de Torres.
Dr. Ferenczi Sandor (Zum 50. Geburtstag).
Zuschrift an die Zeitschrift, Le Disque Vert.

14. BAND, (1925–1931) mit drei Kunstbeilagen

Inhalt: Notiz über den „Wunderblock".
Die Verneinung.
Einige psychische Folgen des anatomischen Geschlechtsunterschieds
„Selbstdarstellung".
Die Widerstände gegen die Psychoanalyse.
Hemmung, Symptom und Angst.
Die Frage der Laienanalyse.
Psycho-Analysis.
Fetischismus.
Nachtrag zur Arbeit über den Moses des Michelangelo.
Die Zukunft einer Illusion.
Der Humor.
Ein religiöses Erlebnis.
Dostojewski und die Vatertötung.
Das Unbehagen in der Kultur.
Über libidinöse Typen.
Über die weibliche Sexualität.
Das Fakultätsgutachten im Prozess Halsmann.
Goethe-Preis 1930—Brief an Dr. Alfons Paquet. Ansprache im Frankfurter Goethe-Haus.
An Romain Rolland.
Ernest Jones zum 50. Geburtstag.
Brief an den Herausgeber der „Jüdischen Preßzentrale Zürich".
To the Opening of the Hebrew University.
Brief an Maxim Leroy über einen Traum des Cartesius.
Brief an den Bürgermeister der Stadt Pribor.
Josef Breuer†.
Karl Abraham†.
Geleitwort zu „Verwahrloste Jugend" von August Aichhorn.
Bemerkung zu E. Pickworth Farrow's „Eine Kindheitserinnerung aus
   dem 6. Lebensmonat".
Vorrede zur hebräischen Ausgabe von „Totem und Tabu".
Geleitwort zu "Medical Review of Reviews", Vol. XXXVI, 1930.
Vorwort zu „Zehn Jahre Berliner Psychoanalytisches Institut".
Geleitwort zu „Elementi di Psicoanalisi" von Edoardo Weiss.
Enthalten im I. Bande:
   Einige Nachträge zum Ganzen der Traumdeutung.
      Die grenzen der Deutbarkeit.
      Die sittliche Verantwortung für den Inhalt der Träume.
      Die okkulte Bedeutung des Traumes.

15. BAND, (1932)

Inhalt: Neue Folge der Vorlesungen zur Einführung in die Psychoanalyse.

16. Band, (1932–1939)

Inhalt: Zur Gewinnung des Feuers.
Warum Kreig?
Nachschrift zur Selbstdarstellung
Die Feinheit einer Fehlhandlung.
Konstruktionen in der Analyse.
Die endliche und die unendliche Analyse.
Der Mann Moses und die monotheistische Religion.
Thomas Mann zum 60. Geburtstag.
Brief an Romain Rolland (Eine Erinnerungsstörung auf der Akropolis).
Meine Berührung mit Josef Popper-Lynkeus.
Sandor Ferenczi†.
Lou Andreas Salome†.
Geleitwort zu „Allgemeine Neurosenlehre auf psychoanalytischer Grundlage" von Hermann Nunberg.
Vorrede zur hebräischen Ausgabe der „Vorlesungen zur Einführung in die Psychoanalyse".
Vorwort zu „Edgar Poe, étude psychanalytique" par Marie Bonaparte.

17. Band, (Schriften aus dem Nachlass: 1892–1939)

Inhalt: Vorwort.
Brief an Josef Breuer.
Zur Theorie des hysterischen Anfalles (Gemeinsam mit Josef Breuer).
Notiz „III".
Eine erfüllte Traumahnung.
Psychoanalyse und Telepathie.
Das Medusenhaupt.
Ansprache an die Mitglieder des Vereins B'nai B'rith (1926).
Die Ichspaltung im Abwehrvorgang.
Abriss der Psychoanalyse.
Some Elementary Lessons in Psycho-Analysis.
Ergebnisse, Ideen, Probleme.

18. Band

INDEX DER BÄNDE 1–17